MINERVA
人文・社会科学叢書
220

スコットランド啓蒙における商業社会の理念

クリストファー・ベリー 著
田中秀夫 監訳

ミネルヴァ書房

日本語版への序文

私はこの翻訳を大いに歓迎している。特に田中秀夫教授に感謝している。彼は翻訳を提案するだけでなく、翻訳者のチームを作り、監訳するという支援をしてくれた。翻訳チームにもまた私は感謝したい。日本の研究者はもう長くスコットランド啓蒙研究では指導的な学者となっており、私は本書がその伝統を継続する役に立つことを願っている。

本書は私の以前の作品『スコットランド啓蒙の社会理論』（エディンバラ大学出版部、一九九七年）を補完するものである。あの書物には商業社会に関する一章があったが、本書の狙いは徹底した遥かに詳細な説明を提出することである。私は、商業社会の理念は、スコットランドの啓蒙思想家たちの関心を引いた唯一の主題であるとは主張しない。しかし、私はそれは彼らの思想の最も重要な側面の一つだと考えている。それは彼らの研究（歴史的、社会学的、経済的、法的そして倫理的）の多くの焦点であるし、彼らの多様な論争の中心にある。

彼らの社会の文脈のなかで、スコットランドの思想家たちは経済的「改良」と近代性に支援を投じた。とりわけ非人格的な法の支配のもとでの自由を支持した。彼らの思想において、彼らは、人間は社会的存在であり、歴史的事実問題として様々な場所で暮らしてきたということを強調した。こうして彼らが自覚したのは、彼ら自身の社会が一つの変化形であるということであって、それを区別するものが何であるかを彼らは理解したいと（そしてその先駆に対してより優れたものにしようと）願った。

彼らの社会科学史への貢献は二重である。それはまず、時間を経て変化する相互に関連した一連の制度と行動としての社会一般を理解することにある。それはまた、もっと特定して言えば、商業社会が何か新しいものを代表しているという彼らの認識にある。もちろん、彼らは資本主義を予期しなかったが、彼らは各人が商人である社会は、社会が作用する仕方、そのなかで個人がはたらく仕方に質的な差異を刻印するということを、評価したのである。

二〇一五年九月

クリス・ベリー

スコットランド啓蒙における商業社会の理念

目次

凡例

一、本書は Christopher Berry, *The Idea of Commercial Society in the Scottish Enlightenment*, Edinburgh University Press, 2013（paper 2015）の全訳である。

一、本書は相互参照を多数行っているので、原著の頁数を【 】で示し、本文に組み込んだ。注も原著にならって章末に置いた。

一、本書では原著にしたがって文献の略号と参照文献目録（Bibliography）を掲載した。著者は略号と文献目録の略記を駆使して紙数の節約に努めており、この訳書でもその精神を踏襲して、邦訳のある参照文献については巻末の文献目録に併記し、本文では〔邦訳〕として対応頁を示した。ただし、複数ある邦訳の場合、一点に絞った。

一、したがって、参照文献の表記は、著者の略号と、邦訳のある場合は邦訳を加え、例えば（WN III. iv. 8/416〔邦訳二、二三九〕）と記した。これは国富論の参照である。また例えば（Wood 2003 : 96）は参照文献目録の Wood, 2003 で詳細が分かる。96 は頁。

一、邦訳のある著作は参照したが、訳には手を加えた場合が多い。ファーガスンの『市民社会史論』のように入手困難な邦訳は省略した。

一、原文のイタリック（強調）は傍点を付して示した。

一、原注は算用数字で示してある。

一、著者の注記は［ ］内に、訳者の注記は〔 〕内に記し本文に割注としている。

一、索引のページは邦訳と原著のページを並記している。原著の頁数を【 】で示したことに注意されたい。

一、原著の間違いは著者に確認して訂正した。

本書の文献略号

Dalrymple

EP — *Essay toward a General History of Feudal Property in Great Britain*. Cited by page.

Dunbar

EHM — *Essays on the History of Mankind in Rude and Cultivated Ages*. 2nd edn. Cited by page.

Ferguson

APMP — *Analysis of Pneumatics and Moral Philosophy*. Cited by page.

CorrF — *Correspondence*. V. Merolle (ed.). 2 vols. Cited by volume, page.

ECS — *An Essay on the History of Civil Society*. D. Forbes (ed.). Cited by page.

IMP — *Institutes of Moral Philosophy*. 3rd edn. Thoemmes reprint. Cited by page.

MSS — *The Manuscrits of Adam Ferguson*. V. Merolle (ed.). Cited by page.

PMPS — *Principles of Moral and Political Science*. 2 vols. Olms reprint. Cited by volume, page.

Reflections — *Reflections Previous to the Establishment of a Militia*. Cited by page.

Remarks — *Remarks on a Pamphlet Lately Published by Dr Price*. Cited by page.

Rom — *The History of the Progress and Termination of Roman Republic*. 5 vols. New edition, 1813. Cited by volume, page.

Hume

A	*An Abstract of a Treatise of Human Nature* in *T*. Cited by paragraph.
DP	*A Dissertation on the Passions*. T. Beauchamp（ed.）. Cited by paragraph/page.
E	*Essays : Moral, Political and Literary*. E. Miller（ed.）. 本論集の論考は以下のように個別的に区別し引用頁を示す。
E-AS	*Of the Rise and Progress of the Arts and Sciences*
E-BG	*Whether the British Government inclines more to Absolute Monarchy to a Republic*
E-BP	*On the Balance of Power*
E-BT	*Of the Balance of Trade*
E-CL	*Of Civil Liberty*
E-Com	*Of Commerce*
E-CP	*Of Coalition of Parties*
E-FPG	*Of the First Principles of Government*
E-Int	*Of Interest*
E-IP	*Of the Independency of Parliament*
E-IPC	*Idea of a Perfect Commonwealth*
E-JT	*Of the Jealousy of Trade*
E-LP	*Of the Liberty of the Press*
E-Mon	*Of Money*
E-NC	*Of National Characters*
E-OC	*Of the Original Contract*
E-OG	*Of the Origin of Government*

E-PAN	*Of the Populousness of Ancient Nations*
E-PC	*Of Public Credit*
E-PD	*Of Polygamy and Divorces*
E-PG	*Of Parties in General*
E-PGB	*Of the Parties of Great Britain*
E-PSc	*That Politics may be reduced to a Science*
E-RA	*Of Refinement of Arts*
E-ST	*Of the Standard of Taste*
E-Tax	*Of Taxes*
E-v	*E* の末尾に集められた変更
HE	*History of England*. 3 vols. Cited by volume, page.
Letters	*The Letters of David Hume*. 2 vols. J. Greig (ed.). Cited by volume, page.
M	*An Enquiry concerning the Principles of Morals*. T. Beauchamp (ed.). Cited by chapter, paragraph.
NHR	*The Natural History of Religion*. T. Beauchamp (ed.). Cited by chapter, paragraph/page.
SBNA	*An Abstract of a Treatise of Human Nature* appended to *SBNT*. Cited by page.
SBNM	*Enquiry concerning Human Understanding*. L. Selby-Bigge and P. Nidditch (eds.). Cited by page.
SBNT	*A Treatise of Human Nature*. Revided edition. L. Selby-Bigge and P. Nidditch (eds.). Cited by page.
SBNU	*Enquiry concerning the Principles of Morals*. L. Selby-Bigge and P. Nidditch (eds.). Cited by page.

T	*A Treatise of Human Nature*. D. and M. Norton (eds.). Cited by book. part. chapter. page.
U	*An Enquiry concerning Human Understanding*. T. Beauchamp (ed.). Cited by chapter, paragraph.
Hutcheson	
PW	*Philosophical Writings*. R. Downie (ed.). Cited by page.
SIMP	*Short Introduction to Moral Philosophy*. Liberty Press edition. Cited by page.
SMP	*A System of Moral Philosophy*. 2 vols. Continuum reprint. Cited by volume, page.
Kames	
EBA	*Essays upon Several Subjects concerning British Antiquities*. Cited by page.
EC	*The Elements of Criticism*. 9th edn. 2 vols. Cited by volume, page.
ELS	*Elucidations respecting the Common and Statute Law of Scotland*. Cited by page.
HLT	*Historical Law Tracts*. 2nd. edn. Cited by page.
PE	*Principles of Equity*. 2nd. edn. Cited by page.
PMNR	*Essays on the Principles of Morality and Natural Religion*. 3rd edn. Liberty Press edition. Cited by page.
SHM	*Sketches on the History of Man*. 3rd edn. 2 vols. Cited by volume, page.
Millar	
HV	*An Historical View of the English Government*. 4 vols. Liberty Press edition. Cited by volume, chapter/page reference to one volume.

Obs — *Observations concerning the Distinction of Ranks of Society*. Cited by page.

OR — *The Origin of the Distinction of Ranks*. 3rd edn. W. Lehmann (ed.). Cited by page.

Robertson

HAm — *The History of America*. D. Stewart (ed.). Cited by page to *Works* (in one volume)

HSc — *The History of Scotland*. D. Stewart (ed.). Cited by page to *Works* (in one volume)

India — *An Historical Disquisition concerning Ancient India*. D. Stewart (ed.). Cited by page to *Works* (in one volume)

VP — *A View of the Progress of Society in Europe*. D. Stewart (ed.). Cited by page to *Works* (in one volume)

Smith

CL — *Considerations concerning the First Formation of Languages* in *LRBL*. Cited by paragraph/page.

Corr — *Correspondence of Adam Smith*. E. C. Mossner and I. S. Ross (eds.). Liberty Press edition. Cited by letter number/page.

ED — *Early Draft of Part of the Wealth of Nations*. In *LJA/B*. Cited by paragraph/page.

ESP — *Essays on Philosophical Subjects*. W. Wightman, J. Bryce, I. Ross (eds.). Liberty Press edition.

FA — *First Fragment on the Division of Labour*. In *LJA/B*. Cited by paragraph/page.

HA — *The Principles which Lead and Direct Philosophical Enquiries Illustrated by the History of Astronomy*. In *EPS*. Cited by section. paragaraph/page.

Letter — Letter to the *Edinburgh Review*. In *EPS*. Cited by paragaraph/page.

Life — *Account of the Life and Writings of Adam Smith*. Dugald Stewart（ed.）. In *EPS*. Cited by section. paragaraph/page.

LJA — *Lectures on Jurisprudence 1762/3*. R. Meek, D. Raphael and P. Stein（eds.）. Liberty Press edition. Cited by paragraph/page.

LJB — *Lectures on Jurisprudence 1766*. R. Meek, D. Raphael and P. Stein（eds.）. Liberty Press edition. Cited by paragraph/page.

LRBL — *Lectures on Rhetoric and Belles Lettres*. J. Bryce（ed.）. Liberty Press edition. Cited by section. paragraph/page.

TMS — *The Theory of Moral Sentiments*. A. MacFie and D. Raphael（eds.）. Liberty Press edition. Cited by book, part. chapter. paragraph/page.

WN — *An Inquiry into the Nature and Causes of the Wealth of Nations*. R. Campbell and A. Skinner（eds.）. Liberty Press edition. Cited by book, part. chapter. paragraph/page.

Steuart

PPE — *An Inquiry into the Principles of Political Oeconomy*. 2 vols. A. Skinner（ed.）. Cited by volume, page.

Stuart

HD — *Historical Dissertation concerning the Antiquity of the English Constitution*. Cited by page.

OPL — *Observations concerning the Public Law and the Constitutional History of Scotland*. Cited by page.

VSE	*A View of Society in Europe in its Progress from Rudeness to Refinement.* 2nd edn. Thoemmes reprint. Cited by page.
Turnbull	
PMP	*The Principles of Moral Philosophy.* A. Broadie (ed.). Liberty Press edition. Cited by page.
MCL	*Discourse upon Moral and Civil Laws* (appended to his edition of Heineccius' *System of Universal Law*). Cited by page.
Wallace	
CGB	*Characteristics of the Present Political State of Great Britain.* Kelley reprint. Cited by page.
DNM	*Dissertation on the Numbers of Mankind in Antient and Modern Times.* 2nd enlarged edn. Kelley reprint. Cited by pape.
Prospects	*Various Prospects of Mankind.* Cited by page.

序　文

【vi】本書は『国富論』の最初の部分でのアダム・スミスの発言の解明である。そこでスミスは「こうして各人は交換によって暮らし、ある程度は商人となり、社会そのものは適切に商業社会と言えるものになる」と書いている。私はここで、ある「社会」が「商業社会」と類型化されうるという判断は有意義であると論じる。それには二つの概念化が含まれている。すなわち、それは分析の適切な「単位」としての（例えば体制の類型よりむしろ）「社会」と、異なる組織様式の縮約としての「商業的」との双方の観念を表現している。

私が言いたいのは、この「理念」はスコットランド啓蒙として標準的にグループ化されている思想家集団のあいだで特定の共鳴があった、ということである。「スコットランド啓蒙」という語の使用が一九〇〇年に刊行されたW・R・スコットのハチスンについての書物が最初の用例であろうと否であろうと、その語は今では十分に確立されている。その内容と輪郭には一般的な合意があるけれども、それでももちろん解釈とニュアンスの差異が残っている。本書はある特定の側面に光を当て、その特別の意義を主張する。本書はスコットランド人の視座のある種の同質性を押し付けようとするものではない。実際に、彼らの著作の際だった特徴の一つは、彼らがこの理念の意味と含意を争っていたということである。

実際に、私は次のような「粗っぽい即席の」変数を採用する。私の時間的枠組みはヒュームの『人間本性論』（一七三九～四〇年）の出版からスミスの『道徳感情論』（一七九〇年）の第六版までである。しかし、私は、例えばそれ以前のハチスンの著作や、それら二つの日付より後のファーガスンの著作に言及することに、疑問を感じるわけではない。その半世紀のうちで、私の主題は選択的であることが必要である――すべてを書かないことが適切である。その意味は、ヒューム、ミラー、ファーガスン、ケイムズ、そしてロバートスンが追いかけたスミスこそ傑出した人物である、ということである。そして時折以上の言及がまたダンバーとウォレスになされる。特に適当な場合、私はターンブル、ブレア、ダルリンプルと他の数名を論じる。その著作に私が触れる他の二人がいる。【vii】ギルバート・スチュアートはスコットランド人であったが組織に地位がなく、生涯の多くをロンドンで過ごした。彼は学問的ではあるけれども、激しい論争家で、彼の猛烈な敵意は大学の地位を得ることができなかったことに関連がある（エディンバラ大学の学長としてのロバートスンが主要な悪役となった）。しかしながら、彼の念入りに文献的裏付をした異論によって、彼の著作は彼の同郷人と同じ多数の問題を扱っている。彼をスコットランド啓蒙の範囲内に含めることは論争にはならない。それは私が自身の『スコットランド啓蒙の社会理論』（エディンバラ大学出版部、一九九七年）で行ったことである。ジェイムズ・ステュアートもまたアウトサイダーである。彼は生涯の多くを大陸で過ごしたジャコバイトの同調者であった。にもかかわらず、彼が認めているようにヒュームの影響を受けた彼の主著が（重要な差異があるにもかかわらず）、スコットランドに基盤を置く著者たちが考察している共通の主題のいくつかを適切に論じているために、私は惜しむ思いでそれを利用することにした。

何年もかけ、多くの書物にわたって、私は本書の主題を追究してきた。私はこうした以前の仕事に触れる（し、時にはそれを利用する）けれども、私は自説を繰り返すことは避け、商業社会の理念を新たに検討しようと努めた。確かに、これまでのいかなる議論よりも、はるかに体系的に徹底的にそうしようとしたのである。私はまた多くのおかげをうけた。私はロジャー・エマスン、ニック・フィリップスン、そして故アンドルー・スキナーとの四〇年以上にわたる知的交友を享受してきた。グラスゴーで私はまたアレグザンダー・ブロディーとコリン・キッドとの交流の利益を得た。彼らにクレイグ・スミスを付け加えることができる。それは本書の初期の草稿を読んでもらったというだけではない。その無私の仕事に私は特に感謝している。私はまたカーネギー財団から受けた物質的支援に喜んで感謝する。財団は日本への旅費を支援してくれたが、日本ではさらに日本学術振興会から支援を得た（それは田中秀夫のおかげである）。私は、本書の重要な形成の諸段階でのこうした支援のおかげで、様々な大学で本書の考えのいくつかを「試してみる」ことができた（それを可能にしてくれた皆さんに感謝している）。

私は私の学問的な経歴のすべてをグラスゴー大学で過ごしてきた。そして私は私を任命してくれたことでデイヴィッド・ラフィルに常に感謝している。本書はスミスについてよりはるかにそれ以上のものであるけれども、スミスがそうなった世界史的人物へと彼を形成したのは彼のグラスゴー時代であった、という私の確信を記録するのは適切である。大学の学長に就任したときに、今は自分の人生で「最も幸福で最も名誉ある」時代であると言明するようにスミスに思わせた感情を、私もまた自ら表明したいと思う。その精神において私は本書をグラスゴー大学に献呈したいと思う。

クリス・ベリー

第一章　スコットランド・改良・啓蒙

【1】スコットランド啓蒙はひとまとまりの制度であるとともに理念である。その制度と理念は一つの複雑な統一体に備わる二つの異なる側面を表象している。一方を他方以上に優先して説明しても、それはひどい空論になる——「奢侈」は腐敗するという主張は、市場で売りに出されているダイアモンドの装身具（diamond buckles）の数とまったく同等に「現実的」だ。書名が「理念（idea）」という語を含んでいる以上、主として焦点を当てることになるのは後者のほうである。しかしながら、複雑性を（たとえ実践上の合言葉に過ぎないとしても）認めつつ、この最初の章では第一節において制度的背景の概要を提示することにしたい。この背景に関しては、つねに次のことを念頭に置いておかねばならない。すなわち、物事の「客観的」諸事実として歴史家が遡及的に認めうる事柄と、その時代に暮らしていた人々にとって主観的に明白であった事柄とは、必然的に一致するわけでは決してない、ということである。集団的自己欺瞞の可能性はないに等しいことから、この概要のなかでは「改良」を選択原理として用いることにする。この「改良」は、自らの社会をめぐるスコットランド人たちの自意識の、特殊で、かつ記述可能な面である。さらに言えば、「改良」は複雑な総合体を適切に反映することによって、スコットランド啓蒙の制度的次元と理念的次元とのつながりを具現している。中心的というわけではもちろんないにしても、啓蒙をより一般的なかたちで具現しているのである。この大きめの絵画は第二節で描かれ、後続の諸章で展開される主題のいくつかを予示することになるだろう。

1

J・S・ミルは『自伝』（一八七三年）の巻頭で自身の時代を転換期と評したが、それはどこかありきたりな評言であるにもかかわらず、一八世紀スコットランドについては間違いなく真実である。スコットランドの転換は、「改良」を目指す慎重な意図によって把握される。そうした意図に前例がなかったというわけではない。【2】一つだけ例を挙げるとすれば、グラスゴー大学最初の数学「教授」ジョージ・シンクレアは、一六六六年に大学を離れた際、他に様々な企画があるなかで、彼の持つ流体力学の知識を一六七〇年に実現することになるエディンバラ用水供給事業に注ぎ込んだ（Wood 2003 : 96）。公式の法制度、宗教制度、教育制度の内部に、そしてそれらをつなぐ相対的に非公式のネットワーク、つまり数多くのクラブや協会や出版メディアの援助を受けたネットワークの内部に、この「改良的意図」をどれほど見出すことができるかを、明確な選択的手法を用いて吟味していこう。これらの諸制度は、もちろん政治的かつ経済的な枠組みの内部に存在するものである。まずはこの枠組の帰納法的調査から始めたい。

政治的安定と経済状態

それがいかに決定的な出来事であったかをめぐる論争に先入見を持ち込まないよう気をつけながら、一七〇七年のイングランド議会とスコットランド議会の合同から、この調査を始めたい(1)。その出来事の理由ないし由来は、当時の大々的なパンフレット戦争を通じて論争され、それは現在も、三〇〇年間のうんざりする証言を記録した出版物の嵐というかたちで継続中である（Whatley［2006］が最も洞察に富む）。議論の余地が少ないのは、スコットランドが相対的に貧しかったこと(2)、そして、合邦の背後にあった動因の一つがイングランド市場への無制限の参入機会を獲得したいというスコットランド人たちの要求だったことである。通商をめぐる問題が、政治上ないし宗教上の計画を正当化する「プロパガンダ闘争に過ぎない」と見なされてきた一方で（Riley 1978 : 245: cf. Kidd

1993: 50)、実際問題として、条約項目の大半は経済的係争点に何らかのかたちで言及していた。それらには、鋳貨と度量衡の標準化（第一六条、第一七条）や、随時の調整を一定程度許容しながらの同一消費税の賦課（第六条から第一五条まで）が含まれており、とりわけ重要なものとして、「連合王国の全臣民への、［…］先述の連合王国とその付属領土ならびに植民地内のあらゆる港や地方との、通商ならびに航海の完全なる自由」（第四条）の付与があった。グラスゴーのタバコ貿易の成長とともに、この最後の条項は世紀後半に入ってから劇的な果実を生むこととなった。

初めのうちは困難がはっきりしていたが（そのことがいくぶんかは、ハノーヴァー家のジョージによる一七一四年の王位継承後に、ステュアート家の王位要求者［老王位僭称者］が掲げた大義を助けた）、世紀半ば頃までに合邦は経済的報酬を手にし始めており、急速な変化が生じた（cf. Devine 1985）。グラスゴーの成長は最も注目すべきものだったが、しかしそれだけではなかった。エディンバラの人口は五万二二五〇人から八万二五〇〇人に増え、他方でダンディーの人口は二倍になり、アバディーンのそれは八〇パーセント増加した（Lenman 1981: 3）。グラスゴーの人口は、一七〇八年の（おおよそ）一万二七〇〇から、【3】スミスが大学生だった一七四〇年代の一万七〇〇〇へと増加し、さらにアダム・アンダースンの計算によれば、その二〇年後にこの「美しくかつ拡大しつつある都市」は人口二万七〇〇〇に達し（Anderson 1764: II. 423）、さらに『記述統計』によると、世紀末には五万四〇〇〇人以上にまで成長して、やがてエディンバラに追いついたのである。都市化の過程が始まると、グラスゴーは田園の広がる西部高地（ハイランド）地方から多数の人々を引き寄せたが、一八〇〇年時点においてさえ、スコットランド人の大半は二五〇〇人以下しか居住していない集落に暮らしていた（Foyster and Whatley 2010: 3）。ロバートスン『アメリカ史』（一七七七年）が異なる生活様式と名づけたもののあいだの、見かけ上の鋭い分裂を強めつつ進んだ、この社会経済的変化の急速さゆえに、批評家の幾人かは、そうしたあからさまな変化から「四段階理論」（商業は第四段階に当たる――本書第二章を見よ）は刺激を受けたのだろうと推測した。

そうした推測の方法論上の健全性如何に関わりなく、同時代において知られていたスコットランドの「文人たち」や（Carlyle 1910: 312）、彼らがその内部において活躍したところの諸制度は、「経済」からの影響を免れなかった。農業以外では、織物、特に亜麻布の製造がスコットランドの主要産業で、それは一七三〇年代初頭以降、劇的に拡張した（Durie 1979）。同様の成長はタバコ貿易でも起こり、ブリテン貿易に占めるスコットランド貿易の割合は、一七三八年の一〇パーセントから一七六九年の五二パーセントへと上昇した（Smout 1969 : 244〔邦訳二三四‐五〕）。グラスゴーはその中心地であり、当地の貿易が一七三〇年代から一七七〇年代までのあいだに一〇倍に成長したことは、グラスゴーがブリストルを追い越して主要港と化したことを意味していた（Devine 1990 : 73）。スミスはグラスゴー出身の「タバコ王」をたくさん知っていたし、商人が地方紳士になりたがる傾向に着目した『国富論』の一節は（WN III. iv. 3/411〔邦訳二、二三三〕）、ジョン・グラスフォード（他の多くのタバコ王同様、彼の名は現存するグラスゴーの街路に与えられている）のような、多数のタバコ商人たちの活動を反映したものだった。

　鉱業、化学産業、精錬業のような「重」工業の発展は一八世紀の最後の二五年間に入るまでは地を這っていたし、しばしば注目されるように、スミスの「産業」モデルも小規模なものだった（Kennedy 2005 : 132）。スミスが強調したように、都市化と織物生産がまさしく要請したのは市場の成長であった。市場は物的かつ財政的な支えとなるインフラを必要とする。輸送は船と荷馬車を用いて行われた（グラスゴーの奨学生として、一七四〇年、スミスは馬の背に乗ってオックスフォードに赴いた）。エディンバラ―ロンドン間にはかなり効率的な駅馬車サービスが存在した一方で、エディンバラ―グラスゴー間のような脇街道を行く地方横断の旅は困難をきわめ、一七八八年にいたってなおターンパイク〔舗装道路〕同業組合は一八団体しか存在せず、パース以北にいたっては皆無であった（Durie 2010 : 261）。大量輸送の唯一の方法は船舶輸送であって、【4】おそらく最も目立っていた「改良」企画は東のフォース河口と西のクライド河口をつなぐ運河の建設であり、それはエディンバラとグラスゴーに刺激を与えた。一七六八年に着工し一七九〇年に竣工したこの運河は相当な技術的偉業だった。一七九一年の『記述統計』向けに「グラスゴーのバロニー教区」の項を書いた人物が明言したところでは、ケルヴィン川に架かる水路橋（今も使われている）は「この種のものではおそらく世界で最も壮麗なものの一つである」（Sinclair 1973: VII, 354）。

大規模な企画がおしなべてそうであるように、フォース＝クライド運河も数々の財政問題に悩まされた。それらのうちで最も重大だったのは、一七七二年に起きたエア銀行の破綻である。この銀行は一八世紀に設立された数多くの銀行の一つであった。スコットランド銀行（一六九五年設立）が合邦に先立っていたのに対し、王立銀行は一七二七年にアンドルー・ミルトンとアイレイ伯爵（のちの第三代アーガイル公爵）の支援を受けて設立された。二つの銀行は穏やかならぬ関係にあり、それは同じくミルトンが手がけた一七四六年のブリテン亜麻布会社の創立を経ても和らげられはしなかった（Durie 1979: 115）。この会社は、社名の由来に当たる亜麻布産業を現金融通とあわせて奨励するために立ち上げられ、同社が備える銀行機能はやがて上記の二つの銀行の認知するところとなった。これらの諸銀行はみなエディンバラを拠点にしていたが、グラスゴーの商業的成長はかの地における数々の銀行の出現と「銀行間戦争」の勃発を後押しした。グラスゴーにおけるこの「私的」諸銀行（既成銀行のそなえる有限責任身分を持たなかった）の成長という文脈のなかで、一七六九年にエア銀行は設立された。一七七二年時点でスコットランド内に流通していた銀行券の三分の二に対して支払義務を負うといった（Cameron 1995: 63）、その過度に積極的な業務拡張が、責任負担能力の喪失とそれに続く破綻を招いた。もっと一般的な言いかたをすれば、土地財産のいわゆる安定性に対比される、商業と信用のいわゆる危うい不安定性を具現しているがゆえに、当エピソードは雄弁なのだ。この点をめぐる論争には第六章で取り組むことにしよう。

さて、ここで一七〇七年に目を向け直せば、合邦条約の最も明白で劇的な帰結は大ブリテン連合王国（現在の名称と変わらない）が「唯一かつ同一の議会によって代表される」ようになったことであった（第三条）。合邦条約（第二二条）は生粋のスコットランド人にわずかな直接的政治権力しか与えなかった（貴族院には一六名の貴族、庶民院には総数の約八パーセントの議員しかいなかった）。だが、条約はスコットランド人に自らの法体系の保持を許した。その法体系はイングランドのコモン・ローと著しく異なるもので、ヨーロッパないしローマの法体系とつねに密接なつながりを有した。実際、一八世紀にいたるまで、そして大学における法学講座の設置にいたるまでは、スコットランドの法律家たちは海外、とりわけライデンやユトレヒトといった偉大なるオランダの諸大学で教育を受けていたのである。法体系の保持に必然的に伴ったのは民事控訴院（民事裁判所兼控訴裁判所）と最高法院

（刑事裁判所）という二つの最上級法廷の連続性であり、【5】それは条約（第一九条）に明示的に記されている通り「合邦前と同等の権威および特権」を伴っていた。

こうした決着は法曹の役割や地位を向上させる効果を生み、高級法曹はスコットランドの行政における中心人物となった。その理由は「スコットランド統治における行政幹部の空白」が「政治と司法をほとんど不可分にした」ことに帰されている（Murdoch 1980 : 55）。ロンドンに本拠を置くスコットランド担当長官はいたが、しかしスコットランド出身の代議士たちを「管理した」のは非公式のスコットランド人「大臣」であって、この大臣が行政に対する彼らの支持を取りつけ続けたのである。これらの大臣のなかで最も著名で影響力の大きかったのがアイレイであった。のちほど注意を促すように、アイレイはよく知られた改良支持者（そして実践家）でもあった。スコットランドの事実上の支配権は副大臣の手に握られていた。アンドルー・ミルトンが世紀前半に務めた役割がそれであった。ミルトンは一七三四年から一七四八年まで最高法院次長（上席刑事裁判官）で、その後は一七六六年まで王璽尚書（名誉職だが実質的には世俗の施政を担った）であった（Murdoch 1980 : 12; Shaw 1983: Chap. 7も見よ）。彼とアイレイないしアーガイル（一七六一年に他界）はスコットランドで最も強大な人物だったが、彼らが抵抗を受けなかったわけではないし、つねに思い通りに事を運んだわけでもない。世紀の最後の二五年間には、ヘンリ・ダンダス（法務長官兼王璽尚書）がミルトン役を遂行した（cf. Dwyer and Murdoch 1983）。スコットランドの指導的貴族たちもまた、ロンドンへと発つ際には、彼らの利権の面倒を見る人物――これも通常は法曹――を必要とし、地域の代表者や代理人を採用した。

より大まかに眺めるならば、世紀前半の政治風景を支配したのはハノーヴァー家によるイングランドおよびスコットランド王位の継承であった。合邦条約は一六八九年の（ステュアート家の王ジェイムズ二世／七世の廃位あるいは退位に続いた、ウィリアムおよびメアリの即位に際しての）決着を再確認したが、それはカトリック教徒を決して君主にはしないというものだった。さらに言えば、この条約は、アン（現行の君主）が継承者を生まずに他界した場合、君主の座が「プロテスタント教徒であるところの」ハノーヴァー家のソフィアとその後継者の手に渡ることを見越したものだった（第二条）。ジョージ一世の即位は、王位要求者チャールズを支えるステュアート家系の支持者たち（「ジャコバイト」）を色めき立たせた。このことがスコットランドにおいて特別な価値を帯びたのは、ステュアート家が、一六〇三年にジェイムズ六世がイングランド王位に就いて以来の、スコットランドの家柄であったためである。

新王朝に対するお決まりの暴動や侵攻の脅威が諸々存在したなかで、重大な反乱が二度起きた。一つは一七一五年に老王位僭称者が率いたもの、もう一つは一七四五年に若王位僭称者、すなわち素敵なチャーリー王子と結びついて起きたものである。前者は幅広い支持を受け、【6】合邦の恩恵など存在しないと受け取られたことからくる、そして効率化した消費税制の衝撃からくる不満の広がりを利用することができた。とはいえ、合邦反対とジャコバイト主義を同一の括弧に入れるのは誤りであっただろう（Whatley 2006: 343）。スコットランド啓蒙の構成員はハノーヴァー家支持者だったが、その大半は次世代に属している（例えばヒュームは一七一一年生まれ、スミスとファーガスンは一七二三年生まれであり、一六九六年生まれのケイムズ［ヘンリ・ヒューム］とその翌年生まれのウォレスだけが合邦初期の世代に属した）。一七一五年の反乱は、とりわけ非低地地方のアバディーン大学（キングス・カレッジとマーシャル・カレッジ）において一定の支持を獲得し、この地では、反乱に多大な支持を与えたことを理由にした学究の追放が行われた。

一七四五年の反乱は、当初、ブリテン国家に対してさらに大きな脅威をつきつけたかのように思われた。ジャコバイト軍はほとんど反攻を受けないままイングランドに侵入し、ロンドンまであとおよそ一〇〇マイルの場所に進んだ。商業の諸効果に関する講義のなかでスミスは、四〇〇〇から五〇〇〇人の「裸で非武装の高地人たち」が抵抗なく「改良された諸地域」を占拠したことに触れている（*LJB* 331/540〔邦訳四〇六～四〇七〕）。この侵略は実態以上に大きく見えた。軍事面でも兵站面でも何の支援も受けなかったジャコバイト軍はスコットランドに引き返したが、スコットランドといっても、高地地方の外ではほとんど支持されていなかったのである。このたびのアバディーン大学は国家に忠実であり、実際、大学構成員の幾人かは反逆者に対して武器をとった（Emerson 1992: 12）。知識人たちは確実にハノーヴァー家を支持しており、コリン・キッド（Kidd 1993: 115）が論じたように、彼らは「武装抵抗や宗教的狂信と結びついた土着の政治文化」を拒絶するため「歴史社会学」を採用した。合邦に言及したロバート・ウォレスは、「実のところ、スコットランド人は本質的と呼べるものを何も失わなかったし［…］安全、自由、富という、より内実の詰まった恵みを［それに加えて］手に入れた」と（CGB 117）、簡潔な評価を下している。この反乱を粉砕したカローデンの戦い（一七四六年）ののち、入念な政策が高地地方の政治的独立を破壊したが（Youngson 1972 : 26）、その政策は「国家主催のテロリズム」あるいは「文化的ジェノサイド」として扇情的に描かれてきた（Young 1979 : 26）。

この「政策」は、制度的かつ理念的なつながりを、ある重要なかたちで捉えているだけでなく、「商業社会」の本質ないし真正の性格をめぐる論争とも深く結びついている。四五年反乱の直後に四つの法令が議会を通過した。それらには、「スコットランドと呼ばれる大ブリテンのかの領域内に存在する高地地方をいっそう効果的に非武装化するための法令」（ジョージ二世第一九年第三八号）や、「起きてしまった不都合を改める」ために「世襲裁判権」を廃止して司法権を国王のもとに復帰させる別の法令（ジョージ二世第二〇年第四三号）が含まれていた。こうした「裁判権」は合邦条約（第二〇条）によって明示的に保護されてきたもので、地域の氏族長（「直臣」）にならなる「軍隊」を徴募する権限を与えていた（Shaw 1983 : 169）。スミスは『国富論』で、「ロッホアーバーの郷士、ロッヒールのカメロン氏」による地域司法権の行使に言及しているが（*WN* III. iv. 8/416〔邦訳二、一三九〕）、【7】正義を執行する権利（「地域管轄権を持つ直臣」の場合には死をもって罰する権限）と、それに関連して、陪臣か

それは商業社会の出現を説明する文脈においてである。法の支配の効果的な斉一化は、商業社会の理念のうちに見られる枢要な特徴の一つである。あまりの偏見ゆえに、ジョンスン博士は「すべての地域法廷をつぶしたこと」が「最深の奥地においてであれ最暗の僻地においてであれ、同一なる法の普遍的利益を低地から高地にいたるまで」広めたのだと言わんばかりの見解に傾いた（1791 : 101〔邦訳六二〕）（その何年か前に、ギルバート・ステュアートがこれと同様の感情を露わにし、世襲裁判権は「恥の極み」と判定していた［*OPL* 39-40. 144］）。

三つ目の法（ジョージ二世第二〇年第五一号）は反逆者の領地を没収したのちに転売した。ミルトンがこの仕事の主な実行者だった（Murdoch 1980 : 38）。一七五二年の高地地方合併法（ジョージ二世第二五年第四一号）は一七五五年の接収所領委員会の設置をもたらし、アイレイの支配力は抑えられたとはいえ、ミルトンを含む法曹が委員

の主流を占めた（Shaw 1983: 171）。意義深いのは、領地から上がる所得が「住民を文明化し［…］彼らにプロテスタント信仰、良き統治、良き働き、そして良き手工業を薦める目的」のために用いられるべきことを、この法令が明言した点である。こうした言葉遣いは異例のものではなかった。王権への売却法（ジョージ二世第二〇年第五一号）は「公共の安寧の保護ならびにスコットランド高地地方住民のさらなる文明化のために必要であるがゆえに」とする弁明の辞から始まっていたし、「高地地方の亜麻布工業を奨励し改良する」ための一七五三年の法令は、その冒頭に、このことが「高地地方を改良し文明化するための追加手段の一つ」となるであろうとする言辞を伴っていた。スコットランド生まれのアダム・アンダースンは、彼の著した記念碑的な『商業の歴史』のなかで、前者の法令が「非常に良い法律」だと宣言した（1764: II. 401）。彼だけではなかった。ロバート・ウォレスは高地地方が「勤勉に働かされることを通じてのみ文明化されうる」とする判断を一七五三年に下した（*DNM*: 159）[3]。こうした計画の効力と妥当性をめぐる論争が何もなかったと言っているわけではない。R・H・キャンベル（Campbell 1982: 19）が賢察している通り、こうした介入形態は「重商主義時代の初期を思わせる」かのようであり、それはまた、のちほど第四章で見るように、「近代的」商業社会なるものがいかに機能するべきかをめぐる争点の核心を映し出してもいる。

　知識人たちとこの法制とのあいだには、それが改良の価値をあからさまに表明する点で明らかな親和性があった。ウォレスは【8】『大ブリテンの政治的現状』（一七五八年）のなかで、「手工業および農業における改良趣味と勤労志向は、スコットランド内で日々勢いを増しつつある」と述べた（Wallace *CGB*: 109）。そうした親和性は、一七五二年にアーガイルの後押しを受けて法曹貴族に列せられたケイムズが接収所領委員に任命されたことに明らかに表れている。ケイムズはスコットランド啓蒙の中心人物であった。彼は漁業・技芸・手工業奨励委員会（合邦条約第一五条によって設立された）のような他の委員会にも出席したし、フォース＝クライド運河やエディンバラのニュータウン計画のよく知られた支持者でもあった（Ross 1972: 322, 328-9）。さらには彼自身が（妻の所領の）「改良家」だった。彼は、効果的な耕耘の問題に関連した泥土の特質をめぐり、グラスゴー大学そしてエディンバラ大学で教授を務めたジョゼフ・ブラックと文通した（Tytler 1993: II. Appendix 99を見よ）。すばらしく見栄えのする『ジェントルマン・ファーマー』（紳士農業者）、すなわち農業を合理的諸原理の試験にかけて改良する試み』（一七七六年）という題名を持った長めの手引書を著しただけでなく、それ以前に彼は『スコットランド亜麻織物業の進歩』（一七六六年）というパンフレットを、方針について助言する点ではこれとよく似た他の諸作品とともに公刊していた。時代の雰囲気に棹差す『紳士農業者』は「農業技術と郷土愛に関して最も名の通った」九名で構成される「農業改良委員会」の設立を唱えたが、その九名は会合に規則的に出席することを許されたエディンバラ在住の紳士でなければならなかった（1776 : 369ff）。『進歩』の一部では、合邦後における「自由と独立の恩恵」の産物であるとして、「改良の精神」を明白に描き出している（1766 : 5）[4]。

スコットランド教会

「改良」を促すうえで大学と様々な公式ないし準公式「協会」が果たした役割に話を向ける前に、教会が置かれていた地位を簡単に見ておきたい。いまだによく見かける啓蒙の絵画の一つは教会を信仰の敵として描いている。スコットランドではその関係性に微妙な違いがある。知識人たちは迷信に対する反感を共有したが、既成教会には順応していった。重要な意味を持つのは、この順応それ自体が改良の推進力と結びついていたことである。

合邦条約は、この法令が「法によって現在打ち立てられているところのこの王国の教会の礼拝、戒律、統治」を変更することはないとする長大な宣言を伴っていた。このことが「真のプロテスタント信仰」と「長老派の教会統治」を保障した。一六九〇年の決着は、スコットランドにおける公認の教会統治形態としての長老主義を樹立した。それは純粋に統治組織であった。【9】全国総会から教区集会にいたるまで、社会生活のあらゆる面が教会のしきたりに服属した。小共同体の内部において、罪深き行い（密通、飲酒、舞踏、教会欠席）が疑われる者たちは科料や辱めを含む「戒律」に服さしめられた。制度のレベルにおいて多くを的確に物語ってくれる例は、カルヴァン主義的なウェストミンスター信仰告白の教理受諾が正統性の試金石にされたこと、そしてすべての大学教員に信仰告白の遵守が求められたことである。

こうしたカルヴァン主義の力は、一六九六年、一九歳の大学生トマス・エイケンヘッドが涜神を理由に処刑されたことに典型的に現れている（神学は「でっち上げられたでたらめな戯言の狂詩曲」［Hunter 1992 : 224 に引用されている」であるという、彼の見解らしきものを撤回したにもかかわらず）。だが、この反応（これだけが特例であるわけではない）の峻厳さこそが逆に、時代が移り変わりつつあるという、そしてそれは、正統が掌握力と権威を失いつつあるとの不安を浸み込ませるのに十分なほどそうである、という意識が成長していたことの徴として、おそらくは受け取ることのできるものなのである。(5) カルヴァン主義神学の厳格さは、新世紀が進行するにつれて確かに和らいだとはいえ、そうした見かけ上の緩和は、争いなしには起こらなかった。一七三三年の分離さえ招いたところの、正統の福音主義的接近法に身を委ねる騒々しい党派が、つねに居残っていたためである。

争いの一部は教義に関係していた。セント・アンドルーズで神学を教えたトマス・ハリバートン（一六七四～一七一二年）の『回顧録』（1718 : 199）が伝えるところによれば、彼は人生の最期に当たって、分裂の種となる係争点を突きとめ、「理性主義的な類の信仰が我々のあいだに入り込んできている。敬神の力を欠いて外面的義務やしきたりに依拠しているだけの、裸の随行者たちからなる信仰のことである。そこから人々は、ある様式で神に仕えるところへと落ち込んでいくが、それはつまり理神論に過ぎない」と嘆いたという。(6) 変化の表徴の一つは一七三七年にグラスゴー長老会がフランシス・ハチスンに対して行った告発だったが、告発の理由は、「道徳的善の基準となるのは他者の幸福の促進である」と教えること、また人間は「神についての知識なくして、あるいは神についての知識に先立って、善悪についての知識」を持ちうると教えることで、彼がウェストミンスター信仰告白に違反したというものであった。ハチスンは自身を擁護することに成功したばかりか、うまく誘導して、二つの神学教授職に「彼の」候補たちが任命されるように仕向けた（二人目の候補だったウィリアム・リーチマンのときには熾烈な争いになった［Kennedy 1995 : 57］）。ハチスンがグラスゴーでの自らの学生時代の経験を通じて知悉していたように、この神学講座は、まず一七一七年に懲戒を受け、その後一七二七年に正式な停職処分となったジョン・シムスンという人物をめぐる、波乱の前史を有していた。いずれも論争は長引いたが、シムスンが包括性の大きい接近法を採用することでカルヴァン主義神学の基盤を掘り崩している、というのが告発の要点であって、【10】教会牧師の養成を生業にしている者にとってみれば、そうした接近法を採用することは危険な破壊活動家になることを意味したのである。政治や恩顧も一定の役割を担ったため、そこには不可避的に「正当な」神学以上のものが介在した（シムスンの網羅的研究としてはSkoczylas 2001を見よ）。この闘争が大学の職位をめぐって戦い抜かれたという事実は、様々な制度がどのように連動しているかにとどまらず、「改良」のための「擁護論」がどのようなかたちで作り出されねばならなかったかをも示唆している。[7]

論争ないし抗争は教会組織にも関係していた。正統派を特に刺激したのは、長老主義（Presbyterianism）の原理そのものに対する、つまり会衆（すなわち「長老たち（elders）」――教会統治様式を表すギリシア語由来の用語〔presbyter〕はこの意味を持つ）が牧師とその任命を必ず監督することに対する、裏切りと受けとめられたものである。裏切りの根とされたのは一七一二年の聖職叙任法だった。この法は、空席が生じた場合の牧師指名権を世俗の聖職叙任権者が持つことを改めて言明したものであり、会衆は承諾もしくは拒絶が可能だった。こうした「聖職叙任権者」はたいがい最大の領主であったが、国王本人は四分の一から三分の一の教区に責任を持つ代理人であったに過ぎず（McIntosh 1998 : 12）、一〇パーセントの教区においてはこの叙任権が町会の手に握られていた。一部の大地主が叙任権を行使しようとすると、数多くの長老会がこれに抵抗した。教会の支配団体に当たる総会が大地主の権利の擁護に躊躇した結果、穏健主義者として知られる一団が出現した。「啓蒙」の党となったのはこの一団である。

鍵となった人物はウィリアム・ロバートスンだが、この人物はエディンバラの牧師であっただけでなく、一時はエディンバラ大学学長と勅任修史官を兼ねていた。のちにエディンバラ大学の修辞学・文学教授となるヒュー・ブレアをはじめとする人々とともに、彼は総会の権威を（再）樹立しようとした。ダンファームリンの長老会をその不服従ゆえに非難しようとしない総会（あるいは、その名を帯びた委員会）に反対して、ロバートスンは他の人々と「不同意の理由」（一七五二年）を書いた（Rendall 1978 : 213-14に抄録あり）。たとえ個人的には不賛成でも、「社会」においては合法の規則に敬意が払われねばならない、なぜなら、そうした原理がなければいかなる社会も統一を保つことができないからだというのが、彼らの論点の核心であった。誇張のリスクをいくらか冒してはいるが、これは、法の支配なくして商業社会が有効に機能することなどありえないとすることで、法の支配の最重要性を宣言するものである。穏健主義者の多くは法曹で、彼らは自分たちに近い同調者の一人を総会議長にすることには成功したものの、対抗「派閥」の誕生を阻止できたわけではなかった（McIntosh 1998 : 104）。とはいえ穏健主義者は、数の重み以上にむしろ抜け目のない戦術を駆使して総会を操縦し、一七六二年にはロバートスン自身が総会議長となった。

リチャード・シャーによれば（Sher 1985 : 213, cf. 211）、穏健主義者たちは【11】「首尾一貫したイデオロギー綱領」を有していた。もっと穏やかな言いかたをすれば、彼らは先に言及した順応に向けて動いていたのである。イアン・クラーク（Clark 1970 : 207）が言うように、聖職叙任権の黙認は教会が「国民生活上の中心地」を占め続けるために支払わなければならない「代価」であった。このことは、教会総会を「甘美」に保つことがスコットランドの「管理」に寄与したかぎりにおいて、独特の制度的混交を反映している（Shaw 1983 : 100）。総会が聖職叙任権の（法的）行使を支持し強化した反面で、その行使は直接的「介入」から自由なままであった。この自由が、改良そして「啓蒙」に同調する候補者の任命を促したのである（Brown 1997）。穏健主義者の宗教的信条が不まじめなものであったという意味ではない。彼ら自身の目から見れば、彼らは宗教改革を完成させようとしていたのであり、覆そうとしていたわけではなかったのだから（Kidd 2004 : 514）。穏健主義者とその批判者の相異は、教義以上に気風の問題であった（Voges 1986 : 144）。地獄の業火式の説教は社会義務（キリスト教的隣人愛）の強調に道を譲ったが、それは、礼節のような義務が「人間性のキリスト教的啓蒙のための神の計画の一部」に当たるとする、穏健主義者たちの確信と無矛盾なものであったし（Suderman 2007 : 241）、理神論やキリスト教化されたストア倫理に向けて歩んでいく啓蒙の一般的傾向性とも、一致するものであった。

大　学

すでに見たように、ロバートスンやブレアは大学人であり、またスコットランド啓蒙の鍵となる思想家には大学に制度的地盤を持つ者が圧倒的に多かった。この点では彼らは特段珍しくはなく、例えばカントはケーニヒスベルク大学の、リンネはウプサラ大学の、ジェノヴェージはナポリ大学の教授であったが、しかしこれから明らかにするように、スコットランドの教授たちは社会の制度的結合組織の鍵であった点において独特である。スコットランド程度の規模と人口の国における五つの大学の存在——宗教改革に先立つセント・アンドルーズ、グラスゴー、アバディーンのキングス・カレッジ、宗教改革時に設立されたエディンバラとアバディーンのマーシャル・カレッジ——は、ひときわ目をひく。これら五大学の伝統的務めは聖職者の養成であり、その務めは一世紀にわたって続いた（Cant 1982 : 44）。このことが、法律が海外で学ばれなければならなかった理由、そして医学教育設備が低調なままだった理由を、ある程度説明する。法学についてと同じく医学についても、多くのスコットランド人はオランダの大学から教わった（一七二二年にエディンバラ大学初の解剖学教授となったアレグザンダー・モンローはライデン大学に学んだ）。一八世紀に起きた注目すべき変化は、法学講座と医学教室の設置がエディンバラ（一七四〇年）とグラスゴー（一七六〇年）において公式に認められたことであった。

【12】近代化に向けた動きはいくつか存在した。ラテン語による講義は徐々に廃止され、フランシス・ハチスンがその重要な先駆者となった。教育制度は抜本的見直しを受けた。一人の教師（リージェント）が同一学級のあらゆる教科を四年の勉学期間を通じて受け持ち続ける伝統的手法は、専門の各教師と各学級からなる教授制に置き換えられた（キングス・カレッジだけはリージェント制を維持した）。それゆえ、一七〇八年に他に先駆けてリージェントを廃止したエディンバラ大学が、最初の法学教授まで任命した（一七一〇年）のは、決して偶然の一致ではない。

履修課程も変化した。ニュートンについて教えるようになるといった知的に重要な発展とは別に、学習の実践的側面が目立って強調されるようになった。ポール・ウッド（Wood 2003 : 103）が言うように、自然哲学者たちが、大学と、より広い社会という場の両方で、実践学習の地位を高める「改良の切り札」の役割を演じた。かくして、法学ならびに医学の職業指導学級が発展したことに加え、農業の改良や「勤労」にとって明らかに有用な、化学や植物学といった諸学科の拡張が見られたわけであるが、グラスゴー大学時代のウィリアム・カレンがケイムズ宛の手紙のなかで認めたように、そうしたことは意図的になされたのである（Thomson 1859 : I, 596）。実際、この二人は、肥料の化学作用をめぐって長文の手紙のやりとりをした。後年、地所を買ったカレンは、そこで自らの原理を実践した（Donovan 1982 : 100 ; Thomson 1859 : II, 670）。しかもカレンは、亜麻布の漂白（Guthrie 1950 : 62）やニシンの（塩漬け）保存（Donovan 1982 : 101）に化学を応用するための研究も行った。同様に、エディンバラ大学の薬物学教授フランシス・ヒュームは『農業と植生の原理』（一七五六年）を著し、化学の重要性は農業の諸原理を確立させることが可能なところにあると主張したうえで（1756 : 4）、これもカレンと同じだが、亜麻布の漂白実験を行った（カレンはこの主題に関する論文を一七五五年に改良奨励評議員会に提出している［Thomson 1859 : I, 76］）。ジェイムズ・ワットはグラスゴー大学に（彼自身の命名による）数理器具職人として雇用された。ワットは教授たちと数多く対話したが、とりわけカレンとブラックという、スコットランド啓蒙における最も卓越した化学者二人の仕事から恩恵を受け、一方で自然哲学教授ジョン・アンダースンが、大学の持つニューコメン型蒸気機関に関係する仕事をワットに与えたのであった（Law 1969 : 13, 17）。

大学は恩顧制度を構成する決定的に重要な要素の一つであり、特にアイレイは近代化に打ち込む人々を教授に任命しようとした。単なる「党派人」が任命されたと述べているわけではない。大学恩顧研究の第一人者ロジャー・エマスンは、「教授の地位は特定の人々に与えられたが、その理由は、【13】功利性や礼節や、あるいは、一六九〇年には大いに抑圧されていた後進農業地域が、一八〇六年頃までに［…］繁栄地域へと変容するためには、この国がどう変わらねばならないかをめぐる洞察に、彼らが関わりを持っていたからであった」と要約する（Emerson 2008b : 9）。スコットランド啓蒙の理論家たちの圧倒的多数が大学教授だったという明白単純な事実は、この制度においては能力が重きをなしていたことの自明な証拠となっている。もちろん、情実やえこひいきが存在したことを否定する過ちを犯すつもりはない。例えばグラスゴーでは、ロバート・ディックが息子に自然哲学教授職を、アンドルー・ロスが同じく息子に人文学教授職を譲り、またアレグザンダー・ウィルスンの天文学教授職は息子が継承した。事例はこれらだけにとどまらない（Mackie 1954 : 186）。このパターンは他大学でも繰り返された。しかし、つねに成功したわけではない。カレンが自分の息子をエディンバラ大学植物学教授にしようとしてダンダスに仕掛けた陳情運動は実を結ばなかった（Thomson 1859 : II, 232）。さらに言うなら、怠惰な無能力者を任命することから得られるものはほぼ皆無だったが、それは授業料を支払う学生を集めることが彼らには不可能だという理由一つをとってみても明らかであった（スミスは、学生が教師に授業料を支払うスコットランドの慣習をオックスフォードの慣習以上に好ましいとしたが、それはグラスゴー大学を卒業した彼がスネル奨学生として自らの肌で経験したことであった）。

スミス自身、アイレイの承諾とケイムズの支援を受けて一七五一年にグラスゴー大学論理学教授の地位を手に入れたのであって、それ以前にケイムズはスミスがエディンバラで公開講義を行えるよう取り計らっていた。アイレイが一七二八年から六一年にかけてのグラスゴー大学における二〇の教授職任命を支援するか黙認するかしたことを、ロジャー・エマスンの研究は暴露したが、そのなかにはハチスンやカレンやブラックも含まれている（Emerson 1995b: 38）。エマスンはアイレイが「スコットランド諸大学の少なくとも五五名の任命に関与した」と見積もってさえいる（Emerson 1995b: 30）。例えばケイムズは、ミルトンとエディンバラ市長ジョージ・ドラモンドとアイレイに宛てて手紙を送り、エディンバラ大学の化学教授職にカレンを推薦した（Thomson 1859: I, 87–8）。こうした支援があったから任命は自動的に進んだと受け取ってはいけない。グラスゴー大学神学教授職をめぐってアイレイは、リーチマンが近代化に打ち込む人々と同じ型の精神の持ち主であったにもかかわらず、リーチマンの競争相手を支援した。実際リーチマンは、グラスゴー大学の学長のみならずスコットランド教会の総会議長にさえなったのである。スミスが手にした論理学教授の地位には競合者がいて、ミルトンはスミスの競争相手ジョージ・ミュアヘッドを支援してほしいという陳情を受けていた（ミュアヘッドは翌年――アイレイの支援を受けて――人文学教授職を獲得した）。グラスゴーだけが異常だったわけではない。この任命パターンはアイレイ没後も続いた。アイレイの甥に当たり、アーガイル家の政治組織を相続したビュート卿は、それぞれ一七六二年と一七六〇年に、エディンバラ大学におけるロバートスン学長誕生とブレア教授誕生に貢献したし、一七六一年にはジョン・ミラーをグラスゴー大学の市民法教授職に就かせた。事実、一七六四年時点のエディンバラ大学における一九の地位のうちの七つ、【14】そしてグラスゴー大学における一三の地位のうちの五つが、ビュートの支援を受けた者で占められていた（Emerson 1998: 159–60）。

改良を追求するための大学の意識的活用の、一つの例外と言えるのが、デイヴィッド・ヒュームである。世に認められた彼の知的能力のすべてをもってしても、エディンバラ大学教授職への公式の立候補と、スミスの論理学教授職（スミスが道徳哲学教授に就任したため空席になっていた）への多少なりとも非公式の立候補は、不首尾に終わった。前者について、ヒュームはエディンバラ市議会（任命主体）内部の政略に原因を帰したが、その市議会では、ヒュームが信仰上の異端であるとの評が持ち上がっていた。後者についてヒュームは、「聖職者どもの猛烈かつ陰湿な抗議」と、アイレイが彼の支援にしくじったことを理由に挙げた（*Letters* I, 164-5）。ヒュームの支援者の一人だったスミスさえ、同じ支援者のウィリアム・カレンに宛てた手紙のなかで、自分は「デイヴィッド・ヒュームが他の誰よりも同僚にふさわしいと思う」としながらも、「公衆は私と同意見ではない」こと、そしてその意見には耳を傾けなければならないことに首肯した（*Corr* 10/5）。極端ではあるにせよ、この件は大学における「啓蒙」の限界を示す一方で、一七五二年に法曹図書館長という全き「体制」側の地位を得たヒュームは、決して社会ののけ者ではなかった。

クラブと協会

以上の素描からでさえ、法、教会、そして学院からなるスコットランドの諸制度の混交性は明白である。知的エリートはこの織物に織り込まれた。それをあからさまに示すものの一つが、急増するクラブと討論協会の共同会員数であって、そうした場は、大学の、法曹界の、教会の、そして「改良」の紳士たちにとっての収束点を形づくった。「農業知識改良者名誉協会」という堂々たる名称を付された協会が一七二三年に設立された。この協会は（その名の通り）農業実践の数々を矯正するという実際的目的のもとに樹立されたが、その活動は多岐にわたった。「改良的」実践には、新しい農機具や土地保有再編と並び、クローバーのような新作物や輪栽や施肥を介して「イングランド方式」（Ramsay 1888: II, 227）を導入することが含まれていた。知性の広がりの徴候として、一七二〇年代にランキラーのホープ（Thomas Hope of Rankeillor. 地主改良家）の手で進められたエディンバラ湖の干拓は「受け継がれた環境を改変しうるとする啓蒙の精神性を見せつけた」と、T・C・スマウト（Smout 1999: 219）は判断する。フランシス・ヒューム『原理』は土壌、堆肥、耕耘に関する諸章を含んでいた。デイヴイッド・ヒュームの兄や、ブレア・ドラモンドにあった妻の領地を前述のごとく管轄したケイムズのような、一部の地主たちは、これらの作業を体系的に処理した。【15】ヒューム〔フランシス・ヒューム〕は「農業のさらなる改良計画」で『原理』を締め括っているが、その計画の中心には、「最も独創的で有用な実験を行った」人々に「名誉と富をもたらす特典を授与する」権限を具備するとともに、研究情報の交換所ならびに散布所としても活動する、委員会の樹立が置かれていた（1756：177）。この「改良協会」は亜麻布産業の発展も援助したが、それは、協会の鍵となった構成員たちが漁業・手工業評議員会の設立（一七二七年）に関わっていたためである。この評議員会とその活動ならびに方針は、「経済的」であるとともに愛国的でもある出版物論争の主題になったが、[8]それはちょうど、四五年反乱後に、諸々の制度組織が「スコットランド高地地方経済」を活性化させるのにふさわしい仕組みをめぐって議論を始めたのと、同様であった。

こうした協会は実際に多数存在したが、なかでも最大の名声を博したのが一七五四年に設立されたエディンバラ「選良協会」で、この協会が、示唆に富んだ命名の「エディンバラ技芸・学問・手工業・農業奨励協会」を一七五五年に生み出した。[9]協会にはスミス、デイヴィッド・ヒューム、ケイムズ、ロバートスン、ファーガスンのような重要な社会理論家たちが加入していた（Emerson 1973 参照）。フランシス・ヒュームが提案した農業委員会は選良協会の手で設立される運びとなった。D・マッケロイ（McElroy 1969：48, 58）が文学改良協会の最高の手本であると考えたこの選良協会は、一七六一年に「スコットランドにおける英語の読書・発話を促進する」ための協会まで産み落とした。ここでの動機の一部は「スコットランド的なるもの」をめぐる自己意識、とりわけ書き言葉と話し言葉をめぐる懸念であった。一七七三年にジョンスンは独特の慇懃さを伴いつつ「スコットランド人の会話は、日々、イングランド人にとって不愉快でなくなりつつある。彼らの特色は急速に消え去っている」と述べたが（Johnson 1791：380〔邦訳二二九〕）、それはこうした懸念が存在したことの、裏の意味にもとれる証言であった。ヒュームとビーティーの両人はそのような特色（「スコットランド訛り」）の一覧表を出版したものだし、エディンバラでは発声法の学習が「熱望」されたため、同時代人が評するところの「最高位の婦人や紳士方」が出席する公開講義が開かれる運びになった（Somerville 1861：56）。ジャコバイトはスコットランド人に同じ、というイングランド人のいい加減な想定がもたらす恐怖心を通じて、こうした不安は高められ、本来はレッテルである「北ブリテン人」の流用や（例えば一七五五年の『エディンバラ評論』初版に付された編者序文を見よ［Rendall 1978: 223 所収］）、エディンバラのニュータウンやグラスゴー新市街に見られる、ひどくハノーヴァー朝風の街路名の数々を生んだ。

こうした熱中状態が単なる自己意識の表出にとどまらなかったのは、それが礼節に対するいっそう幅の広い関心と一体化していたからである。礼節への関心は初め『タトラー』や『スペクテーター』のようなイングランドの定期刊行物を通じて広められ、これらはすぐにエディンバラで再版されて広範に流通した（Phillipson 1987; 1981）。スコットランド人は【16】『スコッツ・マガジン』を一七三九年に立ち上げることで、それらを見習おうとした（Murdoch and Sher 1988: 133）（この雑誌はヒューム作成のスコットランド訛り一覧表を一七六〇年に出版したが、一覧表の初出は一七五二年刊のヒューム『政治論集』である）。礼節と「習俗」に払われた注意は急成長を続ける都会文化の当然の帰結で、事実「都会風（urbanity）」（とそれに関連した「開化（civility）」）は、商業社会において（名目上とまでは言えないにしろ、実際上）積極的に評価される性格や振舞いの型と化したのである。そうした型の批判者が告発したように、都会風を吹かすことは穏健主義者の社会説教と同種の事柄であった。この礼節ある文芸の御用達が「彼らに特有の機知と皮肉をもって、かつての神学者や道徳家がほとんど触れずに残しておいたところの、そうした劣等なる生活義務の数々について、くだくだしく説明した」と、別の同時代人は評している（Ramsay 1888: I, 6）。

社会的作法に対するこの抜け目のなさは、クラブや討論協会の激増にも明らかに表れていた。一七四〇年代初めのグラスゴー大学で送った学生時代について記したアレグザンダー・カーライル（ロバートスン「不同意の理由」の共著者の一人）の『自伝』を介して、クラブや協会の多数さや多様さが醸し出していた雰囲気を味わうことができる。彼はグラスゴー市長アンドルー・コクランが週に一度主催するクラブについて語っているが、それは「交易の性質と諸原理をそのあらゆる部門について探究し、相互に知識と見解を伝達するための」グラスゴー市商人たちのクラブであった。このクラブ（「ポリティカル・エコノミー」）はのちにスミスを会員に加えた（Ross

2010:140〔邦訳一五七〕)。カーライル自身は大学内で開かれる文学クラブに参加したり、学生と「若い商人数名」を組み合わせた別のクラブに参加したり、後年、今度はグラスゴー大学教授が大半の、また別のクラブに参加したりした(Carlyle 1910:81-9)。ロバート・シムスンに率いられたこの三つ目のクラブが、グラスゴー文学協会(一七五二年設立)の糧となったわけであるが、この「街と大学」を一つにした協会において、例えば、スミスやブラックや後年のリードたちはみな論文を読み上げたのである。

選良協会のようないくつかの協会が目に見えるかたちで改良に関わった一方で、世紀初めにジョージ・ターンブルやマクローリン(ニュートン主義の指導者)を会員とした「ランケニアン」や、リード、キャンベル、ダンバーらの著作の発信源となった後年のアバディーンにおける「ワイズ・クラブ」など、表面的にはむしろ「哲学的」な他の協会もあった(Ulman 1990)。なおも名声を保って現存しているエディンバラ王立協会は一七八三年に設立された。王立協会はロバートスンが主催し、初回会合の席に連なった面々にはカレン、ブレア、ファーガスン、スミスがいた。さらには、エディンバラ議会議員に加えて、エディンバラ市長、最高法院次長、法務次官その他の法曹たちも出席していた(Campbell and Smellie 1983:5)。

エディンバラ王立協会がすぐれて具現するのは、以上のような多様な協会が制度的織物の重要な一部であったという、そしてそれらの協会がスコットランド国内で指導的役割を果たしたという、裾野の広い事実である。【17】こうした制度組織を構成した文人たち自身がこの国のエリートの一員であった(Spadafora 1990:11)。多様な協会は大学人、法曹、教会人、そして「改良」ジェントリたちの収束点を形づくったのであって、そのことによって、それらは「異なる専門知識を持った人々の非公式的な接触を制度化し、彼らがその一部を担っていた運動を促進した」とするアナンド・チトニス(1976:196)の主張に実質を与える。このような「改良の理念」が次第に浸透したことで、例えば、地域単位の農業協会(スコットランド人の発明物)が数多く形成された(Smout 2012:144)。この「改良の理念」の伝播こそが、経済発展を活性化させる非公式の信用構築システムとしての社会資本の発展にとって、鍵となる要素である(Mokyr 2009. Chap. 16)。かくして、商業社会の理念は制度的形相を獲得したと述べることさえ可能だろう。

法、教会、学院そして「クラブ」のこの織り合わせは、スコットランド啓蒙をめぐる、ある重大な「社会学的」事実を確立する。学院とサロンは論争の中心地や理念の伝播源として啓蒙期を通じて広く普及したが、しかしリチャード・シャーが要約するように、スコットランド人は「経済的ならびに道徳的改良、礼節ある教養［…］そして啓蒙的諸価値のための相互支援と共通目標からなる環境」のうちに居住していた（Sher 2006 : 147）。広く普及した「改良」利害によって連結された制度的基礎と人格的紐帯のうえに打ち立てられた、このほとんど共有のアイデンティティが意味したのは、先に思いきって述べたように「商業社会」の思想が制度的織物のなかに織り込まれていたということ、そして、そこから遊離した学問的営為ではなかったということである。

2

数百万語（かつての著作において私も寄与した）が、啓蒙に定冠詞を付すべきか否かを含めて、啓蒙のために費やされてきた（この論議の概略については、多かれ少なかれ代表的なものとして、Pocock（1999）, Robertson（2005）, Sher（2006）, Withers（2007）を見よ）。さらに多くを本書に付け加えたいとは思わない。ただ、これからの議論を、あとに続く主張のいくつかを示唆ないし予示するために用いたいと思う。そうした努力を試みるに当たり、引き続き「改良」の概念をライトモチーフとして選択する。

ジョン・ミラーの重厚な『イングランド統治史論』（一七九七年／一八〇三年）のうち、最も頻繁に引用される文句は実のところ脚注の一つであって、そのなかでミラーは「偉大なるモンテスキューが道を示した。彼はこの［市民社会史という］学問領域におけるベーコン卿であった。スミス博士はニュートンである」と述べている（*HV* II. 10/404n.）。以下の限られた議論を構造化するためにこの引用を役立てたい。したがってベーコン、ニュートン、【18】モンテスキューについて順に論じていくことにするが、ジョン・ロックの役割をめぐる短い解説を挿入しているところは、ミラーに従っていない。

ベーコン（一五六一〜一六二六年）――改革と改良

ベーコンは偶像的地位を占めた。重要だったのは彼が象徴していると見なされた事柄である。啓蒙思想家たちは、ベーコンの様々な処方箋に献身的に従うという意味において、彼の追随者であるわけではない。むしろ彼らはベーコンを、支配的正統に挑戦することで彼ら自身の姿勢や学問態度を先取りしていた人物として評価する。ヴォルテールにとってのベーコンは「実験哲学の父」であったし（Voltaire 1956 : 337）、ダランベールは『百科全書序論』（一七五一年）の第二部で、「気づかれない程度に少しずつ世界を照らしていく光をはるか彼方から準備した」四名の重要な先駆者にベーコンを含めた（d'Alembert 1963 : 74〔邦訳九九〕）。ヒュームは『イングランド史』において、ベーコンは「離れたところから真の哲学に通じる道を指し示した」という見解を表明し、その開拓者的地位を引き合いに出すことで先例にならっている（*HE* II, 112）。

ベーコン本人は科学者ではなく法曹だったし、彼がコペルニクス体系を受け入れなかったことも事実である。しかしながら、彼の文化的重要性、あるいはその名誉ある地位は、人間の境遇を改良することに貢献する知識を開発することが「哲学」の目的であるとした主張に由来するように思われる。このような実践的ないし功利主義的傾向を彼自身がなにゆえ採用したかをめぐっては、論争の余地がある――例えば、ピューリタニズムおよび摂理史観への傾倒によるものか（Webster 1975 : 22）、それとも帝国拡大の欲求によるものか（Martin 1992 : 141）。だが、目下の回顧的文脈において試金石となるのは、『学問の進歩』の結びのほうの、自らは「改良の欲求」に動かされたのだとする彼の言明である（*AL*〔*Advancement of Learning*〕Bk IX Conclusion/1853 : 375〔邦訳三七七〕）。啓蒙思想家たちの共鳴を得たのはこの言明だった。ベーコンにとってと同様に彼らにとっても、価値ある知識とは有用であるべきものだった。自らの仕事に対するベーコン本人の捉えかたには、消極的側面と積極的側面の両面が存在していた。

彼は古い慣習を一掃するべく闘った。この闘いの最大の標的は「論理学で自然哲学を駄目にした」アリストテレスの「古い」機関であり、中世のスコラ学におけるアリストテレスの追従者たちであった（『ノヴム・オルガヌム』〔*NO*〕Bk I, sect. 63/1853 : 400〔邦訳一〇三〕）。だがベーコンは、初期近代思想における他の二つの潮流をも批判的に眺めていた。すなわち、自然魔術の個人的実践者に依拠した錬金術の伝統と、すべては不確かかあるいは疑いうるものとする哲学を擁した懐疑主義である。戦闘準備に努めたベーコンをデカルト（ダランベールの挙げた先駆者の一人）が模倣した。【19】周知のように、デカルトは疑念の限界をめぐる「思考実験」を用いて懐疑主義に対抗した。つまり、私がいま疑っているか、あるいは思考していること自体は、疑いえないとしたのである。デカルトはまた、アリストテレスのそれのごとき「権威」への依存を崩そうとした（アリストテレスの追随者たちを、彼らを育てる木に制約された木蔦に過ぎないと表現した［1912 : 55〔邦訳八六〕］）。

権威へのこうした蔑みは王立協会が自己の目的と見なすものの中心を占めることになったが、それは、科学は協働の営みであるがゆえに孤独な魔術師の特権ではありえないとする、いわゆる「ベーコン主義イデオロギー」（Webster 1975 : 99）の鍵となる要素を、同協会が制度化したためであった。この原理原則を実行するための諸学院の設立は啓蒙の特徴の一つとなり、（前述の）エディンバラ王立協会がその主要例となった。権威批判はオリジナルの王立協会が選定した「誰の言葉にも依拠せず」という標語に暗示されている。トマス・スプラットは、伝道著作めいた協会の『歴史』のなかでベーコンを「当事業の全領域にわたって真の想像力を働かせた偉大なる人物」と呼んだし（1702 : 35）、この標語自体が言語改革に向けられたベーコン本人の関心のこだまである。言葉は「知性に浸潤していく」とベーコンは明言した。言葉は彼が「人間精神の最も深刻な誤謬」と認めた四つの「イドラ」の一つである。言葉の定義づけを行うことが、彼に言わせれば不完全とはいえ、その矯正策となる（AL Bk V. Chap. 4/1853 : 207-10〔邦訳二二九〜二三〇〕）。これに関連した流れのなかで彼が唱えたのは、例えばアダム・スミスも述べようとしたように、「平明な文体」が修辞的装飾以前にまず涵養されるべきだということである。啓蒙期の他の数多くの著述家たちと同様にスミスも、言語の発生と本質を扱う著作を公刊した（一七六一年に発表されたスミス「言語起源論」を参照〔のちに一七六七年刊の『道徳感情論』第三版に収録された〕）。

しかし、こうした消極的要素以上に重要と述べることができるのは、学問を進歩させるべきだとするベーコンの積極的な提言であった。この進歩の基礎は「真の帰納法」（NO Bk I. xiv/1853 : 386〔邦訳七三〕）にあった。この方法はアリストテレスの三段論法的方法と明らかに対立したが、後者はベーコンに言わせれば、感覚から出発しておきながら「乏しい一握りの」経験にしか基づかず、不当な性急さをもって一般命題へと向かうため、知識を進歩させることができないのである。それに代えて「我々は［…］知性に翼ではなく鉛と錘を取り付けなければならない」（*NO* Bk I, civ/1853 : 431〔邦訳一六二〕）のであって、つまりは、散文的に、経験による感覚的知覚から出発することで、真実の方法は「連続的かつ漸次的に」「適当な拒否と排除」の過程を経ながら上昇し（*NO* Bk I, cv/1853 : 432〔邦訳一六三～一六四〕）、一般命題ないし公理を実験的に生み出すのである。これらの命題や公理が翻って新実験へと導き（*NO* Bk II, x/1853 : 456）、かくしてそれらは「新たな個々的なものに定義を与えることで諸学を活性化する」（*NO* Bk I, xxiv/1853 : 387〔邦訳七七〕）。**【20】** 感覚は明らかに誤りやすいものだが、ベーコンは自らの方法が確実性を生み出しうると考えている（Jardine 1974 : 79）。ベーコンにしてみれば、アリストテレスはただ「せっかちに実験の領域に触れるに過ぎない」一方で（*NO* Bk I, xxiv/1853 : 387〔正しくは xxii／邦訳七六〕）、彼自身の漸次的接近法は感覚を「実験」の判断者として扱い、実験を「事物の判断者」として扱う、と主張される（『大革新』〔*GI*〕〔1853 : 15〕〔邦訳一九〕）。諸事物または「宇宙の諸現象」の調査は基礎的な自然史（natural history）の構成を可能にする（*GI* 1853 : 16〔邦訳二〇〕）。この「自然史」の目指すところは、「あらゆる種類の実験」（*NO* Bk I, lxx/1853 : 407〔邦訳一一五〕）を介して「諸原因の発見に光を注ぐ」（*GI* 1853 : 17〔邦訳二一〕）ことである。諸原因を明るみに出すための「実験」ないし経験のテストは、啓蒙の担い手が自らの努力を自ら理解するときの核心として、強調される。もっとも、ベーコン主義的接近法はそれ以上の直接的洗練を伴うことなく採用されたなどと（ベーコンは「離れたところから」影響を及ぼしていると実際に見なされていたことを想起しつつも）述べるつもりはない。

ベーコン自身が型を造った新しい「自然史」は注目すべき遺産でもあった。ベーコンの提示する企画そのものは広汎に及んだ。それは単なるデータ集成や「自由な状態」にある自然の表の作成（鉱物、植物、動物など）にとどまらず、むしろこれこそまさにベーコン主義的な、「拘束され苦しめられ、抑えつけられ、型にはめられた」自然の研究さえも組み込んでいた（*GI* 1853 : 17〔邦訳二一〕）。自然の「加工」（*AL* Bk II, ii/1853 : 81〔邦訳一二九〕）が「技術ならびに人類の歴史」の力のおかげとされたのは、悪名高い言い回しだが、「事物の本性は、それ自身に委ねるよりも、技術の拷問を加えたほうがよりよく見出される」とベーコンが信じていたためである（*GI*

1853 : 17〔邦訳二二〕）。

上述のように、ベーコンの遺産の最も重要な要素はその確固たる功利主義であったが、それは、功利・効用以上に真理の省察が「高尚」であることを彼が認めていたにもかかわらず（*NO* Bk I, cxxiv/1853 : 442〔邦訳一八七〕）、そうなのである。この遺産は、「知識と人間の力は同義だが、それは原因を知らなければ結果は無に帰すからである」（*NO* Bk I, iii/1853 : 383 : 1740 : I, 274〔邦訳七〇〕）という、彼の最もよく知られることになった命題に明らかである。哲学上の発見がそれ自体のために存在するわけではないのは「諸学における真の正当な目標とは、人間生活に新しい発見と富を贈ることだからである」（*NO* Bk I, lxxxi/1853 : 416〔邦訳一三〇〕）。ベーコンは、モア著『ユートピア』に対する慎重な「解釈」のなかで、彼が視野に収めていたものへの手がかりを与えている。『ニュー・アトランティス』では、ソロモン館の目的は「諸原因に関する知識」を用いて「人間帝国の領域を拡大すること」であるとする彼の中心テーマを再度繰り返した直後に、この拡大の具体例をいくつか提供する。彼は、薬剤を改良する数々の手法と並び、「新しい人工金属」を作るための洞穴掘削、脱塩設備と塩田、「技術によってより早くより多量の果実を生み出す果樹園に言及する（1868 : 297-9〔邦訳五四〇～五四二〕）。この「目標」が「改良」という啓蒙のエートスに結びついた。つまり、理論的知識が実践的活動を指導しうるという主張ないし確信に結びついたのである（Golinski 1988 : 12）。【21】すでに見たように、スコットランドの「改良家」が主として関わっていたのは、土地の産出を増やし化学によって亜麻布を改良するために「科学」を応用することだった。ジョン・グレゴリ（自身は医者であった）が「人類の世俗ならびに自然の歴史は、好奇心を楽しませ喜ばせるのにふさわしい研究対象であるにとどまらず、人間という種の開発と改良という最も高貴なる企図に寄与する研究対象になった」と述べたとき、彼はこのことをつかんでいた（Gregory 1788 : 19）。

ここでのグレゴリの言語はベーコンの明らかなこだまだが、そのベーコンは歴史を自然のそれと世俗のそれに分けたものの、前者の追究が人間の干渉を意味する以上、自然を技術から切り離すのは誤りだった。技術の歴史または「器械の歴史」（*AL* Bk II, ii/1853 : 82〔邦訳一三二〕）は「制約を被った」自然の歴史なのである（*AL* Bk II, 2/1853 : 79〔邦訳一二七〕）。トマス・リードはベーコンが「自然哲学を築き上げることのできる唯一の堅固な基礎に輪郭を与えた」と見なした。リードはその直後に、諸々の原理をわずかな数の原則にまで縮約したのはニュートンだと主張している（『知的力能論』*Intellectual Powers* Bk VI, 41/1846 : 436）。ベーコンとニュートンのつながりは広汎に認知されていた（Gaukroger 2001 : 2）。ニュートンはベーコンに言及しなかったが、この結びつきを否定することもなかった（Perez-Ramos 1996 : 319）。ミラーの脚注が例証するように、結びつきというものはたいていが一般に受容された啓蒙の教えの一部であって、レトリック的に用いることもできたのである。

ニュートン（一六四二～一七二七年）――自然科学と道徳科学

スコットランド人はピーター・ゲイの言う啓蒙一家の意識的構成員だった（1967 : 4）。この同族魂は、無知と迷信の暗闇を除去するために自分たちが改良の「光」を注いでいるのだと考えた。照明の鍵となる源泉は科学であり、その最も輝かしい源泉がアイザック・ニュートンであった。ニュートンの業績は、地上の諸現象のみならず天上の諸現象をも、少数の単純な原理（運動法則と重力法則）から引き出された単一の包括的説明図式のうちに収めたことだった。ミラーの見立てによれば、スミスは偶発に見える商業的相互作用の数々を鍵となる少数の原理に縮約したからこそ、「経済学（political economy）のニュートン」の称号に値した。[10]

すでに見たように、ベーコンは自然の歴史と世俗の歴史の隔たりを狭めようとしたが、それはニュートンにおいても繰り返された。ニュートンは『光学』の序文で（1704 Qn. 31 [Newton 1953 : 179]〔正しくは「序文」ではなく、一七〇六年刊のラテン語版にまず追加され、一七一八年刊の第二版以降で「疑問三一」と表示されるようになった第三編の一節が典拠／邦訳三五七〕）、自然哲学ないし自然科学の方法が完成にいたったとき、それは道徳哲学（すなわち、現在で言うところの社会科学）の領域を押し広げるだろうと明言した。この箇所を過度に実証的に読むのは間違いであろう。【22】ニュートン本人は異教に対する真の宗教の強化を心に決めており、実際にニュートンの追随者たちの多くは、初期の彼の主要なスコットランド人後継者の口を借りるならば「宇宙の創造者ならびに統治者をめぐる知識へと、我々を申し分なく導いてくれるもの」としてニュートン体系を眺めていたのである（MacLaurin 1750 : 3）。にもかかわらず、ニュートンの読者のなかには、いっそう直接的な実用的教訓をこの言明から引き出した人々もいた。彼らは、ニュートンが自然科学のために行った事柄を、道徳科学ないし社会科学のために成し遂げようとした。明らかにミラーはスミスがニュートンを継いだと考えていた（それは、カントがルソーを、人間意志のきわめて重要な役割に関するかぎりでのニュートンの後継者と考えていたのと同じことである）。ニュートンの名に言及がなされないときでさえ、例えばフェルディナンド・ガリアーニが『貨幣論』（一七五一年）で、商業法則を重力法則ならびに流体法則と比較した際（Galiani 1915: 45）、あるいはハチスンが「博愛」を「重力の原理」と比較した際に（Hutcheson 1728: 222〔邦訳一九〇〕）、彼の「影響」を認めることはできた。

ヒュームもニュートンの名を口にしていないが、ニュートンは、唯一のというわけではないにしろ、『人間本性論』（一七三九〜四〇年）の背後にあってその鍵をなしている着想源の一つであり、ヒュームは同書の副題で、この書物は「実験的推理法を道徳的主題に導入する試み」であるとしている。彼によれば、この推理法は「自然哲学」において魅力的かつ決定的な果実を生み出してきたのであって、その方法を「道徳的」に追究することは「人間の科学」を発展させることを意味する。また、このことは『人間本性論』の序論で示された三つの接近法を採用することを意味している。

第一に、道徳的主題（人間ならびにその制度）の研究において、科学者は慎重かつ正確に実験を行わなければならない。人間の科学、すなわち道徳の科学は経験主義的である。第二に、ベーコンも述べたように、それは単なるカタログ作りであってはならず、観測に基づく「諸実験」を普遍的原理にまでたどっていく試みでなければならないのであって、つまりは「きわめて単純な、きわめて少ない原因から、あらゆる結果を説明すること」でなければならないのである。この第二の接近法はほとんど定義に近い地位を獲得することになる。例えばスミスが「ニュートン的方法」を「最も哲学的」と見なしているのは、それが複数の現象をある一つの原理から引き出すため、そして「すべての現象をただ一つの鎖でつなぐ」ためである（*LRBL* ii. 133/146〔邦訳二五一〕）。また、アダム・ファーガスンにとっての「科学の目的」は「一般項目のもとに多種多様の個々的なものを収集すること、そしてそれらの多様な機能を共通原理に属さしめること」である（*ECS* 27）。第三に、道徳的主題は自然的主題に比べて実験になじみにくいことからくる「特有の短所」を抱えていると認めておきながら、ヒュームは「諸実験」がなお可能であると明言する。それらの実験は「世の中の日常的成り行きにおいて」生じる「人間生活の注意深い観察」から引き出され、それらが「思慮深く収集され比較された」場合には確実性を手に入れられる。さらには、そうした実験的結論の堅実さゆえに、人間の科学はあらゆる科学のうちで最も有用なものとなりうる（*T* Intro. 10. *SBNT*. xix〔邦訳一、九〜一〇〕）。【23】ここで再び見出されるのは、人間の境遇改善に向けた功利主義的かつベーコン主義的な傾倒ないしコミットメントに対する広範な同意である（ファーガスンさえもが「知は力なり」というベーコン主義の格言を引用している［*PMPS* I. 3. 280; II. 40］）。このコミットメントが、商業社会の理念を擁護した中心要素の一つである（特に第三章を参照のこと）。

啓蒙運動における道徳科学者たちは、自らの主題に数量的には接近しなかった。彼らの社会科学は「統計的」（一七九七年版『記述統計』でシンクレアがこの用語を使ったのは、英語の意識的な新造だった）ではなかったのである。『国富論』は計量経済学にまったく関与していないとしばしば評されており、スミスは実際に「政治算術」をけなしたし、ケネーやミラボーの重農主義的著作には豊富な表や「計算」が見られるとはいえ、ミラボーは著作が代数化しないように気をつけた旨を明言している（Mirabeau 1760 : 20）。啓蒙学派に有能な数学者がいなかったわけではない。例えば、ダランベールやモーペルテュイは熟達者だった。しかしながら、そのことが彼らの社会思想を（いわば）侵すことはなかった。ただ一人の目立った例外がコンドルセである。彼は、確率論の著作ゆえに、そしていまなお選挙研究で引用される循環多数決のパラドックスを提示したがゆえに、歴史的に重要な人物である。

また、自然科学と道徳科学のあいだに明確な分業関係が存在したと考えることは誤解に導くであろうし、啓蒙運動のなかで広範に抱かれたベーコン主義的見解に反してさえいるだろう。「科学」とはあらゆる知的考究を包摂する体系の精神（esprit systématique）の表明であった。社会科学者は、医学、化学、数学などの分野で働く人々と同一の局面で活動していることを意識していた。これまで強調してきたように、この結びつきは等しく共有された「改良」への関心に、暗黙のかたちで示されていた。ケネーは経済学における重農「学派」の創設者であると同時に医師であった（そして医学に関する著作を数多く公刊した）。ヒュームには、現在は失われてしまったが、若き日に手書きで残した数学論があったし、スミスもまた、同一の主題に対する一定の興味とおそらくは一定の習熟とを見せたばかりか、後年には植物学も研究した（スミスはジュネーヴで「植物学者」チャールズ・ボネに面会した）（Philipson 2010 : 189, 201〔邦訳二五〇〕）。応用科学の改良をめぐってすでに言及したカレンは「哲学的化学」の講義も行ったし、「哲学的化学」の歴史に関して、彼の同国人が宗教や財産の歴史について書いた説明に類似した説明を行った（概要についてはKent 1950: Chap. 2を、全般的な論議についてはWithers and Wood 2002所収の諸論考を参照）。スコットランド人最後の例は、ジェイムズ・ハットン（ジョゼフ・ブラックとともにスミスの遺産の共同管理人）である。ハットンは、画期的な『地球の理論』（一七九五年）に加え、「道徳科学」をその要素とする『知識および理性進歩の諸原理についての考察』（一七九四年）という大論考を著した。【24】しかし、彼の別の著作のフル・タイトル、すなわち『石炭および粉炭の本質・性質・差異についての考察、これらの必需品への課税に関係して論議を呼んでいる諸問題ならびに関連諸法の現状に対する哲学的かつ政治的な考究を添えて』（一七七七年）が、上の共同作業のこうした意味をおそらくは最もうまく表現している。(11)

ロック（一六三二〜一七〇四年）——教育と進歩

スコットランド人は、改良の唱道者であり、進歩の信奉者だった。彼らは、無知、偏見そして迷信に対立する知識と科学へのコミットメント（加担）を共有している。彼らは、奴隷制、拷問、呪術あるいは宗教的迫害のような行いを非難し、貧困、病、犯罪を矯正すべき汚点であると見なす。事実、スコットランド人の抱く商業社会の理念の鍵となっている面は、商業社会が社会組織の初期形態以上にすぐれている（初期形態の改良であり、初期形態からの進歩である）と解釈するものである。広く受容された啓蒙の教えのなかの、ある重要な一つは、啓蒙期を「進歩の時代」であるとする。あらゆる思想家があらゆる面で意を同じくしていたなどということはない（ヘンリ・ヴィヴァバーグは『フランス啓蒙における歴史的悲観論』〔一九五八年〕という本を書いたが、進歩ではなく退歩があったと論じることで自らの名を立てたのはルソーであった）とはいえ、概括としてならば、それは十分に真実である。

こうした進歩の信念や希望が要請したのは歴史理論であった。歴史理論はしばしば段階形式を採用したが、この点については第二章で多くを語るとしよう。知識の成長という形式で進歩と歴史をつなぐには伝達原理が必要だった。この原理はウィリアム・ゴドウィンが「心に観念を生み出す出来事のすべて」であると理解した「教育」に見出された（1976: 111）。スコットランド人は「真理の全能性」をめぐるゴドウィンのもったいぶった確信を共有はしないが、しかし、彼らは教育を幅広く解釈することで、そこに社会化の過程を組み入れるのである。そうした過程は、スコットランド人の歴史著作の数々に漸進主義的傾向を付与するのに一役買っている。教育を進歩の導管として機能させることを可能にしたのは、啓蒙期における修正ロック主義認識論の広範な受容であった。

『人間知性論』（一六八九／九〇年）の巻頭に付された「読者への手紙」のなかで、ロックは自らを「下働き」と呼んだ（*Epistle*/1854: I, 121〔邦訳一、二四〕）。この自己描写は不正直なものを含んでいるとはいえ、そこには、知的進歩の「最先端」が今や「比類のない」ニュートンやボイルのような「大建築家」「科学者」とともにあることへの、心からの賞賛が確かに反映されている。下働きの仕事は「知識の道に落ちているごみくず」を片づけることであった（*Epistle*/1854: I, 121〔邦訳一、二四〕）。【25】この「ごみくず」の主要な構成要素だとロックが見なしたのは、生得観念の教義、すなわち、心はその内部に一定の普遍的真理ないし原初的観念を含有させられているとする主張であった。この教義は知識形成の障碍となっていた。ロックにしてみれば、幼児の心は「観念」をあらかじめ備えつけられているのではなく、むしろ「白紙」（*Essay* II. 1. 2/1854: II, 205〔邦訳一、一三三〕）か「空室」（*Essay* I. 2. 15/1854: II, 142〔邦訳一、五二〕）なのであって、そのことが認められないかぎりは知識の建造などできないのである。ひとたび認められれば、我々の観念が「経験」に由来すること、そして経験のうちに「あらゆる知識は根底を持ち、いっさいの知識は究極的には経験から引き出される」ことを認識することができる（*Essay* II. 1. 2/1854: II, 205〔邦訳一、一三四〕）。

これは、ベーコンが提起した以上に洗練されており、かつ重大な経験の概念であった。この経験主義的言明があったればこそ、ダランベール（1963: 83-4〔邦訳一二一〕）はベーコンやデカルトやニュートンとともにロックを主要先駆者の一人に数えたのだった。ロックは革新者としてニュートンと比較され、ニュートンが物理学のために行ったことを「形而上学」（「魂の実験的物理学」）のために行ったとされた。ロックが手短に扱われたとまでは言うまい。感覚を内省から区別したロック本人の説明が、前者のなかに後者を包含させるかたちで単純化されたのである。コンディヤック神父『人間認識起源論』（一七四六年）は、ロックを翻案し改良したフランス文献の重要な源泉であった（そしてこの書もまた、序論において、知識が感覚から生じることを認識したベーコンが初期に果たした役割を承認した［2001:6］〔邦訳上二〇〕）。コンディヤック以前には、ヒューム『人間本性論』が、「観念」は「印象」ないし感覚のかすかな像でしかないとする土台のうえで議論を進めていた。ロック由来の経験主義は、啓蒙思想の広がりに一定の範囲を与えたが、共通了解のもとにあったこの範囲に向けられた周知の二つの異議を惹起したのは、ヒュームへの反発だった。世紀末のカントも世紀半ばのリードも、ロック的「観念論」を受けているとされたヒュームの前提に対する攻撃へと駆り立てられたからである。

ロック的「白紙」としての心の像が可能にしたのは、不合理性を説明すること、そして理性の諸原理を蓄積する潜在能力を説明することである。かくして例えば、迷信を軽信からくる無知の産物と同一視することが可能になった。フランスの啓蒙思想家たちにとっての迷信は、大勢の人々を暗闇のなかに保ち続けることから「利益」を得る聖職者の社会的権力に帰されうるものだったが、仮にもし、心の空白ページに不合理性ではなく合理性の使徒の手で文字が刻み込まれるとしたら、そのとき啓蒙の可能性が開けるのであった。スコットランド人たちにしてみれば、こうした議論はもっと微妙なものだった。彼らの目からする説明は、社会の様々の状態ならびに状況の複合組織のうちにあり、それらを識別することがニュートン主義的社会科学者の仕事であった（この同じ仕事が商業社会の理念の明確化を可能にした）。【26】同様に、スコットランド人たちからすれば、啓蒙ないし改良を帰結する原因であるところの諸力は、いっそう複雑なものであった。にもかかわらず、楽観論の土壌は共有されていた。原因を知ることは力だというベーコン主義の格言が、この楽観論を支えていたが、それは、健全な観念は健全な経験から生み出されるという前提に立つかぎりにおいて、よりいっそう「教育を受けた」社会になればなるほど、より教育された、よりいっそう無知を免れた経験が、次の世代に伝えられていくことになるからであった。「教育が我々をつくり上げる」というエルヴェシウスの宣言（1843:310）や、スミスによる、運び屋と学者のあいだの相異は「生まれつきによるよりは、むしろ習性、習慣、教育によるように思われる」といういっそう明確な見解（*WN* I. ii. 4/28〔邦訳一、四〇～四一〕）は、ここに由来しているのである。スミスの見解は、スコットランド人の手で行われる分析の重要な一面をなす道徳的作用因の原理の典型をなしているが、この原理については後続諸章において再度吟味することになるだろう。

「人間の順応性」（Passmore 1971）が、教育の、それゆえ進歩の力への信念を下支えするという仮定が広く共有されていた一方（cf. Vereker 1967 : Frankel 1948 : Spadafora 1990）、そのことは思想家のあいだに横たわる相当に大きな差異と矛盾してはいなかった。差異は抵抗性あるいは「粘着性」の程度をどう見積もるかにあった（Berry 2003a）。「人間を土着的境遇に鋲留めする」ものとして習慣を描写したケイムズや（*SHM* II. 87）、社会変化を財産と習俗の「静かで気づかれない」転変に基礎づけたスミスから（*WN* III. iv. 9-10/417-18〔邦訳二、二四一〕）、幼児の心に働きかける教育の力を通じて人間の弱点は克服されると見たゴドウィン（1976 : 112, 140）、そして不平等の継続的減少と完成に向けた発展を可能にする科学と教育の相互進歩を通じて「運命の帝国」は乗り越えられると確信したコンドルセにいたるまで（1933 : 238, 231, 211）、差異の幅は広がっている。ケイムズとスミスのスコットランド人ペアが映し出しているのは、進歩のスコットランド版は計画的理性よりも習性の抵抗力に重きを置きがちなことに由来する、数多くの際立った特徴を有している、としたダンカン・フォーブズ（1954）の主張であり、それは、フォーブズが（ヴントWundtにしたがって）「諸目的の混交」すなわち意図せざる諸帰結と呼んだものへの彼らの鋭敏な意識を、あわせて反映している。

モンテスキュー（一六八九～一七五五年）――法と共和主義

「改良」が啓蒙のライトモチーフであるなら、たとえそれが、現状が可能世界のうちの最良のものではなく、変化を望むか、唱えるか、引き起こすかするための、複数の合理的根拠が存在するということを意味しているにすぎなくても、そこには明らかな政治的響きがそなわっている。選択には幅があり、行動の唯一なる原理的進路など存在しない。**【27】** したがって私たちは、居並ぶ啓蒙思想家たちのなかに、慈悲深き独裁主義（ヴォルテール）、厳粛な共和主義（ルソー）、立憲主義（カント）、無政府主義か少なくとも最小政府論（ゴドウィン）への支持を見出す。同様に、平等や自由の支持にも程度差があり、その解釈も多様である。にもかかわらず、スコットランド啓蒙の外観は驚くほど一様である。第一節で明らかにしたように、スコットランド啓蒙思想家たちのハノーヴァー家への傾倒は、彼らが根本的なところでブリテン国制に身を委ねていた（実際、それを過度に称揚することしばしばである）ことを意味したし、のちの諸章で見るように、彼らは平等と階層制の関係についてほぼ一致した見解を抱いていたのであって、自由をめぐる見解に関して相対的に大きな隔たりがあるにしても、そうした隔たりは共有範囲の表面を覆うものにすぎなかった。

彼らのあいだの差異を軽んじるつもりはないし、「商業的」社会が最良の論争場を必要としたことも確かである。後続諸章で繰り返される主題がまさにこの点についてのもので、特に第六章において焦点が当てられる。ここで、本書の筋書の全般的特徴を描き出しておくことは有益だろう。この書物が探究を続ける鍵概念の一つは、政体ではなく「社会」の見地でものを考えることを出発点にする理念である。プラトンとアリストテレス以来、国制の複雑な類型論が編み出され、それらを翻案した議論は一八世紀にいたるまで存続した。支配者の数（一者、少数者、多数者）と支配の質（全員にとっての善か支配者にとっての善か）に対して合わせせられた古典的な双子の焦点は、時代を経るなかで、一方には（法を装った）支配の手段の強調、他方には支配者と被支配者にふさわしい人格と諸徳性の強調を生んだ。これらは決して正反対というわけではなかったが、二組の言説を生み出すことになり、前者は法と権利について主に語り、後者は徳と腐敗を中心に語るのである。

これら二つの相異は対立点ではなく強調点を反映するものだから、多くの思想家が両方の傾向を示している。スコットランド啓蒙の研究書では、卓越した三人の名を挙げるだけにとどめておくとしても、ヒュームやスミスやファーガスンの思想を最も巧みにつかんでいる語彙がどれであるかを見定めるために、多大な解釈の労がとられてきた。モンテスキューの場合は逆に明白である。その思想の巨大な衝撃は、ニュートンたるスミスに先立つベーコンの役割をモンテスキューに帰属せしめたミラーが伝える。[12] モンテスキューの最も有名な、そして（特にスコットランド人に対して）深甚な影響を及ぼした書物に他ならない『法の精神』（一七四八年）のまさに題名が、この書が法学体系であることを露呈しているのだ。やむをえず一般的な言い方をすれば、法と権利のほうの焦点の根源はローマ帝国法体系にあるが、それはこの焦点が、ローマ法体系からなおも影響をこうむっている土着的な土地関連法規の数々を系統立てて編纂しようとしたからである。この律法主義は教会に浸透し、さらには新設の大学教育課程に直接的であれ間接的であれ入り込んだ。内生的過程に見られた多様性を否定はしないが（Thornhill 2011 を参照）、【28】法思想の決定的に重要な発展は、初期近代ヨーロッパにおいて、宗教改革後のキリスト教世界の没落と「新世界」の発見ならびに植民地化の双方に法思想が適応するなかで生じた。スアレスの主著（『法律論』〔一六一一年〕）やグロティウスのそれ（『戦争と平和の法』〔一六二五年〕）、あるいは後年のプーフェンドルフのそれ（『自然法と万民法』〔一六七二年〕）は、この適応の文脈内で生み出されたものである。特に最後のプーフェンドルフは影響力があった。グラスゴー大学の初代道徳哲学教授ガーショム・カーマイケルはプーフェンドルフ著『人と市民の義務』（一六七三年）に注釈を付け、カーマイケルの後継者フランシス・ハチスンは『人と市民の義務』を「空前」と評し（*SIMP* 3〔邦訳六〕）、自らの講義において彼の議論に厳密に従った。一時的中断を経てハチスンを継承したスミスは、グロティウスとプーフェンドルフを、ホッブズやコクツェーイ〔コッケイウス〕のグロティウス注解とともに法学講義の初回で引用する（*LJB* I, 3/397-8〔邦訳一七〜二四〕）。法学講義の別の箇所では、『法の精神』に含まれる事例の宝庫から抜粋しつつ、モンテスキューへの言及を散りばめる。

モンテスキュー本人は法律一般について議論するところから自らの書物を説き起こし、衡平の原則があらゆる人定法に先行するという基本原理を表明している。この基本原理自体は、自然法の源流、おそらくはアリストテレスないしキケロ、確実なところではアクィナスにまで遡るが、その力を啓蒙期においても保った。例えばケネーは『農業哲学』の半ばで、「自然の法」は絶対であり、あらゆる実定法の基礎であると宣言する（1764: III, 8）。効用規準を強調したベッカリーアのような思想家さえもが、自殺を禁じる法は「不公平」であると宣言した（1965: 82〔邦訳一六五〕）。とはいえ、正義には基準としての役割以上のものが存在した。正義は商業社会という概念にとって決定的に重要な原理でもあったのである。第四章で検討するように、正義の「厳格な」適用こそが信用を保持するために必要であると見なされた。

モンテスキューをしてスコットランド人に衝撃を与えしめたものの一部は、彼が自然法学者の基本前提のいくつかから距離をとったことである。グロティウス（モンテスキューは決して彼を引用しない）やその他の自然法学者たちとは異なり、モンテスキューは「自然状態」や社会契約を合法的支配の基礎として論じなかった。スコットランドの追随者たちと同様に彼は、法学者の個人主義的前提は彼が「一般精神」と呼ぶものを表現するのにふさわしい基礎ではないと見なした（Bk 19, Chap. 4/1961: I, 319〔邦訳中一五八〕）。それでもモンテスキューは、たとえ君主政体、共和政体、専制政体の三分類を伴う特異なものであったにせよ、一つの政体類型学を生み出したのである。思想家モンテスキューの新しさを特徴づけるこの学は、定量的次元と定性的次元を混合したものだった。構成員の数が第一ならびに第三の政体を第二の政体から区別した（彼は、第二の政体を数によってさらに貴族政と民主政に小区分した）が、第三の政体が際立っていたのは、それを異質な型だと保証するに十分なほど、【29】その「原理」（生命力ないし情念）に当たる「恐怖」が共和政体の「徳」や君主政体の「名誉」とは異なるものだったからである（Bk III, Chap. 9/1961: I, 31〔邦訳上八二～八三〕）。徳と共和政の結合が明るみに出すのは、徳に匹敵する由緒を持ち、一八世紀においてなお幅広い支持を集めていたもう一方の語彙が、『法の精神』に座を占めていることである。後述するように、共和政と商業ないし交易とのあいだにも結合が存在することに注意を払うべきであろう。もっとも、この結合はスコットランド人の手で提起された商業社会の理念と同一性のものではない点を示すことになるはずではあるが。

この「もう一方」の語彙の根は、政治的ないし市民的生活は人間本性の真の表出であるとしたアリストテレスの議論のうちに横たわっている。人間の充足はかくして政治参加と一体的に結びつけられた。理想的な政治参加者は、公共善を維持するため、すなわち有徳に活動するための、教育を通じて身につけた倫理的気質を保持していた。こうした活動的市民が共和国を構成した。この仕事にしくじった者たちは徳を失い、共和国は腐敗した。とりわけ重要で、本書の第六章でその大きな姿を現すことになるだろう事柄は、自己を公益以上に好む腐敗した情が商業的ないし「経済的」行動と結合させられたことである。モンテスキューは、徳を共和政の原理と同一視する際に、この結合に基づいた描写を施している。しかしながら、書物の後のほうで彼は商業に多くのページを割き、そのなかで、商業は「純真な習俗」を腐敗させるかもしれないが、にもかかわらず「野蛮な習俗」を洗練し柔和にするとした（Bk XX, Chap. 1/1961: II, 8〔邦訳中二〇二〕）。のちに見るように、モンテスキューによるここでの「洗練」や「柔和」の使用は、「商業の自然の効果は平和へと向かわせることである」（Bk XX, Chap. 2/1961: II, 8〔邦訳中二〇二〕）とした彼の明確な主張と同じくらい重要である（第一節の、洗練された習俗という考えかたを想い起こしてほしい）。こうした特異な断片は、単に『法の精神』自体に内在する錯綜だけにとどまらず、より裾野の広い啓蒙という舞台のうえに、経済学と政治学をめぐる思想、徳と商業をめぐる思想、そして法と歴史をめぐる思想の、混沌とまではいかないにしろ複雑性が存在したことを示唆している。スコットランド人たちによる商業社会の理念は、この複雑性の文脈のなかで表明された。彼らがこの複雑性を取り除いてくれると言えば――のちに論じるように――言い過ぎになるが、彼らこそが進路を切り開き、その進路が将来思想の範囲を画定することに寄与したのである。

注

（1） スコットランド啓蒙が一七世紀末に「始まる」と判断している人々に、Allan（1993），Emerson（1986, 1995a），Chitnis（1976）がいる。

（2） これについての副次的証拠は、ジェイムズ・ウドロー（困難な時期だった一六九二年から一七〇七年にかけてのグラスゴー大学神学教授）が息子（ロバート）に語った、スコットランドの印刷業は【30】出版の費用を賄うための「貨幣の欠乏」と、生産品を人々が購入するための「貨幣の欠乏」の両方に妨げられている、という言葉に見られる。

（3） ロバートスンは、ルイス島に町を造るだけでなく、ファイフ出身の漁民の植民地さえ建設することによって「高地地方と付属諸島を文明化する」という、ジェイムズ六世が一六〇二年に行った初期の試みについて報告している。「全人民の習俗を変える」には忍耐が必要なときに気を散らせ、この政策をやり通せなかったジェイムズではあったが、ロバートスンは王の政策を「健全」であるとしたばかりか、ジェイムズは「文明的な生活技法を導入する適切な方法を指し示した」と賞賛した（*HSc* 210）。同様にダルリンプルは、これに関連して相続裁判権すら取り除こうとした事業においても、ジェイムズは忍耐力を欠いていたと述べた（*FP* 292）。

（4） この小冊子はケイムズの典型的作品である。ケイムズは「貧しい織工たちに市場選択を許すことで、問屋による抑圧から彼らを」救い出そうとする点に関して、特に自らの計画を持ち上げる一方、「徳の基礎を掘り崩す」ほどまで、そして「国民をみじめな退行状態に引きずり下ろして、習俗の全般的腐敗で締め括るような、奢侈や堕落した利己心のための王座を打ち立てる」ほどまで、大きな富裕を生み出してはならないとする警告で、小冊子を結んでいる（1766：28, 31）。この「警告」の理論的文脈については、第六章を参照のこと。

（5） 「我々が、他の幾人かのように道徳のみを説いているわけではなく、あわせてキリストの神秘を人々に教示してさえいることは確かである。［…］我々は善行の必要を説き、道徳的徳性は実践宗教の最も偉大な装飾品であるのみならず、それに必要不可欠な一部分でもあることを説いている」（Kidd 1993：62 に引用された『正当かつ穏当な意見』より）とした（エディンバラの）学長ギルバート・ルールによる一六九三年の所見に、教会の弁明を見出すことができる。

（6） 『回顧録』自体で、ハリバートンは理神論の「冒涜的で空虚な饒舌」について議論している（1718：52）（自らの若き日の罪深さについて説明しながら、彼は「見えざる手」にも言及する［1718：12］）。彼は『不満足な自然宗教』（一七一四年）という本を、チャーベリのハーバートの理神論的教説を明らかな標的にして書いた。主張を進める途上で彼はエイケンヘッドに言及し、「我々が振り向けた考察にほとんど値しないような未整理の考えを抱いた、取るに足らない軽輩」と評する（1798：103-6）。

（7） ジョージ・ターンブル（一七二二年）は手紙で、「無意味な形而上学的教条と教理問答への根深い崇拝」を大学で学生に植えつけることを望む「傲慢な衒学的聖職者ども」を激しく非難した（Skoczylas 2001：224 に引用あり）。

（8） 例えば、パトリック・リンゼイ（エディンバラ市長）の長大な『スコットランド利害の考察』（一七三三年）は評議員会を褒め称え、出版を通して「人々に産業の精神」を勧奨することを目指し（1733：xx）、産業は（バーボン式に［本書二〇四／【159】以下を参照］）「新しい欲求」の創出によって刺激されるとする見解を示す（1733：60）。彼がスコットランドの主要産品として亜麻織物を擁護したことは、毛織物の「公的奨励」を擁護し、唱道する、批判的応答を招いた（トマス・メルヴィル『真のカレドニア人』［1734：16］）。メルヴィルはリンゼイが【31】「イングランド利害」（その主要産品は毛織物）に「深い関心」を寄せているようだと考えた（1734：35）。彼は、「軍事」でそうであったのと同様に交易でもスコットランドが抜きん出ることができないことを「遺憾である」とし、それはとりわけ「交易が国をそれ自体として真に偉大にすることのできる唯一のもの」であるからだ、と慨嘆する（1734：39）。この時期の議論についてはSeki（2003）を参照されたい。

（9） ニコラス・フィリップスンは、合邦後のスコットランドには「アイデンティティの危機」が存在したとする自らの包括的解釈に沿って、選良協会は「擬似議会」と化していたと主張する（1976：111；cf. 1973）。

(10) ミラーだけではなかった。パウヌル総督もまた、スミスの論考は「政策的知識のための『プリンキピア』」となる「第一の諸原理」を確定させたと述べるところから、自らの『国富論』批評を始めた（Smith *Corr* App. A, 337を見よ）。

(11) この小冊子が主張するのは、石炭のなかの特定種類について正確に記述することは「自然学者の本分」であり、その基礎のうえでは石炭と粉炭のあいだに区別はない、ということである。もっとも、「燃料としては」、つまり商業的ないしは国内経済的に言えば、「この財には顕著な相異」がある。その相異が異なる税制の基礎を形づくるのである（彼は「スミス博士」を引用している）（Hutton 1777：6, 8, 37）。

(12) デュガルド・ステュアート『アダム・スミスの生涯と著作』のためにミラーがステュアートに伝えたところによれば、正義に関して、スミスは「最も粗野な時代から最も磨き上げられた時代にいたるまでの公法そして私法の漸進的進歩をたどることに努めたモンテスキューが示唆したと思われる計画に、従った」という（*Life* I. 19/274〔邦訳一一〕）。のちに見るように、スコットランド人たちは十分に歴史的ではないとしてモンテスキューを批判しており、実際にこの点が、モンテスキューが「ベーコン」であるのに対してスミスが「ニュートン」である理由の一つなのだろうが、つまりは、通時的次元を組み込むことによってスミスはモンテスキューにおける「示唆」を越えてさらに先へ進み、政治経済と市民社会の「科学」を発展させたということである。

第二章　商業・段階・社会の自然史

【32】スコットランド人がそれによって最もよく知られている思想の一つに、彼らの四段階論（狩猟、牧畜、農業、商業）の概念がある。しかしながら、「最もよく知られた」というのは、「最もよく理解されている」と同じではない。ここでの議論は、「四段階論」は、その試みのデュガルド・ステュアートによる要約的特徴づけにおいて表明された「自然史」の一例によって最もよく解釈されるというものである。この章の第三節では封建主義（第三段階）の崩壊についてのスコットランド人の説明と生活様式としての商業の確立について詳細に議論する。それは商業の「特異性」を確立し、商業を時間的な叙述の内部に位置づけるものである。しかし、その前に、第一節において、推測的歴史と自然史の意味を概括し、第二節において、四段階論の位置づけと役割を分析する。

1

『スミスの生涯』において、デュガルド・ステュアートは、言語についてのスミスの論文（「言語起源論」）について議論している文脈のなかで、いくつかの一般的なコメントを行っている。それらは、彼が「理論的、あるいは推測的歴史」と呼ぶものについての、しばしば引用される権威ある一節となってきた。ステュアートが説明するには、それは、「ヒューム氏によって用いられたごとき自然史という言い方や、若干のフランスの著述家たちが合理的歴史（*Histoire Raisonnée*）と呼んできたものと、その意味の上できわめて緊密に一致する」試みであり

（*Life* II. 48/293〔邦訳三八〕——ステュアートの強調）、少し後にケイムズ卿の『法史論集』および「［ジョン］ミラー氏の著作」（*Life* II. 51/295〔邦訳三九〕）を、そのアプローチのさらに別の例としてステュアートは挙げている。ステュアートはこの特徴づけの準備をそれ以前に行っていた。「未開拓の自然の単純な努力」から「複雑な」状態への移行がなされるのは、どのような「漸次的段階」を通じてなのか、について認識することを「興味深い問題」だと言明するところから、ステュアートは始めている（*Life* II. 45/292〔邦訳三六〕）。「旅行者の通常の観察」からは、特に最初期の時代について、ほとんど情報を収集することができないとも彼は述べている。【33】ここでステュアートは、スコットランド人の著述に頻出する諸要素を忠実に表現しており、この冒頭の言明については、本書の特に後のほうで、考察することになるだろう。

ステュアートにとって、「利害」が単純なものから複雑なものへと発展するまでの成り行きは、証拠不足と相まって、次のようになる。

我々には推測によって事実の穴埋めをする必要性がある。そして我々は、人々が個々の機会に現実にどのように行動したかを確言できない場合、人々の本性の諸原理や彼らの外的立場の状況から推して、彼らがどんなやり方で処置してきたかを考察するほかはない（*Life* II. 46/293〔邦訳三七〕）。

議論のいくつかを誤解に導いたという理由のみからさえ、この文章は厳密に調べるに値する。問題となっている「必要性」は、「説明」は「完全」であらねばならぬという命令に由来している。すなわち、もし発展を叙述する際に「空白」が残されたならば、空想的改作を加える「余地」を残していることになる。スミスは、『修辞学・文学講義』において、叙述は「いかなる間隙や空白」も残すべきではない（*LRBL* ii. 37/100〔邦訳一七五〕）と命じているが、その時、彼はこの命令を承認している。こうした挿話的表現への忌避や叙述的連続性への傾倒は、典型的なものである（Manuel 1959 : 112）。『天文学史』において、スミスは、「空白」や途切れが予期された物事の流れを妨げるさまについて、派生的な議論を行っている。そのような妨げは、当初「驚愕（surprise）」を引き起こし、続いてその中断がいかにして生じたかについての「驚異（wonder）」を引き起こす（*HA* II. 6-7/40-1〔邦訳一八～一九〕）。そして、彼は哲学や学問（これらの用語を互換的に用いている）を、それまで妨げられていた想像がその結合の習慣を再開させ、それによって驚異を取り除くことができるような「出来事を結びつける中間の鎖」を発見する試みとして特徴づける（*HA* II. 9/42〔邦訳二一〕）。結びつける「鎖」とは原因と結果の鎖のことである。それこそがステュアートが用いる「必要性」の効果のさらなる別次元となるものである。

　単純から複雑への発展は、偶然としてではなく、「秩序立った」あるいは構造化されたものとして理解されている。それは、第一章で言及した社会的世界におけるニュートンの模倣への情熱の一例である。もし社会的世界が学問的探究に従うものだとすれば、その際それは因果分析が可能でなければならなかった。説明に際して原因に訴えかけることはさほど例外的ではなかった。アリストテレスは四原因（形相因、質料因、作用因、目的因）を体系的に識別したが、それはルネサンスまで、分析の枠組みとして確立していた。しかし、啓蒙においては、因果の分析は「実験的（experimental）」でなければならなかった。すなわち、ヒュームの有名な（悪名高い）最も厳密な説明と並んで、ベーコンやロックが輪郭を描いたような、経験に根拠を持つものでなければならなかった。[1]これらの見解の導入はケイムズ卿により手際よくまとめられている。ケイムズ卿は、『法史論集』において、法学が「合理的科学（a rational science）」である（cf. *ELS* xiii）ためには、各出来事は「原因と結果の規則的な鎖で結びつけられて」いなければならず、しかも「詩人や歴史家」により提供された「付随的な諸事実」から導かれた「慎重な推測」により【34】「［「歴史の鎖」における］途切れた結び目を補うよう我々は努めなければならない」と主張している（*HLT* v. 22）。「空白」を残さないことへの関心にここで再度注目せよ。この一節は、そのすべての企図を「推測的歴史」と名づけるという、先に引用したステュアートの決断の源泉の、おおよその候補でもある。

　我々はまだ先の引用の検討を完了していない。そのなかで、推測に際してのいくつかの慎重な原理についてステュアートが述べていることもまた、我々は見てとることができる。ここでの推測を怠惰な思索と混同すべきではない。その推測とは、『市民社会史論』の冒頭において、ファーガスンがホッブズやルソーによって提出された自然状態の説明を「事実」とは異なる「推測」として（あるいは「真実」ではなく「仮説」として）（暗に）批判する際に用いた意味である（*ECS* 2）[2]。むしろ、ステュアートの用法は事実を尊重しようとしている。この尊重は、推測を錨でつなぎ留める必要を認めることに、したがって人間は生来孤独で獣的であるというホッブズの見解のように、推測が自由に漂うことを阻止することに由来する。主要な錨は、「人間本性の諸原理」によって構成されている。これらの諸原理は固定的で恒常的であり、したがって「人間の科学」にとって適切な対象である（Hume *T* Intro. 4/*SBNT* xv〔邦訳一、六〕）。この錨は第二の錨――すなわち「外的諸状況」――によって補足される。外的諸状況は経験的調査によって明らかにされる。実際上、その調査は歴史学と当時の民族学の組み合わせである（本質上はケイムズ卿が先に「付随的な諸事実」と呼んだものである）。もし、問題の場合に、この状況についての情報が利用できないとしても、人間本性のこうした固定的諸原理と、「注意深く」「賢明に」類似していると判断されうる他の「諸状況」についての知識に由来する、類推（推測）を行うことは可能でありつづける。この点で、アメリカ先住民は極めて重要である。ロバートスンもまた、空白を埋める必要を証立てる際に、それらが「人類の進歩の歴史における大きな間隙を埋める」と明白に述べている（*HAm* 812）。ここでの普遍主義はスコットランド人による分析において重要な一要素であり、自然史の主題は「人類の歴史」であるという言明をしたステュアートにそれは現れているのである。同様の文言は、ケイムズ卿『人類史素描』とダンバー『粗野な時代と開明された時代における人類史論考』の表題で用いられており、スコットランド人の数々の著作で繰り返されてもいる（e. g. Millar *OR* 181; Ferguson *ECS* 3; Smith *WN* IV. vii. c. 80/626〔邦訳三、二三四～二三五〕）。

　このような「歴史」を検討するにあたって、ステュアートが述べるには、「我々がある出来事の生み出された経過を跡づけることができないとき、それが自然的諸原因によってどのように生み出された可能性があるかを示すことができるということは、しばしば重要である」（*Life* II. 47/293〔邦訳三七～三八〕――ステュアートによる強調）。この発言は重要である。肝心なことは何かを見極めるために、再びケイムズ卿『法史論集』と向き合おう。そこでの彼が述べることには、異なる諸国から事実を収集し、【35】それらを照合することを通じて、我々は「原因と結果の規則的な鎖を作り出す」ことができ、したがって「少なくとも主要な諸状況のもとにある国では、進歩は同一だったが、それは出来事や一国民あるいは一政府に特異な本性は、つねにいくらかの特殊性を生むだろうからである、と合理的に結論づける」ことができる（*HLT* 23）。この言明はスコットランド人に典型的なものである。この発言はまた、自然的／理論的／推測的な歴史をめぐるステュアートの議論におけるおそらく最も論争を呼ぶ一節に光を投げかける。彼が述べるには、ほとんどの場合、進歩を確実にするためにいっそう重要なのは

最も単純な進歩であり、事実に最も適っている進歩ではない。なぜなら、このような命題は逆説的に見えるかもしれないにせよ、現実の進歩が必ずしも最も自然な進歩でないことは確実だからである。現実の進歩は、二度と起こりそうもない出来事や、人類の改善のために自然が備えてくれた一般的与件の一部を成すとは見なされえない、出来事によって決定されたこともありうるのである（*Life* II. 56/296〔邦訳四一〕）。

この言明は多大な批判の的となってきた。それは主にランケ後の、あるいはコリングウッド後の歴史主義的感性[3]の影響を反映したものとなっているが、ステュアートの同時代に疑問も存在した[4]。しかし、それらの批判は焦点を外している。ステュアートによりここで要約されたような自然史は、フレデリック・ティガード（Frederick Teggart 1941 : 92）が最初に論じ、一九四五年のグレディス・ブライスン（Bryson 1968）の先駆的な研究がそれに続いたように、科学的社会理論へのスコットランド人の熱望の表現として最もよく理解されるのである。

ケイムズ卿はまた肝心かなめの事柄に対して有用な鍵を提供する。因果関係の鎖を追求する「合理的」歴史と、「地理学」あるいは好古的な「単なる事実の収集」とを彼は区別する。後者は、特定の出来事がその時なぜ生じたのかを説明できないし、あるいは同じことだが、その出来事を偶然に帰してしまうのである（*HLT* vi–vii）。この対比に関してヒュームは示唆的である。ヒュームは、その初期の論考「技芸と学問の生成・発展について」（一七四二年）を、若干の方法論的考察とともに始める。「偶然に帰されることと原因から生じること」の間の「厳密な」区別が必要だと、彼は述べている（*E-AS* 111〔邦訳九八〕）。ここで彼は区別の存在を否定しないばかり

か、偶然に帰すことの決定的な欠陥は、説明を求める科学的な要請に反して、そのことがあらゆるその先の探求を排除することにあるとする。彼がそれを例証するのは、偏ったサイコロをふることにおいてである。数回ふるだけではサイコロの偏りは明らかにならないであろうが、「非常に多数回になれば確実に効果を現すようになる」（*E-AS* 112〔邦訳九八〕）。ミラーはこれにとてもよく似た例を用いている。(5) 一個のサイコロにおいては、一、二回ふるだけでは非常に異なった数が出るであろうが、「手当たり次第にふられた多数のサイコロにおいては、出目の結果はほぼ同じになるであろう」（*OR* 177）。政治体制の解説を、スパルタにとってのリュクルゴスのような立法者に頼る際に、特に明らかになるような、「地位の高い人」による説明をミラーは批判しようとして、この例を用いた。

【36】サイコロの類推は、「固定原因」が同定されうる「一国民の特性と特質」と、そのような固定性が欠如している個人の特性と特質の間の差異を強調するのに役立つ。したがって、「現実の進歩」（「事実に最も適っている」もの）と「自然な進歩」（「最も単純な」もの）の間のステュアートの対比は、偏ったサイコロの一振りと多くふることのあいだの差異なのである。

サイコロの例が示すのは、自然史おける「必然性」は蓋然的だということである。(6) 再度この例を用いて、『人間知性研究』においてヒュームがこのことを明らかにするために述べることには、

確かに、何らかの側に関する偶然の優越から生じる蓋然性が存在する。したがって、この優越性が増加し、反対の偶然をしのぐにつれて、蓋然性にも比例的な増加が生じ、その優越性が見出された側にさらに高い程度の信念や同意を生み出す（*U* 6. 1/*SBNU* 56〔邦訳五一〕）。

初期の論考において、ヒュームは「少数の人に依拠していることはたいてい偶然やあるいは秘密かつ未知の原因に帰される。多数者から生じることはしばしば明確かつ既知の原因によって説明されうる」ことを「一般規則」と呼んだ（*E-AS* 112〔邦訳九八〕）。この「規則」は社会科学者に「作業道具」を与えるものである。例えば、人口についてのヒュームの論考は、「両時代〔古代と近代〕の社会状態について我々が知っているところから、古

代には人口がもっと多かったにちがいないということが、蓋然的にありうるかどうか」に関する探究として表現されている（*E-PAN* 381〔邦訳三〇七〕）。この例が示すように、社会科学は適切な形で蓋然性と関わっている。最も厳密に適用されている例がヒュームのものであるとはいえ、彼は一人ではなかった。実際、ウォレスも、その人口論において、古代世界がより人口が多かったことは「ありそうではないかどうか」（*DNM* 33）について探究を明示的に開始するし、ターンブルも蓋然性を「一般的考察と規則」の使用と結びつける（*PMP* 81）。

蓋然性を取り扱わなければならないということは、社会科学が原因の探究ではないことを意味しない。ヒューム自身の例を用いれば、（つねに燃える火と異なり）ルバーブは変わらぬ下剤ではないという明白な事実は、「哲学者」に例外的事例における「秘密の原因」を探究するように促す。ルバーブと火の両方の事例において、「我々の推論は［…］同一である」（*U* 6. 4/*SBNU* 58〔邦訳五二〕）。ヒュームにとって、「この世界に偶然のようなものは存在しない」（*U* 6. 1/*SBNU* 56〔邦訳五一〕）。したがって、ここでの「秘密の原因」への言及は、我々がすでに見たように、これ以前の「技芸と学問の生成・発展について」における、そして本来は『人間本性論』における、それを繰り返したものである（*T* 1. 3. 12. 1/*SBNT* 130〔邦訳一、一五八〕: cf. Kames *PMNR* 195）。ヒュームの文言によって、偶然と原因のこの差異は知識の度合い（蓋然性）によるそれであることが明らかになる。因果的説明は原理的にはつねに利用可能なものである。もちろん、「存在しなかった原因を割り当てること」や、「単なる偶発事を安定的かつ普遍的な原理に還元すること」がないよう注意せねばならない（*E-AS* 113〔邦訳一〇〇〕）。

【37】サイコロの例が提起した蓋然主義や、蓋然主義を活気づける論争的自然主義は、メアリー・プーヴィの全体的に洞察に富んだ推測的歴史の説明（彼女が正しくもそう名づけたように）における弱点を明らかにする。彼女の分析は、差異以上に画一性を特権視すると彼女が言うところの本質主義的な「人間本性」依存を認定しようとするあまり、損なわれている（1998 : 224）。現代評論の「仮面を剝ぎ取ろうとする」装いから彼女自身は明らかに距離をとっているにもかかわらず（1998 : 226）、彼女はこの特権づけらしきものを疑わしいと見なしているように思われる。部分的には、このことは「人間本性」や「人間精神」への過剰解釈気味の論及から生じている。これらの用語は、文脈上、スコットランド人の「普遍主義」の現れとして最も適切に理解される。本書の後段で

明らかになるであろうが、その普遍主義はスコットランド人が異なる歴史的諸文脈の特殊性に鈍感であることを含意するものではない。現行の価値観や行動を先行する時代に持ち込まないよう彼らは忠告しているのである（Robertson *VP* 381, 417; Stuart *VSE* 50; Dalrymple *FP* 8; そして第七章におけるそのまた別の例、を参照せよ）。

スコットランド人の普遍主義は、彼らの社会科学における主要な要素の重要な前提である。ケイムズ卿の「地理学」の個別領域や諸事実の目録のみを考慮することは、人間の経験や、特に人間の経験における変化を説明できないままにしておくことである。この説明の中心にあるのは、効果的な因果づけを見分けるための比較の使用である。これは、社会の差異の「物理的原因」としての「風土」に依拠するモンテスキューへの批判として簡潔に捉えられる（ミラー、ダンバー、ケイムズ卿その他により追従されたHume *E-NC*〔「国民性について」〔邦訳一七一～一八四〕〕を参照せよ［Berry 1997: Chap. 4］）。(7) 我々が後に考察するように、このような批判は特に時間を通じた社会的変化の道徳的原因にいっそう大きな説明能力があることを強調する点で、重要である（Robertson *HAm* 850f と Dunbar *EHM* 296 を参照せよ）。プーヴィーはこのことを控えめに表現する。もちろん、（例えば）John Tooby and Leda Cosmides（1992）や Clifford Geertz（1975）の間に今日横たわる溝によって測られるような、普遍主義的命題の地位と異文化比較の理解度をめぐる問題は存在し続けている。プーヴィーが鋭敏に気づいていたように、これらの議論を啓蒙に持ち込むことは誤りである（Berry 2007 を参照せよ）。

この議論から、「規則」に関してヒュームが引き合いに出した「明確かつ既知の諸原因」はステュアートの自然的原因に対応すると合理的に結論づけられる。(8) それらを探求することは学問的探究に着手することである。そのような探査を控えることは無知の状態にある俗人に留まることである（Kames *SHM* II, 336）。この対照はステュアートによって喚起されたものであるが、それは、自然的原因の探索は、「自然界および道徳界の双方において説明できない現象をすべて奇跡に関連づけるという、例の怠惰な哲学に歯止めを付す」（*Life* II. 47/293〔邦訳三八〕）と彼が述べたときのことであった。したがって、例えばミラーが【38】「無知から知識へ、そして粗野から文明化された生活様式へ」という「自然的進歩」（*OR* 176）に言及するとき、彼は「自然史」の範囲について概略的に輪郭を描いているのである。この自然的進歩とは、個々の事例において事実に最も即したものというよりもむしろ、自然的原因から産み出されたものなのである。あらゆる制度は自然史たりえる。ステュアート自身が『文芸復興以後の哲学の進歩』（*Dissertation*）においてかなり明瞭にそう述べている。「自然的あるいは理論的歴史」が「言語と技芸と学問と法と統治と生活様式と宗教の歴史といった、［…］そのあらゆる多様な要素において社会」を取り扱うのは、「ベーコンの想像力によってさえ予見不可能であったような、一八世紀後半に固有の栄誉であり、かつその時期の哲学に特徴的な特色なのである」と彼は書いている（1854: I. 70: ステュアートによる強調）。自然史の範囲のこの広がりは重要である。というのも、それによって、商業社会の出現についてのスコットランド人の説明がスコットランド人の固有の文脈へと位置づけられるからである。

スコットランド自身の商業の時代を理解することは、スコットランド人にとってみれば、その時代を、ローマ帝国の崩壊とともに始まるがその内部における枢要な出来事が封建制度の崩壊であるような物語の中に位置づけることを意味する。この崩壊の説明には二つの次元が存在する。第一に、特に財産制度のような社会制度の役割と重要性のより広範で一般的な説明が存在する。第二に、一五世紀・一六世紀に作用した影響力を特定しての分析が存在する。前者の分析（以下第二節）は、冒頭の段落で知らせたように、四段階論の役割の調査を要求するし、後者（第三節）は社会的因果関係の機能過程の説明を要求する。

2

スコットランド啓蒙についての注釈史において、四段階論の概念は、疑わしい解釈の歴史を必然的に生み出しもした、過度の存在感を与えられてきた。なされるべき第一の指摘は、実際にピーター・シュタインが指摘したように、四段階論の明瞭な表現は相対的にはまれだということである（Stein 1988: 400）。狩猟、牧畜、農業という三段階の同定は、スコットランド人にも、啓蒙時代およびそれ以前の多数の他の思想家にも共通している。共通している訳ではないのは、区別された第四段階として商業を加えることである。実際、四段階の存在を説く多数の主張は、精査してみると真実ではないことが判明する。

ロンルド・ミークは――私が彼を選ぶのは、彼しかいないからではなく、段階理論を大いに強調し、四段階に焦点を当てた著作を書いたからであるが――、実際に四段階論が欠如している時でもその存在を報告する傾向にある。【39】例えば、エルヴェシウス『精神論』（一七五八年）には「四段階論の簡潔で比較的あいまいではない言明が存在する」と彼が主張しているにもかかわらず、引用されている一節では三つの段階以上には進んでおらず、寛大にも、あいまいなままなのである（Meek 1976 : 93〔邦訳九三〕）。[9] このあいまいさは、「あらゆる商品を代理する交換の一般的手段」をめぐる合意に言及がなされているところから来ている。しかし、それを別の「段階」とはまず読めないのである。加えて、この言及は異なる枠組みの存在を示している。ミークが見落とした別の箇所においてそれは明白である。エルヴェシウスは（例えばカルタゴのような）「商人の共和国（républiques commerçantes）」に言及している（Helvétius 1843 : 272）。しかし、モンテスキューにおけるように（第一章を参照せよ）、強調点は政治形態・国制形態にあり、それらの形成物は「四段階」とすんなり適合することはない。[10] この点には後ほど戻る。

　ミークは、スミスとミラーを除けば、スコットランドにおける四段階理論はロバートスン、ダルリンプル、ファーガスン、ケイムズ卿に帰されるとした。しかし、最初の二人（ロバートスンとダルリンプル）は四段階論による説明を採用していない（事実ミークがそれを認めている〔1976 : 101, 143〔邦訳一〇一、一四三〕〕）。ミークが「特異的」と呼んだファーガスン版のそれにもない（1976 : 154〔邦訳一五四〕）。[11] ケイムズ卿は確かに四段階を同定していたが、この同定は、ミークが主として参照し、彼が広範に引用した著作、すなわち一七五八年の『法史論集』には明瞭には見出されない（Meek 1976 : 102-7〔邦訳一〇二～一〇七〕）。[12] リーバーマンはミークに倣っているように思われる。明らかに三段階論の外形を示した段落を引きつつ、『法史論集』において「ケイムズ卿は『社会発展の四段階論』の刊行された最初のヴァージョンの一つを提示した」と主張しているからである（Lieberman 1989 : 149）。[13] ピーター・シュタインは、ミークの暗黙の批判者であるにもかかわらず、ケイムズが四段階論の「最初の明白な言明」を行ったのは『法史論集』においてであるとする（1988 : 405）。彼の議論については後ほど検討しよう。

　三段階モデルの普及は、人は捕獲したり飼ったり育てたりしたものを交換しうるのみであるので、商業は一つの主要な様態としてあまり明瞭ではないという事実に起因している（cf. Hont 2005 : 161〔邦訳一一八〕）。この差異にもかかわらず、真正の、あるいは明確な四段階論的説明において、商業は他の三段階と同一の基礎の上に配置されている、すなわち政治生活の一様態としてよりも一つの明瞭な社会状態として配置されているという事実は、それが商業社会の理念に通時的次元を付与するがゆえに重要なものである。しかしながら、四段階論的説明のみが通時的次元を付与するというわけではない。後に考察するように、封建的農業社会から商業に基づく社会への移行こそが決定的である。

スミス、ミラー、ケイムズ卿、（ミークによって言及されていないが）ブレアにおいて四段階の明瞭な表現が見出される。この一見したところでは限定された人名一覧は、「商業社会の理念」がそれらの人の表現のなかに限定されていたことを意味しない（それが、「四段階論」の特権的地位を否定する根拠の一つとなっている）。例えば、ヒュームは、封建から商業への段階的変化を実際には認識していたにもかかわらず、「段階理論」を採用していない。【40】同様にファーガスンは、『道徳哲学要綱』において伝統的な三段階モデルを採用するか、あるいは未開、野蛮、洗練・商業を同定しているが、「古代の諸民族」と「我々の生活様式は非常に異なったものであり」（*ECS* 194）、同時代の社会の特異性（それは常に有利である訳ではない）を認識させるには十分な程度にまでその差異は大きいと気づいている。

スミスとミラーにおける四段階論の二つの最も重要で明瞭な表現を検討する前に、それについてのもう二つの別の説明、すなわちケイムズ卿とブレアのそれについて若干述べておきたい。ケイムズ卿の実際の四段階の列挙は、『人類史素描』（一七七四年）第二編第一二章における、アメリカ諸部族論の文脈で登場する。「未開状態」から「最高度の文明」への「人間の漸次的進歩」における「大いなる統一性」が存在する「古代世界の温帯気候」と、いかにアメリカが異なっているかを彼は指摘する。この進歩は、「狩猟と漁業」から始まり、「それが牧畜へと進み、そして農業と商業へ進む」（*SHM* II, 92）。しかしながら、それは、その場では放棄された所見であり、議論のために用いられはしない[14]。

ヒュー・ブレアは四段階論を、オシアンの詩の出所の正しさを擁護するために用いている（一七六三年）。「人間が社会の進歩において漸次的に通過する四つの大きな段階が存在する。第一の最も初期の段階は狩猟者の生活である。それに続くのは牧畜であり、財産の観念が定着し始める。その次が農業である。最後に商業である」と端的に述べている（1996：353）。オシアンの韻文は最初の狩猟者の時代に由来するものであると彼は論じる。

　この四段階の流れについての出典をブレアは示していないが、その出現の早さは目立つ。ひょっとすると、一七五一年にグラスゴー大学に赴任する前の一七四八年から一七五〇年の間にエディンバラで行われたスミスの修辞学と法学の講義から、ブレアは四段階論を取り出したのかもしれない。スミスの講義課程についての記録は二つの非常に薄いものしか存在しないが、事情の観測は可能である。ロバートスンの『ローマ帝国の転覆から一六世紀の初頭までのヨーロッパにおける社会の進歩の概観』（一七六九年）はスミスの講義から剽窃されたものであること（Ross 2010：103-4〔邦訳一一七〕）に、スミスは悩まされていたように見える（というのは、この情報は間接的だからである［Ross 2010：103-4〔邦訳一一七〕；Scott 1965：55-6；*Corr* 153/192n. を参照せよ］）。ロバートスンがスミスの講義に出席していたかどうかは分かっていないが、（タイトラーの『ケイムズ卿ヘンリー・ヒュームの生涯と著作の覚え書き』〔一八〇七年〕に付された出席者名簿に彼の名はない［1993：I, 190n］）、流通していた原稿が存在した可能性はある（Phillipson 2010：119〔邦訳一六二〕）。実際、『ローマ帝国の転覆から一六世紀の初頭までのヨーロッパにおける社会の進歩の概観』は段階論を採用していないのであり、[15] したがって、もし実際にスミスが不服であったとしても、それはそのような理由からではないのである。もし、フィリップスンが「ありそうなこと」と考えたように（2010：92〔邦訳一四六〕）、スミスのグラスゴー大学法学講義が彼のエディンバラでの講義の翻案であったならば、おそらく四段階「理論」はエディンバラにおいて概略が描かれた（そして流通していた）。【41】タイトラーの名簿によると、ブレアはスミスのエディンバラ講義を受講していた。伝えられたところによれば、ブレアがスミスの法学講義の資料を用いることをすすんで許すとスミスが述べたということを、またも間接的ではあるが、知ることができる（Rae 1965：33〔邦訳八〇〕）。ブレアが一七六二年のエディンバラ大学修辞学・文学教授に任命された際に、スミスが自分の修辞学の原稿を彼に貸与したことをブレアが認めたことは、一次資料により知られている（Blair 1838：238n.）。第二の観測は、グラスゴー大学講義の一七六二年から六三年のヴァージョンにおいて、オシアンにスミス自身が言及していることである（*LJA* iv. 101/239〔邦訳二五〇〕）[16]。また、ブレアがスミスの原稿に密かに通じていたとすれば、それはブレアの明瞭な四段階論的一節の源泉であった可能性がある。これらの観測をまとめてみたところで、多くを付け加える訳ではない。ブレアがこれほどにまで早い時期に、そのような明瞭な表現をするにいたったのはいかにしてかを、我々はおそらく知ることは決してない。ブレアが源泉であったとしたら、それは我々がブレアについて知っている事柄に反することになるだろう。ここでの危険は、あまりに了見が狭いことにある。

もちろん、原理的に言えば、誰が誰に「影響したか」を探求することによって、各思想家がそれぞれ独立して同一の結論に到達しうるような共通の源泉の存在可能性が見逃される。実際、このような役割を果たしたかもしれない候補者が存在する。スコットランド人にとってのモンテスキューの重要性については第一章で取り扱われたし、『法の精神』は一七四八年におけるその出版以来熱心に読まれた[17]。特徴的な短さの一章において（Bk 18. Chap. 8）、彼が言及することには（十分に完全な翻訳から私は引用する）、

> 多様な人々がその生活資料を獲得するやり方に法律は密接に関連する。土地の耕作に満足している人々よりも、商業と海に接している人々の方が、法律のより広範な規則を有するに違いない。前者の方が、家畜によって生活する人々よりも法典が多いに違いない。家畜によって生活する人々の方が、狩猟によって生活する人々よりも法典が多いに違いない（1989 : 289〔邦訳中一二二～一二三〕）。

特にこの一節を目立たせることもなく、ミークはこの一節を引用した（1976 : 33〔邦訳三三〕; Teichgraeber〔1986 : 201n.〕は――ミークを引用して――この一節に、より強調された役割を付している）。生活様式の多様さの基準としての法制の広範さへのこの暗黙の言及によって、重大な差異を伴ってであれ、スコットランド人の立場もまた捉えられているように思われる。モンテスキューにおける動的な要素の欠如こそが、この差異の中心にある[18]（モンテスキューが示す「海」への言及は、ここでは海上貿易国家〔共和国〕のことを指しているということにも注意すべきであるが

――第三章を参照せよ)。『法学講義』においてオシアンに言及したとき、その詩で記述されているスコット族とピクト族は「アメリカ原住民とほとんど同じような状態」にあったと発言するという言及のしかたを、スミスは行った(*LJA* iv. 101/239〔邦訳二五〇〕)。後者はスミスの同時代人であり、前者はそうではないということを前提とすると、この比較は、ゲルマン人とアメリカのインディアンとについてロバートスンが体系的に行ったもののように(下記をみよ)、モンテスキューの説明では欠けているように思われる四段階論の動的あるいは歴史的要素を必然的に付け加える。【42】静的な物理的原因に対する変わりやすい精神的原因の優位というヒュームの主張もまた一七四八年に表明されたのだが、それがモンテスキューへの直接的批判であったにせよなかったにせよ、おそらくは一七四九年になされたスミスのエディンバラ法学講義にとってそれは新鮮な資料であったことであろう(Scott 1965 : 51)。

したがって、我々が知りうることの内に留まるとするならば、厳密な調査に値するのは、グラスゴー大学法学講義における四段階論のスミスによる使用である。なぜなら、それが(記録があるなかでの)最初の陳述であるからである。一七六二年から六三年におけるグラスゴー大学講義において、「人類が経過してきた、はっきり区別される諸状態」――すなわち狩猟民(hunter)、遊牧民(shepherd)、農業(agriculture)、商業(commerce)――スミスは明瞭に言及する(*LJA* i. 27/14-16〔邦訳一二〕)。一七六六年のヴァージョンでは、狩猟(hunting)、牧畜(pasturage)、農耕(farming)、商業(commerce)と呼ばれている(*LJB* 149/459〔邦訳一八七〕)。両方のヴァージョンにおいて文脈は同一である。すなわち、先占による所有権である。[19] 同様に、ミラーの最も明瞭な表現は彼の統治論にあり、そこでは四段階は「財産取得の諸段階」として記述されている。ミラーは、「狩猟者と漁業者あるいは単なる未開人、遊牧民、農耕者、商業的民族」を列挙している。これが一七八七年の版であるが、他の二つの版(一七八九、一七九〇年)においても同じことが繰り返されている。[20] スミスのヴァージョンにおける四段階論は、所有の獲得に関する「規則」は「それぞれのときに社会がどのような状態または時代にあったかに応じて、大いに異なっているにちがいない」(*LJA* i. 27/14〔邦訳一二〕)という一般原理を例示するために、用いられている。

スミスの実際の取り扱いは、説明に二頁強を充てているに過ぎないそっけないものである(一七六六年の版ではより圧縮されてさえいる)。ミラーはより体系的であるが、そのことは、「段階」の教育的効用、すなわちスミスの説明に正当に帰すこともできる機能を示唆している。このような仮定は、『国富論』における従属についての議論の中で「社会の諸時代」へスミスが言及する際に(下記参照)、スミスがもはやこの素描的な法学的枠組みを直接用いず必要ともしていない(ミラー『階級区分の起源』においてもほぼ同様である——したがってそこでは明瞭な四段階が不在である)という事実から生じている(この点も下記を参照せよ)。

ここでは、四段階論をめぐる様々な解釈の論争の詳細に立ち入るつもりはない(それらの論争については以前に[Berry 2000]要約した)。所有権や他の社会的制度の歴史は、四段階論で描写されるものとしては、ロックの哲学に由来する「自然的」発展の特定の形態に依拠していることを他でも(Berry 1997: Chap. 5)私は論じたが、そのことは詳細にここでは繰り返さない。ただ短くその一側面を、非常にわずかにではあるが引き合いに出しておきたい。社会の発展のこの説明は、具体から抽象へ、単純から複雑へ、粗野から開明や文明へという自然史的過程に従っている。この歴史的なパターンは、人間の認知能力と感情能力に関してロックが喚起した発展に反対して「計画された」ものである。[21] 【43】ブレアの引用は、「財産の観念」の定着に言及することにより、このことの手がかりを提供する。この構造は、抽象的で複雑で文明化したものとしての商業社会の特徴づけを可能にする。ついでに主張しうることであるが、それは、エルヴェシウスや他の多数の人のような商業的あるいは商人的共和国の繰り返しではない。これらの共時的な側面は、後の諸章で検討されるであろう。ここでの課題は歴史的形成物としての商業社会を通時的に研究することである。下記の第三節において、商業の出現の詳細が検討されるであろう。本節の残りの部分では、所有権の制度が重要な役割を果たすような段階的な自然史の説明の内部における商業の位置づけを追究する。[22]

イシュトファン・ホント(Hont 2005)は四段階論の法学的枠組みを認識し、第四の商業段階を含めるような決定的な動向の理論的基礎を築いたのはプーフェンドルフであると論じた。しかしながら、彼の議論の大変な複雑さが、歴史的説明としては不利に作用している。すなわち、テキストについてそして文脈について周到であり、そうした意味では歴史的に鋭敏である一方で、決定的な引用をせずにプーフェンドルフの断片をつなぎ合わせることで、彼の議論は再構築されているのである。さらに言えば、その基礎は、スコットランドやフランスの後続者が、それに基づいて構築したという証拠が存在しないので、理論的なものである。スミスが核となる人物であることを認めたうえで、ホントはスミスに対象を絞る。プーフェンドルフ『自然法と万民法』のなかからホントが収集した諸節のいずれも、それ自体決定的ではなく、教育的文脈においてさえ、グラスゴー大学講義におけるスミスによって、引用されることも仄めかされることもなかった。しかし、スミスが諸見解を祖述している場面を除いては、スミスのプーフェンドルフへのコメントは批判的である。例えば、彼は遺言相続を説明するために神学に依拠したプーフェンドルフを、「きまぐれ」と軽蔑している（*LJB* 164/466〔邦訳二〇八〕: cf. *LJA* i. 150/630〔邦訳六三〕）。加えて、なかでもハチスンに従いつつ、スミスは、支持できない「明確な是認の原理を自己愛から引き出す諸体系」の鼓吹者として、プーフェンドルフをホッブズやマンデヴィルと同列に置いている（*TMS* VII. iii. 1/315n.〔邦訳下三三五〕）。そうであるとしても、スミスはプーフェンドルフの「大論説」の第一部をホッブズへの反駁として正当に解釈しているが、「自然状態というようなものは存在しないのだから」、「自然状態で成立する」であろう諸法や所有を論じることは「実際には」何の役にも立たないと判断する（*LJB* 3/398〔邦訳一一〕）。さらに、スミスが公にした説明は自然的な社会史の一ヴァージョンであることを前提とすると、プーフェンドルフの法学の「過激なほどに個人主義的な」特徴（ホント自身そう名づけている〔2005: 173〔邦訳一一八〕〕）は、いかなる理論的革新がそれに帰されようとも、社会契約や原始契約の概念をすでに退けていた『法学講義』においてさえ、スミス自身による四段階論の定式化に教えるところなど何もないであろう（*LJA* v. 115-18/316-17〔邦訳三三七～三三九〕: *LJB* 15-18/402-4〔邦訳三五～三八〕）。

ピーター・シュタインは（1988: 400）、ホントのプーフェンドルフへの依拠は「誇張」であるとし、上述のように、彼自身は【44】財産の強調から契約の強調への移行を決定的とみなして、ケイムズ卿が「四段階論の最初の明瞭な言明」を生み出す「新たな地平」を切り開いたのは『法史論集』においてであったと判断する。これはシュタイン側の誇張である。上記のように、ケイムズ卿が明瞭であるのはもっと後年の『人類史素描』においてであり、しかも、シュタインが推論を引き出したのとは異なった文脈においてである。ケイムズ卿の新しさについてのシュタインの議論の要点は、「生産者と消費者の中間者としての商人の到来は、完全に新しい一連の契約の取り決めを要求し」、「このことが『新しい種類の社会』を創造する」という彼の認識にある（1988 : 405）。ここで「新しい」のは、剰余の財貨の交換ではなく、信用や為替手形やその他同種のものの成長である。この最後の動向に関して、シュタインは、債務と債権者を論じる時に、ローマでの慣行とイングランドとスコットランドにおける封建的慣行に言及しているケイムズ卿の文脈を超えてしまっている。しかし、約束と契約の役割について、シュタインは重要なところを押さえている。またもや、自然史、および具体・単純・粗野から抽象・複雑・文明への基本的な経路の光に照らしてみると、この役割は最もよく理解される。

ここでしばらくのあいだ、約束ないし契約、あるいはこれと同様の概念を、根本的なロック的枠組みと結びつけてみたい。「占有なき所有権」という「概念」が「未開人には抽象的すぎる」のと同様に（Kames *HLT* 82）、契約の「観念」もそうである――「つかの間の法に過ぎない裸の約束は粗野な民族の精神にはわずかな印象しか与えない」（*HLT* 61n.）。契約と約束は未来への責務を示すものであるが、未開人は「いまここ」のなかで生きているというのが仮定された「未開」の条件であり、彼らは「遠い先の結果を何一つ見通すことができないように見える」（Ferguson *ECS* 89）。直接的な欲求物への没頭が意味するのは、ロバートスンが述べたように、彼らが「未来に関する顕著な無思慮」を示しているということである（*HAm* 821 : これとよく似たダンバーの *EHM* 15, 68を参照せよ）。この具体例は遺言相続にある。スミスが述べるには、「アジアとアメリカの未開の諸民族のような相続は知られていないが、それは「死者に対する敬虔」が「未開民族にとっては洗練されすぎた教義である」からである（*LJA* i. 153/65〔邦訳六四〕: cf. *LJB* 166/467〔邦訳二一〇〕）（したがって、〔その説明のために〕プーフェンドルフが神学を呼び出したのは気まぐれである）。この必要とされる「洗練」は、すでに死んでいるがゆえに、権利を保持しているとはまず言えない者の側に、処分権を認めることから生じる（*LJB* 164/466〔邦訳二〇八〕）。ジョン・ダルリンプルが述べたように、そのことを認めるのは、粗野な民族にとって「決して自然な考え」ではなかった（*FP* 143）が、ここでの「自然」はロック的な発展の仮定に即した意味である。

『法学講義』の他の箇所において、スミスは契約の有効性が「妨げられた」のはなぜかについての様々な理由を提示している。あらゆる言語は曖昧であるとはいえ、「社会の初期」においてこのことはいっそう顕著であったし（*CL* 30/217; また Kames *HLT* 61. 99）、[23]【45】その当時大きな価値を持つものがほとんど存在しなかったがゆえに、「契約」がなされたといってもそれを守ることは義務的ではなかった（*LJA* ii. 47/88〔邦訳九〇～九一〕）。契約が有効で拘束的なものとなるように導いた様々な「原因」を概説することにスミスは進む。彼の議論の詳細を私はたどらないが、二つの側面を指摘しておきたい。

第一に、拘束的契約の量を増やしたのは「商業の拡張」（ローマとアレクサンドリアのあいだの貿易を彼は引用する）である。なぜなら、もはや契約は双方が現存している〔直接相対している〕時に結ばれるわけではないからである（*LJA* ii. 53. 54/91〔邦訳九三～九四〕）。しかしながら、契約は「不完全」なままにとどまり、例えば契約破棄に対する損害訴訟が認められたのは、イングランドの大法官裁判所が確立してからであった（*LJA* ii. 75/98-9〔邦訳一〇二〕）。[24]ロバートスンの注釈によれば、「洗練への一定の進歩」は、債権者が債務者の財貨を没収する権利を有するようになる以前に、なされておく必要があった（*VP* 385）。国内統治の発達こそが（その「最初の段階」については例証はない）、商業社会特有の特徴としての契約の広汎性を許容する。本書第四章で展開されることになる重要な言明において、契約の義務は「まったく、契約の相手のなかに引き起こされた期待と信頼から」生じたとスミスは主張した（*LJA* ii. 56/92〔邦訳九四〕）。しかしながら、契約の遍在および拘束性と、恒常的な国内統治の確立の双方が、より根底にある諸原因から生じた結果である。これらの諸原因の説明は、以下第三節で行うつもりだが、ここでは、スミスに見られる契約の議論の第二の側面について述べておかなければならない。

この側面とは、土地所有権への契約の拡張である。段階理論に即すなら、それには第三の農業時代を待たなければならない。しかし、そこにおいてさえ、契約の範囲は限られていた。なぜなら、遠方との交流はもちろん、近隣の地域との交流さえほとんどないからである。土地は、それ自体として、商業の品目ではない。実際、それは限嗣相続——頻繁に攻撃された制度——のような規制に束縛される。[25]第四段階に固有なのは、土地それ自体が譲渡可能なものとなるということである。ケイムズ卿が述べたように、譲渡の権限は「土地財産にも動産にも今や普遍的に内在している」（*HLT* 104: cf. 191「土地の自由取引は封建法の特質と矛盾［している］」）。そして、この普遍性の起源は商人の間の取引にあること、「商業的傾向」は「土地の無拘束の取引」の許容を必然的としたということを、ダルリンプルは明白にした（*FP* 94, 114, 159）。同様に、ミラーにとってみれば、土地を「商業の対象」に仕立てたのは「技芸の一般的進歩」である（*HV* I, 12/160）。

ちなみに、ミラーは根本的な点をついている。すなわち、「財産に関する人類の観念」を拡大させるのは「社会の改善」である（*HV* II, 6/292）。【46】彼ただ一人ではない。実際、「観念」への言及とともに、それは、具体的保有（直接的先占）から抽象的所有（間接的関係）への移行を描く自然史を反映している。ケイムズは鍵となる思想家であるように思われる。「社会の幼少期」において所有は使用と区別されていなかったという彼の初期の『ブリテンの古代に関するいくつかの主題の論考』（一七四七年）（*EBA* 127n.）から、「保有を別にすれば彼ら［未開人と野蛮人］は所有の概念を持たない」と述べた後年の『スコットランドの慣習法と制定法に関する説明』（一七七七年）（*ELS* 228）にいたるまで、ケイムズはこの線の議論を追究していた。未開人が「保有のない所有」の「概念」を持たないのは、未開人（「最初の段階」の狩猟採集者）が「感覚の対象にかかずらい、抽象的思索を知らない」（*HLT* 82）からである、と彼は論じる。この自然史が商業社会の観念に対して持つ重要性をここに示すことができる。最も発展した社会的構成物として、所有の観念は最も抽象的であるが、そのことは、例えば、一連の信念に依拠している信用手形や為替手形の形態において明らかである。

これは何らかのオートポイエーシス（自己形成）的過程というわけではないが、ミラーが上述のごとく解釈したように、社会の発展に包み込まれている。社会が「改善する」につれて、社会はその住人の注意を引くより多くの「対象」を有するようになる（*OR* 176: *HV* III. Intro. 438）。それは単なる数量的な拡張ではない。なぜなら、対象物は「感知可能な」ものから遠のくにつれて質的に変化するからである（Robertson *HAm* 819: Millar *HV* IV. 6/760）。「人類の自然史」は、第一段階において決定的である生活資料へのほとんど完全な没頭から、例えば、第四の商業の時代に存在する「安楽と豊富から自然に生まれてくる学問と文芸」の享受への発展を明らかにする（Millar *OR* 180, 176）。よく持ち出される有機体のイメージにおいて、「改善の種」が「成熟にいたる」とき、「驚異的な力と能力」が「技芸ないし学問における最も高貴な発見をもたらすとともに、趣味と習俗の最も高等な洗練へと導く」ようにして、社会は幼少期の状態から成熟する（Millar *OR* 198）。後続する商業社会は「洗練された社会」であり（このことは第七章において示されるであろう）、「観念と感情」や「嗜好と欲望」が「目覚め」、「欲望と欲求が増幅する」ような社会である（Millar *OR* 198; Stuart *HD* 84; Robertson *HAm* 728）（なお、このことが完全に肯定的には捉えられていないという点は第六章で取り上げるであろう）。

この（自然史的）過程を、ロバートスンが「生存様式（mode of subsistence）」（*HAm* 823）と呼ぶものの周囲で一体化している諸段階に分けることは、発見に導く手段である（Haakonssen［1981: 155〔邦訳二三二〕］その他）。その効用は、社会制度に一定の首尾一貫性を見出すことにある。所有権がどのように決定され維持されるのかというのは、法と権力が公式（政府）かつ非公式（身分と習俗）にどう機能しているのかということと不可分であるので、所有は中心的な役割を与えられている。【47】例えば、王や貴族によって保持されている相対的権力という、本章第三節以下の主題に言及する際、ロバートスンが言明するには、「所有が特定の時代にどのような状態であったのかを発見するなかで、我々は、保持されている権力の程度を［…］最も正確に決定するであろう」（*VP* 375）[26]。したがって、生命と財産の保護を中央集権的に整えることは、学問や趣味の洗練が花開くためにも、商業が栄えるためにも、きわめて重要である（*VP* 314）。

諸段階と財産と自然史のあいだのこれらのつながりを、社会階級や身分の説明の短い分析でもって我々は示すことができる。啓蒙時代におけるおそらく最も一貫した社会の階層化の分析として、ミラー『階級区分の起源』は次のように論じた。「人々が狩猟や漁労で生活していた、あの粗野な時代において、人々は何らのさしたる財産を獲得する機会もなかった。そして、個人の身分の区別は存在せず、精神や身体の個人的資質から生じる区別しかなかった」（*OR* 246-7）。この議論には多数の系論が存在する。財産は階級を創出しなかったが（Stuart *HD* 130を参照せよ）、財産の欠如した世の中では、そうした「資質」（傑出した力、勇気、年齢）がそれ自体一過性のものであるがゆえに身分は流動的である。しかしながら、「家畜を飼いならし遊牧することの発明」とともに、財産や差別化された所有の「機会」と「身分の恒常的な区別」が生じた（*OR* 203-4）。

ミラーの議論はスコットランド人に広く共有されている。同様の「個人的資質」が粗野な時代において優勢であることは、ロバートスン（*HAm* 827/8）やケイムズ卿（*SHM* I. 414; *EBA* 133）やヒューム（*E-OG* 39）やファーガスン（*ECS* 84）やステュアート（*VSE* 37）に見出される。スミスのヴァージョンは、教室の外で彼が「段階理論」をいかに用いたかを示すがゆえに特に示唆的である。この段階理論の採用について注記に値することは、スミスが「四段階」を明瞭に描き出していないことである。スミスは、社会の「第一」期〔狩猟民の時代〕や「第二」期〔遊牧民の時代〕については公に語っているが（*WN* V. i. b. 7/712-13〔邦訳三、三七八～三七九〕）、「遊牧状態から脱け出したばかりの農耕諸民族」については、ついでに触れているにすぎないし（*WN* V i. b. 16/717〔邦訳三、三八五〕）、「富裕で文明化した社会」についても、対照のついでに触れているだけである（*WN* V. I. b. 7/712〔邦訳三、三七八〕）。これらの諸節において、スミスは「自然に従属を引き起こす」のはどの要因かを調べ（*WN* V. i. b. 4/710〔邦訳三、三七六〕; cf. *LJA* v. 129/321〔邦訳三四三〕）、四つの「原因」や「環境」を見出している。そのうちの最初の二つは個人的資質や属性の型、すなわち、身体ないし精神の優越と、年齢が上回っていることである。ミラーの財産（の欠如）への言及もスミスがその展開を手助けしたものである。というのも、スミスの残りの二つの「原因」は財産と従属のあいだの結合を条件とするからである。第三のものは「富の優越」であり、それは「どの時代においても大きい」とはいえ、特に遊牧民の時代において顕著である（*WN* V. i. b. 7/711〔邦訳三、三七七〕）。【48】スミスが挙げた主な例は、最初の二つの原因によって提供された「脆弱な」基礎に代わって、最大限の従属をその支配が生じさせたようなタタール人の首長である。スミスのヴァージョンでは、畜群の差別化された獲得が「依存の連鎖」を創出するのであって、そこでの「首長制」は富の優越の「必然的結果」である。（Millar *OR* 204）。以上に基づいて彼はあからさまに述べた。「国内統治は、財産の安全のために設置されるものであるかぎり、実際には、貧者にたいして富者を防衛するため、あるいはいくらかの財産をもつ人びとを、なんの財産ももたない人びとから防衛するために、設置されているのである」（*WN* V. i. b. 12/715〔邦訳三、三八二〕）。同様の議論は『法学講義』でもなされ、そこでは、遊牧民の時代の財産は統治を「絶対的に必要」としたと言われるが、それは、そうでなければ貧者が富者を攻撃するからであった（*LJA* iv. 21/208〔邦訳二一五〕）。

スミスの第四の原因――生まれにおける優越――は、ひとたび富の不平等が確立した場合のみ社会的重要性を有するものであるがゆえに、第三の原因を強化するものである。生まれという単なる事実を社会的優越の原因と見なすことは、習慣の力で服従を享受するようになっている富裕な一家に生まれることのみを意味しうる（WN V. i. b. 8/713〔邦訳三、三七九〜三八〇〕; cf. Hume *E-OG* 39）。ここから導かれるのは、この第四の原因は財産の平等が存在する第一期には必然的に欠如していること、そして、この不平等を最大限体現しているのは牧畜社会だということである（WN V. i. b. 7/713〔邦訳三、三七八〜三七九〕）。これらの第三と第四の原因の結合は、前商業社会的な権力の主要な源泉であるが、それは「財産による区別と生まれによる区別が合わさった」首長は戦場における卓越を超えた卓越を享受すると述べたときに、ファーガスンが認識していたことなのである（*ECS* 100）。『道徳感情論』において、「身分の区別」は知恵や徳のような目に見えない要因よりも「明白で触知できる出生と財産の違い」にしっかりと依拠している、とスミスは述べた（*TMS* VI. ii. i. 20/226〔邦訳下一一七〕）（明白さは『国富論』においても引き合いに出されるものであるが〔WN V. i. b. 6/226〔邦訳三、三七七〕〕、そこでの明白さは第二の原因〔年齢〕と結びつけられている一方で、ステュアートは明白さを年功よりも「富と財産」に結びつけることによって、『道徳感情論』に従っている〔*VSE* 33〕）。商業社会も階級階層を明示するとはいえ、後に見るように、階層は重要な意味で非人格化されている。これまでの分析と歩調を合わせつつ、政治的には、「支配」とは具体的で特殊的なものから抽象的で一般的なものへと移行するものだと言いうる。このことから、人による支配から法による支配への移行をめぐる、巧妙に歴史化された説明が提供されるのである。

本節を結論づけよう。スコットランド人による、四段階論の装いのもとでの段階論の採用は、諸制度が「自然的諸原因」を通じてどのように発展してきたかをめぐる探究としてデュガルド・ステュアートが特徴づけたものに従った「理論的」自然史として眺めるのが最もよい（その探究は特定の「真の」進歩を断固支持する必要性がない）。【49】この探究において財産は、法学講義で示されたその文脈上の起源のおかげをもって傑出した役割を果たしているが、ステュアート自身に従うと（上記）、財産を自然史の排他的な主題と考えることは誤りである（Emerson 1984; Berry 2000）。自然史の一種としての段階論を用いることで、道徳・社会科学者は実証的かつ中和的な合理的推測を導き出すことが可能になる。

オシアンの議論に戻るならば、それらの両方が働いていると認めることができる。オシアンの詩が本物であることを擁護した『オシアンの詩についての批判的論考』（一七六三年）において、前に記したように、ブレアはオシアンの詩を第一の狩猟の時代に位置づけている（Blair 1996 : 353）。アバディーン大学教授トマス・ブラックウェル『ホメロスの生涯の時代の探求』（一七三五年）を明瞭ではない形で引用したブレアは、オシアンの詩の言語と文体がその段階の生活様式に従っていると主張した。ロック的な枠組みに影響を受けて、ブレアもまた「人間の観念は最初すべて個別的なものであった。彼らは一般概念を表現する言葉を持たなかった」と宣言する。これこそがオシアンが真作である証拠とブレアは見なしたが、それはその詩人が「抽象的に自らを表現することが決してない」ためであった（1996 : 354）。しかし、自然史のこの特に段階論的な見解を重視しすぎないように、との上述の忠告がこの場合にも当てはまるのであって、ヒュームの推論は実証的であるというよりも中和的に用いられている。オシアンの詩においては女性が「極度の上品さ」をもって描写されているが、当時そのような取扱いは「野蛮人の習俗に反する」（ミラーの復唱）という事実をもって、オシアンが本物であることに反する証拠とヒュームは見なしている[27]。

より一般的に言えることは、この自然史的アプローチはスコットランド人が証拠を蓋然的に評価することを可能にしたということである。したがって、異なる例を挙げると、証拠の重みから多神教が一神教より時代が古いということが合理的に推測されるのである（Hume *NHR* I. 1/34〔邦訳五〕: Smith *HA* III. 2/49〔邦訳三〇〕: Kames *SHM* II. 390 : Ferguson *PMPS* I. 168）。加えて、特定の事例における宗教的信念の証拠が欠けている場合、その「空白」あるいは偶発的な欠如は、健全な帰納的一般化によって満たされ得る――特定の社会の構成員がほとんど所有物を持たず、女性をみじめに扱い、文盲であることが知られているならば、彼らが多神教を信じていることは合理的推測である。社会諸制度のこの共時的な一体性については第七章で取り上げる。メアリー・プーヴィには申し訳ないが、この点には本来的に無思慮なところなどどこにもない。すなわち、何らかの根底的な統一原理に必然的に依拠しての「比較の手法」という基本的前提をそれは明らかにするのである。以上のことすべてが暗示しているのは、この自然史がスコットランド人に、共時的（全体的）に社会を理解しそれを通時的パターンのうちに位置づけるための強力な手段をいかにして与えているかということである。

このように、「段階論」は制度の歴史の整理道具として役立つ。後に「理念型的」と呼ばれるものにそれは類似したやり方で、二つの水準で機能する。第一の水準においては、社会は【50】具体的単純性の世界から抽象的複雑性の世界へと発展する。この「単純性」は発展の初期段階における諸社会にとって基本的に同様である。ミラーはこの点を次のように明瞭に主張している。

粗野で野蛮な諸民族は［…］同一の仕事と職業を、結果的に同一の注意の対象を［保持しており、］彼らは類似した教育や訓練を行い、類似した習慣と思考法を得ている。［…］［そして、］そのような民族が特有の制度やきまぐれな風習でもって区別されることがどのような形で生じうるにせよ、彼らは性格と習俗の一般的概観において驚異的なほど画一的であると判明する。その画一性は相互に最も遠く離れた異民族のあいだにおいても同様に顕著である（*HV* IV. 8/832）。

必然性のますますの支配とそれに付随する多様化を表象するものとしての社会の発展をスコットランド人が跡づける際に、第二の水準が第一の水準を清算することになる（Medick 1973 : 253）。したがって、後に詳細に探究するように、商業社会は、感情においても制度においても、それ以前の社会段階よりも様々な形でより健康的で、より豊かで、よりおおらかである。

社会の自然史の執行は、共時的かつ通時的な画一性のもととなる一般的原因や原理が存在していることを条件としている。後者の通時性の次元は、（ダンバーの副題を引用すると）粗野から開明へと向かう社会の進歩の輪郭をはっきり示すものである。このことが意味するのは、社会の一つの特有形態に向けた商業の発展は、そのような枠組みに組み入れられるということである。いかにして商業が生じたのかについての議論はかくして理論的に裏書きされたのであるが、この議論それ自体がまた相補的な形でスコットランド人にとっての濃密な関心の対象だったのである。

3

歴史叙述として、そしてまた社会的因果関係の調査として、商業社会がいかに生じたのかを論じることは、スコットランド人の著述において最大テーマの一つであった。商業社会論は、ヒューム『イングランド史』において重要な役割を演じ、『国富論』のよく知られた大道具であり、ミラー『イングランド統治史論』とロバートソン『ローマ帝国の転覆から一六世紀の初頭までのヨーロッパにおける社会の進歩の概観』において鍵となる要素であり、同様にギルバート・ステュアートの著作（たとえ彼らの議論に反駁しているだけだとしても）および他の人の著作においても繰り返し現れている特徴である。ここで私は様々な議論の詳細な説明を提供することを意図していない。それは部分的には彼らの議論が示す基本的な類似性によって動機づけられており、また部分的には、より焦点を絞った見解を採用したいと思うからである。その焦点とは、自由と商業の間の相互作用のことである。前もって述べておくと、私は、自由と商業が原因でも結果でもあるにもかかわらず、そのような特徴づけが示唆する悪循環をいかにして逃れているのかを示すことを目的としている。

【51】ヒュームは「［統治の］静かな革命」について言及したし（*HE* II. 603）、スミスも「革命」に言及するが、それは「［対外商業〔と製造業〕の］静かで気づかれない作用」（*WN* III. iv. 17. 10/420. 418〔邦訳二、二四七、二四一〕）によって引き起こされたものであった。「静かな（secret）」と「気づかれない（insensible）」という言葉の使用によって、ヒュームとスミスは社会変化の過程がどう働くのかをほのめかしている。問題の「変化」は同様である――すなわち、封建領主の権力基盤が侵食され、商業社会が出現する。「過程」も同様である――すなわち、財産と生活様式によって因果関係を説明する役割が果たされる。この文脈とこの作用は、ミラーやロバートソンや他の人の著述において繰り返される。

「静か」で「気づかれない」ということが示すのは、「出来事」とは、意図や目的を持った諸個人の（いわば）探知網の下に、徐々にかつ感知されない形で展開されるものであるということである。このことが示すのはスコットランド啓蒙の理論家たちの大テーマの一つである――意図せざる結果の存在と役割について彼らは注意深い――が、ここでは、それがこの章の第一節で論じた偏ったサイコロとどう結びつくかに私は焦点を当てたい。（思い起こすと）ヒュームの一般規則とは、「数人に依拠することはたいてい偶然に帰されうる」が、「大多数から生じることは決定的で既知の原因によってしばしば説明されうる」というものである（*E-AS* 112）。かの静かで密やかな出来事は後者の仕業であるが、その過程それ自体は、商業社会の出現に不可避的な点は何もないことをなかんずく意味する前者にこそ、よりはずみをつけられたものである。スコットランド人にとって歴史とは、因果関係の説明が固有の意味で可能である一方で、同時に除去できない偶発性にさらされてもいるものと言いうる。「偶然性」は因果的作用因に対する無知を記述する言葉にすぎないということを思い出すと、「偶然性（一回限りの偶発性）」と「決定的（蓋然的に繰り返す）」「原因」とのこの比較は、「特殊な」原因と「一般的な」原因の間の比較としても記述されうる。ヒュームはこの用語法を用いている。ヘンリー七世の治世という文脈で、ヒュームは、その王の権威を高めた多数の「特殊な原因」に言及するが、「その時代の習俗こそが」「貴族の権力を転覆させた」「一般的原因である」ことをはっきりと示す（*HE* II, 602, 603）。この転覆こそが「静かな革命」である。すなわち、それは商業的な生活様式の出現を告げる変化であり、カール・ウェナリンドの用語では「近代化の過程を開始させた」変化（2002 : 267 n. 18）である。この過程で枢要なのは、「奢侈の習慣」を封建貴族が獲得したことである。ヒュームの議論は一七五二年の「技芸の洗練について」において示された議論を思い起こさせるが、奢侈が果たすここでの役割はスミス（*LJA* iv. 73/227〔邦訳二三六～二三七〕: cf. *LJB* 51/416. 59/420〔邦訳七四、八二～八三〕）、ミラー（*HV* III, 2/489）、ケイムズ（*HLT* 191）、ダルリンプル（*FP* 207）その他の手で復唱された。この役割は『国富論』の著名な一節において次のように捉えられている。

【52】彼ら［大土地所有者］は、おそらく一対のダイアモンド入りバックルとか、あるいはそれと同様にくだらない、役にたたないものと、一〇〇〇人の一年分の生活資料、あるいは同じことだがその価格とを交換し、それとともにその生活資料が彼らに与えることのできた勢力と権威のすべてを手ばなしてしまったのである。

しかしバックルはすべて彼ら自身のものとなるはずであり、他のどの人間も分け前をもつべくもないが〔…〕こうして、あらゆる虚栄のなかで最も子どもじみた、最も卑しい、最もさもしいものを満たすのとひきかえに、彼らはしだいに自分たちの力と権威のすべてを手ばなしてしまったのである（*WN* III. iv. 10/418-19〔邦訳二、二四二〕）。

出来事のこの流れは、スミスによってのみならず、彼の同胞のスコットランド人たちによっても概述されているが、ケイムズ卿は初期（一七四七年）にその簡潔な定式化を行った（*EBA* 155）。この流れの「原初状態」についてはみな合意している。中世の貴族はその剰余をその家臣や従者の生計のために出費したが、家臣や従者の生計維持の代償には服従の提供のみがありえた。その結果は、それら土地所有者が、戦時において指導者たりうることに加えて、「彼らがみな、だれの不正にたいしても全住民の総力をふりむけることができたがゆえに、それぞれの直属領地内で秩序を維持し、法を執行することができた」ような、唯一の人々として「必然的に平時の裁判官になった」（Smith *WN* III. iv. 7/415〔邦訳二、二三八〕）。ヒューム（*HE* II. 602）、ロバートソン（*VP* 323）、ミラー（*HV* III. 1/447）、ダルリンプル（*FP* 266）も同様に述べている。奢侈的財貨の到来と共に、貴族は手厚いもてなしを節約し、家臣の数を削減した。旧臣は、奢侈品のための資金を増やすために長期借地を（あるいは土地保有の恒久的権利さえ）貴族が彼らに認めたのでその土地にとどまるか（Millar *HV* III. 2/489: Smith *WN* III. iv. 13/421〔邦訳二、二四四〜二四五〕）、あるいは町に去るかし、「新しい出費の方法」を満足させるような財貨を供給する自営業で生計を立てる製造業者や職人となった（Hume *HE* II. 602）。どちらの場合も意図せざる結果（影響）は同一である。スミスは封建領主の支配とヨーロッパの現状を対比しているが、その状況においては、「年収一万ポンドの人」は、

全収入を費やしてしまうことができるし、また一般にそうするのであるが、それによって直接に二〇人の生活を維持するのでもなく、また支配におくに値しない従僕一〇人以上を支配することもできない。おそらく、彼

は間接的に、昔の支出方法で維持しえたであろうのと同数の人びとを、あるいはさらにそれより多くの人びとをさえ、維持しているのである。〔…〕とはいえ、彼がそれぞれの生活維持に寄与する割合は、一般にきわめてわずかであって、彼らの年々の生活資料全体の一〇分の一になるものはおそらくごく少数で、多くのものには一〇〇分の一にも及ばず、ある人びとには一〇〇〇分の一、いや一万分の一にさえもならないだろう。したがって、彼は彼らすべての生活資料に寄与してはいるけれども、彼らはすべて、一般に彼がいなくても維持されうるのであるから、多かれ少なかれ彼から独立しているのである（*WN* III. iv. 11/419-20〔邦訳二、二四二～二四三〕）。

「独立」の確保は要点であり、他の人物によっても取り上げられる。ミラーにとって、「解放された」職工や農家は独立しており、「大いに上位者に従属している」と感じることなく、「上位者のご機嫌をうかがう必要」なく生きることができる（*HV* III. 3/487-9）。【53】この要点の特に明快な言述はジェイムズ・ステュアートによってなされたが、彼は封建的統治のもとでの「下層階級の必然的従属」と、「勤労の導入」の帰結としての「独立」に由来する同じ階級の「現代の自由」を対比した（*PPE* I, 208-9〔邦訳一、二二〇～二二一〕）。第五章でこの「近代的自由」の概念にたち戻るであろう。

スコットランド人たちはこれを因果関係の物語として提示する。ヒューム『イングランド史』は、慣習と習慣の社会的類型における漸次的変化の因果機構を通じた、一連の生活様式における変化の物語を叙述する（作用している因果機構についての詳細な説明はBerry〔2006b〕を参照せよ）。ミラーにとってみれば、「大衆を上昇させた同じ原因が貴族の影響力を減らした」（*HV* III. 2/489）。スミスにおいて、その関係はフランスとイングランドの君主制の歴史において繰り返され、ロッヒールのカメロン（彼については第一章で言及した）という「まだ三〇年前も経っていない」事例によって例証されるので、その関係は（「偶然」であるよりもむしろ）因果的であると正当にみなされうる（*WN* III. iv. 8/415-16〔邦訳二、二三九～二四〇〕）。したがって、その関係には科学的説明に基づいて分析できる規則性がある。そのことは、スミスがここで「そのような結果はつねにそのような原因から生ぜずにはいない」と明瞭に述べている。(28) したがって、一見して異なる文脈において、タタール人の首長の権力を彼は説明できるのである。「彼の社会の粗野な状態（四段階中の第二段階）」は、「彼の原生産物のうちで彼自身の消費を超えるものと交換できるような、どんな種類の製造品、つまらない物や安ぴか物でさえ」提供しないので、剰余は（戦時において彼が自らの権力と地位を高めるために命令可能な）一〇〇〇人の生計維持のために用いられがちである（*WN* V. i. b. 7/712〔邦訳三、三七七〜三七九〕）。

スミスの説明が明白にするように、封建権力の漸次的衰退と商業の出現は「一般的原因」という観点から説明できる。この点は、こうした変化を封建法に依拠することによって説明しようとする見解に対する彼の批判のなかで、目にすることができる。この誤りの源泉は社会的因果関係の誤解にある。封建権力の原因は意図的で目的を持った法的命令のうちにあるのではなく、「財産と生活様式の状態」のうちにある。前者（命令の特殊性）は後者（生活様式の一般性）に従属している。ヒュームは啓発的な適例を提示している。エリザベス女王が布告により奢侈を抑制しようとした試みの非有効性にヒュームは言及する（*HE* II. 602）が、それは、奢侈禁止法制をめぐる初期の試み（ヘンリー八世時代の三つを含む）が何ら効果をもたなかったのと同様である（*HE* II. 231：エドワード三世の試みについてはI. 553を参照）。それらが「失敗した」のは、ヒューム自身が「その時代の精神」と名づけるところのもの（*E-RA* 271：*HE* II. 595）、あるいは法の不適合性をめぐる同様の文脈においてダルリンプルが「人々の気質と境遇」と呼ぶもの（*FP* 128）と歩調が合わなかったからであった。法制の特定部分が定義上「個別的」あるいは「特殊的」である一方で法／統治は社会制度であるが、【54】このことが意味するのは、適切で釣り合った社会的原因がそこにおける変化（革命）の説明に必要だということである。ステュアートがこの点を適切に要約するのは、彼が下記のように述べた時であった。すなわち、中世盛期のヨーロッパ全体に影響を与えた王と貴族の間の騒乱は「諸侯の強欲や君主の内政手腕に完全に帰さしめられる訳ではない。それら〔騒乱〕が主に帰されるべき、より包括的で一般的な原因が存在するにちがいない」（*VSE* 71——筆者の強調）。ステュアートにおけるこの要約という役目は、財産を「そのあらゆる関係と慣用に関して」解明することによって果たされている。

この「一般的原因」の観念はスコットランド人の社会科学において重要な要素である。ミラーがこの観念を持ち出すのは、宗教改革の「一般的原因」が「技芸の改善とその結果としての知識の普及」にあるとする場面においてである（*HV* II, 10/407）。ヘンリー三世の治世におけるカトリック教会の活動について説明するために、ヒュームは「一般的原因」に言及する（*HE* I, 338）。ロバートスンとしては、宗教改革前のスコットランドにおける聖職者の権力を、教会の富やその時代の迷信を含む様々な「一般的原因」に帰する（*HSc* 41）。同じ調子でロバートスンは、カール五世史の序論において彼の意図を説明する際に、それを「ヨーロッパの政治状態における改善」の「大いなる原因を説明する」試みであるとしている（*VP* 307）。これらの「歴史的」事例は、「状況や気質」としての（Ferguson *ECS* 124）、あるいは普及している「生活様式と風習」（Millar *OR* 177）としての、あるいは「状況の緩慢な帰結」として（Dunbar *EHM* 61）として、あるいは「出来事の緩慢な作用」（Stuart *OPL* 108）としての一般的原因へのより包括的な言及を具体化し特定化するものである。この線に沿ってミラーはアルフレッド大王の特定の行動からよりも「ゴート諸民族の一般的状況」から陪審制度が生じたものと論じることができたのである（*HV* I, 9/141——筆者による強調）。同様に、軍事組織の様式はイングランドにとって「特別」というわけでもなかったアルフレッド「特有の政策」に適切に帰されうるものではなく、むしろ、「この国の粗野な状態からほとんど感知できない形で」生じたような、ヒュームにおける「静かな」やスミスにおける「感知できない」の語の使用に近い言葉で解釈されうるものである（*HV* I, 6/97-98）。ヒュームは、「アルフレッドを［法制度の］唯一の著者とみなす」ことに反対し、ヨーロッパ中で風習が類似していたことを同様に主張した(29)。アルフレッドの「正義」は「獰猛で放縦な民族」には適合しているが、それは諸個人を特定の場所に閉じ込めることによって、「人々が従属と正義にいっそう慣れている」「洗練された状態における自由と商業の破壊」をもたらすであろうと、彼は断じた（*HE* I, 51）。約束したように、自由がどう因果関係の物語に適合するのかという問いに私はたち戻るつもりである。しかし、最初に、この一般的過程にとってのいわば「特殊原因」や「ひきがね」に取って返して、それを調べる必要がある。

先に記したように、スミスは「大土地所有者」の権力の侵食の「静かな」源泉として「対外商業と製造業」に言及した。【55】取るに足らない「ダイアモンドの装身具」は外国産品の一例と推測されうる。ヒュームは、「商業について」において、国内の奢侈を生み出す外国貿易に言及しているし（*E-Com* 263: cf. *E-JT* 328）、『イングランド史』においては、エリザベス女王の治世における懐中時計のドイツからの輸入の例を挙げている（*HE* II. 599）。これら二つの説明からすると、ひきがねは外から来たように見える。対外商業は、（特に）イングランドが商業国へと発展する際にたどった内生的過程の開始を求めたのである。

ヒュームやスミスがさほど率直ではないのに対して、ロバートスンはこの商業ならびにその移入の源泉について比較的詳細な説明を行っている[30]。その直接の源泉はイタリアの諸都市である（スミスもそう考察している。*WN* III. iii. 14/40〔邦訳二、二二五〜二二六〕）。特にヴェネチアは、「西洋」とコンスタンティノープルを中心とする東洋とを結ぶ導管として働いてきた。そのための決定的な推進力は、「予期されることも期待されることもなかった」「有益な結果」へと導いた「十字軍」によって与えられた（*VP* 316）。ロバートスンの議論（そしてスミスのより短い叙述〔*WN* III. iii. 14/406〔邦訳二、二二五〜二二六〕〕）からすると、これは二つの形態を取ることが推測されうる。十字軍の貴族は彼らが出くわした豪奢への嗜好を郷里に持ち帰ったが、この点はロバートスンにとって、彼らの帰郷後すぐさま「諸侯の宮廷におけるいっそう大きな豪華さ」が見られるようになった理由を説明するものである（*VP* 317）。第二の形態とは、これらの「宮廷」がヴェネツィアやジェノヴァその他の都市によって提供された財貨に満たされ、そこからロンバルディアの商人の活動を通じてそれらの財貨が徐々に広まったというものである。その結果生まれた貿易路は特にバルト海のハンザ同盟諸都市に向けられていたが、ブルージュやアントワープをも財貨集散地として富裕な都市に仕立てた（*VP* 410）。商人の活動を通じて、これらの財貨は社会のより広範な階層へと広まった。ダイアモンドの装身具の到来は、かくして十字軍の意図せざる結果であり、それはちょうど、それら財貨への欲望が貴族の権力の喪失という意図せざる結果に帰結したのと同様である[31]。

さらなる拡散が存在した。ロバートスンの評価では、「商売の対象にのみ注意を払う」これらの商人が「定住していたヨーロッパのすべての国において、正義と秩序に関する新しくより自由な観念の拡散を行い損なう」ことなどありえなかった（*VP* 411）。これらの都市が繁栄したのは、ある程度の自治を享受し、ロバートスンが言うところの「非常に多数の小共和国」となる自由を獲得したからなのである。この自由の獲得とともに一連の一般的諸原因が動きだす。すなわち、「勤労の精神が復活し、商業は注目の対象となり繁栄し始めた」。かくして生じた富には「華美さと奢侈」が（通常）伴っていた。ひるがえって、このことが「生活様式における洗練」へと導いたが、その洗練の帰結は「恒常的な種類の統治と行政」の導入であった。その時、法と「洗練された生活様式」は【56】「社会の残余の部分に感知されないで広まった」（*VP* 319）（ここでも、「感知できないように（insensibly）」というスミス的語法が用いられていることに注意せよ）。

ミラーにとって、「製造業者と商業者の自由と独立の進歩的前進」に農民や農家のそれが引き続いて生じるというこのパターンは「ものごとの自然ななりゆき」であった（*HV* III, 2/488）。悪名高いことであるが、スミスはこの同じ流れを、それが実際に生じたことであるにもかかわらず、「ものごとの自然のなりゆきに反している」ものと呼んだが（*WN* III. iv. 19/422（邦訳二、二四八））、そのものごとの自然ななりゆきについて彼は、その前のところで、農業、製造業、そして外国貿易という大まかな流れを描いていた（*WN* III. i. 8/380（邦訳二、一八九））。しかしながら、スミスが述べるには、この流れは「ある程度は［…］すべての社会において」生じる。ただこの分岐は、「自然的」進歩と「実際の」進歩の間のデュガルド・ステュアートの区別に適合している。スミス自身述べることには、町よりも田舎を優先する流れは「人間の自然的性向により促進される」（*WN* III. i. 3/377（邦訳二、一八五））。この自然の順序は北アメリカに適用されるが（*WN* III. i. 5/378（邦訳二、一八七〜一八八））、ヨーロッパにおけるその順序の逆転は外側からの外国貿易の導入という特有の原因により始められたものである。ひとたびこの過程にはずみをつけると、商業社会は自然に発展し、外国貿易もまた、製造業のうちその地域で最も生産的な部門に基づいた国際分業を反映するようになる。

このようにして、ひきがねを外在的な特殊原因に見出すことは、商業が商業を生み出したとすることである。さらに言えば、自由が自由を生み出したとすることである。先に描いたように、「自由都市」から始まった勤労と富は、時とともに、ステュアートの「近代的自由」やロバートスンの「恒常的統治」を形作ることになる独立の精神を養った。質的な移行が存在するというこの認識はヒュームによってなされたものであり、彼自身「新たな自由の計画」に言及している（*HE* II. 602; III. 99）。ロバートスンとともにヒュームにとって、これは（明瞭に）都市の成長と「中流階級の人々」の発展によって引き起こされたものであったが（*HE* II. 602）、そうした人々は、彼が他所で認めたように、「公共の自由の最良で最も堅固な基礎」なのである（*E-RA* 277）。スミスは、その直接の文脈は異なっているものの、例えば職業選択の存在こそが諸個人を「自由という我々の言葉の現在の意味において自由に」すると明言している（*WN* i. vii. 6/73; III. iii. 5/400〔邦訳一、一〇五、二、二一七〕）。最後の例としてミラーを挙げることができるが、彼は一七世紀の始まりに言及する際に「ものごとの新たな秩序」の出現と「財産の異なる配置」を結びつけた（*HV* III. Intro. 437）。第五章においてこれらの評言や一連の議論に再び立ち戻るであろう。

「財産」へのかの言及を取り上げる前に、ここで差し挟みたいのは、封建制の衰退と商業の勃興の（一般的な）因果関係の説明は、ステュアートが描いたような、自然史の二つの錨（上記でそう名づけた）と両立するということである。【57】「諸状況」——封建的土地所有と奢侈の利用可能性——の説明や人間本性の原理の作用の説明をも我々は有している。前者の状況はすべての人によって受け入れられているが、後者の内容についてはより暗黙的である。「装身具や金ぴかもの」とひきかえに土地所有者がその生得の権利を売ったのはなぜか、についてのスミスの説明は（*WN* III. iv. 15/421〔邦訳二、二四五〕）、「すべては自分たちのもの、他人には何もやらないというのが、世界のどの時代にも、人類の支配者たちの卑劣な格言であったように思われる」ので、分かち合う必要がないままに、彼らがそれらを自分たちで消費してしまったからである（*WN* III. iv. 10/418〔邦訳二、二四二〕）。『法学講義』における同様の幅の広い文脈において、スミスは、「人々は非常に利己的」であって「何も無償で与えはしない」（*LJA* i. 117/50〔邦訳四八〕）と観察することを通じて、その主張をより確かで普遍的なものにしている。ヒュームは、「人間本性の恒常的で普遍的な源泉」（*U* 8. 7/*SBNU* 83〔邦訳七八〕）のうち、貴族を動機づける情念はどれかを特定していないが、スミスと一致して、「貪欲」は「あらゆる時代あらゆる場所あらゆる人々に働く普遍的情念」であると断じたことを前提とすると、貪欲こそが強力な候補である（*E-AS* 113〔邦訳九九〕）。しかし、ヒュームもスミスもこれは過度の単純化であることに他所では気づいていた。彼らが指摘するには、（例えば）ダイアモンドのバックルを欲求の対象とするということは、個人的な所有物を私的に享受することと同様に、仲間うちでの地位を維持することでもある（Hume *E-RA* 276, *T.* 2. 2. 5. 21/*SBNT* 365〔邦訳二、一〇六～一〇七〕; Smith *TMS* I. iii. 2. 1/50〔邦訳上一二八～一三二〕）。そして、両者は模倣や競争の効果に注意を払う。ヒュームは、下級ジェントリは奢侈品の欲求において貴族に従うと述べる（*HE* III, 99）。他方スミスは、「富裕な人びとおよび有力な人びとの情念についていくという、人類のこの性向」（*TMS* I. iii. 2. 3/51〔邦訳上一二四〕）をより一般的に観察している（この議論はミラーがあからさまに従ったものである〔*OR* 250n.〕）。貪欲と利己性がここで果たす役割と、商業社会のなかでのその位置づけは、第四章と第六章において詳細に調べられるであろう。

「新たな」自由と財産の間のこの結びつきは、後続の諸章で説明するように、議論の明らかに法的で政治的な次元を示している。ここでは、その歴史的側面について検討しよう。かなり明白な理由により、その検討は、ヒュームとミラーの歴史において前面に立っている。彼らの見解には差があるが[32]、「大まかな構図」においては一致する。ヒュームにとって、「静かな革命」の鍵は「法の一般的で恒常的な執行」の出現にある（*HE* II, 603）。それは二段階の過程を経て因果的に生じている。第一に、貴族は、家臣と従者を解放したことにより地域での権力基盤を失ったが、そのことが中央集権に対する主要な障害を取り除いた（*HE* II, 603）。第二段階はそれ自体二つの局面がある。最初に、貴族の衰退に続いて、主権者が「ほとんど絶対的な権威」を取得するほどの優位を得たものの（cf. Millar *HV* II, 9/402 ヘンリ七世に対して）、その時、イングランドにおいてこの裁量的権力もまた「法の恒常的執行」によって縮減された。この縮減の原因は、【58】消費財を国内で生産し分配することによる商業の成長と足並みをそろえてその富が増加したところの中流階級から成る、庶民院の勃興である。これらの職工や商人は、法の一貫した予測可能で（恒常的な）作用から生じる安全保障を抜きにして「市場」は機能しないことから、「公平な法律を切望している」（*E-RA* 277-8〔邦訳二一七〕）。これは第四章における主要なテーマである。

ミラーにおいて、「文明における社会の前進」は、「個人の手中により大きな財産が蓄積されること」によって示される（*HV* III, 2/490）。このことは、少数者がより強大になることではなく多数者に財産が拡散することを指している。財産の拡散という結果が意味したのは、増大する費用に直面した君主が、ヒュームが記すところの新たな富裕者からなる庶民院からの資金調達を模索せねばならないことであった。この富が表象する商業と製造業における前進は、「自由にとって非常に好都合な」ような「財産の状態」にあることを示している（*HV* IV. 3/726: III. 4/552: IV. 2/712）。これらの財産所有者――すなわち商人や同類の人――は、「より高度な自由の精神を有していた（*HE* III. 2/497: IV. 5/487）（それ自体「人々の精神に適した」「精神」である〔*HV* III. 2/487〕）。かくして、技芸や製造業や商業が前進を続けるのと同様に、「法の支配」の形をとった自由と正義の徳が徐々に拡張する（*HV* IV. 6/773: IV. 7/787: III. 4/555）。この点に関してミラーは、段階論への暗黙の言及とともに、「商業民」の生活様式と「粗野な民族」のそれを明瞭に対比している（*HV* IV. 6/774）。実際、「公平で恒常的な統治」が十分に確立されている「富裕で洗練された諸国民」においては「正義の偏りのない分配はほとんど当然のこととみなされている」（*HV* I. 8/131）。この点の結びつきについては第五章で検討されるであろう。

4

スコットランド人は自分たちが「商業の時代」に生きていると考えていた。このことがはっきりしたのは、第一章で触れた「改良」への彼らの寄与を通じてであった。これら二つの点に基づいて変化への肯定的評価が存在している。それゆえ、彼ら自身の社会を理解すること、将来の改善に向けた過程と道筋を評価することは、その変化を理解することを意味した。必要となる理解は、原因を見出すことを通じてその変化の動態を説明することにより得られる。このことがスコットランド人の理論家に歴史研究を行う強い動機を提供したのであって、例えば、ケイムズは「読書を現代ものに限定する者の知識はなんと不完全なことか」（*HLT* vi）と大げさに述べたのである。この研究の焦点は、ステュアートが述べたように「ヨーロッパの政治における最近の変化（late revolutions）」であり、それは、彼が――我々に今やおなじみの言葉でもって――信じるには「非常に簡素な状態から複雑で洗練された状態への人類の規則的な進歩」を示すものであった（*PPE* I. 28〔邦訳一、一五〕）。**【59】** この焦点は、商業の時代はそれに先行する明瞭に異なった社会的組成からいかにして生じたのかという関心の鍵となる点を明らかにする。おそらく、何よりも、社会変化の過程へのこの関心こそが、スコットランド人に、何かしら特有なものとしての、そして商人的都市国家には予示されていなかった一つの統合的で包括的な生活の形態としての、商業社会の概念を提示する。スコットランド人の観念のこの特有性は第七章のテーマである。これに関連して、スコットランドの理論家が特にブリテンに心を奪われていたのは、それが「彼らの」社会であるから、そしてスミスの商店主国民のように（*WN* IV. vii. c. 63/613〔邦訳三、二一四〕）、それが近代の商業世界を体現しているからである。

しかし、たとえスコットランドの歴史が国民的な関心を集める焦点であったのだとしても、満足のいく説明は比較することによって与えられるものであることを彼らは理解していた。ロバートスンはこの仕事を明示的にこなした。彼が『皇帝カール五世の治世の歴史』への序論としての『ローマ帝国の転覆から一六世紀の初頭までのヨーロッパにおける社会の進歩の概観』を正当化したのは、「ヨーロッパのあらゆる諸国の統治の状態は数世代の間ほぼ同じであったので、大陸の諸王国の法律と慣習の注意深い研究以上に、イングランドの国制の進歩を十分に説明するものはありそうもない」と述べることによってであった。彼は「比較」に「大いなる効用」があるであろう、と続けている（*VP* 429）〔前出三一／【22】頁の、『人間本性論』序論におけるヒュームの三つの方法論的処方箋も参照せよ〕。ロバートスンは別のスコットランド的特性の明瞭な表現も提供する。ケイムズの言う「付随的な事実」をめぐる探究において、スコットランド人は同時代の民族誌を補完的源泉とみなした〔オシアンの文脈における、アメリカ人とピクト族へのスミスの上述の言及を想起せよ〕。「野蛮諸民族の古代の状態」についての直接の情報がないことを前提としつつ、ロバートスンは野蛮なヨーロッパ人と「北アメリカの様々な未開の部族と民族」の間には、類似性が存在するはずであると仮定するが（*VP* 371）、その際、この類似性は「カエサルやタキトゥスの証言をさえ」こえた、前者〔野蛮な古代ヨーロッパ人〕の「正しい説明」を与えてくれる「より強力な証拠である」と述べる。そして彼は類似性を五点挙げたのち、「哲学者」はこの証拠に沿って、完全に同一というわけではないにせよ、「歴史が観察する機会を与えてくれるどの例よりも類似性がおそらく大きい」と結論づけるであろう、と判断する。

この一般的分析は自然史の観念にまさしく正面から対応する。ステュアートの説明を想い起こすと、これら「付随的事実」とは「状況」のことであり、（あらゆる）比較を可能にするものは共通の原理である。スコットランド人にとってのその共通原理は、自然史の「主要な錨」に、すなわち人間本性の統一的原理のうちに存する。「人はどこでも同一である。そして、教育されていないインディアンと文明化されたヨーロッパ人は同一の原理に基づいて行動すると我々は結論づけなければならない」としたミラーは明快である（*Obs* iii）[33]。自然誌（史）は

【60】社会的存在としての人類の歴史である。人類の行動や価値や制度は発展してきたし、「改良」されてきた。この発展の過程は、人類の初期の社会的組成の単純さからますます複雑化するそれへの変化として描写される。「四段階論」はこの描写の一つの特殊な表現にすぎない。四段階論が（ごくたまに）採用された時には、それは、財産の諸規制をめぐる変化の重要性を強調するという、特定の目的のもとで採用された。財産が鍵となる役割を果たすとはいえ、それは唯一の重大な要因というわけではない。実際、商業社会は固有の所有体制を有しているが、このことは、こうした型の社会を定義する複雑な相互連関的全体の一要素であるにすぎない。後続の諸章でその全体性について調査がなされる。

注

（1）ヒュームは「観念連合」の概念を採用していたが、それはロックや他の人により消極的に用いられ、また記述的に取り扱われてきたものであった。経験において、原因としてのAを結果としてのBに我々は結びつける。その際、ヒュームはこれを次のように分析する。すなわち、AはBに先立っており、かつBに接近しているが、関係を決定的に因果的なものにしているのは、AとBが恒常的に結合されていることを、時間を通じて経験が明らかにするということである（*T* 2. 3. 1. 16/*SBNT* 403（邦訳二、一五二））。こうした連合主義的な因果関係の読み取りかたは、スミス『天文学史』の分析に影響を与えたが、「心の習慣」としての「因果的必然性」をめぐるヒューム流の分析は、一般的に承認されているわけではない。

（2）後者には、ニュートンの格言「私は仮説を立てない（hypothesis non fingo）」（1953 : 43）が響き渡っており、ファーガスンは後の『道徳政治科学の諸原理』において、仮説よりも無知を認めることの方が「より安全である」と述べて、

ニュートンとデカルトの対照を始めている（*PMPS* I, 117）。リードは、彼の著作のいたるところでニュートンのこの一句を用い、「哲学はあらゆる時代において仮説が混ざることで劣化してきたのである。すなわち、部分的には事実に基づいているが、それ以上に推測に基づいている体系によってである」（*Intellectual Powers* II, 3/1846 : 224）と宣言する。Laudan（1970）を参照せよ。ファーガスンによる冒頭の推測と事実の対照は、エディンバラでその英訳が一七六一年に出版されたゴゲ『法の起源』（一七五八年）の冒頭と極めて類似している。

（3）自分は「実際はどのようであったか（*wie es eigentlich gewesen*）」の叙述を求めているにすぎないというランケの『ローマ的・ゲルマン的諸民族史（*Geschichte der Romanschen und Germanischen Völker*）』の序における発言は（1824: vi）、一つの象徴的な地位を占めてきたが、他方でコリングウッドは、「啓蒙の歴史的外観は固有の意味で歴史的という訳ではない」と判断する（1946 : 77）。Höpfl（1978）および Sampson（1956 : 72, 74）を参照せよ。そこではデュガルド・ステュアートからの先の抜粋が引用され、それが「致命的な譲歩」と呼ばれており、一八世紀を「根本的に反歴史的」と見なすことには幾分かの正当性があるとされている。

（4）一八〇七年に、ケイムズ卿の最初の伝記作者は次のように述べた。「確実な事実の記録、歴史的真理の陳列よりも、才気に富む議論やもっともらしい理論の方がはるかにそれらの著者たちにとっての目的であった。［…］それらの哲学者たちは、【61】人間はいかにあるべきかの決定のみならず、特定の状況において何がどのようであったのであり、類似した状況においてどうあるに違いないかをアプリオリな推論によって証明しようとするほどに向こう見ずであった」（Tytler 1993 : I, 200n.）。

（5）マンデヴィル（ヒュームが名指しした人間科学における先駆者の一人）は、原因なくして結果は存在しえないので「偶然によっては何も生じ得ないと言える」と論じたのであって、投げられたサイコロの例でそれを説明している（1988 : II, 262〔邦訳続二七六〕）。

（6）ヒュームと「蓋然性」の議論（およびより一般的な啓蒙の文脈）については、Daston（1988 : Chap. 4）および Baker（1975 : esp. pp. 160ff.）を参照せよ。

（7）『法の精神』においてモンテスキューは、原因としての風土や気風と結果としての社会制度や国民の性格や人間行動との間には直接的な生理学的関係が存在する、と論じた。したがって、イングランド（とても穏やかな［*si calme*］）とイタリア（まったく有頂天な［*si transporté*］）では同一のオペラの影響が異なるし、事実としてモスクワの寒冷な気候では処罰が厳しくなるにちがいない（Bk 14, Chap. 2〔邦訳中二七～三三〕）。『法の精神』は一七四八年に出版されたが、それは同年のヒューム「国民性について」のほんの少し前のことであった。ヒュームがモンテスキューをそれ以前に読んでいたという点についてはせいぜい状況証拠しかないが（Chamley 1975）、歴史学上の理由は措くとすれば、この点はさほど重要ではないのである。なぜなら、原理上、この議論は人身攻撃ではないからであり（実際上はそのような形態をたびたびとったとしてさえ）、加えて、ヒュームは『人間本性論』において「土地や風土」に反対する議論をあらかじめ行っていたからである（*T* 2. 1. 11. 2/*SBNT* 317〔邦訳二、五二〕）。

（8）これらの「自然的原因」は、「道徳的」原因に反対するものとしての「物理的」原因と同じではないことをはっきりさせておかねばならない。道徳的原因は物理的原因と同じく「自然的」である。人間は社会的存在であり、それ自体として社会化や道徳的因果づけの（自然的）過程に従っている。本書第四章を参照せよ。このことは「種から分離することはできない」というヒューム的意味において「自然的」であるし（*T* 3. 2. 1. 19/*SBNT* 484〔邦訳三、三九〕）、この点でヒュームは同胞のスコットランド人たちと異なってはいない。

（9）同様の過剰解釈の恐れは、ゴゲ『法の起源』（一七五八年）についてのミークの議論にも、引用がかなり長めなのにもかかわらず当てはまるし、また、『普遍史』における議論が「四段階論」を形成したと宣告されるチュルゴについても当てはまる（1976: 75〔邦訳八七～八八〕）。ミークがチュルゴ『論集』を編集した際に付した初期の序文では、彼はいくぶん慎重である――そこでは、チュルゴは「三段階論」を有しており、「実質的に」ケネーやミラボーに従うことで四段階目が後続するとしていた（Meek 1973: 12, 20）。エンツォ・ペスチアレッリはミークに従ったことを公に認め、アントニオ・ジェノヴェージに四段階論を見出そうとしている（1978: 511）。ジェノヴェージは、『商業すなわち市民経済講座』において、狩猟によって生活する「未開人（*selvagge*）」と、家畜を飼い若干の農業を行う「野蛮人（*barbare*）」と、「耕作をしている（*culte*）」が商業や奢侈的技芸を知らない「国民（*le Nazioni*）」（ゲルマン民族が引用される）と、見事な奢侈や文芸や学問や洗練を経験している「完全に文化的な国民（*le Nazioni perfettamenta culte*）」を区別している（1765: 51–2）。「洗練」とのこの結びつきは、ジェノヴェージがその著作を知悉していたヒュームを思い起こさせる。あまり言及されていない別の際立った唱道者は、【62】『市民経済および商業講義（*Lecciones de Economia Civil o del Commercio*）』（一七七九年）におけるダンヴィラ（Danvila）である。第一講義において、彼は、人間が漸次的に経過する「四つの段階（*quatro estados*）」を列挙する――すなわち、狩猟者（*Cazadores*）、牧畜者（*Pastores*）、農業者（*Labradores*）、商人（*Commerciantes*）である（2008: 86）。ダンヴィラはこれを、多大な影響力を有するジェノヴェージから得たのかもしれない。しかしながら、これらの段階が彼の著作の残りの部分で再び登場することはない。重農主義者と同様に、彼は「技芸（*les artes*）」を一次的なものと二次的なものに分割するが、前者は「狩猟（*la caza*）、漁業（*la pesca*）、牧畜術（*la arte pastoricia*）、金属を溶かすことや農業（*la de fundir los metals y agrucultura*)」から成っており（2008：151）——商業は含まれない——ここではほとんど逐語的にジェノヴェージに従っている（1765：104）。

(10) ゴゲ（Goguet 1758：I, 570）を参照せよ。彼は（またもミークは記述していないが）商業を、社会とほぼ同じくらい古い活動であり、それが世界を統合するように見え始めるまで感知されることなく発展した活動であるとみなしている。これはミークが追究しようとした段階論的モデルではない。

(11) ファーガスンは標準的な三層モデルを有していた。すこし後に彼が「技芸の進歩は［…］商業を便利かあるいは必然的なものにさえする」と述べているにしても（*IMP* 28, 32）、それが連続的順序で起こるものではないことは明らかである——実際、ファーガスンはそれに「反対の」主張を行っている（Berry 2009a）。ファーガスンの段階論は Hill（2006）および Wences Simon（2006）において議論されている。

(12) ミークはまた、ケイムズ『道徳と自然宗教の原理』にも言及する。初版（一七五一年）ではなく第三版（一七五八年だが、それは『法史論集』初版の年でもある）において、彼は標準的な三段階を逐次見出しているが、この一節を引用した Spadafora（1990：271）は、それがスミス『法学講義』の四段階論と「同一」であると述べる。

(13) ラーマティアン（Rahmatian 2006：193）をも参照せよ。そこでは、彼もまたミークを引用して、「四段階論」がケイムズ卿の『法史論集』にあるとしているが、少し後には制約をつけて、ケイムズ卿の第四の商業段階への言及は不明瞭であると述べている（2006：194n. 131）。

(14) 四段階論の列挙が利用されていないという事実は、ただ一人の研究者が取り上げているが（Sebastiani 1998）、彼女はケイムズの複婚理論と人種の説明に自らの分析を捧げていることから、ケイムズのこの一節を取り上げたもののように思われる。

(15) ニール・ハーグレーブズ（Hargraves 2002：267）には申し訳ないことだが、「ロバートスンは［四段階論の］名人であった」としているにもかかわらず、彼は『概観』以上のものを参照している。『アメリカ史』においてロバートスンは「社会の諸段階」にはっきりしない形で言及している（*HAm* 812）。しかし、この文献におけるロバートスンの要点は、この同じ著作における彼の次のような言明に由来するものである。「社会において共に結合した時の人間の作用に関するあらゆる探究において、最初の注目の対象は生活様式であるべきである。人間の生活様式が様々であるにしたがって、法律や政策は異なっているに違いない」（*HAm* 823）。この一節の注釈と文脈の検討は、Berry（1997：93-4）を参照せよ。

(16) これも同じ状況証拠の範囲内においてであるが、一七五九年にスミスはインヴェラリー（Inverary）に行ったのであって、『書簡集』の編者たちが推測するところでは、それは「おそらく」マクファースンが収集した詩をバグパイプ吹きが朗誦したのを聞いた時である（*Corr* 42/59）。彼らはヒュームの『書簡集』（*Letters* I. 329）を参照するよう指示している。ほぼ同じ時期のいわゆる『国富論初期草稿』において、スミスはオシアンにも言及し、ホメロスと比較している（*ED* 27/573）。

（17）【63】『法の精神』の出版は期待されており、よく売れるという予想のもとに二〇〇から三〇〇部をブリテンに送る計画が立てられていた（Shackleton 1961 : 243）。

（18）この点を私に促したことについては、森直人に感謝したい。

（19）より十全な文脈は次のようなスミスの議論にある。すなわち、三種類の権利（ローマ法学者が「自然的」と呼ぶもの［*LJB* 8/399〔邦訳二七〕］）のうち、（人格と評判に属する）最初の二つは問題のないものであるが、説明が必要なのは「獲得された権利」としての所有権である（*LJB* 11/401〔邦訳三〇〜三一〕: *LJA* i. 25/13〔邦訳一〇〕）。所有権に関して、スミスは慣習的な（ローマ法的）所有権の諸原因を列挙する――先占、移転、添付、時効、相続（*LJA* i. 25/13〔邦訳一二〕: *LJB* 149/459〔邦訳一八六〕: Hume *T* 3. 2. 3. 5/*SBNT* 505〔邦訳三、六〇〕もあわせて参照せよ、ただしヒュームは「移転」を省いているが）。『法学講義』の両方のヴァージョンにおいて、以上の議論が「四段階」の簡潔な言明へと導くとともに、それら四段階が体現する所有の規制の様々なありかたへと導く。すなわち、それらは「自然権」の第三部門に必要な説明の枠組みを提供するのである。

（20）三版全部がグラスゴー大学図書館にある（GUL MS GEN 289-91）。それらはミークにより引用されている（1976 : 166〔邦訳一九三、二二一〜二二二〕）。しかし他の類がない訳ではなく、ユスティニアヌス法典に関する講義においてミラーはこの分類を繰り返している。彼は粗野な民族や洗練された民族にそこかしこにおいて言及する一方で、一七八九年の版において（GUL MS Gen 812）「狩猟者と漁業者における財産の状態」として、次の講義では「遊牧民における財産の状態」として、次には「農業者の間の」、その次には「商業国民における」財産の状態として見出されている四つの段階にミラーが明示的に言及するのは、主題が「所有権」である時のみである。四層の分類はむしろ一七九三年の版でいっそう明確であり（GUL Hamilton MS 117）、そこでの議論には「所有権の本性と、異なった諸時代においてその権利に関して人々が抱く異なった諸観念について」という題名が付されている。（ここでの「諸観念」への言及に注意せよ）。両方の版で、「食糧、衣類、住居、娯楽」に関して「便宜と洗練」を促進する技芸の発展の結果「新しい種類の財産」が導入される時代としての、商業の時代が語られる。ポール・ボールズは、財産をめぐるミラーの説明は「もっぱら四段階論に」依拠していると主張する（1985 : 197, 208 : cf. Bowles 1986）が、彼の議論は「四段階論」が標準的な表現であることを前提としており、この点で彼はミークに従っている。

（21）スコットランド人は「抽象的（abstract）」という言葉を一貫して用いる一方で、「具体的（concrete）」という言葉は用いなかった（ダンバーは例外である［*EHM* 89］）。便宜的反義語として私はこの言葉を用いる。この発展型の主要な源泉であるロックは、「抽象名辞と具体名辞について」（*Essays* III, 8［1854: II, 77］〔邦訳三、二〇六～二〇九〕）と題した章においてこれに明瞭に言及している。この点の研究に関しては、伊藤誠一郎に感謝したい。

（22）この点は自動的な過程を経て明瞭になるわけではない。それらの能力は、（そのロック的経験主義的起源から我々が期待しうるように）環境への反応として発展する。それゆえ、アメリカ先住民について十全な説明をなした一人であるロバートスンは、「見積もりに値する財産や、計測に値する蓄蔵財宝をもたない」多数の部族は「三以上の数をかぞえることができない」と述べ、【64】普遍的観念や抽象的な観念の欠如の証拠とみなしている（*HAm* 819-20）。同様の例はコンディヤックの決定的にロック的な『人間認識起源論』（2001: 79〔邦訳上一七四～一七五〕）に見出しうる。共通の典拠はおそらくド・ラ・コンダミーヌ（de la Condamine 1745: 66）である。彼は、地球は赤道において引き延ばされており、極において平坦である〔原文修正：林〕とするニュートンの反デカルト主義的理論を検証するための測定を行っただけでなく、アマゾン河流域の植物相と動物相をも叙述しており、ヤメオス族（Yameos）をこの点で引用し、彼らにはそれ以上の数をかぞえることは必要ないと述べる。

（23）他の場所で私が指摘したように（Berry 2006a: 2012）、『言語起源論』は（コンディヤックやダンバーのそれような、言語についての他の啓蒙期の著作と同様に）、抽象に向けたロック的進歩を明らかにする（例えば *CL* 19, 20/212-13 を参照せよ）。

（24）ミラーも「法学」講義において、粗野な民族の間での「契約の履行の義務をめぐる不完全な概念」について言及している。

（25）例えば、スミス（*LJB* 166/467〔邦訳二一〇〕）、ケイムズ（*HLT* 135ff. *ELS* 334, *SHM* II, 523-33）、ステュアート（*PPE* I, 327〔邦訳一、三四五〕）を参照せよ。実際の裁判官にふさわしく、ケイムズはこの問題について全体的に言っていっそう実践的な処方箋を採用した――*SHM*（II, 523ff.）の補遺に加えて、例えば、レーマンが再版した大法官への彼の手紙と具申（Lehman 1971: 327-32）を参照せよ（リーバーマン［Lieberman 1989: 156-8］とホーン［Horne 1990: 106-8］をさらに参照せよ）。ダルリンプルは限嗣相続を「商業」と不調和のものとみなしたにもかかわらず、彼は性急すぎるその廃止に対して警告したのであって（*FP* 185f.）、そのような立場は彼が後に『大ブリテンの限嗣相続政策についての考察』において磨き上げたものであるが、それは、限嗣相続に関する法の修正提案に応えたものであった。その提案は「現時点では好都合ではない」と彼は判断している（1764: 10）。

(26) ロバートスン自身は次の段落でモンテスキューに言及しているにもかかわらず、これは明白にハリントン的であるように思われるであろう（『オシアナ』［一六五六］で概略が示されているような「均衡（balance）」のハリントン的概念を参照せよ）。ダルリンプルもまた「権力は財産に従う」というハリントン的な格率を表明している（*EP* 156, 326）。ハリントンの著作はスコットランド人たちに知られていた。ハチスンは国制の議論においてハリントンに言及し（*SMP* I, 264）、ミラーは『イングランド統治史論』（*HV* II. iv/569）において好意的な評価を与えており、ヒュームは『オシアナ』を、彼の完全な共和国についての論考において出発点としている（第六章を参照せよ）。

(27) おそらく、ブレアとの友情に従って、この宣告はヒュームの生きている間は出版されなかった。『オシアンの詩の真実について』（1875: IV, 417）。

(28) ダルリンプルは何箇所かで、「同一の原因が同一の結果を有するにちがいない」ときまって述べる（*EP* 167, 255, 303）。これを、「同一の原因が同一の結果をつねに伴うであろう」として財産の分割に言及したステュアートとも対照せよ。この点についての記録がスコットランドに存在しないにもかかわらず、それは「征服の際に定住したケルトやゴート出身の他の冒険者のあいだに結果をもたらした諸原因との類似性を示したにちがいない」（*OPL* 6）。ステュアートの語法における、この最後の例の「ちがいない（must）」の使用に注意せよ。

(29) ヒュームは「アングロ・サクスンの生活様式」を、【65】その全歴史を通じて「人間性の欠如」が見られるような、「粗野で未開明であり、文盲で、職工は熟達しておらず、法と統治に服従せず、不節制と暴動と騒乱に取り憑かれていた人々」の生活様式として要約している（*HE* I, 127）。

(30) ロバートスンは、商業小史でもって始まる彼の『アメリカ史』の一部でこの物語を繰り返している（彼はアンダースン［Anderson, 1764］の説明に詳細を負っていることを認めている）。このことは、『スコットランド史』と『ローマ帝国の転覆から一六世紀の初頭までのヨーロッパにおける社会の進歩の概観』における因果関係に関する叙述から、『アメリカ史』における「しばしば驚異的な事実」に鋭敏な叙述へと、ロバートスンの歴史叙述は移行した、とするウマーズリーの議論を修正するのに役立つ（Womersley 1986: 500）。さらに言えば、『スコットランド史』と『ローマ帝国の転覆から一六世紀の初頭までのヨーロッパにおける社会の進歩の概観』の両方においてロバートスンがほとんど逐語的に再説するのは、歴史家は「空想と推測」ではなく「事実」に関わるべきだということである（*HSc* 53: *HAm* 733, 933）。

(31) ロバートスン（1840: Ii）は、明らかに説教の文脈において（一七七五年の『キリスト到来の時代における世界の状況（*The Situation of the World at the Time of Christ's Appearance*）』）、「理性の光により、注意深い観察者は、神の摂理の計画に関して蓋然的推測をたびたび形成することができ、人事の変転を導く巧みな手を発見することができる」と説いた。ロバートスンの著述中における「意図せざる結果」の議論については、フランチェスコーニ（Francesconi 1999）を参照せよ。

(32) 彼らが最も異なるのはチャールズ一世の評価をめぐってである。ミラーの見立てでは、ヒュームは「不注意で表面的な観察者を誤導するように仕組まれた非常に作為的な図式」を提示している（*HV* III, iv/582n.）。サルバー・フィリップス（Salber Phillips 2006 : xvi）は、彼が付した『イングランド統治史論（*HV*）』への序論において、同時代におけるその他の諸反応と比較した場合における彼らの不一致をおそらく誇張している（本書第五章を参照のこと）。

(33) こうした見解の典型例はヒュームの最初の『人間知性研究』にある。すなわち、「あらゆる国民や時代を通じて人間の行為には大きな画一性が存在すること、そして、人間本性はその原理と作用において依然として同一のままであることとは普遍的に認められることである」（*U* 8. 7/*SBNU* 83〔邦訳七八〕）。

第三章　繁栄と貧困

【66】以前の「諸段階」と比べて、商業社会の際立った鍵となる特徴は、そこに暮らす人々の衣食住がよくなるという重要な点で、豊かさが増すことである。暮らし向きをこのように改良する、中心にある仕組が分業である。分業が「富裕」を生み出すだけではなく、富裕が「よいこと」である。この意見はライアン・ハンリー（Hanley 2009a: 6, 93）が、スミスの「規範性への関心」という言葉を議論するなかで出現する。本章では、きわめて多くの注意がスミスに向けられるが、この関心は彼に限った話ではない。というのも、スコットランド人の商業論には道徳的、規範的な核があるからである。それについては後の章で詳述する。とはいえ、本章で詳述されるのは、富裕あるいは繁栄という肯定的な評価の裏面、すなわち、貧困という否定的な側面である。スコットランド人にとって、「貧困」は贖罪によるものでは一切なく、そのように考える社会倫理には欠点がある。

現存するグラスゴー講義録によれば、スミスは「富裕と自由」が「人間が手にし得る最も偉大な二つの恩恵」であると明言している（*LJA* iii. 112/185〔邦訳一九二〕）。この二つの恩恵は非常に関連しており、スミスによる商業社会擁護論の中核が、この関連である。本章では「富裕」、すなわち第一の恩恵に焦点を当て、第四章と五章で第二の恩恵を論じる。もっとも、いずれの議論でも、二つの関連の重要性に注意が向けられる。

分　業

スミスが特徴づけるように、商業社会の特色は、富裕が見られることではない。というのは、以前の社会段階でもその事実はあったからである。商業社会を特徴づけるのは、むしろ、「最下層の人々にもあまねく広がる富裕」（*WN* I. i. 10/22〔邦訳一、三三〕; *ED* 10/566〔邦訳四五二〕）である。【67】実際のところ、富裕が普及することは、第一段階の狩猟採取者の平等性から商業社会を区別するものでもある（*WN* V. i. b. 7/712〔邦訳三、三七八〕; cf. Ferguson *PMPS* II, 422）。最下層民が「必要とする」（*WN* I. i. 10/22〔邦訳一、三三〕）ものや、「あらゆる生活必需品や便宜品」（*ED* 12/567〔邦訳四五四〕）を「豊富に」供給されることは、「富裕で商業的な社会」（*ED* 11/567〔邦訳四五四〕）の特徴である。そのことのきわめて重要な前提条件は、富裕が、「よく統治された社会」（*WN* I. i. 10/22〔邦訳一、三三〕）に、すなわち、自由という関連する恩恵も存在するところに生じることである。

スミスは分業をこの豊富さの源泉と同一視する。分業は経済成長に決定的な要因である（Hollander 1973 : 209〔邦訳三〇一〕; Brown 1988 : 74; Schumpeter 1986 : 187〔邦訳上三三七〕）。『国富論』の編者が留意するように（Rashid 1986も見よ）、スミスの先達者で〔分業という〕この実践に注目した者もいた。編者は（近代における解説者の嚆矢としての）ペティ、マンデヴィル、そしてスミスの同時代人ではハリス、チュルゴに触れている（*WN* I. i. 1n.〔邦訳に該当部分なし〕）。他にいないと想定されているわけではない。W・R・スコットの主張によれば、ハチスン説がスミスに鍵となる影響を及ぼした。[1] 一方、『国富論』以前に出版したスコットランドの著名人では、『市民社会史論』で「あらゆる日用品が最も豊富に生産される［のは……］、手仕事と職業の分離によってである」（*ECS* 181）と述べたファーガスンである。第六章でファーガスンにたち戻る。もっとも、『国富論』が日の目を見るずっと以前から、スミスが分業の役割について研究してきたことは知られている（いわゆる「国富論草稿」や「分業論断片」も見よ）。

議論を進める前に、あいまいな語句に触れておこう。私が名づける「社会学的」分業と「技術論的」分業のあいだに区別がある。[2] 前者は部門的専業化に関係し、プラトン以来これは、人間が自給自足できないという事実の系論とみなされている（プラトンは意図的に単純化した「モデル」において、耕作、建設、機織を異なる人々によってなされる職務と認めている［Plato 1902 : 369d〔邦訳上一四六～一四七〕］）。後者は生産工程における分割――スミス自身による例をあげるなら、ピン製造における一八の段階――に関わる。この区別は、焦点の一つではあるものの、両者が相互依存しているため、原理的なものではない。実際のところ、それらの結合こそが商業社会の特徴を告げる。技術的な意味は、「労働の生産力」を、それゆえ商業的富裕を説明する際に、非常に重要なものであり、他方で社会学的な意味は、技術的分業の「社会の仕事全体のなかでの［…］効果」に、十分に関係するものである（*WN* I. i. 1-2/13-14〔邦訳一、二三〕）。

『国富論』第一編の第二章は「分業を生む原理について」と題されている。スミスは経験上学習された《オペラント》〔操作的な〕原理の明確な識別から始めるが、その後ほぼ即座にその原理を限定する。最初にスミスは、【68】分業を「やりとりし、交換し、取引」する「人間本性の性向」の結果であると言明する（*WN* I. ii. 1/25〔邦訳一、三七〕）。この文脈においてだけ、『国富論』（ならびに「国富論草稿」）でスミスは「性向（propensity）」という言葉を用いているけれども、『道徳感情論』では、例えば、人間について「同感への最大の性向」（*TMS* I. ii. 2. 5/33〔邦訳上八六〕）をもつと言われるときなどのように、何度か用いられている。この言葉の意味は、ある「傾向（inclination）」や「性質（disposition）」をあらわす標準的な語であって、スミスはそれらの「傾向」や「性質」という言葉を、『国富論』自体（*WN* I. ii. 3/27〔邦訳一、三九〕）でと同じく、『法学講義』の分業論（*LJA* v. 56/352〔邦訳三七五〕）でもやはり用いている。上記の文脈で「性向」への言及が示すのは、「多くの利益」を持っているこの分業が、熟考が結実したもの（「人間の英知」）でもなければ、意図された結果でもなく、むしろ「きわめて緩慢で漸次的な結果」（*WN* I. ii. 1/25〔邦訳一、三七〕）だということである。さらに、人間本性の性向として普遍的なものと仮定しており（「万人に共通の」*ED* 21/571〔邦訳四六四〕）、それゆえ第四段階だけに特権的なものではありえない。分業は未発達なかたちで第一段階に存在する。スミスは腕のよいある弓の作り手の例を引いている。彼は、自らの弓をより巧みな狩猟者がしとめた鹿の肉と交換することで、自分で獣を殺そうとするよりも鹿肉をもっと多く得られることを発見する（*WN* I. ii. 3/27〔邦訳一、四〇〕; *LJA* vi. 55/351〔邦訳三七四〕）。これが「未発達」である理由は、「市場」が限定的だからである。では次に、どうして第一段階について当てはまり、第四段階について当てはまらないことが、「所有と生活様式」の状態と、法の支配によって生み出された安全に左右されるのだろうか（第二章と第四章も見よ）。市場の広がりという役割に手短に戻ってみよう。

スミスは最初に、この経験上学習された原理をはっきりと言明したものの、ほどなくもっと曖昧なものにする。スミスはこの性向について「それ以上の説明ができない本源的な原理」の一つではないかもしれないと推測する。ここでスミスは、ヒュームが彼自らの思想の中核にすえていたニュートンからのメッセージ――「究極的な解答」を探すことは無意味な形而上学である――を示唆している。ニュートンは〔万有〕引力とは何かを知らなかったが、その効果を計算できれば十分だった。ヒュームは、なぜ快楽が喜ばせるか知ろうとしなかったが、快楽がそう作用するなら、人間の学問にとっては十分である。スミス流の経済学は、「なぜ」人間がこの性向をもつのかについて、同じように無関心でいられる。まさしくスミスは、この問題が「我々の目下の研究主題には属さない」と、はっきり宣言している（cf.［Evensky 2005 : 113］）。ジョーゼフ・ハリスは、「誰もが他人の助力を必要とする」事実を保証するために、「神の摂理に属する賢明な約束」に言及したが（Harris 1757 : 14〔邦訳二六〕）、スミスはそうしない。実際のところ、スミスが明言した〔それ以上の追求の〕放棄の次に、全体的な交易性向が「推論したり会話したりする能力の必然的結果」であることは、「より確からしく思われる」という推測が続く（*WN* I. ii. 1/25〔邦訳一、三七〕）。【69】一七六三年版の『法学講義』では、慎重さをより欠いている。というのも、そこでは交易性向の基礎が「明らかに、誰もが持っている説得するという自然な傾向」（*LJA* vi. 56/352〔邦訳三七五〕）と言われているからである。これは一七五九年の『道徳感情論』で、すでになされた「説得したいという欲求［…］は、我々の自然的諸欲求のすべてのうちで、最も強いものの一つと思われる」（*TMS* VII. iv. 25/336〔邦訳下三九〇〕）という見解に呼応する。

「説得」自体は、明らかに言語能力を前提としている。[3] スミスは法学を講義していた同じ時期に、修辞学も教授していた。スミスは自らの講義から生まれ公刊された言語論を（*LRBL* i. 17f/9f.［lecture 3］を見よ）、言語の起源から始める。そこでスミスは、発話を、それによって未開人が「自分たち相互の欲求をお互いに理解できるものにしようと努力する」（*CL* I/203）ものと位置づけている。『国富論』で「説得」に触れていないのは、動物が獣であって、言語を持たない（*WN* I. ii. 2/26〔邦訳一、三八〕）という従来の主張を強調するためである（会話は、「人間本性に特徴的な能力である」［*TMS* VII. iv. 25/336〔邦訳下三九〇〕］）。このことが次に、交換は人間に特有の現象であるというスミスの主張を補強する。未開人の発話であれ、一匹の動物の他の一匹への「生来の叫び声」とは異なる。動物はその声によって互いの欲求を示すことができない。一匹の犬は「他の犬と、一本の骨と別の骨を、公正で熟慮した交換」を行うことはない（*WN* I. ii. 2/26〔邦訳一、三八〕。猿が手に入れたりんごを分けるのに契約は一切行わないと述べた*LJA* vi. 57/352〔邦訳三七五〕も見よ）。猿たちやグレイハウンドたちが一匹の野ウサギを追い詰めるときのように（*WN* I. ii. 1/25〔邦訳一、三七〕; *ED* 23/571〔邦訳四六四〕）、明らかに協調した行為でさえ、「たんなる情念の偶然の一致」（*WN* I. ii. 2/26〔邦訳一、三八〕; *LJB* 219/493〔邦訳二七九〕）なのである（人間の行う交換における認識要素の重要性については、Fleischacker 2004: 91を見よ）。

スミスの議論は十分に進められておらず、いくつかの解釈を生み出した（Henderson and Samuels 2004を見よ）。スミスは分業を交易性向の結果と論じているが、厳密に言えば、それは他の二つの命題の結果である。一つ目と二つ目は密接に関連している。人間は社会的な生物であって（これはスミスの道徳哲学において鍵となる仮定である）、自給自足がかなわないため、「人は仲間の助力をほとんどつねに必要としている」（*WN* I. ii. 2/26〔邦訳一、三八〕）。この仲間という言葉を我々は狭い意味で読むべきではない。というのも、スミスにとって、人間は部族や集団のうちに暮らすのであって、家族のうちにではないからである。これらの二つの命題が与えられて、三番目が出てくる。個人的な欠乏（「欠如」の意味での「欲求」）が、様々な環境を超えて最も確実に満たされる方法は、他人の「自愛心」に訴えること――私の欲しいそれをください、そうすればあなたの欲しいこれをあげましょう（*WN* I. ii. 2/26〔邦訳一、三八〕）――である。これがまさしく交換である。しかし、この目的への性向が何かをもたらすのかどうかについては明らかではない[4]。スミスがよく知っている研究のうち、【70】彼自身の表現に最も近いものは、ジョサイア・タッカーによってもたらされており、タッカーは「人間の商業に向かう生来の性向、もしくは自然に備わった傾向」（Tucker 1755: 3. 9）に言及している。

スミスの議論のこの展開不足な特徴によって、「説得」もしくは言語の使用が、より「基本的」なものかもしれない、とスミスが推測する理由は説明できるだろう。しかし、たとえそうであるにせよ、説得はなお、一定水準の相互補完性を事実上前提としている（グラスゴー市民が国産のエアコンを購入するよう説得されることはありそうもない）。確かにスミスはここで、「文明化した社会」の状況を最もはっきりと論じている。そのことはスミスの最も有名な発言の一つ、「我々が食事を期待するのは、肉屋や酒屋やパン屋の慈悲心からではなく、彼ら自身の利害に対する配慮からである」（*WN* I. ii. 2/27〔邦訳一、三九〕）で頂点をなす議論によって裏づけられる(5)（第五章でこの一節全体に立ち戻る）。しかし、この「配慮」は明らかに商業社会の特権ではない（先に引いた弓の作り手や、遊牧段階のホッテントットやタタール人における分業の萌芽についてのスミスの意見〔*FA* 4/583〔邦訳四九六〕〕がその証拠である）。

我々は、スミスの交易性向もしくは傾向に訴えることについて、二つの含意を識別できる。第一に、それは交換に自然主義的な基礎づけをもたらす。交換に関する形式的な「論理」は、ダドリー・ノースのような先達の交易理論家によってはっきり詳述されていた(6)。一八世紀においては、コンディヤックが典型的である一方、他の多くの著作よりも分析的である。商業は一方の剰余を、相手方の消費を前提とする。というのも、剰余の交換はその消費を望む誰かがいて初めて可能となるからであり、それは「ある必需品の契約を我々が結ぶ必要(7)」なのである。これらの形式的な要件はそれ自体原動力ではない。スミスの議論では、見てきたように、自愛心に訴えるため、当事者のいずれも取引を行うよう動かされる。しかし、交換それ自体は人間本性の性質に伴って進むため、この相互作用は結果として起こると十分に信頼できる。このように信頼できる根本は人間本性の恒常性である。したがって、この交易性向を明らかにすることは（スミスが〔*TMS* VII. iii. 2. 3/319〔邦訳下三四三〕〕でそう呼ぶように）、人間本性についての学問の一部であり、また、そうすることで、市場の取引活動は、その場その場で偶発的に生じる一連の機会ではなく、原理的に、一般化可能な原因分析ができるという結論を認めうる。取引活動は、換言すればヒュームの「一般的規則」に従う（本書四八／【36】頁を見よ）。それゆえ経済学が前進できるのである。

二番目の含意は最初のものの系論である。抽象的に、もし私がXを持っており、あなたがそれを欲しいと思うか必要とするなら、それは力によって（あなたはそれをまさしく入手できる）、贈答によって（私からあなたへの慈悲に満ちた好意）、もしくは交換によって獲得できる。交換を性向とみなすことで、スミスは〔力による〕最初の戦略が無効であるという議論の土台を壊している。もちろん、スミスの道徳哲学全体が、スコットランド人の同胞全員のものと同じように、【71】最初の立場を否定する仮定を置いている（第五章を見よ）。「利己的な哲学」、とりわけホッブズと、「人間の自然状態」が「万人の万人に対する戦争」であるとする彼の仮定に反対して、『道徳感情論』冒頭の一節が雄弁に証明するのは、人間は他人の幸福に関して私欲のない関心を持つということである。スミス流の自己愛——それは交換への動機づけである——は、慈悲心からの贈与が同時に存在することと完全に両立できる。確かにスミスは贈与することとの高潔さや寛大さと比べて、物々交換を「さもしい」と認めるが、それというのも、交換は飢えや渇きや性衝動のように、「きわめて深く埋め込まれている」ため、付加的な誘因として作用する補完的な裏づけや「名誉」や似たような社会的文化的な修飾語の喚起は、一切要らないからである[8]（*LJB* 301/527〔邦訳三六九〕）[9]。

もう一つはっきりとした違いを識別できる。寛大な行為はすでに互いを知っている個人のあいだで起こる可能性が最も高い（Young 1997 : 61）。後に見るように、商業社会においてきわめて重要なのは、経済活動の多くが、見知らぬ者のあいだでなされ、その状況において交換は我々の利益に相互に訴える——私は肉屋に金を払い、彼は私に肉を与える——ことによって、最も信頼できる結果となることである。このように信頼できる源泉は人間本性にある。そのことがまたしても、商業行為がいかにして規則性に、したがって学問的探究に従うのかを裏づける。この相互性のありかたは、ルソーによれば、依存した品位に悖る相互関係であるが、スミスと他のスコットランド人にとっては、その考えは関係の読み違いであり、相互依存とみなすのがより適切である。後の章でこのルソー流の反論に触れる。

スミスの「技術論的」説明を検証する前に、彼の「社会学的」説明の次元——性向の社会的帰結について——は厳格な検証に耐える。プラトンは特定の取引に関する自説を、強い意味合いで理解される、生まれつきの才能（*diatheron phusin*）と結びつけていた。すなわち、人間は生まれつき多様であり、その結果として、様々な仕事に順応するが、それらの仕事は、それにふさわしい魂（*psuche*）を持つ者によって最も首尾よく遂行される。それゆえ、自然によって（*kata phusin*）機織である人もいる（Plato 1902 : 370a. b〔邦訳上一四八〕）[10]。正直なところ、プラトンは彼の時代においてさえ例外的であった。例えばアリストテレス（Aristotle 1944 : 1260b〔邦訳六五〕）は、生まれついての奴隷がいることを認める一方で、例えば靴職人はそのような「生まれつき」のものではない、と主張した。スミスも主流派に属しているが、この論点についての彼の表現はとりわけ力強い。

スミスの議論で何度も繰り返し使われている比喩があって、それは「もっとも似ていない性格」である学者と「ふつうの路上の荷役人」(*WN* I. ii. 4/28-9〔邦訳一、四〇〕; *LJA* vi. 47/348〔邦訳三七二〕; *ED* 26/572〔邦訳四六九〕)を比較しているものである。一七六二年から六三年にかけての『法学講義』では、この学者と荷役人の隔たりは単純に「生まれつきの違いではない」となり、他の二つの引用と同じく、一七六六年の講義(*LJB* 219/492〔邦訳二八〇～二八一〕)では、【72】スミスはより詳しく、その違いが「生まれつきによるよりは、むしろ習性、風習、教育」によって生じたと述べている。実際のところ、スミスの議論はもっと語気が強い。彼らが成熟して「才能が様々な職業の人々を区別するように思われるが」、多くの場合、「分業の原因というよりもむしろ、分業の結果なのである」。

ここで因果関係に言及していることは、スミスの社会理論にだけでなく、彼の同胞全員によって共有されていた理論にも重要な見地を想起させる。その見地を私は「ソフトな決定論」と呼んでいる(Berry 1997)。その土台は、物理的な原因と道徳的な原因の区別である(本書五〇／【37】頁にも関連あり)。決して独創的ではないものの、スコットランド人のあいだでのこの区別に関しては、ヒュームが一七四八年の「国民性について」で古典的な説明を行っている。ヒュームの詳述によれば、「物理的原因」は、「気づかないほどわずかに気質に作用する」一方で、道徳的原因は「精神に動機あるいは理由として適切に作用し、特定の生活様式を我々に習慣づけるすべての事情である」(*E-NC* 198〔邦訳一七二〕)。ここでの文脈は、性格形成における風土理論――スコットランド人がモンテスキューと顕著に関連づけるもの――の批評であったが、アベ・デュボスによるより以前の重要な定式化があった。[11] この話は「ハードな決定論」と呼びうる。それは直接に生理学的な効果を及ぼす(「気づかないほど」)からである。一方、道徳的原因は一種のソフトな決定論である。それは習慣化や社会化を通じて作用するからである。にもかかわらず、それらはやはり原因である。スミスの例では、幼児が成長して「きわめて異なる職業に従事するようになる」(*WN* I. ii. 4/29〔邦訳一、四一〕)とすぐに、彼らの「生活様式が彼らに影響を及ぼしだし」

（*LJA* vi. 48/348〔邦訳三七二〕）、それにつれて違いが生じはじめる。人は学者に（あるいは荷役人に）「生まれる」のではなく、「なる」のである。ヒュームによれば、「道徳的原因の原理は、様々な職業の性格を決める」。彼は聖職者と兵士のあいだの違いを例に挙げている（*E-NC* 198〔邦訳一七二〕）。第六章でみるように、道徳的原因のこの受容の根底には、スミスのみならず、労働者（「単純工」）における技術論的分業の悪「影響」論者の多くによってなされた批判がある。

サミュエル・フライシャッカー（Fleischacker 2004: 74, 76: 2013）（似た趣旨としてはDanford 1980も見よ）は、学者／荷役人の一節を例に引いて、スミスにおける規範的原理としての平等への「きわめて力強い支持」を見定めている。その原理は、人間が「能力において本質的に平等」であるという主張の「著しく強力な一種」と並んで進む。そこでプラトン説が否定されているのは明らかな一方で、特定の職業については、生得説の余地をいくぶんか残している。スミスは典型的に制限的な議論をしている。スミスは「生まれつきの才能」があることを否定しない。通常想定されるよりも、生まれつきの才能にはわずかな違いしかなく、その根もより浅い。実際のところ、そのありふれた想定の根底にある先入観に警告を発することが、人間に関する学問の業績であると言えるかもしれない。【73】しかし、道徳的原因に必ずしも全面的な説得力を認めないのも同じように「学問的」であり、例えばウィリアム・ゴドウィン（Godwin 1976: 106ff.）は、それにあてはまると考えられるだろう（エルヴェシウスの教育論も見よ〔本書三五／【26】頁〕）[12]。

さて、技術論的な分業に目を向ける。ここでもまた、スミスの説明が鍵であり、注意が主に向けられる。スミスは、「きわめてささやかな製造業」であるピン製造の例を用いて、広範な分業がどのように富裕を生み出すかを例証する（*WN* I. i. 3/14〔邦訳一、二四〕）。この例が選ばれたのは、見通しがいいと想定するからである。その例が分業を最も伸張させているからではなく、むしろ、本質的に作業場の仕事として、製造工程の構成段階すべてが明らかだからである。その結果、スミスも率直に認めるように、ピン製造は例として定着し[13]、その事実こそがスミスの解説的な狙いに適合している。スミスの側のこの実用主義にもかかわらず、彼のこの例示が、同国人によって引用が頻繁になされる出所となったことは否定できない[14]。

スミスは、分業を通じて一〇人で四万八〇〇〇本、一人当たり四八〇〇本のピンを製造できるだろう一方で、個々人が全工程を遂行するなら、「一人当たり二〇本はおろか、一日で一本も」作れないのではないかと計算している（*WN* I. i. 3/15〔邦訳一、二四〕）。スミスはその理由を三つ述べていて、ファーガスンはそれを言い換えている（*PMPS* II. 423）。各人の仕事を「一つの単純な作業」に減らしたことから生じる器用さの増大、「一工程から次工程に移行（両工程間で「うろうろする」傾向がある）しないこと」に起因する時間の節約、一工程に集中することで促進される同工程実施の改善法の創案である（*WN* I. i. 5-8/17-20〔邦訳一、二九〕）。上述の理由ほど有利には働かないこの専業化の他の結果を第六章で検討する際に、これらの特徴にも――スミスもしているように――立ち戻る。

この実例のような分業は、「労働の生産力」（*WN* I. i. 4/15〔邦訳一、二六〕）を増大させる。しかしそれは独立した過程ではない。分業の広がりは、労働の生産力増大がもたらす富裕（多くのピン）を供給する鍵であるが、交換もしくは市場の範囲に左右される。市場が小さいときには、専業化して他の専門家の剰余と交換するための剰余を生み出す誘因が何もない（*WN* I. iii. 1/31〔邦訳一、四三〕）。さらに、より以前からの資本蓄積がその製造自体に必要とされる（*WN* II. intro. 2/277〔邦訳二、一六〕）。このような条件のない環境においては、交易性向が顕現する機会はほとんどない。第四章で、法が促進した安定性がこの性向を助長する役割を論じる。ただし、ここで各種の需要を専業的に扱うことを理にかなうものにするような、鍵となる社会状態があることに注目すべきである。

スミスにとって、市場の広がり、したがって専業化の度合いは、人口密度に左右されるものであり、そのことはケイムズも指摘している（*SHM* I. 110）。(15) 【74】むろんこれは、彼の存命中におけるスコットランドの都市化をある部分で反映している（第一章を見よ）。スミスは、スコットランドの高地地方を例にして、個々人がどのように自らのために多くの仕事を遂行するよう強いられているか、「どの農夫も」、自らの「肉屋、パン屋、ビール醸造業者」でなければならないかを説明している（*WN* I. iii. 2/31〔邦訳一、四三〕）（スコットランドはイングランドに比べて発展途上であり、そのスコットランドも北部のほうが南部より未発展であることは、ミラーが論じている〔*HV* IV. 4/435〕）。しかし、この人口密度の認識は地方の発展が確認されたものではおよそない。というのも、最初に人々が住んだところ（都市）は、海岸か航行できる河川に位置していたという一般的な現象を反映しているからである。この位置の選定は、彼らが貿易に従事しえただろうことを意味していた。地中海沿岸のフェニキア人やカルタゴ人、ナイル川やガンジス川後背地のエジプト人やベンガル人がそうである（*WN* I. iii. 4-7/34-5〔邦訳一、四七〕）。

この最後の議論は、詳説に値し、それは第二章の「商業共和国」は商業社会の第四段階とは異なるという主張と関連するだろう。同章で言及したように、ロバートスンは『アメリカ史』の序文で、商業の歴史で何が重要部分なのかを著した。(16) ダンバーも、示し合わせたわけではないだろうが、同じような説明をしている（*EHM* 299-305）。ロバートスンの考えによれば、商業が「きわめて重要な目的」になる前に、もっぱら航海におけるかなりの「改良」がなければならない（*HAm* 727）。両者はばらばらに発展するものの、やがて「航海と商業に由来する利益」がフェニキア人に広がり、彼らの行く手を導く。彼らの都市の立地は、商業が「そこから富裕や権力が由来する唯一の源泉」であることを狙っていたのであって、「彼らの法の精神はまったく商業的なものであった。彼らは商人という民族であった」とロバートスンは言明している。フェニキア人の遺産はカルタゴ人によって採用され、両国民において、商業が「通常の効果」——好奇心、拡張された理念、「大胆な事業」への誘因を生み出した（*HAm* 730）。ギリシア人とローマ人は、ゆるやかにかつ巧みに後に続いた。結果としてギリシアのいくつかの共和国は、商業が「熱心にかつ順調に」行われるに連れて、有力な海洋国家となった。ローマ人については、ロバートスンが描写するように、商業と航海の問題については長い間携わらなかったのであり、この二つの事業は奴隷や最下層の市民によってなされ続けた（この点はスミスも指摘している〔*WN* IV. ix. 47/683〔邦訳三、三三四〕〕。他方で、ダンバーは、ローマ人の「意欲的な才能は商業向けに形作らなかった」と発言している〔*EHM* 304〕）。東方の奢侈品が目に触れたときにだけ、ローマ人はそれを交易しようと考え、航海が役割を果たした（*HAm* 732）。もちろん、次第にローマ人は野蛮な征服者に堕し、ヨーロッパを「第二の幼児期」に連れ戻した（*HAm* 734）。第二章で論じたように、十字軍という「特別の原因」と自由都市の発展を通じてこそ、大地主の権力基盤を侵食しつつ緩慢に発展しはじめ、商業の時代が成熟してゆく。

【75】スミスは、古代（主にギリシアとローマ）の歴史を簡潔に示している（Hont 2009：155-66）。スミスはホメロスに描写された時代の遊牧「経済」から始まって、要塞化された町――「学術技芸」がそこで育ってゆく――の樹立に至る成長を図式化している（*LJB* 31-3/409〔邦訳五一～五四〕）。このような学芸と富裕が発展していくかたわらで、人々は「洗練」を経験し（*LJB* 37/411〔邦訳五八〕）、スミスはそこでついでに、ギリシアの都市国家を「文明化された」と言及している（*WN* V. i. a. 35/703〔邦訳三、三六五〕）（ロバートスンは、それらが「より文明化した状態」へと進み、学問と技芸に「急速な改良」がもたらされたと言っている［*HAm* 730］）。しかしスミスは、「それらの都市国家は手工業と外国貿易よりも農業を尊んだ」と発言する（*WN* IV. ix. 47/683〔邦訳三、三三四〕）。これらの古代都市国家は典型的なものであった。三つの基準が確認できる。第一に、スミスにとって、「古代のギリシアとイタリアの共和国」における税収は、原則的に「国有地」での生産物か地代からなる。その一方で、「現代のヨーロッパでは、いかなる文明化された諸国においても、公的歳入の大部分が国有地の地代からなっていない」（*WN* V. ii. a. 13/821; V. ii. a. 18/823-4〔邦訳四、一二五、一三〇〕）。ウォレスが引き出す教訓は異なるものの、彼も古代人は交易（フェニキア人やカルタゴ人の標準的な例を引きつつ、現代人よりも限定されていたとする）を軽視したのではなく、農業により注力したのだと述べている（*DNM* 97-9）。二番目の鍵となる違いは、防衛に関連するものであり、その部分でスミスは民兵の歴史的役割に関する議論を長々としている。「古代においては、富裕で文明化された人々は、貧民や野蛮人から自らを守ることを難しいと感じていた」一方で、「現代においては」その逆が真である。この違いは「改良が自然に進展したため」と説明されており、この事例で常備軍の創設とより優れた兵器に触れている（両方とも、分業の恩恵が示されたものと推測できる）（*WN* V. i. a. 43/708〔邦訳三、三七二〕）。ファーガスンは第六章に見るように、別の見解（*ECS* 270を見よ）を採る。

三番目の問題がおそらく最も発見が多い。というのも、それが一番大きな課題を含んでいるからである。[17] 古代の共和国はルネサンス期のイタリアの共和国とは（現代のイタリアとももちろんのこと）異なっている。それは、古代共和国が奴隷制に依拠しているからである（*LJB* 34/410〔邦訳五四〕）。たとえ「文明化した」というレッテルがアテネに貼られたにせよ、ヒューム、スミス、ミラー、そして他の論者も認識するように、それは奴隷制に支えられたものである。スコットランド人の著作においては、何が「文明」（新しい言葉であった）[18]を構成するかについての明確な定義も、描写すらもないものの、にもかかわらずアテネと（「北のアテネ」と呼ばれた）エディンバラには明らかな相違があった。エディンバラは文明化されており、自由であった。スコットランド人は、自らの（そして似たような）社会は文明化されているとはっきり知っていた。【76】ヒュームは「人間性」を、「文明化した時代と野蛮で無知な時代とを区別する主要な特徴」として認定する（そして、次の段落でヒュームは古代ローマを「文明化されていない」時代として述べている）（*E-RA* 274-5（邦訳二二八））。しかし、「人間性」は「勤労」と「知識」に関連していた。すなわち「より洗練され、［…］［ぜいたくな］時代に特有な」ものの構成要素として、それらは「分かちがたい鎖」をなしている（*E-RA* 271（邦訳二二五））（第四章ならびに五章を見よ）。

この鎖のあるおかげで、現在の社会は文明化され（自由で）、かつ商業的なものになる。[19] しかし、スコットランド人が「文明」の意味をはっきりと言明しなかったのとまさしく同じように、彼らは「商業」という言葉もそれ以上は正確にしていない。ただ、ヒュームは有力な鍵となる見解を示している。「古代の著作家」に触れながら、ヒュームは、彼らにとって商業は日用品の交換に関わるものであり、都市の成長は「手工業の確立」[20]のおかげであるとしているところは（ヒュームの想起しうる古代の都市では）どこにもない（*E-PAN* 418（邦訳二〇六））。この説は、交易を営むものとしての商業（カルタゴや他の海洋「商業共和国」によって企てられたような――第二章を見よ）と、社会類型としての商業（改良の自然な進歩による「第四段階」の産物）とのあいだの相違を識別するために利用できる。後者においては、手工業における社会学的かつ技術論的な相互依存が潜在的に組み込まれている（以下を見よ）。

ある社会を実際上（「適切に」）「商業的」にするものは、スミスが言うように、そこでは「誰もが商人である」（*WN* I. iv. 1/37（邦訳一、五二））ことである。このような包括性こそ肝要であり、分業の程度や市場の広がり、資本蓄積の度合いに由来するものである。初期の議論で、スミスは「完璧な分業［…］は、農業の発明より後に発生する」（*FA* 4/584（邦訳四九六））と明言する。ヒューム説に従うなら、商業社会は手工業と勤労を必然的に含むものである。よって、ロバートスンがフェニキア人を「商人という国民」と描写したにもかかわらず、彼らは商業社会を形作ってはいない（これは、ウォレス説においても成り立ちうる含意である）。ロバートスンが「商業国家」とよんだヴェネツィアにも同じことが言えるかもしれない（*India* 1118）。ヴェネツィアは船舶を（大規模な分業を用いて）「製造」したのだが、スコットランド人はだれもそのことに触れていない。ヴェネツィアはパルミラシリアの古代都市（「商業都市」［*India* 1096］）のような貿易共和国であり、インドから地中海にいたる航路の要所に位置する。商業的な、すなわち交易する諸都市と「共和制」統治とのつながりがふつうであった。第二章（本書三六／【26】頁）で注目したこのつながりが、スミスの「古代共和国」やロバートスンの「ギリシア的国家」への言及において登場する。商業をより包括的に、すなわち「普遍的な富裕」のポスト封建制「社会」として読むことを選んだ点が、商業社会というスコットランド人の理念を他と区別するものである。【77】この点には第七章で立ち戻る。

（おそらく「完成」を体現している）ピン製造のような仕事が細かく分けられている社会は必然的に複雑であるに違いない（ここで、第二章のスコットランド人による自然史が辿った軌跡――単純なものから複雑なものへという進歩――を想起せよ）。商業社会の成員は深く相互依存している。そのことは、分業の社会学的次元の核心に位置する。スミスはこのことを、日雇い労働者が着る粗末な毛織の上衣の例で示す。スミスはこう言っている。この質素な製品でさえ、「きわめて多くの作業者による労働の結合からなる産物」である。九つの商売をリストアップした後で、スミスは「その他多数」という語句をまず付け加え、続いて材料を輸送する雇われ人全員に注意を向け、さらにその輸送手段を作り出す雇われ人に注目する。それらの者にはコートを作るのに用いる道具の製作者（等々）は含まれていない。このことから導かれるのは、「何千と言う人々」がこの比較的単純な衣服の製造に関わっているという不可避の結論である（*WN* I. i. 11/22-3〔邦訳一、三四～三五〕）。あえて洗練されていない製品を採り上げたこの例は、商業社会の相互依存性という事実を示している。個々人すべては、スミスがここで触れるような「文明社会」において、「つねに多数の人々の協力と援助を必要としている」（*WN* I. ii. 2/26〔邦訳一、三八〕）。この理由で、スミスは同著の中心テーマ、すなわち「誰もがこのように交換によって暮らしているか、ある意味で商人となっている」を発言するよう導かれるのである。この点にも第七章で立ち戻る。

「誰もが商人であること」がある意味で「適切な」性格づけであるのは、交換関係の浸透の深さ、あるいは包括性を示すことである。農業部門は交換の浸透にいっそう抵抗するものとみなされている。農業が専業化を受け入れにくいことは、スミスの通奏的な動機である（ミラーなどもその一人である。*HV* IV. 4/735）。ピン製造の文脈でさえ、スミスは農業と手工業の相対的な生産力を対比してみせる。農業は手工業の改良と同じペースを保たない一方で、「紡績工と織工はほぼいつでも別の人であり」、その一方で「鋤で耕す者と馬鍬で耕作する者、種まき人、収穫者は往々にして同じ人である」（*WN* I. i. 4/16〔邦訳一、二七〕）。しかし、それは程度の問題であり、やがて減少するだろう。改良が進んだことで、農業用具の品質が良くなるだろうし、肥料を用いることで、技術的な専門知識や専業化がより必要となるだろう（勤労と知識は不可分につながっている）。その結果、農業は市場関係の網の目に巻き込まれる。もちろん、土地そのものも、限嗣相続という改良を妨げる遺制にもかかわらず、全面的に市場性のある商品である。これらのことに、毛織の上衣が商業社会とそれ以前の社会段階とのあいだの相違の例となる、もう一つの意味を付け加えうる。【78】上衣が表す相互依存の事実は、自由の恩恵に重要な関係があるのであり、そのようなものとして、第四章で展開する。

貧困の悲惨さ

富裕の恩恵に対応するものが貧困の悲惨さである。この対照性は歴史上あたりまえのものではない。それは商業社会という考え方の中心綱領、すなわち商業社会が規範的に正しいというときに鍵となる構成要素であり、価値の転換を示すものである。もちろん、このことは、スコットランド啓蒙が成し遂げたものより広い意味での文化的転換ではあるが、にもかかわらず、彼ら思想家はそのことに重要な貢献をしている。この貢献にも二つの側面がある。貧困はある意味で高貴である、あるいは贖罪であるという考え方を批判した側面と、富や富裕、実際のところでは奢侈は、肯定的な社会上の特徴であるとする考え方を擁護した側面である。本章では批判を取り上げ、擁護は後の章に譲る。とはいうものの、両面とも同じ見方――物質的生活の基本条件が道徳の問題として関係し、存在するというもの――を共有している。

富裕によって「恩恵をうけた」商業社会の成員は、先の時代の富裕層よりもはるかに良い生活水準を享受する。物質的な意味での三つの基本的要求、すなわちプラトンによって識別され、それ以来ずっと繰り返し言われてきた衣食住の要求は、状況が改善し、より適切に満たされる。スミスははっきりと述べており（*WN* I. viii. 36/96〔邦訳一、一四二〕）、ケイムズは、見てきたように、商業の多くの面を批判しているものの、ヨーロッパ人が到来する以前のカナダの人々が、ひどい寒冷気候のなかでいかに薄着であったかについて、非難がましく論評している（*SHM* I. 363）。スミスは修辞学的に力強い『国富論』の序文で、賭けられているものを喧伝している。彼は「狩猟者や漁師からなる未開民族」と「文明化され繁栄している民族」を対比する。後者は、見てきたように、物量の豊かさを享受する一方で、前者は「みすぼらしく貧しい」。この貧困の結果、それら狩猟者たちは「往々にして人が減る、あるいは少なくとも、人を減らすことを考える。必要に迫られ、幼児や老人、長びく疾病に苦しむ者を、直接的に殺す場合もあれば、遺棄して餓死するか野獣に食い殺されるに任せる場合もある」（*WN* Intro./10〔邦訳一、二〇〕）。ミラーはスミスにきっちり倣っている。ミラーも未開人の「悲惨さ」[21]と、「餓死か野獣に食い殺されるよう」子供を遺棄する慣習のつながりを記す（*OR* 230, cf. 236）。対照的に、「商業と手工業において最大の改良がなされてきた、これらヨーロッパ諸国」においては、子供は父親に従属しており、そのことは「彼らの都合上必要であるようにしか思われない」（*OR* 243）。スミスが『国富論』本文で論じるように、中国人の「下層階級」は【79】あまりに貧困である結果、幼児殺しという「忌まわしい慣習」を行うだけでなく、実際の作業それ自体が下手人の生存手段ともなっている。ヨーロッパの水準と暗に対比しながら、スミスは、ヨーロッパの船舶が投棄した「饐えた悪臭を放つ」残飯を中国人がどれだけ健全な食物とみなしているかについても述べている（*WN* I. viii. 24/90〔邦訳一、一三〇〕）。スミスによる中国の使用は別の面もあり、それにも立ち戻るつもりだが、彼はここでの「教訓」を故郷により即して示している。スコットランドの高地人は、幼児殺しを故意には実践しない一方で、彼らの貧困のせいで、「半飢餓状態にある高地人の女性」が二〇人の子供をもうけたとしても、たった二人しか生き残らないことも珍しくない（*WN* I. viii. 37-8/96-7〔邦訳一、一四三〕）。

極貧によって課されるそれらの犠牲は、単純な意味で高くつく。貧困は、直接物質的にも、飢餓状態にあったり、環境からの適切な保護が皆無であるような状況に陥らせたりし、また間接的にも、子供の死を目の当たりにさせて、苦痛を生じさせる。苦痛は悪である――このことは、人間学におけるニュートンの「根本原理」である。貧困が拡大することも、それが苦痛の原因である場合は悪である。これは力強く重要な議論である。ストア派ならびに共和主義者の「倹約」、もしくはキリスト教徒の禁欲主義と対照的に、すなわち二つの根深い影響力のある教義と対照的に、スミスは貧困を高貴や贖罪とするいかなる観念も断固として否定する。そして、商業がもたらす多量の物質が実際のところ恩恵である以上、スミスや他の思想家が、貧困の高貴さを否定することは、商業社会を正当化する鍵となる要素である。

商業社会の物質的利点のさらなる側面をいくつか展開するまえに、貧困を一つの「理想」とすることへの批判を詳述したい。この理想化された描写である「貧困」は、その文脈上で類似した「簡素」「質素」「厳正」と同じく、とりわけ道徳的に説明される語彙に属している。それらはすべて、忍耐と継続という評価すべき実践（徳）についての表現である。この意味で、貧困という簡素な生活に暮らすことは、自分自身を、つまり自分の所作を統制して暮らすことである。それは、真であるものや事物にふさわしい価値を知ることであり、誘惑すなわち偽物の価値である事物にたいして、誓って抗うことである。このように理解された貧困は、選択されたか望まれたか理にかなった産物であり、そのことで、自らに課した自発的な状態としての貧困と、貧窮化した（もしくは困窮して、すなわち選択の余地のない）貧困とのあいだに、概念的な区別を描くことができる。

自己統御、すなわち自発的状態としての貧困という考え方は、セネカ（1？～65。政治家、詩人としても有名。『心の平静について』『人生の短さについて』など）やエピクテトス（50？～135？『語録』『提要』など。マルクス・アウレリウスにも影響を与えたとされる）などのストア派の哲学者によって表明され、キリスト教の教えや実践において重要な役割を担った（第五章で論じる）。これは部分的に消極的である。聖トマス・アクィナスが言ったように、貧困は称賛すべきである。その理由は、貧困が人を「世俗の配慮」から自由にするからである（Aquinas 1928: III. 2. 133/141-2）。より積極的な側面では、【80】これもアクィナスによって述べられたが、自発的に貧困を受け入れた者は、キリストに従うために、また「自らの共同体において有益な者である」ためにそうしたのである（Aquinas 1928: III. 2. 135/148）。この有益性の一部は、貧者を安心させることである（そしてこの「任務」はベネディクト会のような修道院の規定や、アクィナスが会員だったドミニコ会のような修道士に中心的なものであった）。この指令によって分かるだろうことは、自発的ではない貧困状態の者もいたことである。

　教会法学者だった（ピサの）フグッチオ（?～1210。ローマ教皇インノケンティウスⅢ世の師を務めた）は、自発的な貧困と非自発的な貧困というこの区別を詳述した。主要なカノン法の教科書であったグラティアヌス（1100?～1150?ボローニャの法学者。カノン法学の父と呼ばれる）の一一四〇年の『教令集』に付した一一八八年の注釈で、フグッチオは貧者を三つの範疇に分けた。貧しく生まれたが、神への愛の表現として、その貧しさに進んで耐える人々もいたし、有徳なキリスト教徒の人生を生きようと、所有物を意図的に放棄した人々もいた。どちらの人々も自発的な貧困の範例となった。しかし、三番目の範疇は、極貧であり、より高い道徳的価値に達することを抑制されがちな人々からなっていた。これは非自発的な貧困であった。とはいえ、ここでの要点は、（道徳的価値に達することを）抑制された非自発的貧困についてである。第一の範疇が暗示するように、支配的な感性は、貧困それ自体が根絶やしにされるべき悪ではない、というものであった。実際のところ、ストア派の残響が、フグッチオの明確な第三の範疇の識別――彼らが貧乏なのは、「欲深い暴食」に満ちているからである（引用符はティアニー［Tierney 1959 : 11］によるもの）――にもいまだに聞き取れる。

　宗教改革期の神学者も、より厳格な神学への回帰を唱導することと同様に、贖罪についての見解を発展させ、それを勤労や、世俗的な禁欲主義と結びついた労働に関連づけた。この結果として、怠惰は徳の欠落と関連づけられた。その関連づけは、「怠け者」、消費志向の人、金持ち（Booth 1993 : 162）に適用される一方で、「乞食や放浪者」にも及び、彼らの貧困はその邪悪さを推し量る証拠になった（Hill 1968 : 215）。自発的な貧困はいまや、ウィリアム・パーキンス（Perkins 1609 : 148）が「ローマ・カトリックの奇想」と呼んだような否定的な性格を帯びる。にもかかわらず、いまだにパーキンスの考えでは、貧困が摂理としてみなされるべきであったし、「天職」として「貧しく卑しい務め」を遂行するよう求められる人々でさえ、神の栄光への信念に従ってそれらの務めを負うなら、神のまなざしにあっては卑しいわけではなかった（Perkins 1612 : 757-8）。

ヒュームは貧困のこの理想化に断固反対した（Berry 2008）。明らかな彼の狙いは、「厳格な道徳家」（*E-RA* 269〔邦訳二二二〕）である。これらの人々は、古代ローマの例を引用しつつ、貧困と徳を関連づける（*E-RA* 275〔邦訳二二九〕）。ヒュームはそれらの関連を断つ。パーキンスへの直接の反論と思える論考で、ヒュームはこう述べている。「貧困と厳しい労働は、普通の人々の精神の品格を堕落させ、彼らをどんな学問にも、あるいは工夫に富む職業にも向かないようにする」（*E-NC* 198〔邦訳一七二〕）。【81】この注目すべき所見はついでになされた[22]一方で、ヒュームはこの品位の悪化についての全面的な批判にとりかかる。ヒュームは貧困を窮乏（destitution）という既存の意味――施しを受けるにふさわしい者であった孤児や寡婦、老人などの苦境と伝統的に結びついたもの――と関連づける。これは、厳格なものではなく、同情的な道徳である[23]。ヒュームはまた、貧者が経験する「（重）労働」と勤労とのつながりを断っているようにも思える。前者は品格を堕落させるが、その理由は、それが悲惨な状態であり、福祉に有害であるからであって、後者は「行為」（第六章を見よ）の見かけ上、人間の幸福を構成する要素である。ヒュームはここで、勤労は徳であるとする通説の強調を逸らす。そのことは、勤労を聖書における悔悛という道徳的なよりどころとも、また「ストア派や犬儒学派の永続的なお説教」（*M* 6. 21/*SBNM* 242〔邦訳九六〕）とも分離させることによってなされており、それらのよりどころや説教を、ヒュームは、本能的な欲求を制御するために理性によって強要された、厳正で厳粛な要求のしるしとして「苦悩と自己否定」を中付けるもの（*M* 9. 15/*SBNM* 279〔邦訳一四八〕）と見なす。スミスも同じように非難している。これらの「泣き言をいう憂鬱な道徳家は［…］、繁栄という自然な喜びを不信心と見なす」し、またそれにとどまらず、彼らは「多くの不幸な者が、［…］あらゆる種類の災難をこうむり、貧困という無力感のなかで、病気という苦しみのなかで労働していること」（*TMS* III. 3. 9/13〔邦訳上三一八〕）を考慮していない。スミスの念頭にあるのも、原則的に「古代のストア派」（*TMS* III. 3. 11/140〔邦訳上三二〇〕）である（第五章でスミスとストア派に立ち戻る。そこでは、この一節のさらなる重要性を扱う）。しかし、倹約や貧困をこのように肯定的に評価することは、古代人だけの領域というわけではない。というのも、それは相変わらず、アルジャーノン・シドニーのようなシヴィックな共和主義者が持ち続けたストックの成分だったからである。シドニーは、一六九八年の『統治論』で、典型的なこのような見方を表明している。彼はこう宣言している。貧困は、「徳の［…］母であり、乳母である」（Sidney 1990: 254）（他の例は、マッケンジーによる本書以下一八〇／【140】頁の引用を見よ）。

貧困の徳を支持した思想家は、概してそれを奢侈の悪徳と対比させた。第六章で見るように、ヒュームはこの対比を破壊した。ここでは以下を記せば足りる。すなわち、ヒュームの議論では、奢侈が商業を育て、そのどちらも困窮を減らし、改良に利用できる資源を増やすことである。この改良は商業社会において明らかである。富裕でない国に暮らす人々は「悲惨」であろう。彼らは苦しみながら貧困に陥ったという意味で貧乏だろうからである。仮に貧困が悪ならば、苦痛を軽くするための明白な義務がある（はずである）。しかし、その義務が効果的であるためには、説教以上のものが必要とされる。スコットランド人はそれを担う彼らの社会科学をもたらす。もちろん、個人的な慈悲は適切なものであり、道徳上要求されるものだが、それは貧困の「諸原因」を斟酌しないままにする。それらのうちには、物質的なもの（環境的な特徴）もあるが、道徳的なものもある。しかしながら、それらは不動の対立的な範疇と見なされるべきではない。というのも、ダンバーが（ベーコン的な言葉で）論じたように、「水と陸からなる地球の自然史は、諸国の市民的歴史（civil history）によって多様になる」（*EHM* 354-5）からである。【82】土壌や気候のような環境的要因は、改良可能であり、そのことは「市民的学芸（civil arts）の進歩に高い程度」相関関係がある（*EHM* 360）。要するにダンバーの議論では、「いったん開始された一連の出来事は、おそらく物質的原因よりも道徳的原因によってより左右される」（*EHM* 239）[24]。

貧困についてのより明確な問いについて、スコットランド人が提供した本質的な解答は、商業の発展こそが貧民を貧困層から上昇させるというものである。スミスは疑いなく、以下の議論と関係がある。すなわち、それは、首尾よく調整された社会においては、自然的自由の原理が作用して、この目的は達成されるだろうということである。次章でこの議論を研究するが、ここではその系の一つを採りあげる。仮に「自由」が解決策とすれば、そのための障害を除去することは、貧困軽減に不可欠な要素である。したがって、それら障害物は批判の対象である。二つの関連する攻撃点がある。救貧法の政治や政策についてのものと、高賃金を払うことへの異議に対する反論についてのものである。

エリザベス期の一六〇一年の「救貧法（Poor Law）」（定住法〔Settlement Act〕）（パーキンスにとっては「すぐれた水準」で「実質的に神そのものによる法」であった〔Perkins 1612 : 755〕）は、各教区に、同地がかかえる貧民を援助する責任を課した。スミスはその端緒をヘンリー八世の修道会解体に遡らせる。修道院は、以前は貧困や困窮に陥った者に慈善を行う救済施設の主要源であった（WN I. x. c. 46/152〔邦訳一、二四〇〕）。同法は年々再検討された。一六六二年の定住法は、各教区が移民の貧困者を立ち退かせられるようにした。スミスの判断では、「人が住むことを選んだ教区から、どんな軽罪も犯していないのに」立ち退かされるのは、「明らかに自然的自由を侵害している」。教区を基礎とした地域主義はイングランド的な制度の典型だが、労働の制限は、スミスの見るところ、汎ヨーロッパ的なものだった。移動の制限こそ、スミスの怒りをかったものである。救貧法は「拙い考案」であり、その効果は「四〇歳のイングランドの貧民で」、同法によって「最も残酷に抑圧された」ことがない人は稀である、というようなものだった（WN I. x. c. 59/157〔邦訳一、二四八〕）。後にスミスは、同法の廃止を、この一連の法律が「労働者が望む勤労に就く自然的自由を」抑制するとして結論している。労働者は、ある場所で「雇用を打ち切られ」た場合も、「訴追される恐れなしに」別の場所で職探しができるべきである（WN IV. ii. 42/470〔邦訳二、三三〇〕）。同法の効果は、移動を罰することによって、貧困を固定化させることである。これは、「自分自身の状況を改善しようとする各個人の自然な努力、社会を富と富裕に」導くのに十分に力強い、その努力に対する「不適切な障害」である（WN IV. v. b. 43/540〔邦訳三、七八〕）。同法の廃止は、貧困のある主要な人間的（道徳的）原因を取り除く。

救貧法というテーマについて著したもう一人のスコットランド人はケイムズであり、彼はこの論点の全体的な素描に取り組んだ。ケイムズの解釈は、ある部分で、【83】商業社会に対する彼のより一般的な葛藤である。ケイムズは、スミスのように、貧者に対する規制を「公共の生活行政《ポリス》をかなり細分化する」と認識している（SHM II. 37）[25]。また、スミスと同様に、エリザベス救貧法を、効果がないのと同じく「抑圧的で甚だしく不正」であると判断する（SHM II. 40）。ケイムズがこの法律に関してとりわけ心配したことは、同法がある形式で慈善を無理強いするのではないかということである（SHM II. 57）。慈善はむしろ自発的になされるべきであって、ケイムズは「首尾よく規制された統治」においては「勤労と徳」が促進され、慈善の必要性はほぼないと考える（*SHM* II. 56）。しかし、ケイムズはスミスとはっきりと異なっている。ケイムズは当初の救貧法（やパーキンスのような同法の支持者）を支持する。それは、労働する援助に値する貧民と、「公共の施し」に頼る物乞いや元気な乞食のような、援助に値しない貧民を区別する点においてである（*SHM* II. 67）。パーキンスに若干追従しつつ、ケイムズは後者の貧民にとりわけ関心を寄せる。彼らは「貧困という病」の徴候だからである（*SHM* II. 37）。ウォレスは、乞食の人口数について発言したもう一人のスコットランド人である（*DNM* 89; *CGB* 117）。しかしそれは、各時代の文献に繰り返し現れるテーマであった。スミスは、人が自らの状況を改善する自由が社会的にも改良する効果を信頼するが、ケイムズは、スミスよりも干渉主義的な解決を主張する。この違いは、商業社会がどのように作用するかについての違いを反映している（第一章ならびに第四章を見よ）。ケイムズの救済手段は、租税の組み合わせと紳士たちからの自発的寄付である。その紳士たちは、放蕩者から法で認められた貧者を分離するために、基金の運用を監視するだろう（*SHM* II. 60-1）。

けれども、スミスとケイムズの一番大きな違いは、彼らの賃金とインセンティブについての見方である。ケイムズにとって、慈善を無理強いする救貧法の主要な間違いは、もし何らかの支援が保障されたなら、受益者は怠惰に堕してしまうだろうということである。というのも、彼の考えでは、労働する貧者にとって、「欠乏という恐れ」のみが働くための唯一の有効な動機だからである。「高賃金が最初は勤労を促進する」ことをケイムズは認めるものの、「〔裕福になれるという〕ありそうもない結果」によって「陰鬱な光景」が生み出される（*SHM* I. 83）。その運鬱な光景とは、彼が『人類史素描』の貧民を論じた部分で、「高すぎる賃金」は「嘆かわしい悪」（*SHM* II. 43; Horne 1990: 108 参照）であると明言できるようなものである。ケイムズはここで、「貧困の効用」（Furniss 1920: Chap. 6. この議論の「歴史」については今なお有益な原典である）と呼ばれてきたものを認めている。マンデヴィルは巧妙な擁護者の典型である。彼らが飢え死にしないようにすべきである一方で、なお彼らは「たくわえられるだけの金額をもらうべきではない」ように、貧者は「うまく管理され」なければならない（Mandeville 1988: I. 193〔邦訳一七七〕）[26]。この議論はスミスによってきっぱりと退けられた。ネイサン・ローゼンバーグは、スミスの議論を「新しい」とみなしている（Rosenberg 1975; Himmelfarb 1984 : 51 も参照）。しかし、ヒューム（*E-Com* 265〔邦訳一六八〕）[27]を含む先行者も見つけられ、またダニエル・ボー（Baugh 1983 : 86）はむしろ、『国富論』を**【84】**「四〇年間影響力の強かった修正主義者の議論に対して勝利を獲得した」ものと読解している。

ケイムズと明らかに対照的に、スミスは、「労働に対する気前のよい報酬は、［…］普通の民衆の勤労を増進させる」。「欠乏」ではない高賃金は活動を促進させる。高賃金は、自らの状態を改善しようという欲求を励ますものをもたらす（*WN* I. viii. 44/99〔邦訳一、一四七〕）。ヒュームにとって、自分の先祖よりもよい暮らしをしたいという欲求は「人々を怠惰から目覚めさせる」（*E-Com* 264〔邦訳一五〕）。ステュアートもよく似たことを言っている（*PPE* I. 157〔邦訳一六七〜一六八〕）。一方スミスにとってその欲求を明らかにするのは、「気前のいい報酬」が、「必要な効果」でも「国富を増大させる自然な傾向」でもあるということである（*WN* I. viii. 27/91〔邦訳一、一三三〕）。賃金は、最も繁盛している諸国で一番高くなる（*WN* I. viii. 22/87〔邦訳一、一二七〕）。その理由は、賃金を上昇させるのと同じ原因が生産力を増大させるからである（*WN* I. viii. 57/104〔邦訳一、一五六〕）。実際のところ、労働者の高賃金は、「公共の富裕を本質的に形作る」ものである（*ED* 12/567〔邦訳四五四〕）。「富裕で商業的な社会においては、労賃は高くなり製品は安くなる」以上、問題となるのは労働賃金ではなく、その賃金で入手できる「生活必需品や便宜品の実際量」（*WN* I. viii. 35/95〔邦訳一、一四二〕）である。ウォレスも似たような議論をしており、「最も実質的な富者は、生活を維持し快適にする物品が豊富にあることに存する」。そして「勤労は、じじつ富の大いなる源泉である」（*CGB* 96, 110）。

この議論は「経済的」以上のものである。先に指摘したように、個々人の基本的な必需品がよりよく供給される場合、それは情況が「よい」状態である。貧困（deprivation）は必需品が不足していること（privation）、すなわち一連の「よくない」状況であり、他方、禁欲をある種の理想として扱うことは、ヒュームが蔑んで言った「坊主くさい徳」として、どこであろうと「分別ある人」によって拒否された（*M* 9. 3/*SBNM* 270〔邦訳一三六〕）。そのうえ、スミスが明言したように、社会に必需品を供給する人々が、自ら「やっていける水準の衣食住を得ること」は「公平（equity）」の問題である。さらに、繁栄がもたらす喜びを心に留めて置くことは、「大部分のものが貧しくみじめであるようないかなる社会も繁栄していたり幸福であったりし得ない」（WN I. viii. 36/96〔邦訳一、一四三〕）。ヒュームもまた、労賃の高さは外国貿易にとっては何らかの不利益があるという標準的な重商主義の議論をいったん確認しつつ、にもかかわらず明言するのは、その考察が「何千人の幸福」を前にすれば重要ではないということである（E-Com 265〔邦訳一七〕）。幸福、喜び、物質的快適は近代の道徳の要素であり、したがって近代の商業社会において見出されるべきものである。「古代の共和国」で課されたような、質素で厳格な貧困に属する道徳化された語彙は、全面的に覆された。

ヒュームもこの文脈において、「ふつうの人々の貧困は、絶対君主政の不可避な結果ではないとしても、自然な結果」であり、そのことは、富裕が「自由の結果」であるというのとまさしく同じように可謬的である（E-Com 265〔邦訳一七〕〔ウォレスは同箇所を引用している。CGB 66n.〕）。【85】これが裏づけるのは、貧困の悲惨さは実際のところ改めうる道徳的原因だということである。スミスの中国論の一つによって、この議論は例証される。先に記したように、スミスは中国人の貧困について述べているけれども、中国が、同国の法律や制度（ならびに物質的環境）にふさわしい「富のすべてを」達成したとも言っている。しかし、それらの法律が変わるならば、中国はその「停滞状態」を脱することができるだろう。外国貿易を容認することに加えて、彼らがなすべきであるのは、「正義を装って」貧者や「小資本の所有者」がごまかされ、「略奪され、窃取される」のを止めさせることである（WN I. ix. 15/122〔邦訳一、一七〇〕）。言い換えれば、法の支配を適用し、万人の安全を保障することである。この保障は商業社会における理念の中心的内容であり、次章の主題である。

注

（1）スコット（Scott 1966 : 237）。実際、問題になっている『道徳哲学体系』（Hutcheson 2005 : I, 287-9）の一節は、社会生活における必需品を解説する節であり、長々とは論じていない。マンデヴィルの言及も、なにげなくなされたものである（1988 : II, 142, 284〔邦訳続二九九〜三〇〇〕）。マンデヴィルは時計という馴染みのある例を用いており（マーチンの『考察（*Considerations*）』（一七〇一年）〔1952 : 591〕も見よ）、そのありそうな源はペティの『政治算術』（一六八三年）（Petty 1899: II, 473）であるが、ここでもさらなる追究はされていない。それらの先達と思しき者をスミスが体系的に活用したことこそ、彼の特徴であり、肝要な点である。

（2）これは定評ある区別である。私が「技術論的（technological）」と呼ぶものを、例えばグレンウェーゲン（Groenewegen 1977：162）は「産業的」と呼び、フィオリとペスチアレッリ（Fiori and Pesciarelli 1999：101）は「技術的（technical）」として言及している。

（3）スミスにおける説得の一般的な役割については、Kelly（2011：119–28）とMcKenna（2006：134）を参照せよ。マッケンナは「市民社会において必要な協力を達成する手段としての説得の重要性」について強調している。

（4）トニー・アスプロモーゴス（Aspromourgos 2009：62）は、「自愛」と「物質的な自己向上への欲求」に加えて「交易への性向」を「人間の経済的活動の」三つの「根本的な『推進力』」として挙げているが、分析的には、原文に反して（アスプロモーゴスが言っていると合理的に判断できるのはそれに尽きる）、それらの（いわば）動機づける力は他の二つと同じ程度であるということは自明ではない。

（5）ジョサイア・タッカーの以下の発言と比較せよ。「自愛心は、人間本性の大いなる原動力」であり、「慈悲心よりもはるかに強力に人間に埋め込まれている」（Tucker 1755：9, 7）。商業社会の諸側面についての辛らつな批判者であるケイムズでさえ、こう言っている。「誰もが、他人のよりも、自分自身の善を推進する力、知識、機会を、より多く有している。そのことによって、ひたすら慈悲心に委ねるよりも多くの善が実際に生み出される」（*PE* 32）。自愛心の「歴史」は入り組んでおり、この論点について第五章で立ち戻る。

（6）【86】ノース『交易論（*Discourse on Trade*）』（一六九一年）（North 1952：516〔邦訳八三〕）。「取引は、余りものの交換に他ならない。例えば、私は、自分が欲しくてあなたが使わないあなたの物のいくらかのために、私が使わない自分の物を与える」。

（7）「必需品（necessity）」（もしくはneed）が、一般に引き合いに出された。アベ・ゴゲの例では、「必需品」は商業の源泉であり、欠乏している財を得るある者の欲求である（Goguet 1758: I, 570）。ミラボーによれば、商業は「すべての社会的存在と彼の同類との有用で必要な関係」（Mirabeau 1759: II, 7）である。あるいはケネーは簡単に、「交換は余剰を必要にする」（Quesnay 1764: I, 8）。スコットランドにおいてはアダム・ファーガスンを見よ（*PMPS* II, 424）。この主張は、少なくとも*chreia*（必要）を物々交換の基礎と同一視したアリストテレス（Aristotle 1944：1257a〔邦訳五二〕）の昔にまで遡る。

（8）「人間がどんなに利己的なものと想定できようと、明らかに人の本性には、いくつかの原理がある。その原理によって人は他人の運命に関心をもち、彼らの幸福からはそうであることが分かるという快楽しか得られないにもかかわらず、他人の幸福を自らに必要なものとする」（*TMS* I. i. 1. 1/9〔邦訳上二三〕）。これは一七二五年のハチスンの『道徳的善悪について』の冒頭の一節と呼応する。その部分でハチスンは「道徳上の善」を「その行為によって自分には何の利益にもならない人々が、それを行った者に是認と愛をもたらす、その行為のうちに理解される我々の上質な観念」と定義している（*PW* 67）。

（9）ジョーン・ロビンスン（Robinson 1962: 53〔邦訳八八〕）の「肉屋やパン屋」の注釈と比較せよ。その一節によれば、スミスの論調のうちに、「紳士としての嫌悪感」が頻出している。

（10）スミス説は（マンデヴィル説に近いが、それ以上に）プラトン説に近いとするヴァーノン・フォーリの主張（Foley 1976: 140, 141, 151）は、プラトンの根本にある形而上学の評価を欠いていることで、無効である。ある読み方ではプラトンははるかにラディカルである――すなわち、仕事への適合性の問題であるのは、「本性（自然）」なので、性差（ジェンダーの差異）は重要ではない。

（11）一七六〇年のデュボスの『詩画論』（初版は一七一九年）を見よ。同著では、物理的原因として彼が「空気」と呼ぶものの影響が論じられており、その空気は、例えばイングランドにおける歴史画の欠落を説明するのに、道徳的原因よりも説得力があるとみなしている。デュボスは一七四〇年のターンブルの『古代絵画論』で批評され、ヒュームはデュボスを何度か引用している。

（12）スミスとエルヴェシウス、その他についての手短な論評は、ウエスト（West 1964: 290）を見よ。エルヴェシウスの教育についての強調を前提にすれば驚くにはあたらないが、彼はデュボス説を批判している（Helvétius 1843: 305f.）。

（13）鍵となる源泉は、アレクサンドル・デレール（Delaire〔原文ママ〕）の一七五五年の『百科全書』第五版でのピン（*Épingle*）の項目（同版の一冊はスミスによってグラスゴー大学図書館のために購入された）である。これは本質的に記述的な項目であり、一八の工程それぞれに段落が割かれている（実例の別刷への参照番号つき）。このようにして、正式な著作名『諸々の学問、芸術、職業の体系的辞典』が具体的に例証されている（彼の名は通例Deleyreと綴られる〔Lough 1971: 48参照〕）。より以前には、エフライム・チェンバーズが一七二八年の彼の『百科事典もしくは学芸一般辞典』――ディドロによる似たような題名の企ての背後にある知的源泉の一つ――において、ピン製造業はその製造において二五人の作業者が関係している商品である、と述べていた。

（14）【87】Dunbar *EHM* 423; Ferguson *PMPS* II. 424, *MSS* 143; Millar *HV* IV. 154/736参照。ステュアートもこの例を用いている（*PPE* I. 158〔邦訳一六九〕）。同著は『国富論』に先立つが、スミスは一七六〇年代の「初期草稿」で

すでにピンの例を用いていた（*ED* 6/564〔邦訳四四八〕）。

(15) ペティは『政治算術』で典型的かつ手短な論評を述べている。「孤立した場所に暮らす者は、自らが自身の兵士、聖職者、医師、法律家でなければならない」（Petty 1899 : 1, 255-6〔邦訳四三〕）。

(16) いくぶんか類似した説明は、彼のインドについての『論考』にも述べられており、彼は同著で、「商業の一般史」を加えたと明言している（*India* 1124）。

(17) J・G・A・ポーコックの以下の見解（Pocock 1999 : 328）を見よ。すなわち、スミスは「都市国家文明の批判」に関わったのであり、それは「奴隷によって遂行され、国内市場を欠いている農業経済が不可欠なもとでは［…］自らを維持できない」というものである。ポーコックはさらに、ネオ・リパブリカン〔新共和主義者〕の異議申し立てに反して、近代の商業社会はこのことによって文脈上正当なものとして裏づけられると指摘している。この異議申し立ては第六章で論じる。

(18) ジャン・スタロバンスキー（Starobinski 1993 : 3）は（フランスに焦点をあてているが）、文明（civilisation）という用語が（法律的な意味ではなく）一七五六年にミラボーによって初めて用いられたことを綿密に議論している。OED は、一七七二年にジョンスン博士が彼の『英語辞典』に同語の採用を認めようとしなかったと記録しているボズウェルを引用している。彼は、自らの考えでは「野蛮さ（barbarity）」の反対の意味としてよりふさわしい言葉は「礼儀正しさ（civility）」である、と異議を唱えている。これは頻繁にあるスコットランド的な文脈であり、スタロバンスキーはさらに、このアンチテーゼの定立は「きわめて重要である」と論じている（Starobinski 1993 : 5）。「礼儀正しさ」の基準が変化していったことについては、マーシャルとウィリアムズ（Marshall and Williams 1982 : 177〔邦訳二六七〕）も見よ。

(19) ファーガスンは「商業的な」と「文明化された」という用語が近い意味ではないと強調している。彼はローマ人を引き合いに出して、小作農（に近い存在）だが「非常にたしなみのある」人々と呼んでいる。またスパルタ人も引き合いに出している。それは「文才や芸術」よりも公共の奉仕に献身するからではあるが。しかし、ファーガスンはまた、「文明」という用語の不正確さの説明として、「個別の人間の種類に、奴隷という資格において、人々の扶養に必要な労働を遂行するよう貢献させるために、〔彼らは〕自然法と人間の法なしで済ました」と述べている（*PMPS* I, 252）。

(20) 「商業」を研究主題にするのは、市場と外国貿易が確立された一七世紀には普通のことになった。ロバートスンは、一七九一年に出版した著作で、今になって初めて、「商業の重要性に関する現代的な考え方」が広がり始めたと述べている。マーガレット・シャバス（Schabas 2005 : 2）の議論によれば、一九世紀以前には、「商業」は「個々の商人と消費者とのあいだの市民的取引」を含意し、「概して集合的な意味では用いられなかった」。これは、別個の実体としての「経済」は「脱自然化する」必要があったという彼女の議論の一部である。彼女は、スミスが達成しなかった何かを主張している。

(21) ミラーがスミスの『道徳感情論』での説明に従っている、というのは十分にありえる。同著でスミスは、未開人の「はなはだしい極貧」が子供を「野獣に」遺棄することに帰結すると述べている（*TMS* V. 2. 15/210〔邦訳下八九〕: cf. *LJA* iii. 78/172〔邦訳一七八〕）。

(22) 【88】ヒュームのさらなる性格づけを見よ。「貧しい者が現れたとき、欠乏、貧乏、重労働、汚れた家具、粗悪でぼろぼろの衣服、吐き気を催す肉、胸が悪くなる酒といった不愉快なイメージが即座に我々の脳裏をよぎる」（Hume *M* 6. 33/*SBNM* 248〔邦訳一〇三〕）。衣料、家具、食物への言及は、三つの基本的（身体的）欲求を焦点としていることを思い起こさせる。

(23) ヒュームによる冷笑的なエピクテトスへの言及を見よ。エピクテトスは、「人間性や思いやりといった感情に、自分の弟子たちがそれらの感情に染まらぬよう警戒する目的を除けば、ほぼずっと触れずにきた」（*M* App. 4. 14/*SBNM* 319〔邦訳一九九～二〇〇〕）。

(24) 気候は、「怠惰な民族」よりも「より改善された社会」においての方が大きな影響を生み出すとするロバートスンの議論を見よ。「文明化された人々」は、「創意」や「考案」を通じて、「欠陥を補い、どんな不便な気候にも備える」（*HAm* 850）。道徳的、物質的諸原因の相対的な揺れは、こうして発展の指標である。第二章も見よ。

(25) スミスは「生活行政（police）」を、「その国の取引、商業、農業、製造業の点でなされるあらゆる規制」として定義している（*LJA* i. 2/5〔邦訳二〕）。これは異例のものではない。

(26) 関連するやり方で、マンデヴィルは慈善学校を有害なものと批判している。労働する貧民が無知であることは、まさしく「必須」である（Mandeville 1988: I. 288〔邦訳二六三〕）。そのことにケイムズは同調し、労働する貧民にとって知識は危険なものであり、慈善学校は有益であるよりも有害であると主張している（*SHM* II. 53-4）。

(27) この点をめぐって議論もある。ヒュームが低賃金の擁護者であったことを示すものとして最もよく引用されるテクストは、「租税について」における、「不作の年には、いつも観察されることだが、極端でないとすれば、貧民は大豊作の年以上によく働き、実際によい暮らしをする」（*E-v* 635〔邦訳一一二〕）という彼の主張である。これはジョンスンによって引用され、彼はヒュームについて「部分的に」インセンティブとしての低賃金を認めているとしている（Johnson 1937: 287）。ガートルード・ヒンメルファーブ（Himmelfarb 1984: 51）やエドワード・ファーニス（Furniss

1920 : 122）によっても引用されている。しかし後でファーニスは、ヒュームは、実質賃金の増大の効用は生活水準が上昇するかもしれないことだと主張している、と認定している（Furniss 1920 : 189）。コーツ（Coats 1958）によれば、ヒュームはどちらの側面も示しているものの、彼の主張の主に重要な点は、労働者の欲求の拡大と彼らの生活水準の向上に対する、規制への反対にあった。コーツ（Coats 1992 : I, 90）は他の場所で、ヒュームについて、生活水準の向上は全員にとってよいことだという見解と軌を一にしている、といっそう強調している。「租税について」の一七六八年版と『道徳・政治論集』（脚注と条件節も）の後の版では、上記の一節は割愛されている。しかし、ヒュームの『イングランド史』〔二巻二五九頁〕では、「必要（necessity）」は、「怠惰の習慣」から人々を揺さぶるために求められるものとして引用されている。ヒュームはエリザベス救貧法に関しては明言を避けている。しかしながら、ヒュームが強調する行為や勤労という徳と調和するのは、労働者は元気な乞食よりも援助に値するという考えである（とはいえ彼は、ロンドンから「怠惰な物乞い」を放逐するためのエリザベスの戒厳令布告を蔑んでいる）（*HE* II, 583）。それとは別に、ヒュームは慈悲についての議論で、「普通の乞食に施し物を与えることは、もちろん称賛される。というのも、困窮者や貧者に人道支援が行われるように思われるからである。【89】しかし、我々が励ましを見たとき、それゆえ怠惰と放蕩が起こるのを見たとき、この種の慈善は、徳であるよりもむしろ弱さであると見なされる」（*M* II, 18/*SBNM* 180〔邦訳一五〕）。もしかしたら、この発言は、ヒューム自身の判断というより、徳の評価における効用の効果的な役割についての彼の議論を説明するための、広く抱かれた定説を伝えるものかもしれない。両者はもちろん、相互に排他的なわけではない。

第四章　市場、法、および政治

【90】市場社会にはすぐれた物質的生活水準以上のもの、単に富裕の祝福（それは決定的に重要で意義があるけれども）という以上のものがある。この型の社会はまた自由の祝福に恵まれている。この第二の祝福は第五章の焦点であり、この区分はいくぶん人為的ではあるけれども、本章で考察するのは（いわば）自由並びに他の商業的徳を可能にする枠組みである。商業社会という「理念」の核心にあるのは一連の結合した概念的関係である。本章ではこれらの関係を調べるが、本章は三部に分かれる。最初の部分は商業的交換の非人格性と法との関係を検討する。市場の取引は非人格的な取引であり（商業生活は「見知らぬ者の社会」を包むものと見られる）、法の支配が意味するのは「人物を顧慮しない」ということである。第二部が検討するのは商業的相互依存と特定の個人の権威からの法的／政治的独立との間に存在する補完的な概念的関係である。これらの結合関係が、なぜ正義がスコットランド人の著作においてかくも中心的な――あらゆる点で一点に収斂するわけではないにしても――役割を演じているのかを説明する。本章は、いかにして／なぜ正義の実施が政府の鍵となる事業と見られるのか、またこれまでの議論に照らして、商業社会の政治については何が言いうるのかについての議論で締め括る。

市場と法の支配

市場と法の関係を究明するために私は根底にある概念的連関の要約から始める。商業は持続性と安全を必要とし、全員が商人である社会を維持するためにこの要求が保証される必要がある。それには二つの理由がある。第一に、商業は一連の期待と確信に依存しているからであり、第二に、商業社会では肉屋、パン屋、あるいは酒屋は日常的に、血縁、婚姻、あるいは友情によって、顧客と関係づけられるわけではないからである。期待は触ることができないし、見知らぬもの同士の交換は非人格的であるので、この二点は商業社会の抽象的性格を反映している。【91】対照的にそれ以前の時代にあっては、関係はずっと「具体的」であって、それは実際の保有が手に触れるものであることにしても、狩人と弓矢作りとの間の対面的な物々交換の接触にしても、そうである。必要な保証の適切な源泉も同様に抽象的であり、個々人の行為を指令する支配者の具体的な、あるいは実体的な勅令であるよりむしろ、法の支配の形態をとる。(1)

以上の単純化された要約は明らかに敷衍する必要がある。狩人と弓矢作りの基本的な例が意味するのは、彼らの環境にあってさえある種の恒常的な形態がなければならないということである。弓矢作りにとっては、彼の労働に対して彼に「報いる」ために狩人が鹿肉をもって帰るためには、狩人が同じ部族あるいは居留地に属していなければならなかった（スミスはこうしたことは男の仕事だと想定している。）狩人にとっては、不安的な環境にあっては、良質の弓矢という既知の相対的に永久的な源泉はプレミアつきである。ある種の現代の著作によれば、相互性の一類型が、こうして彼らの共通の仲間意識を強化する信頼を形成するのである（Ostrom 1998; Paganelli 2013）。信頼が重要であるのは、交換がありうるのはただ、弓矢作りが今弓矢を作り（こうして狩猟しないことでの「機会費用」を生じない）狩人が肉を彼に供給することを信頼するなら、一方で狩人は原野にあって弓矢作りが「家で」より多くの武器を作っていると信頼しているなら、という場合だけだからである。(2) もちろん、彼らの居留地が小規模の対面的な性質だということが意味するのは、この信頼はより問題にならないし、信頼を「政策化すること」はほぼ集団的制裁（恥や処罰のような）の問題だということである。商業社会における、契約による中間段階をしばらく省略すると、大部分の人々はお互いに知らないし、第一段階の非公式の制裁は見知らぬ人々の社会の相対的な匿名性においては機能しないであろう。これは信頼できる代替肢が見出されねばならないことを意味する。これは法に見出されるが、しかし、我々が期待するように、スコットランド人たちは法の作用を気にしただけではなく、いかにして法が出現したかにも敏感であった。

第一段階において、弓矢作りと狩人によって経験された安全と安定性の領域が、非常に制限されていることはまったくもって明らかである。自然環境も人間的環境も、敵対的である（部族間戦争は風土病である［Hume *E-OG* 40（邦訳三二）］）。その帰結の一つは、少なくとも彼らの一人が生き残って取引を繰り返すことはないと見込まれるとすれば、弓矢作りと狩人が相互関係を構築する機会はほとんどないということである。スミス自身が「社会の粗野な状態」では交換は「ほとんど行われない」と言明している（*WN* II. Intro. 1/276（邦訳二、一五））。交換が稀であることが、生活の一般的な不安定性と合わさって、その段階で経験される「普遍的貧困」をほぼ説明する（*WN* V. i. b. 7/712（邦訳三、三七八））。【92】分業が実質的にない場合、専門化はないだろう。専門化こそ、第三章から思い出すように、生産力の改善原因であり、商業的富裕に向かう結果的な経済成長の改善原因である。さらに狩猟・採集生活の状況は非常に制限されており、鹿肉／弓矢レヴェルの交換（物々交換）を超える市場はなく、また第三章から思い出すことが可能なように、分業の強度が市場の範囲に相関している。さらなる考察がある。自然史の発展的な想定と一致して（第二章を見よ）、これらの「未開人」は「将来に何らかの備えをすることがほとんどできない」（Dunbar *EHM* 15）。この判断が意味するのは、狩人／弓矢作りの取り決めでさえ「直接性」の世界を超えた何らかの進歩を反映しているということである。『初期草稿』においてスミスは（ペーター・コルベンを典拠として）ホッテントットに何らかの分業を持っているとして言及し、また彼らはかくして北アメリカ人より発展しているが、しかし彼らは遊牧民ほど発展していないとしている（*ED* 4/583-4（邦訳四九五～四九六））。

四段階を理念型的な型版として用いると、なんらかの進歩を遊牧民と農夫の世界に期待することができる。しかしながら、諸関係は第一段階の直接性を失ってしまい、思想は広くなって、今や財産の観念が存在するけれども、しかし安全性と安定性は脆いままである。この脆弱さの核心は権力が今なお局所的であり、したがって恣意的に揮われるということである。第二章から従属の議論を取り上げてなぜそうなるのか評価をすることができる。指導的な「大雑把な規則（rule of thumb）」は「ある特定の時期に所有がどのような状態にあるかを発見することによって我々は権力保有の程度を［…］正確に決定できるであろう」（*VP*）というロバートスンの言明である。そしてミラーが論じたように、第二段階において「家畜の馴化と放牧の発案とともに」異なる所有権の「機会」

が生じ、それとともに「永続的な階級区分」（*OR* 203-4）が生まれた。

この永続性は家畜の所有者が「依存の連続」を創出する立場にあることから生じる。なぜなら自分自身の家畜を所有しない者は首長や族長が「彼らに生活資料を与え」ることを当てにしなければならないからである。（Millar *OR* 250）。この差別的な所有権は社会的な統制の形態によって維持されるか、引き受けられる。この「統制」は所有権を受け入れ可能にすること代替肢を締め出すことになる。しかしこの統制を単純に恐怖に帰してしまうことは間違いであろう。スミスがタタール人の首長について述べたように、首長は「彼の集団あるいは氏族の下位の遊牧民や牧童全員に対する自然の権威」をもつ（*WN* V. i. a. II/714〔邦訳三、三八一〕）。これは所与の状況で生じると通常期待されることに関して、スミスがしばしば使用した意味で「自然的」である。[3] すなわち、このことは自然史の原理に一致する。【93】しかし、これらの原理に従うと、それは、それによって狩猟民部族の首領が自身の卓越をえる力という「自然的な」人格的特質とは区別される。これらの特性は「明白」である。第二章から思い出せば、タタールの首長は財産と出生という、直接にはより確実でない「原因」に頼る。

スミスはタタールの首長を「ある種の司法的権威」であると認めているが、それはこれらの依存者たちが「侵害」を受けるときに首長の介入に頼るという意味においてである。依存者たちがそうするのは、侵害を糺す首長の権力をただ認めるだけでなく、この権力の効力（virtue）において違反者が、彼らの側でのあらゆる反対行動よりも首長の決定にいっそう黙従する傾向がある、と認識するからでもある。したがって、タタールの首長は恐怖によって平和を保つホッブズ的主権者であるとは必ずしも考えられていないのである。このことはスコットランド人の社会理論における一つの重要な傾向を例証する。というのは、他の社会的諸事実と同様に、スコットランド人の「正当性」は自然状態という超社会的観念に訴えるのではなく、社会生活の諸事実に訴えることによって説明されるべきだからである。自然状態の非歴史性との鋭い対比において、人間の社会的経験は時間的に構造化される。この時間化は習慣の形成において必要な条件であり、スミスの「自然的権威」にとって決定的に重要である。

ヒュームの分析がこの方法を導いた。彼の説明では、「人間本性の原理」や道徳的因果関係の柔らかい決定論

(the soft determinism of moral causation) と一致して（本書の九四／【72】頁を見よ。また Livingston 1984 : 271 を参照)、人間は「ひとたび服従に慣れたならば彼らとその祖先たちがつねに歩いた道から離れることをけっして考えない」(*E-OG* 39〔邦訳三一〕)[4]。もっと明確に言えば、「侵害と暴力にしか基礎がない」ものを「法的で義務的」なものとするのは「時間と慣習」である（*T* 3. 2. 10. 19/*SBNT* 566〔邦訳三、一二六〕)。これはただ、少数者がいとも簡単に多数者を支配するという一見して不可解な事実を説明できるのは、この獲得された習慣にすぎない。というのは、特に（数の）力がいつも後者とともにあるに違いないからである。以前のある慣用に依拠して、ヒュームは「意見」の役割（*E-FPG* 32-3〔邦訳二五～二六〕; cf. *E-BG* 51〔邦訳四二〕, *E-OG* 40〔邦訳三二〕, *HE* III. 395)[5]や、もっと特定化すれば、「権利についての意見」――それについての彼の主要な例が「古来の統治」への愛着である、なぜなら「古代はいつも権利の意見を生む」からである――を引き合いに出す。スミスは『法学講義』のなかで「習慣によるすべてのものは正しいように見える」と語るときにヒュームに賛同している（*LJA* v. 132/322〔邦訳三四四〕)。遊牧の社会においてこのことは特に明らかである。ミラーはタタール族では「血統と家系」が「正確な知識」の問題であると述べているし（*OR* 250)、さらにスミスによれば「人間は自身やその祖先がいつも従ってきた家族に、より容易く従う」ということである（*WN* v. i. b. 8/713〔邦訳三、三七九〕)。

なぜこれが遊牧社会のこれほど目立った特徴なのかという理由は、その「社会状態」では依存者を扶養する以外に富のはけ口がないからである（*WN* V. i. b. 7/712〔邦訳三、三七七〕)。【94】この状況は、地主が部族長（カーン）〔族長〕に取って代わる第三段階まで続くが、商業社会への革命的な変化を予告する「ダイアモンドの装身具」の発明とともに決定的な変化が起こる（第二章を見よ)。少数者の手にこのように富を持たせておく効果は、習慣的な信念の発展のために必要な安定性を確立することにある。ミラーはこの一連の推論について特に明確な例を挙げている。「こうして父の地位を受け継ぐ息子は、等しい階級を維持することができる［…］それは慣習の力によって日ごとに増大し、ある世代から次の世代へと伝えられるにつれて、より大きくなる」(*OR* 250)[6]。

この「自然的な」慣習的権威はこうして強力な社会的実力である。しかしながら、これは独占を持つわけではない。スミスは『法学講義』のなかで「権威」と並ぶ「功利」をもう一つの「原理」として認識した（*LJB*

12/401〔邦訳三三二〕）。富者から受けた侵害に対する何か可能な救済を得るための、利用可能な最良の手段として、最も貧しい者を支配者（彼らの首長）に従わせるのはこれである。この服従は暗黙の功利主義的計算とともに進むものであった。なぜなら、支配者からの応答における疑いのない「不規則性」は「より大きな悪を避けるために」受け入れられたからである（*LJB* 14/402〔邦訳三三四〕）。大抵がそうであるように、ミラーは彼の師に従っている。彼もまた原理として権威と功利を区別するが（*HV* IV. 7/796）、しかし功利をいっそう強調する傾向がある。スミスが多くの場合「権威の原理は功利あるいは共通の利益の原理の基礎である」（*LJA* v. 132/322〔邦訳三四四〕）と論じていたのに対し、ミラーは統治の一般的効用は「単なる権威のそれよりいっそう満足いくもの」であると述べている（*HV* IV. 7/799）。しかしながら、今重要なのは「あらゆる粗野な国民において」権威を持った人々は罰せられずに「恣意的な運営に」に耽りがちである、という彼の考察である（*HV* IV. 1/694）。長い習慣の柔軟な決定効果を通して、これらの「不規則な行為」は裁きを受けずに通るのだけれども、ミラーは（ここではアイルランドに対する個別的な言及をして）「社会の大きな利益」が「商業と手工業の全般的な発展」のおかげでやがて広がると断言する（*HV* IV. 1/695）。

権威に関するこの議論が伝えるのは、「ある程度の［…］市民政府」が導入されるのは家畜の群における所有権の第二段階においてであるということである（*WN* V. i. b. 12/715〔邦訳三、三八二〕）。この導入は富者（群れの所有者）の側の利己的な行動である。彼らは政府が「自分たち自身の利益を保有しつつ家畜の群れを占有できる事物の秩序」を維持することを要求する。第二章で注目したように（本書六三／【48】頁の引用を見よ）、この規則が公平でありうるとするいかなる観念も見当違いである。ミラーは「あらゆる粗野な国民において、権威を授けられた人々は恣意的な運営で自身の利益を貪る機会を掴みがちである」（*HV* IV. 1/694）と一般的に述べている。【95】スミスは同じ点をより明確にして、「アラビアのシャリーフ（scherif）〔貴族〕の権威はとても巨大であるが、タタールのカーンの権威は完全に独裁的である」としている（*WN* V. i. b. 7/713〔邦訳三、三七九〕）。したがって、第二段階で規則や「法」として通用するものは本来的には気まぐれなものである――それはカーンの思いつきに依存しており、確かに一般性や包括性を欠いているだろう。なぜなら、それは彼やその環境に当てはまらないだろうからである。

まさに同じことが第三段階の規則／法について言える。ここでは規則の地域的基礎がいっそう断言さえされる。商業の時代を引き起こした「革命」に関するスミスの記述において、第二章で論じたように、彼は封建領主が「平時の判事」でも「戦時の指揮官」でもあったと述べている。これらの役割の結果的な分離――それは社会的成長とそれに伴う実業の増加の子孫として「偶然に」起こった――をスミスは「近代」の「偉大な有利さ」であり、「我々が現在享受しているより大きな安全の基礎」だと判断している（*LRBL* ii. 203/176〔邦訳三〇二〕）。この分離以前には、「巨大な所有者」の命令は彼らの領域内でのみ通用した。したがって、彼らは、彼らの領地を通過する旅行者に課税することが相応しいと考えて実行したし、彼らの所領のなかに留まっているあらゆる営業者は、事実上「隷従」状態にあった（*WN* III. iii. 2/397-8〔邦訳二、二二四～二二五〕）。その系論は、これらの所有権は彼らの境界を超えては、権威あるいは影響力を持たないということであった。この権力の地域化の結果の一つは、地方間での裁判の一貫性、あるいはある「司法権」のなかでの一貫性にはいかなる「外的な」保証もありえないということであった。ステュアートは「だれか、あるいは集団の、変化する意志」に言及する際に、この点を雄弁に重視しており、「法」は「特定の人々や特定の階級に対する贔屓あるいは偏見を通じて」変化しやすいのであった（*PPE* I. 206〔邦訳一、二二九〕）。一貫性の欠如は安全性の欠如を意味する。我々は第二章で述べられた歴史的物語から、王がこの地域主義の例外ではなかったことを知っている。つまり王は自分が所有する土地の外では非常に弱いので、大きな諸侯の抑圧から臣民を守れなかったのである（*WN* III. iii. 8/401〔邦訳二、二二九〕）。我々はまた（そう称しうるであろう）「商業革命」後のイングランドで、下院の興隆によってその力を抑制される以前に、いかにして（チューダーの）君主たちが非地域的権力を手に入れたのかということに注意を向けた（本書七五／【57】頁を見よ）。この抑制は商業の時代を迎え入れた。

我々は第四段階については異なることがらを推論できる。ステュアートは、人々が「一般的な法によって統治される」状況と明白に対照することによって――一般的な法は「変化しないように確立されるのではなく、規則的で斉一な方法で確立されるのである」――予測不可能性（「変化する意志」）と個別性についての彼のコメントに直接に従っている（*PPE* I, 206〔邦訳一、二一九〕）。そして第五章で追究することになる議論において、この規則性は法の支配として制度化されるのであるが、そのためにヒュームの特徴づけ（*E-OG* 41〔邦訳三三〕）では、統治行政は「一般的な法によって行為しなければならず、そしてその法は事前にすべての構成員に知られており」、それが受け入れられる場合に政府は自由であるとなる。【96】自由と権力者における気紛れな意志の欠如とのこのような関連は、一般的に行われており、もちろんスコットランド人の特権ではなかった[7]。スコットランド人のなかで、ステュアートやヒュームにくわえ、同じつながりは例えばハチスン（*SIMP* 258〔邦訳三〇六～三〇七〕）、ウォレス（*CGB* 215）、ケイムズ（1732: 20: *PE* 268）そしてファーガスンによって作られた。ファーガスンについては第六章で議論するだろう。彼は自由の「能動的」見解を支持したけれども、それにもかかわらず法の実行において裁量権を認めることは危険であるということを彼は確信している（*PMPS* II, 477）。

我々は、商業社会が富裕と自由に恵まれるであろうということをすでに知っている。第三章で示したように、これら二つの恵みは関連している。スミスは明らかにしているが、

商業と製造業は、農村の住民の間に、秩序とよき統治を、またそれとともに個人の自由と安全を、次第にもたらしたのであって、以前には彼らは隣人とほとんど絶え間のない戦争状態にあり、領主に対しては奴隷的従属状態にあった（*WN* III. iv. 4/412〔邦訳二、二三五〕）。

さらにヒュームがもっと特定して言うように、職人や商人たちは「自分たちの財産を保証し、君主の圧政からも貴族の圧政からも自分たちを守ることのできる、平等な法律を渇望するのである」（*E-RA* 278〔邦訳二二二〕）。

これはどのように働くと考えればよいだろうか。議論は一連の因果的なつながりにかかっている。法の枠組みに由来する安定性は安全をもたらし、安全は市場の発展と契約や交換の拡大の原因となる前提条件である。これは商業社会の理念の核心に迫る。未開の弓矢作り／狩人の関係でさえ、将来の報酬のための現在の関与を意味するということを先に観察した。したがって、この関与が確保され、関係が気まぐれな権力の餌食にならないように

なるまで、すべての人が商人である社会は機能できない。スミスが見たように、「不運な国」では（彼は「アジアのたいていの政府」と封建時代に言及している）、「人々は優越者の暴力を絶えず恐れており」、そこでは彼らは「蓄え」を使うのではなく、逃避が必要な場合にそれを「つねに手渡す」ために持っているのである。「耐えられる程度の安全がある」場合、人々は「現在の享受か将来の利益」のために蓄えを用いるであろう（*WN* II. i. 30/285〔邦訳二、三〇〕）。

第三章で注意したように、織工が自身で織った布を売ることができる以前に、生きるために必要な手段と同様に、製造のための原料を確保できるためには、蓄えが必要である。そしてもちろん、彼が（例えば）靴職人の生産物を購入しうる市場が存在しなければ、彼はそれを売る人がいないであろう。スミスの飾り気のない羊毛のコートの例に関わることを所与とすれば、相互依存のクモの巣は巨大で、「自然史」の軌道から予想するとおり、この依存関係が生じる社会は複雑なだけでなく抽象的でもあるだろう。【97】「抽象」の概念に含まれるものを私は追究したいと思うが、そうすれば市場取引と法の支配との間の概念的な結合が明らかになるだろうからである。

スコットランド人が信念の歴史を効果的に書いていることは、社会科学の歴史に対する彼らの貢献の一つである。ヒューム自身が「人間の心」と呼ぶものの歴史（*HE* III. 12）、またロバートスンが「人間精神の歴史」と呼ぶもの（*HAm* 811）がそうである。私が考えるに、これは（ロック的な）知識の自然史的社会学として解釈するのが最上であり、プーヴィー（Poovey 1998 : 224）には失礼ながら、この「歴史」はアリストテレス的な生命力（entelechy）を意味しない。フィリップス（Salber Phillips 2000 : 49–51）は、ヒュームの言葉を彼の「意見」の論じ方に関係づけるときに、正しい軌道にいる（右を見よ）。ヒュームの「意見」は信念の一形態として解釈されうる。ヒュームは「信念」に対して広範囲にわたる役割を与えている。それは「習慣より生じる心の行為」（*T* 1. 3. 9. 13/*SBNT* 114〔邦訳一、一三九〕）であり、習慣は彼の因果分析の核心である。彼の有名なビリヤード玉の例では、以前に止まっていた玉の動きは動いている玉のそれへの衝撃によるということを信じるように、我々は「習慣によって」（すなわち、繰り返される生起によって）「決定」されている（*A* 15. 17/*SBNT* 649–50〔邦訳二一二、二一四〕）。これを基礎とすれば、習慣的な信念は「人生の指針」であり、またそのようなものとして「我々の将来における判断の基準」である（*A* 16. 25/*SBNT* 652,656〔邦訳二一二、二二一〕）。将来は過去に似ているだろうという信念は、ヒュームにとって、普遍的に適用できるけれども、私がここで掘り下げたいのは、商業の一側面への個別的な適用である。

単純化した説において、また第三章（本書九二／【70】頁）で概観された「交換の論理」と一致して、今手工業者は特定の生産物の生産に時間使う。それは他者がそれを欲しがるであろうという期待に基づいてであるし、また彼らの欲望についての信念自体が他者は異なった生産物を作っているという信念を前提とするという期待に基づいてのことである。「信念」は経験的な獲得物である。そしてそれは質的に異なった確率的知識の水準へと拡張されるのであるが、それは町や交易の発展とともにであり、そこでは市場が形成され、参加者は将来の報酬を期待して行為するのである。ヒュームはこれを以下のように捉えている。

> たった一人で働いている最も貧しい職人でさえ、自分の労働の成果を確実に享受するため、少なくとも為政者の保護を期待する。彼はまた、自分の商品を市場に持って行き、相応の価格でそれを提供するとき、購買者がいるだろうと、そして自分が得たお金によって他者と契約し、自分が生存するのに必要な財貨を供給してもらうこともできるだろうと期待する。人々が取引を拡大し、他者との交流をいっそう複雑にしていくにつれ、彼らは常に、自分たちの生活設計のなかに、一段と多様な意志的行為を含ませるようになり、そして、適当な動機に基づいたそうした意志的行為が自分たちの行為と協同することを期待するのである。これらすべての結論を導くに当たり、人々は過去の経験から手段を講じるのである（*U* 8. 17/*SBNU* 89〔邦訳七九〕――筆者による強調）

【98】彼はこの考察を「人間の相互依存はあらゆる社会において非常に大きい」という言明とともに序文としているけれども、ヒュームがここで商業的な文脈を前提としていることは明らかである（「いっそう複雑に」への言及に注意せよ。ステュアートが引用した本書四八／【32】頁を見よ）。この相互依存を保証するために要求されるものは、予測と信頼である。為政者が不在または気まぐれである（したがって保護が与えられない）場合、他者の行為が予

測できないという結果を伴うので、そのため独立し、自己充足することはより好ましい〔より賢明である〕(cf. Smith *WN* II. Intro. 1/276〔邦訳二、一五〕)。しかしもちろん、これは一般化可能なので、富裕の恵みは失われる。なぜなら実質的に市場がなく、したがってすべての意図や目的に対して分業は存在せず、こうしてみじめな貧困となるからである。

もちろん、すべての信念や期待が同等なわけではない。あるものは他のものよりも確かである。実際に、市場の文脈においては不確実性がやむを得ない条件(default condition)に見えるかもしれない。専門化には固有のリスクがある。予測可能性に依存していると思われるシステムの中心にあるこの不確実性は、商業社会での基本的な欠点を識別するものだと多くの者に考えられた。すなわち、それは外見上、何ら強固な基礎がなく、ただ信念という脆い組織に依存しているにすぎない。私は第六章の全体でこの問題を詳しく探究するだろうが、しかしここではヒュームによる職人の例が予測可能な強固さを証明しようと意図するものであることを述べておく。その例は自由と必然、および人間本性の恒常性と普遍性についての彼の議論において現れている。

商業社会が比較的に複雑であることは、単にまったくの赤の他人の行為についての一連の〔抽象的な〕信念に基づくだけでなく〔第五章ではこの点に戻るだろう〕、また基本的な操作的原理にも基づく。これらのことは、貨幣と信用の制度において最もはっきり現れている。私は後者〔信用〕とその危険性の認識について第六章でより詳細に論じるつもりであるが、しかし私は商業社会に帰している抽象性を説明するために前者〔貨幣〕を利用したい(cf. Simmel 1990 : 120, 142, 214〔邦訳九六、一二三〜一二四、一二五〜一二六〕)。私の意図は説明にあることを強調すべきなので、特にヒュームを取り囲む貨幣論争[8]、あるいは商業社会の金融的次元〔銀行、利子率、税等々〕と呼びうることがらについての広範な問題には、意識的に参加しないことにする。

ヒュームは貨幣を「労働と財貨の代理に他ならない」と定義する(*E-Mon* 285〔邦訳二三二〕)。この定義はその本来の「抽象的性質」を示す。すなわち、それは表象であり、勘定するような具体的形式ではない。実際にその価値は「架空のもの」である(*E-Int* 297〔邦訳二四二〕)。それは人工的〔コンヴェンション〔習慣〕の産物[*T* 3. 2. 2. 10/*SBNT* 490〔邦訳三、四四〕〕であり、「交換を容易にする道具」である。または交易の車輪をよりなめらかに走らせる潤滑油」である(*E-Mon* 281〔邦訳二三一〕)。ケイムズはこの比喩を繰り返した[*SHM* I. 82])。貨幣はそれが代表する労働や財貨の「格付けや評価の方法」として役立つことでこの簡易化の任務を遂行する(*E-Mon* 285〔邦訳二三三〕)。【99】このような道具的役割を与えられているので、物々交換をこえた交換の拡張が存在するにいたるまで、貨幣の必要はほとんどないということになる(弓矢作りと狩人は貨幣なしで機能できる)(*E-Mon* 291〔邦訳二七三〕)。貨幣が提供する「代理」の必要性が生じるのは、所有移転(ヒュームの三つの「自然法」の一つである。以下を見よ)が、個別的なものと存在するものを超えて、一般的なものと不在のものに向かう時にだけである(*T* 3. 2. 5. 8/*SBNT* 520〔邦訳三、七八〕)。

ヒュームは、物々交換の後に貨幣はまず硬貨の形態をとり、その後に紙幣になったと単純に仮定して、貨幣の進化を論じない(紙幣はステュアートが「象徴貨幣」と呼んだものであり我々の目的の助けになる[*PPE* II. 407〔邦訳二、三〕])。ケイムズは貨幣の発展についてずっと前向きである。「第一段階」において未開人は欲望をほとんど持たないため「最も未開な形態における」物々交換で十分である。しかしながら、「欲望が増大する」とすぐに物々交換は非効率的になり、「あらゆる他者との交換において喜んで受容されるだろうと一般的に評価されるある商品」への必要が生じた。この商品は大きすぎず、保存にさほど費用がかからず、「時間によって減価され」ないという三つの否定的な基準を満たさなければならず、この基準は金と銀によって満たされた(*SHM* I. 70-2)。金銀が無ければ、「価値の尺度」を確立する主要な機能は動物の皮や貝殻によって果たされる(*SHM* I. 79: スミスはこのような財貨の長いリストを示している[*WN* I. iv. 3/38〔邦訳一、五二〜五三〕])。

スミスは紙幣を論じる次の一歩について最も教えるところがある。ヒュームやケイムズのように(もちろんその他の者もまた)、商業社会において貨幣は「流通の偉大な車輪であり、商業の偉大な道具である」(*WN* II. ii. 23/291〔邦訳二、四一〕: I. iv. II/44〔邦訳一、六〇〕: *LJA* vi. 127/377〔邦訳四〇一〕)。紙幣は流通において資本の量を増やす好都合な考案である(*LJA* vi. 130/378〔邦訳四〇二〕)。金銀の代わりとなる紙幣は富裕を高めるが、それは生産性を高め(死んだ資本を生きた資本に変換し[*WN* II. ii. 86/321〔邦訳二、九二〕]、こうして財の数と質とを増大させるからである。より慎重で、特殊な時間的枠組みのなかであれば、ヒュームは同じことを言った(*E-BT*

317n.〔邦訳、二五五〜二五六〕）。紙幣は商人の間での取り決めとして創案され（*LJA* vi. 132/379〔邦訳四〇三〕）、そして銀行の設立を導いた（*LJB* 248/504〔邦訳三〇九〕）。銀行は、商業と産業の拡大に「大いに貢献した」と、スコットランドに明らかに言及しながら、スミスは判断する（*WN* II. ii. 41/297〔邦訳二、五一〕）。一般的に紙幣は一組の約束手形となる（*WN* II. ii. 28/292〔邦訳二、四三〕）。期間自身が教える。すなわち、ヒュームが言明するように「約束はいつもある将来の時を考慮する」（*T* 3. 2. 5. 3/*SBNT* 516〔邦訳三、七四〕）。紙幣が機能するのはただそれが価値を持つと信じられているからである。この信念は裏書きされることを必要とする。スミスは貨幣に体現された抽象性が金と銀で保証される必要があると忠告する。[9]【100】さらに紙幣が有益な機能を発揮するためには、発行主体となる銀行に信頼がなければならず（*WN* II. ii 28/292〔邦訳二、四三〕）、また紙幣の発展に先行してさえ、仲間の商人業たちの誠実さと忠実さへの信頼が必要であった（*LJB* 248/504〔邦訳三〇九〕）（さらには第六章を見よ）。ヒュームは、「人間の商業の自由と範囲はもっぱら約束に関する忠実さに次第である」と明確に述べている（*T* 3. 2. 8. 7/*SBNT* 546〔邦訳三、一〇四〕）（Schabas 1994; Wennerlind 2001）。

ステュアートは「紙幣は信用の種類」ではないので「紙幣で支払う人は彼の貸主にとってその紙幣の価値を良くする義務だけをもつ立場に債権者をおくことになる」と指摘する（*PPE* II. 406-7〔邦訳二、四〕）。実際に、これは契約である。我々は第二章（六六／【45】頁）で、どのように契約の歴史が具体から抽象への自然な歴史的発展を例証したか、また契約の広がりは商業社会の顕著な特徴であることを見た。契約の義務が「契約相手をかきたてる期待と依存からすべて」生じるというスミスのコメントの背後にある想定を明らかにするために、そこで行った約束を称えることが今適切である（*LJA* ii. 56/92〔邦訳九四〕）。

我々はこの引用の「期待」の地位についてすでに詳論したけれども、契約の拘束の背後にあるものの輪郭をいま描かなければならない。これは我々を安定性へと引き戻す。約束／契約を守る義務を下支えするもの、また契約が体現する協力を維持するものは、スミスが「正義の正規の執行」（*WN* V. iii. 7/910〔邦訳四、二九二〕）と呼ぶもの、あるいはヒュームが「普遍的で完全に確固たるもの」「正義の法」と呼ぶものである（*T* 3. 2. 6. 9/*SBNT* 532〔邦訳三、九〇〕）。詳しく調べる前に我々は一般的な言葉で要点を示すことができる。正義の制度は一般的な規則を通じて機能する非人格的で抽象的な秩序であり、また部族の首長や地方の地主による人格的で個別的な支配に対立するものである。この制度の核心にあるのは、法の支配の原理であり、ミラーが言うように「富裕で洗練された国民」では「正義の公平な執行がほとんど当たり前と見なされる」（*HV* I. 8/131）。「契約の遵守」や「負債の支払い」において個人が「確信」をもつのは、法の支配の下で暮らすことを通じてのみである（Smith. *WN* V. iii. 7/910〔邦訳四、二九二〕）。「法の権威が［…］国家で最も卑しい者を守るために完全に十分である」のは「商業国」においてのみである（Smith. *TMS* VI. ii. I. 13/223〔邦訳下一二〇〕）。

この背後には、収穫できなければ誰も種をまかないだろうという常套句がある。法の権威が提供するものは万人のための所有権の保証である。これに伴う信頼によって、私は幸運と我が適切な勤労でもって私に利益をもたらすであろう努力を費やすだろう。私の前進に対する「権利」は確固として強制されるであろう。我々が見たように、【101】「権利」の観念に伴う本来の抽象性は、スミスがここで言及しているまさに法の権威とともにのみ実現するのである。同様に、権利が添付される所有権は、それに対応して負債手形や特許のように抽象的である（*LJA* i. 20/11〔邦訳八〕；*LJB* 175/472〔邦訳二二三〜二二四〕）。実際に商業社会においてのみ、知的所有権の観念は理解しやすい命題となる。[10]

正　義

正義は商業社会における鍵となる原理である。正義が広範な分析の対象となったことはその中心性の証である。正義の分析のなかで『人間本性論』におけるヒュームの分析はまさに有名で、多くの点で彼が正義に帰した（我々がそう名づけてよい）機能性は彼の同胞の大部分によって共有されているけれども、分析の構造は異なっている。[11] その差異の詳細な研究はここではしないが、私は正義に割り当てられた役割についてのより広範な議論とともにそれに取り組もうと思う。

ヒュームは明確に、正義は人為的な徳であると論じる。プラトンからグロティウスやプーフェンドルフの偉大な自然法体系を通して、正義は「自然的」だと考えられてきた。正しく行為することは人間本性の一部だった。

しかし、「自然的」という言葉の曖昧さに鋭く気づいたヒュームは、苦心して自分自身の立場をきっちり確立する。概要において彼の議論は、正義が二つの事実（と彼が受け取ること）の同時発生から生まれたコンヴェンション（習慣）であるということである。すなわち、人間は「制限された」あるいは「限定された寛大さ」しかもたないということ、そして、事実として、「外的対象」は人々の欲望とほとんど関係がないということが、人間本性の定型的な事実である（*T* 3. 2. 2. 16/*SBNT* 494-5〔邦訳三、四八〕）。この同時発生（一致）の恒常性と不可避性は、正義の人為が「必然的に」それらから起こるということを意味する。ヒュームは強調して、「正義無しでは社会はすぐに崩壊するにちがいない」と言う（*T* 3. 2. 2. 22/*SBNT* 497〔邦訳三、五二〕; cf. *M* 3. 38/*SBNM* 199〔邦訳四〇〕）。正義のこの機能的な必要は他のスコットランド人によって繰り返された（キケロ［1913: 209/II. 40〔邦訳一〇〇〕］は***iustitia***〔正義〕と***negotiis***〔商取引〕を結びつけることによって影響力のある先例を確立した）。ここに我々はスミスの同じように妥協しない意見を見出す。「正義は建造物全体を支える主要な柱である。もしそれが取り払われれば、人間社会という偉大で巨大な構造は［…］一瞬にして砕けてバラバラになる」（*TMS* II. ii. 3. 4/86〔邦訳上二二四〕）。ケイムズもまた明白に「［正義は］社会の支持にきわめて必要だ」という（*PMNR* 33〔邦訳四二〕）。

ヒュームにとって、正義が社会を支えるのは人間が自ら課した規則によってである。すなわち、人間は自身を規制したり制約したりすることに同意したのである。正義が人為的であるのは、それがこの合意の産物だからである。ヒュームはこれらの規則／合意／慣習がどのように起こるかについて注意深い説明をしており、したがってその説明は彼が契約理論に関して行っている批判と衝突しない（*T* 3. 2. 5. 1/*SBNT* 516〔邦訳三、七三～七四〕; *E*-OG）[12]。【102】これらの規則は社会の結束にとってきわめて必要なので、「それらを自然法と呼ぶのは不適切ではない」と彼は言う。したがって、それらは「自然」のある標準的な意味に一致して「自然的」なのであり、すなわち、種に「共通」であるか「種から不可分」であるものである（*T* 3. 2. 1. 19/*SBNT* 484〔邦訳三、三九〕）。

この最後の句は示唆的である。これらの人為的な規則がなぜ必要なのかということに対するヒュームの説明は、彼の哲学的人間学の核心にある（Berry 2003b）。彼は「正義と所有の起源」についての章を人間の境遇と他の動物の境遇との比較によって始め、観察から、前者の「無数の欲求や必要」が自然には「補償され」ないと書きとめている（*T* 3. 2. 2. 2/*SBNT* 484〔邦訳三、三九〕）。ライオンや羊、雄牛と比べれば、人間は「最大の完成において」「弱さと必要性との不自然な結合」を経験する（*T* 3. 2. 2. 2/*SBNT* 485〔邦訳三、三九〜四〇〕）。「外部環境」の不便さは「人間本性の事情によって」、特に「我々の自然な性質」の限定された寛大さのために悪化する。まとめると、他の種によって経験される安定した「自然的秩序」――そこでは必要と必要充足の手段とが釣り合っている――と対照的に、人間の集団生活は自然に不安定であり、改善だけが人為的、あるいは慣習的に、安定を導くのである。これは正義が提供するものである。

ヒュームは三つの自然法あるいは正義の規則を区別する。すなわち、所持の安定、同意によるその移転、約束の遵守維持である（*T* 3. 2. 6. 1/*SBNT* 526〔邦訳三、八四〕）。これらの規則は二つの重要な特徴、すなわち一般性と不変性を有する。一般的規則は、過去の出来事が続くことを期待する基礎上に形成される（*T* 1. 3. 15. 6/*SBNT* 173〔邦訳一、二〇四〕; *T* 2. 2. 5. 13/*SNBT* 326〔邦訳二、一〇三〕）。これらは欠くことができない。実際にヒュームは我々が「一般的規則に激しく夢中になる」ことが人間本性の真実だと認める（*T* 3. 2. 9. 3/*SBNT* 551〔邦訳三、一一〇〕）。これは「生活の指針」（「世界の接合剤」[*A* 35/*SBNA* 662〔邦訳二二二〕]）としてのヒュームの因果分析の反響であり、それによって世界の一体性そのものは、ある場合の経験から他の場合の経験へと、習慣を通して拡大することに依存する。これら三つの規則は、「悪意や好意によって、または私利あるいは公益についての個別的な見解によっては変化させられない」非人格的（抽象的で一般的）なものなので、行動を正確に規制したり制限したりする（*T* 3. 2. 6. 9/*SBNT* 532〔邦訳三、九二〕）。これは実際に、そのなかでは「最も厳しい法によってすべての人が規制される」という「最上の市民的構造」の特質である（*E-PSc* 31〔邦訳一九〕）。この厳格さと不変性は第二の特徴であり、また「他人もまた同じように行動すると期待して」個人が行為する能力を下支えするために必要である（*T* 3. 2. 2. 10/*SBNT* 498〔邦訳三、五二〕）。「繰り返された経験」を通して形成される、このような期待は自己維持的である。というのは、この蓄積された経験は「利益の感覚が我々の仲間のすべてで共通になることをなおいっそう確信させ、彼らの行為の将来の規則性に対する確信を我々に与える」からである。【103】さらに「この期待の上にのみ、我々の穏和さと節制は基礎づけられるのである」（*T* 3. 2. 2. 10/*SBNT* 490〔邦訳三、四五〕——筆者による強調)。

先の我々の議論を所与とすれば、「期待」と「信頼」に対するこれらの言及は、ヒュームの分析の背後にあるものが商業社会の映像であることを露わにする。これは前述の個別的な正義の三規則の彼の選択によって強固になっている。人間の苦境についてのヒュームの認識において、彼は人間の三種類の「善」を区別する。すなわち「我々の心の内的な満足、我々の身体の外的な利点、我々の勤勉や幸運によって我々が獲得した所有物の享受である」。しかし、彼は何ら入念に掘り下げずに、最後のものだけは「他者の暴力にさらされもすれば、また損失や変化を受けることなしに移転されもするかもしれない」と主張するにいたる(*T* 3. 2. 2. 7/*SBNT* 487〔邦訳三、四二〕)。この断言に続くのは、ヒュームにとって、善のこの最後のカテゴリーの条件あるいは地位における改善が「社会の主な利点」であるということである。この利点は所持の安定に決定的に依存しており、すでに見たように、それが正義という人為の機能なのである。

所持の安定は鍵となる慣習であり、それを基礎にして同意によるこれらの確立した所有物の移転という形態において、第二の善が考案されるのである。この考案は分離不可能というヒュームの意味で自然的である。というのは、それは次の二つの事実の結合に合致するからである。すなわち、第一に「大地の異なる部分は異なる産物を生産する」ことであり、第二に人々が「生まれつき異なる仕事に適している」という事実を所与とすれば、努力の専門化が「より偉大な完成」を生みだすことである[13]。この結合はこうして「相互の交換と商業」を要求する(*T* 3. 2. 5. 1/*SBNT* 514〔邦訳三、七二〕)。この二つ目の規則〔同意による移転〕は、翻って三つ目の、約束の遵守を要求する。これは人間の寛大さの自然な制限と、ものごとの〔自然な〕仕方において、この交換が典型的なことに同時には出来ないという事実との結合を理由として要求される。これらが一緒になって、最初の二つの規則の効果的な働き、すなわち安定的な所有とその移転を禁じる(*T* 3. 2. 5. 8/*SBNT* 519〔邦訳三、七七〕)。約束をする〔そして守る〕という慣習は、ヒュームの説明に基づくと、それは「利害関係のある商業」を認めるので、上の禁止を救済する。約束は「それを失敗した場合、二度と信用されないという罰」に基づいて(*T* 3. 2. 5. 10/*SBNT* 522〔邦訳三、八〇〕)、いつか将来、特定の方法で行動する約束ないし決意である(*T* 3. 2. 5. 3/*SBNT* 516〔邦訳三、七四〕)。外的に強制された制裁が必要な場合、これが相互に利害関係のある商業であるという事実には、それ自身の内的な勢いがある。すなわち「同じ種類の別のものを期待して、また私や他者によき仕事での同じ対応を維持するために、私は彼が私の労務にお返しをすること」を予見するということである(*T* 3. 2. 5. 9/*SBNT* 521〔邦訳三、七九〕——筆者による強調)。この相互の利点の認識をラッセル・ハーディン(Hardin 2007 : 149)はヒュームの「中心的な政治原理」と呼ぶ。【104】繰り返せばそれの商業社会に対する適切さは容易に認識できる(我々は第六章で「信頼」の役割に立ち戻るであろう)。

正義に関するヒュームの説明に関する最もよくある不平の一つは、彼が所有の問題をとても狭く限定しているということである(典型的な評価についてはHarrison〔1981〕を見よ)。所有が演じる役割についての説明は、我々を正義の規則の硬直性とその特性によって演じられる鍵となる機能的役割に引き戻す。規則を緩和したいという誘惑が強いので、正義は硬直的でなければならない。二種類の誘惑がある。一つは人間の情念にある。人間の状態の「虚弱さ」が意味するのは、人間は生まれつき情念によって情念の満足ができないように動機づけられているということである。しかしながら、情念を満足させるために、人為によって人間は正義の規則を制定する。これが所有という慣習を説明する。我々自身(や家族および友人)のために財を獲得するという、消えない「不注意で性急な」情念があるけれども、経験はこの「情念がその自由によるよりもその制限によってはるかに満足させられる」ことを「明らかに」する(*T* 3. 2. 13/*SBNT* 492〔邦訳三、四六〕)。所有権は、「その恒常的な所持が社会の法によって確立される財にほかならず、それが正義の法である」ので、所持の安定を確立するために創案された人為である(*T* 3. 2. 11/*SBNT* 491〔邦訳三、四五〕)。同様に、レイチェル・コーン(Cohon 2008 : 219)が「一時的な視野狭窄」と適切に名づけているもの、すなわち「遠い」正義の維持よりもささいな「現在の利益」を選好するという人間本性の危険な特性に対抗するために、人間は為政者という人為的制度を創出する(*T* 3. 2. 7. 3/*SBNT* 535〔邦訳三、九五〕; *E-OG* 38〔邦訳三〇〜三一〕)。このホッブズ的な主張(1991 : 129)〔邦訳一、五二〕は、ヒュームが「統治の起源」のなかで「抽象的な明かり」と呼んでいるものにおいて問題を見ている。また、視野狭窄が依然として人間本性の「不治の」弱さにあるので、証拠となる実際においては、統治の起源は偶然で無目的なのである（*E-OG* 38-9〔邦訳三〇～三一〕）。

第二の誘惑は「自然的道徳性」の応用にある。ヒュームは、我々の「自然で未開発の道徳の概念」は我々の「偏向」に対抗するというよりむしろそれを強固にし、したがって安定をもたらさないと主張する。我々の自然的道徳性のこの不安定性は、まさに大財産を受け取る守銭奴というヒュームの例に見られる。貨幣は必要としない者よりもそれを受けるに相応しい者のところへ行くべきだと「自然な道徳家」は当然判断するだろう[14]。ヒュームは、このような正義のある「単一の行為」が「それ自身社会にとって有害である」かもしれない〔貨幣は他のところでよりよく使われえたかもしれない〕と適切に認めるが、しかし、それにもかかわらず「全体の計画または案」が「絶対に必要である」と断言する（*T* 3. 2. 2. 22/*SBNT* 497〔邦訳三、五一～五二〕: cf. *T* 3. 3. 1. 12/*SBNT* 579〔邦訳三、一四〇〕）。もしある場合に例外がつくられれば、もし規則が柔軟にされるか、あるいは一般性を失えば、そのとき【105】「皆が同様に遂行する」という期待の形での正義は崩壊するだろう。

ヒュームの分析には論争の次元がある。もし所有権が「自然権」として、正義に「先立った独立したもの」として、したがって「自然的道徳性」のもう一つの成分として考えられるとすれば、ヒュームにとってそれは「人間社会に無限の混乱を生みだす」だろう（*T* 3. 2. 6. 9/*SBNT* 533〔邦訳三、九〇〕）[15]。「人間本性の共通の原理」（*T* 3. 2. 6. 9/*SBNT* 533）〔邦訳三、九一〕に従うことは解決ではない。なぜなら、明らかに我々の最も近い最愛の者を優遇する点で、人間本性の共通の原理は本来的に柔軟であるからだ。同様に、自然権としての所有権についての自然法／ロック的な説明には欠陥がある。なぜなら、それは所有権の固定的確定において変化可能性を招く潜在力がそれにつねに存在することによって、実際上、正義を柔軟にするからである。そのため、あらゆる個々の分配や実定的な規制にも「勝る」このように設定された権威によって、それは正義の「公的効用」を、「厳格で正規の遵守を通して」安定性を確立するその能力を破壊するのである（*T* 3. 2. 6. 8/*SBNT* 530〔邦訳三、八九〕: *M* 3. 12/*SBNM* 188〔邦訳二五〕）。より広い正義の定義を採用することは、それを事実上すべての人間関係を覆う行為の規約にすることである。狭い、または厳格なもの〔例えばグロティウスの「付加的な正義」[16]〕と並んで存在する一方、このより広い意味は〔あらゆる徳を含むアリストテレスの「普遍的正義」のような〕[17]ギリシア人だけでなく、キリスト教と自然法の倫理においても中心的存在であった。ハチスンは適切にヒュームの狙いを例証している。「公共の利益」についてのハチスンの説明では、剝奪が「道徳感覚」、ハチスンにとっての「自然的道徳性」[18]の決定因によって、適切と見なされるときに、個人は「自分の獲得物を奪われ」うる。しかし我々が注意したように、このように自然的道徳性への信頼は不確定性をもたらす。したがって、いったん我々が所有権についての制限された焦点をもった正義の狭い理解を逸脱し、正義により広い、または「より厚い」(Boyd 2004 : 130) 意味を与えるならば、第一原理をめぐる解決困難で事実上、無意味な論争に迷い込むことになる (cf. Krause 2004)。

ヒュームの断固たる正義の脱自然化は彼の仲間のスコットランド人には受け入れられなかった。ケイムズは、無批判にではないけれども、「道徳感覚」を人間に帰す点でシャーフツベリとハチスンを踏襲したのだが、ヒュームを明白な標的にしている。正義は習慣から独立しており、「人間そのものに属しており」、さらに「生得の感覚」に基づく (*PMNR* 35, 83〔邦訳四五、一一五~一一六〕)。彼は、正義は所有権を「守る」徳であるということで外見上ヒュームに同意するが、しかし依然として正義の人為的創造である所有権から遠く離れているのであって、所有権もまた「同意や慣習から完全に独立した自然的感覚」に基づく。実際に人は「本性的に蓄蔵する動物である」(*PMNR* 47, 49〔邦訳六一~六三〕: cf. *SHM* I. 113)。持論を支える議論の一部として、ケイムズは「所有権の侵犯は後悔を伴う」(*PMNR* 47〔邦訳六二〕) と述べている。そして彼もまたスミスの道徳哲学に批判的であるが (*PMNR* 70-3〔邦訳一〇〇~一〇四〕)、【106】これはスミス自身のヒュームからの分岐と一致する。

ケイムズのようにスミスは「悔恨」について語る。すなわち、悔恨はすべての「人間の胸に入りうる感情のなかでもっとも恐ろしい」と (*TMS* II. ii. 2. 3/85〔邦訳上二二一〕)。スミスは正義についての自らの説明を (いわば) 自然な感情に根づかせる。ヒュームの正義についての「功利主義的」説明に対する彼の主要な反対は、人間の行動において「効用」や機能は目的が実現した方法についての関心よりもしばしば重要性で劣るという、より一般的な議論の部分集合である (そのため一日二分遅れる時計は、日常生活の仕事でそれ以上に時間を厳守しないのだが、二週間で一分しか遅れない時計を好む「時好きの人」によって棄てられる) (*TMS* IV. i. 5/180〔邦訳下一四~一五〕)。正義に適用される場合、正義の有効な源泉であるのは、ヒュームにかんしてそうであるように、社会の幸福への関心よりも、むしろ個人の幸福についての関心である。スミスは効用の役割を否定しないが、ただ「最初の、あるいは主要な源泉」(TMS IV. 2. 3/188〔邦訳下三四〕)にすぎないとする。[19] 社会的構築物の大黒柱を不正が結果として破壊することを反省する必要なしに、我々は不正によって「活気づけられる」、と彼は主張する。さらに「我々」を活気づける「不正」は個人が苦しむのであり、また我々が関心を持つのは、社会にたいするより一般的な関心であるよりむしろ、個人の個別的な「幸運と幸福」である。確かに人間本性についてのスミスの読みでは、人間は「社会の保存への顧慮」を何らはらわずに、不正な者が処罰されるのを見ることを「喜ぶ」(TMS II. 22. 3. 9-10/89〔邦訳上二三一〜二三二〕)。この喜びそのものは、不正に憤慨する基本的な人間の気質の露わな表現にすぎない。[20] 処罰は不正の「自然な帰結」である(TMS II ii. 1. 5/79〔邦訳上二〇八〜二〇九〕: cf. Vi. ii. Intro. 2/218〔邦訳下二二三〕)。憤慨の感覚は「防御のため生まれつき我々に与えられたように思われる」、というのは憤慨の感覚は「災難を追い払うように」、あるいは「すでになされたことに報復」したりするように「我々を促す」からである、とスミスは考えている(TMS II. ii. 1. 5/79〔邦訳上二〇八〜二〇九〕)。これを適切な応答とするものは、この報復が「公平な観察者」によって承認されるだろうということである(第五章を見よ)。

ここで憤慨に与えられた役割はゆるぎなかった。ケイムズ(HLT 4)はそれを激しい情念として自らの刑法の議論の冒頭に置いている。一方、ターンブル(MCL 293: cf. Reid [Active Powers] 1846: 655)にとって、憤慨は人間が所有する「原理」であり、その目的は「侵害に対する憤慨で我々を満足させること」である。この役割のより理論的でない承諾がロバートスンによって与えられた。彼は「侵害に抵抗し悪事に復讐する」「自然な」欲望における正義の源から、正義の発展の歴史的説明を行っている(VP 321)。この説明では、そのひと個人に(または彼らが関係している人々)にたいして行われた悪事に(具体的に)まず関心を持つことから始まり、この「欲望」は時間を経て、文明の進歩とともに、発展して、正規の(抽象的な)手続きに自分自身を表現するようになる。スミスもまたケイムズのように、また実際にヒュームのように、[21] 時間の次元を正義の作用に与えている。

【107】 彼は、「人々の粗野と野蛮」が正義の体系を不規則にする事情と、「正義の自然な感情」が「正確さと精密さ」に到達する「より文明化された諸国民」における事情を対照することによって、『道徳感情論』を締め括っ

ている（*TMS* VII. iv. 36/341〔邦訳下三九八〕）。

ここでの最後の句はスミスの説明における規則の役割をほのめかし、そこでは彼はいまやヒュームと多くを共有する。正義と仁愛のような他の徳との間にゆるぎなく確立された区分のきわめて重要な次元は（第五章の後半を見よ）、ヒュームが述べたように、行為の問題であるよりも規制（行為ではない）の問題であった。スミスが否定的な徳として正義に言及するのは、この推論の線と一致する。正義は消極的である。なぜなら、正義は他者を害さずに、忍耐を要求するからである。したがって、実際に「我々はじっと座っており、何もしないことによって、正義のすべての規則をしばしば達成するのである」（*TMS* II. ii. 1. 9/82〔邦訳上二一二〕）。

両方が正確さ、精密さ、不可欠さという特質をもっているので、スミスは正義の規則を文法規則にたとえている（*TMS* III. 6/11. 175〔邦訳上三七二〕）。この正確さは文法と正義の両者を教えることができるものにする。したがって、動詞をどのように正確に活用するのかを教えられるのと同じ方法で、我々は「正しく行為することを教えられるだろう」。これには二つの重要な帰結がある。第一に、それは硬直性についてのヒュームの主張を繰り返すものである。「seeked」を「seek」の過去時制として用いることは不正確である（恣意的規則ではない）のと同じように、「正義の規則は最高に正確であり、修正という例外を認めない」（*TMS* III. 6. 10/175〔邦訳上三六九～三七〇〕）。第二の帰結は、正義が万人に達し、または少なくとも「人間の大部分の粗い肉体」を包括していることである（この包括性の意義は、第五章において自由に関するスミスの説明と共に明らかにされるだろう）。これはその通りである。なぜなら、

そこそこの品位をもって、ほとんどすべての場合に行為し、自分の人生の全体を通して、いかなる重大な程度の非難も回避するように、陶冶、教育、および実例によって一般的規則への顧慮を刻印されないような［…］人はほとんどいない（*TMS* III. 5. 1/163〔邦訳上三三八～三三九〕）。

この教育（あるいは社会化）過程の結果は確実性と予見可能性を確立することである。というのは「一般的規則へ

のこのような神聖な顧慮がなければ、その行為に大いに依存できる人は誰もいない」からである（*TMS* III. 5. 2/163〔邦訳上三二九〕）。我々は規則遵守としての正義とすべての人が承認である社会での生活とのあいだの繋がりをふたたび見つけられる。すなわち、ヒュームの「職人」のように、期待が満たされるだろうという確信を基礎とする相互依存関係の網の目に関係する繋がりである。

　ミラーはスミスに密接に従っている。[22] 彼もまた明らかに正義を「正確さと精密さ」が可能な「一般的規則」と明らかに関係づけている（*HV* IV. 7/787）。ミラーにおいては制度的な文脈が焦点である。**【108】**「厳格な正義の徳を促進する」傾向をもつのは「商業と文明の発展」である。この促進は法の科学の開拓の一部分であった（*HV* IV. 7/787）。ミラーはまたヒュームに従っている。彼は一般的規則が癖になるというヒュームの見解に共鳴して、一般規則の導入と「習慣と類推」によるその拡張が、「すべての人間に自然な性向」に始まると論じる。このような基礎にもかかわらず、大事なのはこれらの規則の「効用」である。この効用は二重である。それはすべての人の「取引を単純にすること」を可能にし、また「判断の偏り」を防止する（*HV* IV. 7/793）。ほぼ同様のやり方で、また同じように規則の脱人格化を取り上げて、ロバートスンは法的手続体系の発展を、「私人」への最初の依存――したがって「気まぐれで不平等な」遂行になりがちである――から、より「規則的な行程」の確立へと跡づけている（*VP* 321）。

　この「規則性」の核心にあるものは、国内の抗争を鎮めるための復讐の原理を段階的に削除することである。この権利を首長（彼は本来は対外的問題を扱った〔Kames *HLT* 35, 283; Ferguson *ECS* 100〕）に譲ることの意義は、ステュアートによって、またとくに彼のいくつかの著作のなかでそれに言及したロバートスンによって取り上げられた（*HAm* 828; *VP* 322; *HSc* 97を見よ）。ミラーは例外ではない。彼はこの過程を「統治の進歩」に帰している（*HV* I. 6/107）。おそらく最も決定的な発展は司法権の分離と独立であった。というのはすべての人に安全を与える行政の公平さを確保するのはそれだからである（Smith *WN* V. i. b. 25/723〔邦訳三、三九四～三九五〕; *LRBL* ii. 203/176〔邦訳三〇二〕; Kames *HLT* 285–6）。

商業社会が可能となるためには、法の支配と正義の公平で正規の執行が必要である。前記のところから、これを可能にするのは特に「第四段階」の任務であることを我々は知っている。それ以前の政府は偏向によって、「指導者」（カーンや領主）の利益で行為することによって、特徴づけられた。スミスによる有名な列挙では、商業社会において政府は三つの義務をもつ。すなわち外敵からの保護、公共事業の維持、そして「正義の厳格な執行」である（*WN* IV. ix. 51/687〔邦訳三、三四〇〕）。私はこのうちの第二のことについて第六章でさらに述べることにするが、ここで最も重要なのは第三のことである。この義務は商業的または「文明化し繁栄している」社会にふさわしい。ここで「文明化」の意義に注意を払う前に、ここで我々はこの「行政」が何を伴うか、それが政府の仕事として何を除外し、何を包摂するかについて綿密に考察する必要がある。

スミスには明らかに論争の要素がある。【109】三つの義務には「自然的自由の制度によれば」と前置きがあり、それによれば「正義の法を侵さない限り、すべての人は自分自身の方法で自分自身の利益を追求することを完全に自由とされる」。政府は、あらゆるそのような侵害を取り締まるが、「私的な人々の勤労を監督し、それを社会の利益に最も適した仕事へと向けさせる［…］義務を完全に免除される」（*WN* IV. ix. 51/687〔邦訳三、三四〇〕）。主要な標的は重商主義政策である。農業への重農主義的選好は同様に疑わしいけれども（Medema and Samuels 2009 : 307）。特定の経路へと貿易を強制する重商主義の努力（*WN* V. v. a. 3, 24/506, 516〔邦訳三、一五、三二〕）は「卑しく有害である」と判断される（*WN* V. vii. c. 56/610〔邦訳三、二〇九〕）。その努力の結果は、貿易がそれ独自の経路を見出すべくほっておかれた場合よりも利益が少ないだけでなく、ある産業を他の産業より厚遇することによって、公平性の原理と正反対でもある。さらにこの重商主義の目的は妄想的である。なぜならそのような強制された運営では「どんな人間の知恵や知識をもってしても十分な遂行ができない」からである（*WN* IV. ix. 51/687〔邦訳三、三三九〕）。以下の諸章で見るように、政治的契約を強く強調している、『市民社会史論』におけるファーガスンでさえ、「洗練された政治家が活動的な手を出すときには、妨害と不満の原因を増加させるだけである」と述べている（*ECS* 144）。スミスにとって、政府不干渉の原理は商業よりも大きな権限を持っており、ときには彼は倹約令を「最も無礼で厚かまし」く、それゆえ「王と大臣は私人の経済を監視したり、彼らの支出を制限したりしようとする」と軽蔑して片づけているのである（*WN* II. iii. 36/346〔邦訳一、一三六〕）。ヒュームも同様にそのような立法を一蹴している（*HE* I. 535: cf. *HE* II. 231: *HE* II. 602）。彼にとって政府は「正義の分配以外の対象、あるいは目的を持たない」（*E-OG* 37〔邦訳三〇〕）[23]。実際にこの制限は有利である。ヘンリー七世の文脈において、ヒュームは、「複雑な」「商業の原理」を実行するのに必要な「長い経験と深い省察」に比べて、国内の正義の執行が比較的単純であり、そのため暗に、間違う傾向が少なく、実行がより容易になるということを、一般化している（*HE* II. 51）。

この反重商主義的反論は『国富論』において疑いもなく力強い存在感を持つ一方で、全体として見たスミスの議論はもっと複雑である。三つの複雑化する要素がある。すなわち自由への障害を除去することでの政府の役割、より積極的な役割――公共財を維持するという特殊な任務から独立さえしている、そして既得利益への固執についての穏当な認識である。私はこれらを順番に取り上げるが、それぞれをスミスの先行者たちよりいっそう複雑だと受け取っている。

我々はこうした要素の最初のものの実例についてはすでに触れている。それはスミスが限嗣相続に反対したことや、救貧法を攻撃したことに我々が注意したときである。それに付け加えることができるのは、徒弟条例の撤回に対する彼の擁護や、【110】同業組合の排他的な特権は終わりにすべきだという確信である（*WN* IV. ii. 42/470〔邦訳二、二二八～二三〇〕）。ここでのこの議論は、政府は特定の仕事から撤退すべきだということである。実際に、立法府が〔特定の仕事から〕撤退すべきだとすれば、こうして政府も行政の義務を軽減される。また我々が注意したように、スミスだけがこの政治的縮小論を主張したのではない。ヒュームは経済的自由の実行への障害の除去を支持した。したがって彼もまた同業組合によって課された産業活動への「馬鹿げた制限」（*HE* II. 56-7）や衣料産業の「馬鹿げた」七年徒弟制（*HE* II. 323）に対して、法定賃金と同様に反対した（*HE* II. 231）。スミスから多少外れるが、ヒュームは高利貸し規制法を「不合理で不正」[24]であると判断し、さらに特許独占の授与の帰結を「有害」と考えた（*HE* II. 573: cf. II. 595: III. 83-4n.）。

商業社会のなかでの直接的に積極的な政府活動（第二の要因）はさほど簡単ではない。障害の除去を支持することにくわえ、ヒュームは首尾一貫した、恣意的でない租税（*E-Tax* 345〔邦訳二七八〕）や自由貿易の支持を論じ、「狭隘な悪意のある」禁止政策に反対して力強く語った（*E-JT* 328〔邦訳二六四〕: cf. *E-BT*）。スミスの初期の立場は、安全を提供することが原理的で適切な政府の役割であるとするものである。こうして個人に自分自身の目標を追求させ、そうすることで繁栄、すなわち高められた普遍的な物質的幸福をもたらす自由を許すことである（本書第三章一〇一／【78】頁を見よ）。これは一見したところ「見えざる手」の主張である。すなわち、その主張では、公共の利益の名のもとに産業活動を意識的に指導しようと試みることが効果的でないだけでなく、またその仕事によって公的権威を信頼することは危険でもある（*WN* IV. ii. 9-10/456〔邦訳二、三〇三〜三〇四〕）[25]。スミスはミラー（*HV* IV. 3/717）やファーガスン（*PMPS* II. 425）によって引き継がれている。けれども「神への敬虔、および彼らの同胞に対するすべての正しく、平和で、親切な性向へと人々を導くような、真の徳の原理を、すべての正しい効果的な方法によって促進することが、立法者の仕事でなければならない」というハチスンの見解と衝突する（*SMP* II. 310）。しかし警戒は必要である。彼のいつもの慎重な方法で、スミスは見えざる手のこの喚起を制限によって抑える。したがって「公共の利益」が「しばしば」個人の自己利益の追求による意図せざる結果であるということは、「社会にとって必ずしも最悪」ではない。この注意書きの言い回しは、これが実際に乗り越え可能で絶対的規則でない「初期設定」であることを明らかにする。そしてスミスはハチスン的な方向ではないが、例外を承認する（Skinner 1996: I; Viner 1927 への謝辞がある。本書一一一／【86】頁以下を見よ）。

ジェフリー・ヤング（Young 2005: 92, 106）は、博識で有益な分析のなかで、スミスの国家の取り扱いにおける「基本的な緊張」を確認する一方で、「介入の理論」をスミスに帰することまで行っている。これらの介入は一般的に「国益」または安全へのある種の訴えになっている[26]。【11】したがって、暗黙のうちに、政府の最初の任務である防衛の責任に訴えて、「航海条例はまさに適切に」ブリテンの船舶にブリテン自身の貿易の独占権を与えているのである（*WN* IV. ii. 24/463〔邦訳二、三一六〕）。効果的な規制（これはもっぱら「公安」の問題というわけではない。いったん国内の平和を保障する任務が達成されるや、富裕を推進する規制である）を実現することは「行政的」業務の適切な構成要素である（*LJA* i. 2/5〔邦訳一～二〕）。例えば、炎が広がるのを防ぐ防火壁を作ることは、建築者の自然的自由への正当な侵害であるということと同様の原理に基づいて、銀行による紙幣の発行の制限がある（*WN* II. ii. 94/324〔邦訳二、九九〕）。同様にスミスは――ここではヒュームから離れて――より生産的に資本を使用できるであろう人々の手中に資本が「明らかに」入るようにするために、法定利率を正当化する（*WN* II. iv. 15/357〔邦訳二、一五四～一五五〕）。「国内産業を奨励するために外国に重荷を負わせ」ようとして、「自由貿易」の原理から離れることもまた適切になりうる（*WN* IV. ii. 23/463〔邦訳二、三一六〕）。最後に、あらゆる積極的な推奨はしていないけれども、また第五章で「道徳化された経済」についての彼の説と我々が呼ぶものを考察しながら、スミスは労働者を支持する規制が「いつも正しく衡平」であると発言している（同じことは「親方」を優遇する規制については言えない）（*WN* I. x. c. 61/158〔邦訳一、一四九〕）。

我々はようやく第三の複雑化要因にたどりついた。スミスは、初期の立場からのあらゆる乖離の適切さを評価するために、判断の鋭敏な尺度が必要であるということに鋭く気づいている。しかしながら、彼はそのような判断を行うことについて疑念を発している。これらの疑惑は実際的（プラグマチック）であるとともに、またより理論的である。プラグマチックに、あるいは実践的に、彼が社会の「三大階級」を論じるとき、彼は社会が良い統治となる場合、それぞれの階級を判断すると欠点があると考えている。「利潤に生きる」人々の階級は不適格だとみなされる。なぜなら、すでに見たように彼らの利害と一般的利害とは一致しないからである。賃金で生きる人々の利害は「社会の利害と厳密に結合して」いるが、彼らの状況が意味するのは、彼らには知識を得る時間がなく、かくして自らを「不適格」にするということである（第七章も見よ）。最後の階級――地代で生計を立てる田舎の紳士――は政治秩序の伝統的な支えである。というのは、スミスが認めたように、彼ら自身の利害は国民の利害と衝突しないだろうが、しかし彼らは怠け者であり、必要な「あらゆる公的規制の結果を予見し理解する［…］のに必要な精神の適応」ができないからである（*WN* I. x. i. p. 8-10/265-6〔邦訳一、四三一～四三五〕）。土地所有と政治的判断との間の繋がりについてのこの懐疑論は、第六章でそれに再び出会うだろうが、「洗練された」社会では権威が「卓越した精神力」にあるというスミスの『法学講義』における発言によって補完される（*LJB*

12/401〔邦訳三三二〕）。

より理論的で抽象的な平面では、スミスは【112】「立法者の科学」――その審議は不変の「一般原理」によって統括されねばならない――を、それ自身「刻々の出来事の変動」と関係する「為政者や政治家と俗衆によって呼ばれる、狡猾で悪知恵のはたらく動物」の業と並置している（*WN* IV. ii. 39/468〔邦訳二、三二六〕）。スミスの術語は不明瞭である。したがって、彼はまた第四編の冒頭で「為政者あるいは立法者の学問の一部門として考えられた経済学」に言及する（*WN* IV. Introd. 1/428〔邦訳二、二五七〕）[27]。ある個人が「立法者」の役割を演じられるということをスミスが擁護していないことは明らかである[28]。さらにいえば、彼が「最も偉大な為政者と立法者」を考察するとき、彼の評価は冷静である。彼らが長所を持っているときでさえ、彼らは無遠慮になり自画自賛する傾向がある（*TMS* VI. iii. 28/250〔邦訳下一八四〕）。アレクサンダー大王とカエサルは古典的な例であるが、しかしスミスは最新式の例証、数あるなかでもサヴォイア家のオイゲン〔1663-1736. オイゲン・フランツ・フォン・ザヴォイエン＝カリグナン。サヴォイア家の血を引くフランス生まれの貴族、オーストリアに仕えた高名な軍人、政治家。プリンツ・オイゲンの名で知られる〕や代々のグスタフ・アドルフ〔Gustavus Adolphus. スウェーデン国王〕を挙げ、民衆の人気を異常に気にしたことが軽率で破滅的な「冒険」に導いた人々としている（スミスはマールバラが例外であることを認めている）（*TMS* VI. iii. 28/251〔邦訳下一八五〕）[29]。

より重要なことは「立法者」と「政治家」とのこの対比が、上述のようなスミスの判断に共鳴することである。すなわち、「俗衆によって政治と呼ばれるもの」に（腐敗した意図がない場合でさえ）正義が犠牲にされることを「ほとんど可能でなく」することが、司法権の分離の決定的な利点であるという判断にである（*WN* V. i. b. 25/723〔邦訳三、三九五〕）。しかしこれは想定にしかすぎない。スミスの想定では、裁判官（彼らは求められた最上の精神的能力を所有する）が例外的に有能なだけではなく、また彼らの報酬が「とても少ない」ので、彼らは自らの職務の偉大な名誉によって動機づけられているのであって（*WN* V. i. b. 18-20/718-19〔邦訳三、三八七〜三八九〕）、そのために付随する公的賞賛は「彼らの報酬の一部」である（*WN* I. x. b. 24/123〔邦訳一、一八八〕）（ミラーは「専門的な裁判官」の独立は終身の任命によって強化されると付け加え、また陪審制度を法の支配のさらなる支えと考えている

[*HV* IV. 2/707]。）こうした想定を超えて、分離した、あるいは独立の司法権が保障されたとしても、初期条件からのいかなる乖離であれその適切さを決めるのは「俗悪な政治家」であるということは残る。これは商業社会の「政治」の広範な問題を提起する。(30)

「立法」と「政治」を対比した数段落のちに、スミスは自由貿易がブリテンで完全に回復されると期待することは、「オシアナやユートピアがブリテンで樹立されると期待することと同じくらい不条理である」と述べている。その理由とされたのは、このような回復が公共の「偏見」に正反対であり、「多くの個人の私的利害［…］を遥かに克服できない」ものだということである（*WN* IV. ii. 43/471〔邦訳二、二三二〕）。この評価に共鳴するのは、後にスミスがアメリカ植民地の危機に対処する彼自身の計画について、それは「ユートピア」であることを宿命づけられていた、というのは「多くの有力な個人の私的利害」に衝突したからであると述べるときである（*WN* V. iii. 68/934〔邦訳四、三三五〕）。(31)【113】もっと広くは、ジェリー・マラー（Muller 1995：79）が述べているように、『国富論』は個人や団体がいかに公共の費用で自らの利益の促進を試みるかについての実例の要約を含んでいる。この「利害」の力の認識は、スミスの商人についてのおもねらない描写で固まる。その描写は、例えば、高賃金に不平を言う一方、高利潤の「有害な影響」については沈黙する偽善者（*WN* I. ix. 24/115〔邦訳一、一七五〕）、物価の上昇をはかるような陰謀者（*WN* I. x. c. 27/145〔邦訳一、二二六〕）、そして「公衆を欺き、抑圧しさえする利害関心を一般的にもつ」者（*WN* I. xi. p. 10/267〔邦訳一、四三五〕）といったものである。さらにいえば、（独占における）これらの利害は議員（大体は知的に怠惰な領主）によって支持される。というのは、これは彼らに「商業を理解しているという評判」を、また「数と富が非常に重要となる階層の人々のあいだでの多大な人気や影響」を与えるからである（*WN* IV. ii. 43/471〔邦訳二、二三一〕）。この一部について言うと、スミスは「公務に参加する」人々について幻想をもたない。というのは、彼らが公務に参加するのは「主にそれが彼らに与える重要性のため」だからである。彼らは公的徳への献身を表明するために参加するのではない（第六章を見よ）。「徳」と「政治」とのあいだの関連についての類似の暗黙の掘り下げはヒュームにも見つかる。すなわち、「政治」においては（支配者も含め）すべての人が、たとえ実際には僅かの人しかそうでないとしても、「悪漢」だと慎慮によって仮定されるべきである（*E-IP* 42〔邦訳三四〕）[32]。

この「幻滅」（Lindgren 1973: 78）に直面して、スミスは「人定法の愚かさが、あまりに頻繁に、その働きを邪魔する無礼な妨害」を潜在的に乗り越える個人の自己改善の努力にある種の信頼（あるいはおそらく希望）を寄せている（*WN* IV. v. b. 43/540〔邦訳三、七八〕; cf. *WN* II. iii. 36/345〔邦訳二、一三六〕）。もちろん、この楽観的な説明は、「自らの境遇を改善する行為をあえて行う個人に十分な安全を提供するために、行政はすでに十分に厳格に対処している」と想定している。イングランド人は自分たちの選挙権がより広いので、スコットランド人より多くの安全を享受している、というスミスの『法学講義』での発言にもかかわらず（*LJA* v. 10-12/273-4〔邦訳二九一～二九二〕）、彼は出版した著作ではこの線の議論をしていない。それは、「革命」の到来とともに「人間の統治」に取って代わるであろう「事物の行政」のあいだでのエンゲルス好みの分割をスミスが思い描いているというのではなく、この接近法が商業社会を「脱政治化」するように見えるということである（そして「市民社会」の概念のようなものがスミスや他者の考えのなかに探知されうる——あるいは、おそらくもっとうまく、構成されうる［Berry 2010; Boyd 2013］）。もっと真面目にいえば、これは商業社会における政治の実際の場所が熟慮されている場合である[33]。スミスはこの点では孤独ではない。この不注意が相対的な問題であるということが認められなければならない。ある現実的な意味において、第六章で検討される商業批判の多くは、富、奢侈、および商業が提起する政治的徳の腐敗についての「共和主義的」関心を表す、ある「政治的」展望に由来するものである。【114】また後に見るように、これは単純な白黒問題ではない。というのは、商業の擁護者はこうした関心事に敏感だからである。これを認めるとしても、スコットランド人は『リヴァイアサン』や『統治論』を書こうとは思わなかったということには変わりがない（ヒュームの『人間本性論』は射程と野心において前者とのある種の類似点があると判断できるかもしれないが、しかし彼はけっしてその企てを繰り返さなかった）。

三つの要因はこのような控えめな主張を示唆しうるであろう。第一に、背景にあるのはスコットランド人自身の反ジャコバイト的感受性である。すなわち、彼らは良きハノーヴァ家支持者と見られるのを切望している（第一章を見よ）。彼らはブリテンの国制を完全に称賛している。第二に、一部にこの点を反映して、大げさな、「決然たる」政治的思索がほとんどない。ヒュームの初期の論考――そこで彼は同時代の論争の諸側面に注釈し、参加している(34)――、およびイングランドの国制の発展に関するミラーの後の解説〔以下を見よ〕は別として、この点でのありうる例外は、「民兵」問題〔第六章を見よ〕とアメリカ植民地である〔Berry 1997 : 107–9を見よ〕。第三に、社会理論家として、彼らは、そのなかで政治が一要素にすぎず、必ずしも最重要というわけではない複雑な総体として商業社会を見ている。

以上を所与とすれば、そして現在の文脈において、商業社会についてのスコットランド人の理念に彼らが投じる光を追究できる二つの問題がある。最初のものは、前段落でそれと認識された最後の要因に共鳴する、国制的思考が最重要ではない地位にあることである。二つ目はスコットランドの政策を焦点とする――それは実際に彼らが行うのが適切だと考えるものであり、またそこでは、彼らのハノーヴァー家への執着と異なって、差異が見つけられる。

プラトンから、またおそらくさらに重要なことにアリストテレスからずっと、統治の議論は国制の類型によるものであった〔第一章を見よ〕。スコットランド人は誰も完全にこの課題を捨て去っておらず、ある者は他者よりもこの国制の言語を用いて続ける。さらに、我々が「古典的理論」における「社会学的」要素と名づけてよいものが存在した。それは、例えば、アリストテレスの富者と貧民による支配としての寡頭政と民主政の概念においてそうである。くわえて、第一章でも注目したように、モンテスキューは、貴族政と民主政「共和政」の下位政体と見なし、君主政を専制政から区別する分類を再定式していた。

ダンカン・フォーブズ〔Duncan Forbes 1975b : 188〕が観察したように、この最後の区別は文明化した君主政と絶対君主政を区別したヒュームに再び見られたものである。スコットランド人の接近法を示唆するのは前者の用語である。ヒュームは「以前には共和国だけを褒め称えて言われたことが、今では文明化した君主政について確言されるようである。すなわち、法と人間の統治であるということである」と言明している〔*E-CL* 94〔邦訳八二〕: cf. *E-AS* 125〔邦訳一〇八〕, *HE* II, 15〕〔cf. Vlachos 1955 : 169, McArthur 2007 : 12〕。【115】これは商業社会と商業的共和主義の統治とのあいだに一時的な区別を認めるという重要な帰結をもっている。重要性は現実の君主政よりも「文明化された」有資格者に置かれるので、したがってその区別は国制の形態が歴史化されるようにする。このことはスミスに明らかである。彼は同時代の「文明化した」君主政と「古代の君主政」を対比する（*WN* V. ii. a. 822〔邦訳四、一二九〕）。後者は軍事国家であり、そこでは正義の執行は財源であり費用ではなかった。前者では歳入は税で集められる。[35] 文明化の程度（または、逆に、「専制の段階」〔*WN* V. i. g. 19/799〔邦訳四、八一～八三〕〕）は、統治の「一般的原理」が固執されるかどうか、またその三つの任務が実行されるかどうかを評価する段になると、外的な国制の形態よりも鍵となる基準である（もちろんブリテン／ハノーヴァーの混合国制は最高に「文明化」されている）。[36]

この線の議論もまたミラーの『イングランド統治史論』に当てはまる（それにその十全の主題を与えることになる）。すでに見たように、また我々が先に進むにつれて確認されるように、ミラーにとって「統治」は我々が社会学的文脈と呼ぶもののなかにつねに置かれている。したがって、彼がイングランドの歴史を分割する三つの「政治制度」、すなわち「封建的貴族制」（一〇六六年以前）、「封建的君主制」（ウィリアム一世からステュアート朝）そして「商業的統治」に分ける基準は「所有の配分」である（*HV* Intro./11）。これはヒュームの『歴史』の諸側面に対するミラーの異論という「政治的」次元が存在することを否定するものではない。しかし、そのことは、また、例えばダニエル・マクイーンやキャサリン・マコーリによって提出されたヒュームへの血気盛んな攻撃を背景とした展望のなかに置かれるべきである。[37] ミラーのより明白な「政治的」関心は、『イングランド統治史論』に死後に加えられた論考の一つに明確に表現されている。そこで彼は「王の秘かな影響力」を王政復古以来の二つの大きな変化の一つとして批判的に描いている（もう一つは商業と自由の対抗的な台頭である）（*HV* IV. 2/707）。[38]

ミラーとヒュームのあいだの議論は「学術的」と言えるであろうが、もっと実践的な政策を焦点とする論争があった。我々は第一章で、高地地方を「文明化」することが四五年〔ジャコバイトの乱〕以降の熟慮した政策であったことに注目した。これは立法の背後で特定の政策を遂行することを意味した。それらは、商業社会と文明化の結合に基づいて想定されたのであり、政策が問題となるときに、商業社会の「政治」がいかに「機能する」と想定されるのかについての説明を与えるものである。この争点に関して、ヤングの言葉を用いれば、我々は行政の「正確さ」および政策遂行の要求と現実性とのあいだに緊張を見つけることができる。問題の好例は第一章で注目した「高地地方への文明化のための」の計画である。

歴史的前例があった。第一章で我々はまた、高地地方に関するジェイムズ一世／六世の政策について、「原理」は正しかったが実行が頓挫したというロバートスンの発言に注目した。【116】ヒュームはジェイムズのアイルランドに対する「文明化」政策を取りあげた。この政策の目標は、アイルランド人を「法と勤労」に適応させ、それによって彼らの服従を「イングランドの王権にとって永続的で有益に」することであった。その目的を達成するために、「法にかわってその場を満たし、人々を永遠に野蛮と無秩序な状態のままにしておくように計られたアイルランドの慣習を廃止すること」が必要であった。特に（それなしには「囲い込みをし、耕作し、改善する刺激が存在しない」）「確定された土地所有権の享受」を妨げたこれらの慣習は取って変えられるべきであった（*HE* III. 33, 34: cf. Millar *HV* IV. 1/684）。当時のスコットランドの高地地方の人々に関するヒュームの見解は省略しすぎでわかりにくい。四五年の彼の行為〔ジャコバイトのエディンバラ攻撃を許したこと〕にかんして、エディンバラ市長のアーチボルド・ステュアートを擁護する贔屓目の文脈において、ヒュームは高地人を「野蛮」であり（規律の無い）「武勇精神」に満ちていると述べている。[39] しかしながら、ヒュームが一七五二年の『政治論集』で提出している「一般原理」の形成（*E-Com* 254〔邦訳二一二〕）は地域的な個々の事柄にまでふれるものではなく、それは単に解釈して推論することだけが可能だということを意味する（Emerson 2008a: Caffentzis 2001）。アイルランドの改革は本質的に法制度の改革であったが、ジェイムズによる「人間性と正義」の導入が十分な成果をもたらすには「忍耐と注意の幾時代」を必要としただろう（*HE* III. 35）。拡張して、法変革の遂行を所与とすれば、因果的要因としての生活様式と慣習に対するヒュームの強調は（Berry 2006b）、「高地地方問題」の速やかな外部からの経済的「固定」に対する警告を彼は助言したのだとすることを納得させる。

高地地方のために計画された、いくつかの文明化策は、道路や橋の建設のようなインフラ整備であり、また政府の三つの固有の任務の一つとしてスミスによって認定された、公共事業を行う義務という付託事項のなかに属することができるものであった。しかし他の策は、より直接的に目的をもっていたのであって、断層線としての熟慮した「介入」政策を通して、高地地方を改善し文明化する関与を我々は識別できる。商業社会の中心的特徴である法の下の自由（第五章を見よ）は、すでに見たように、そのなかで個人が自身の利益を追求する助けとなる枠組みを保証する任務を政府に委ねる。これが意味するのは、人々にピンを造らせる事業に統治は適切に存在しないことである。さらに、ピンが造られることを保証することに政府が関係するとすれば、重商主義の愚行を再生産することになるだろう。すなわち、「国家」を拡大するその狙いは、そのなかにいる個人の幸福を犠牲にして買われるのである。スコットランド人は純理派ではない。確かに商業社会についての彼らの理念は、枠組みの提供を超える政府の役割を原理的には排除しない。我々はこの問題にもう一度第六章で遭遇するであろうが、しかし現在の文脈では我々は断層線を少し越えて探検することができるだけである。

【117】この探究が最上に行われるのは「助成金」問題を通じてである。ヒュームと同じように、スミスの分析は一般的な水準で遂行されている（正式な書名が示すように、彼は諸国民の富の「本性と原因」を探究している）。それにもかかわらず、その書物は特定の話題に関する「余談」を含んでおり、「助成金」の問題はそのような一つである。ここで関係あることは、『国富論』（一七八四年）の第三版で、スミスが高地地方論争の存在を明確に示すコメントを付け加えたことである。広い文脈は穀物奨励金であり、スミスは、国産商品の輸出に関して、「自発的に流れると思われるよりも有利でない通路へと国の産業のある一部を強制すること」（WN IV. v. a. 24/516〔邦訳三、三二〕）によって、それは重商主義制度の基本的失敗を示したと述べている。概してスミスは、助成金が防衛に寄与する場合のように、助成金自体に反対ではない。しかし、スコットランドが明示的に言及されている、ニシン漁への助成金に関する個別的文脈では、スミスの判断は「立法者が非常に粗っぽく圧し付けられた」というものであった（WN IV. v. a. 28/518〔邦訳三、三六〕）[40]。

穀物の助成金についてのスミスの分析への批判者の一人はジェイムズ・アンダースンであった[41]（編者は『国富論』の第三版でスミスがこの批判に照らして自らの議論のある細部を修正したと注記している）。アンダースンは、スミスと同様にエディンバラ王立協会の創立会員で、『国民の勤労精神をかきたてる手段についての考察——主にスコットランドの農業、商業、製造業そして漁業を推進することを意図する』という示唆的な表題をもったかなり重要な著作を書いた。この書物はスコットランド啓蒙の一般的な展望のいくつかの特徴をもっている。例えば序文で「市民社会の進歩におけるあらゆる段階」に言及している（1777: v. xi. xiv）。表題が示すように、彼は「利益がらみでない愛国精神を生き生きとさせておく」必要性の確信によって活気づけられている（177: xvii）。この意図の一部として彼はニシン産業を論じる。彼の議論には強いスミス主義的な趣がある。彼は「規制を行う政治家」を非難し、「ある人に彼自身の問題の管理について信頼することは、他人の制御に自分を従わせることよりもいっそう安全だ」と言明する。そして奴隷の非生産性についてスミスを敷衍し、「改善の自然な進歩」について語る（1777: 445, 465, 467, 475）。しかしながら、アンダースンは、もし「適切に注意すれば」ニシン産業は繁栄できると信じており、救済されたニシン産業のすべての樽への「小さな助成金」と大きな船を装備することを推奨するために「穏やかな割り増し」を提唱している（1777: 466, 474）。

スミスとアンダースンとのあいだのこの交流は、商業社会のなかで政策問題に関して例外的にではなく生じると期待できる論争の存在を、ある水準で説明するものである。アンダースンはスミスよりもいっそう楽観的であるが、両者は政策形成の政治と我々が呼べるものについての不信や心配を示している。【118】一部にはこれは経験の教訓である――スミス（WN IV. v. a. 28/518〔邦訳三、三六〕）が暗示的に、そしてアンダースン（Anderson 1777: 468n.）は明示的にではあるが、両者とも定められた立法について敵対的に述べる。それにもかかわらず、もし商業社会が政治の情念からの何らかの妨害もなく動くと彼らが考えるとすれば、それはスコットランド人の思想の非完全主義的特質に反するであろう（Millar *HV* IV. 2/703）。

注

（1）法と貨幣経済とのこの一致はジンメルによって強調された（Simmel 1990: 354, 427, 442〔邦訳三九六～三九七、四七六～四七七、四九五〕）。ジンメルが展開しようとする「論理」は、スコットランド人に（たいてい暗黙のうちに）存在していた（ジンメルはスコットランド人の仕方で、子供と未開人との類似に言及し、同じ箇所でピン製造業にも言及している〔301〔邦訳三二二〕〕）。

（2）狩人は自分が作る弓よりも良いものを今持っているため、将来にあまり依存しないと考えられるかも知れないが、しかし彼もまた次の「良質な」弓がどこから入手できるのかを考えなければならない。

（3）スミスにおける「自然」の意味についてはアスプロモーゴス（Aspromourgos 2009: 43-48）の有益な議論を見よ。

（4）ヒュームの言い回しにもかかわらず、これは「思慮のない」過程として理解すべきではない。アネット・ベイヤー（Baier 1991: 79, 97）はヒュームの思想における習慣の「認識力」と彼女が呼ぶものに注意を引きつけている。クレイグ・スミス（Smith 2006: 61）は、より一般的にスコットランド人の習慣や慣習が「経験に基づく知識の形式」であったことを明らかにしている。スコットランド人における習慣と慣習の役割についての広範な議論についてはBerry（2003a）を見よ。

（5）特に『選集（*Miscellanea*）』（London: 1680）に収録されているウィリアム・テンプル卿の「政府の起源と本質」（一六七二年）p. 54を見よ。ヒュームはテンプルの著作を知っており、彼を「重要な著者」と判断した（*HE* III, 782）。この判断に私の注意を促したことは壽里竜に負う。

（6）「親を称賛する群集は彼の子孫に自らの尊敬を拡大しがちである」というファーガスン（*ECS* 100）と比べよ。

（7）一例として、ジョン・ロック（1965: II, 142〔邦訳四六五〕）は『統治二論』（一六八九～一六九〇年）において、それに雄弁な表現を与えており、立法権は「公布された制定法によって統治することであり、個別の事例で変化するものではない。しかし富者と貧者、宮廷のお気に入りと耕作する田舎の人のために、一つの規則を持つこと」と宣言している。

（8）例えばWennerlind, Schabas and Caffentzis（Wennerlind and Schabas (eds)（2008所収））; Duke（1979）; Gatch（1996）; Wennerlind（2005）, Vickers（1960: Chap. II）を見よ。

（9）架空の比喩では、商業が「紙幣というダイダロスの翼の上に宙吊りにされて」いるよりも、金や銀といった「堅い基礎」に依存する方がより安全である。この比喩は【119】スミスの貨幣観についての二つの議論の主題をもたらした――Paganelli（2006）とRockoff（2011）。スミスの貨幣観についてはまたVickers（1975）を見よ。比喩のありそうな出典は「紙の翼で飛行するクレタの若者の無鉄砲」への言及とともに、バブル（一七二一年）についてのスウィフトの詩である。Wennerlind（2011: 237）を見よ。

（10）スミスは「一時的独占」という表題の新しい本の著者に言及する（*WN* V. i. e. 30/754〔邦訳三、四四九〕）。ケイムズに特に言及した知的所有権の議論についてはラーマティアン（Rahmatian 2006: 188, 200）を見よ。ケイムズは永久の著作権という考えに対して自ら法的に反対することを明らかにした。特許はイギリスの経済発展において重要な要因であると考えられてきた。例えばエリック・ロビンスン（Robinson 1964 : 209）は「改良された蒸気機関のためにジェイムズ・ワットの特許の拡張を認可したこと［一七七五年］は産業革命において最も重要な一つの出来事であったと考えられてよいだろう」と述べている。この問題に関する現在の論争と現代の研究に関するコメントとしてはMokyr（2009 : 403-6）を見よ。

（11） 私はBerry（2009b）（それを基に私はここで書いている）で十分に扱った。苦心した分析的検討についてはHarrison（1981）、最近の取り扱いではHardin（2007）やHarris（2010）を見よ。

（12） 正義の慣習が参加者に知られている時には、「適合した強い意思と行動を作る」相互契約の効果である。例えば「ボートのオールをひく二人は、決して互いに約束していないけれども、合意や習慣によってそれを行う」。さらに「段階的に」かつ「緩やかな進行によって」言語が形成されたり、金が交換の尺度になったりすることは同様の原理の執行を通して行われる。

（13） 第三章で論じた非プラトン的な意見の一致と同じように、「自然」によって、ここでのヒュームは「異常な」の対立物として、標準的な意味のもう一方を利用している（*T* 3. 1. 2. 8/*SBNT* 475〔邦訳三、二八〕）。スミスが支持した限定的生得説がそうであるように、ある個人がある仕事（弓矢づくり）において他者よりも適しているということは普通に見られることである。

（14） ケイムズはこれに異議を唱える（*PE* 19）。彼の自然な道徳性の記述では、それもまた硬直性を主張している。つまり、「守銭奴に負っている負債を否定することによって低い境遇にいる人間は、自身とその家族を破滅から守るのであるが［…］しかし、道徳感覚は善と悪のあいだで釣り合いをとることを認めず、どんな利益が生まれるにしても不正を許さない」。

（15） これと同じ言葉や議論は『人間本性論』での彼の忠誠の分析にさかのぼる。所有権と忠誠で混乱を避ける方法は「一般的規則によって前進する」（*T* 3. 2. 10. 3/*SBNT* 555〔邦訳三、一一五〕）ことであり、そしてそれらは自然でなく人為の仕事である。

（16） Grotius, Bk 1, chap. 1, sect. 8（2005 : 142〔邦訳一、四九～五〇〕）。ハリスは、正義についてのヒュームの説明はグロティウスの伝統において最もよく理解されると判断している（Harris 2010 : 26 ; cf. Teichgraeber 1986 : 101）。ヒュームとグロティウスについての有益なコメントについてはBuckle 1991を参照のこと。

（17） Aristotle 1894 : 1129b〔邦訳上一七一～一七三〕。スミスは、厳格で狭いか、否定的な正義と、【120】「すべての社会的徳を包括するものとして」の正義、あるいは、プラトンに帰されているような、「あらゆる種類の徳の完成」としての正義との区別についての彼の説において、アリストテレスについてのグロティウスのコメントを引用している（*TMS* VII. ii. 1. 10/270〔邦訳下二二〇〕）。

(18) Hutcheson *SMP* I, 254。「道徳感覚」についてはHutcheson *SIMP* Bk I, Chap. 4を見よ。道徳感覚は「守銭奴の吝嗇」以上に「価値ある人間の寛大さ」を是認する（*PW* 72）。「遺産の譲渡」は「配分的正義ではなく、普遍的な正義」と見えると述べているプーフェンドルフと比較せよ。そこでは、プーフェンドルフの注釈において、後者の普遍的正義は「不完全な権利」に関連している。つまりそれらは「それぞれの個人の品位と良心の感覚」に委ねられているものなのである（1934: Bk I, Chap. 7, paras 9, 7）。ハチスン（*SMP* I, 258）は踏襲した。そしてグロティウス（2005: 142〔邦訳一、四九～四五〇〕）自身は関連づけた。

(19) 「効用」がスミスにおいて決定的な（基礎的ではないけれども）役割を演じることはCampbell（1971）とRosen（2000）で強調された。

(20) スミスは、（ハチスンが「小さな罪」（*SMP* II, 354）と呼ぶ場合でも）規則違反が「だた単に社会の一般的関心の観点から」（*TMS* II. ii. 3. 11/90〔邦訳上二三二〕）（見張り番のときに居眠りする歩哨のように）厳しく処罰されることを認める。公共の利益が一般的な災難を防止するために正義に勝りうるということはケイムズによって支持されている（*PE* 267）。ヒュームに対するスミスの反論は彼が例外を一般化していることである。しかしいったん自然な感情に根づけば、我々が大雑把に「功利主義的」な線で「処罰の適合性の自然な感覚を確認する」ことは「疑いなく真実である」ということを、スミスは受け入れることができる（*TMS* II. ii. 3. 7/88〔邦訳上二一八〕）。スミスの処罰論に対しては、例えばMiller（1996）（彼はNorrie［1989］と論争している）、Stalley（2012）、および比較の文脈におけるSimon（2013）を見よ。

(21) ヒュームの説明では正義は社会（それは家族のなかに存在する）と時代をともにしなければならないけれども、これらの「正義の基礎は、社会の拡大につれて、日々改善されなければならない」（*T* 3. 2. 2. 14/*SBNT* 493〔邦訳三、四七〕）。「我々の正義の顧慮の漸次的な拡大」が経験されるので「人間の感情の自然な進歩」がある（*M* 3. 21/*SBNM* 192〔邦訳三〇〕）。

(22) ケイムズは正義を第一の徳、慈愛を第二の徳とする自らの主張にもかかわらず（*PMNR* 37〔邦訳四七～四八〕: cf. *PE* 20）――さらに第五章を見よ――、後者は特定の環境（親／子のような）では「正確な規則の多くの場合に影響をもちうる」と主張する（*PMNR* 59, 61〔邦訳七九、八一〕）。

(23) Teichgraeber（1986: 10）は、ヒュームとスミスが、「倫理を脱政治化する」のと同じように、「政治を脱倫理化」していると論じる。

(24) 「自由主義者」としてのヒューム擁護論はStewart（1992）で巧みになされ、さらに彼はMcArthur（2007）に踏襲されている。それはヒュームを「保守」として読むことへの重要な反論である（私はBerry［2011］でこの読み方とそれが生み出した広範な文献を論じている）。

(25) 「見えざる手」という言葉のスミスの使い方はかなりの量の論評の対象となった。私はそれを深読みしたRothschild（2010：Chap. 5）とKennedy（2011）に賛同する。「意図せざる結果」（「見えざる手」がその一部である）の最もよい説明はSmith（2006）にある。

(26) 自由な解釈によって、『道徳感情論』から彼の発言を引用することによって、もう一つの包括的な原理があると考えられるようになりうる。すなわち「すべての統治組織」は【121】「その下で生きる者の幸福をそれらが増進しようとする比率においてだけ」評価されるべきだという発言である（*TMS* IV. i. 11/185〔邦訳下二六〕）。二つのテクストのあいだの文脈的な違いによって、私はそれに原理として同等の重要性を認めようとは思わない。

(27) 「為政者」という言葉はおそらくたくさんの意味が詰め込まれている。ステュアートはこの言葉を規定して「統治形態に従って、立法府と最高権力を意味するために」使った（*PPE* I. 16〔邦訳一、三二〕）。ステュアートは、「経済の異なった体系の便宜性」を判断し、「個人的利益の誘惑から、彼の計画の実行と一致するように、彼らを誘導するように、徐々に彼の臣民の心を」構築する「仕事」をこの人物に割り当てる（*PPE* I. 17〔邦訳一、三二〕: cf.「私が絶えず想定するのは、政府の頂点にいて、国家のなかのあらゆる利益を傷つけることから、自然で即時的な影響または結果によって、習慣と革新の移り変わりを防ぐために、体系的にそれ（経済）のすべての部分を指導する為政者である」［*PPE* I. 122〔邦訳一、一一一～一一二〕］）。この言葉が示唆するとおり、これはスミスの議論の狙いに衝突する。よく知られた手紙のなかで、スミスは（『国富論』のなかで）「そのすべての誤った原理は、明白で明確な批判にあうだろう」（*Corr* 132/164）と予言して『原理』を一蹴している。これにもかかわらず、また前の諸章で注目する機会があったように、ステュアートの多くの見解はスミスの見解と不協和ではない（ステュアート自身がヒュームに負っていると認めていることを所与とすれば、驚くべき事でない［*PPE* II. 343〔邦訳一、三六二〕を見よ］）。

(28) 彼のソロン（Solon）（*TMS* VI. ii. 2. 16/233〔邦訳下一四三〕）への言及は、そのような立法者にとっての実行可能な役割を示唆するものではない。さらに、スミスは周知のとおり「体系の人」に対して警告している。「統治の理想的な計画」を熱愛する体系の人は、社会を「チェス盤」のように取り扱うのであるが、「駒」は「それ自身が運動するという原理」をもっており「最高の無秩序」の結果を伴うという事実を忘れているのである（*TMS* VI. ii. 2. 17/234〔邦訳下一四四〕）。

(29) スミスはプラトンのジレンマを認めると言えるかもしれない。そこでは真理の太陽をはっきりと見られる人々は、意見の暗い洞窟に戻りたがらない。人間愛の最も見事な見本（賢くて徳のある人）は「導く」備えがない。すなわち、彼や彼の類似者は自分自身の不完全さを意識しすぎている（したがってマクナリは、スミスは「政府の道徳的な誠実さを保存するための個人による公的精神をもった行為」に注目したと論じるときに間違っている［McNally 1988：191］）。スミスの例はあきらかに芸術家や哲学者である――彼らは「厳密な適宜性と完全さ」の基準で暮らしており、さらに「世界で通例達成される」もののなかでより厳密でない基準を固持する「立法者」と対照されるべきである（*TMS* VI. iii. 23-6/247-9〔邦訳下一七五〜一八〇〕）。もちろん、スミスは人間を区分したというのではない。というのは皆がより厳密な基準を認識できるからである。「賢くて徳のある人」の議論については Fricke（2013）、Hanley（2013）を見よ。

(30) 私は一ノ瀬佳也からの刺激によってこの話題を探究した。

(31) この政策は、本文のかなりの部分を占めていたが、出来事の展開に適応するために、その出版を遅らせたことを彼が批判されたほどである。（最もよく知られたこのような不満は Blair のものである［*Corr* 151/188 を見よ］）。【122】一般的な議論については Skinner（1996）の第九章、Winch（1978）の第七章、Pitts（2005）の第二章を見よ。

(32) ヒュームはスミスよりのん気である。統治者が「しばしば」「個人的な情念によって道を外」れるかもしれないと認める時でさえ、ヒュームは相変わらず彼らが「正義の公平な執行に明らかな利害関係」をもつと主張する（*E-OG* 39〔邦訳三〇〕）。この承認はそれ自体、『人間本性論』の議論を限定する。すなわち、そこではヒュームは、少数者の「直接の利害」に正義の遵守を帰していた。その少数者とは「現在の状況に満足し」ており、したがって「社会の大部分に無頓着」であるから、公平に行動できるというのである（*T* 3. 2. 7. 7/*SBNT* 537〔邦訳三、九五〕）。

(33) 詳細な追究については Pulkkinen（2003：19, 121）を見よ。スコットランド人は政治を「哲学的現象」として捉え、行動（政治活動）としては認識しないということが、彼女の明白な概念的・言語的分析の主眼である。

(34) 特に彼の『道徳・政治論集』の一七四一年版にある *LP, EPG, IP, BG, PG, PGB* を見よ。ヒュームは後の版でもそれらの論考を維持したが、しかしそれらは相当な改訂がなされたのであって、そのことは時論的断片としての論考の当初の地位を示唆するし、彼が論集の最初の版の広告においてその目次について自ら認めた通りである（1875：III. 41）。さらに、『論集』の一七五八年版で、彼は『イングランド史』での自らの仕事に照らして自分の見解のいくつかを振り返ったと述べた注を付した（*E-PGB* 72n.〔邦訳五八〕）。その注は「政治」を広い社会的、政治的文脈において取り扱うというヒュームの関心を反映しているが、一方で、以前の広告はヒュームが意図した「政治的主題を取り扱う際の穏健さと公平さ」を認めるものであった。同様に彼は、『政治論集』（一七五二年）を、これらの論考で自分は「コーヒーハウスの会話」よりも、「難解な」考察を行っているのだという言明で始めている（*E-Com* 253-4〔邦訳二一〇〕）。Emerson（2008a: 11）は『ある紳士への手紙』（一七四八年）と『鐘鳴らし役の請願（*Bellman's Petition*）』（一七五一年）が「政治的出来事の進路に影響を与える」努力であったと指摘している。

（35）課税の原理は商業社会に折り紙をつける規則の優位と一貫性に合致する。そのため、スミスの課税に関する四原則の第二のものは、支払いの時期、方法、および量が「納税者と他のすべての人に対して明確で平明に」であるとともに、個人が支払うべきものが「確実で、恣意的でないものでなければならない」ということである（*WN* V. ii. b. 4/825〔邦訳四、一三三〜一三四〕）。

（36）この論争はフランスの国制についての当座の解説である。ヒュームは彼らの政府を「絶対的」だと見るが（*E-LP* 10〔邦訳六〕; *E-CL* 92〔邦訳八一〕）、しかし、彼は続ける。そのような君主政は「横柄な政治的暴言において」「暴政」という名を与えられる。けれども実際には、「正しく慎重な行政」や「人々への安全」の提供によって、それは「政治的社会の目的の大部分を満たす」。いくぶん同様に、スミスはフランスの国制を専制的と見なしている。たとえコンスタンチノープルと「段階」において比較するときに「やさしく穏やかな」種類の国制としてもである（*WN* V. i. g. 19/799〔邦訳四、八一〜八三〕）。フォーブズは、ヒュームの思想における「一体性と連続性」が「科学的ウィッグ主義」というレッテルのものにあると判断した（1975a: 139〔邦訳一八九〕; cf. Forbes 1977: 41）。この見方は、一六八八年の革命の正当性、「古来の国制」、ステュアート家の王の邪悪さ、そして（ここでは適切な）イングランドの「自由」とフランスの「隷従」との対比のような、「ウィッグの聖なる牛」を疑問にさらした。【123】フォーブズ（Forbes 1954）は、スミスとミラーに関連したラベルを用いていたが、「懐疑的なウィッグ主義」（1975b）においてそれを再びスミスに適用した。

（37）マクイーンは『ヒュームの大ブリテン史についての手紙』の著者であり、「無宗教的な冷笑」だけでなく「専制的な権力の原理への弁明」をもそのなかに見つける（1756: 327, 254）。マコーリの『イングランド史』は、彼らの擁護者の一人と認定されたヒュームとともに、「ステュアート家の人々の要求」に反対し、「自由の旗」を掲げた人々を正しく評価しようと意図した（1769: I. ix; III. 84）。

（38）当時のブリテンの国制において、王権の増大が自由に脅威であることに深い関心をもっていたミラーに関する一般的解釈については Tomkins（2009）を見よ。ミラーは強力なウィッグで、『英国統治史論』をフォックスに捧げており、

「彼らの違反に適切である以上に処罰される危険にある」人々を守るために、自身の法的専門知識を用いた（Craig 1990: lxxxix）。彼は二つの（晩年の）政治的小冊子の論争となっている著者である。すなわち『クリトーの手紙』（一七九六年）と『シドニーの手紙』（一七九六年）である。

（39）『アーチボルド・ステュアートの行動と指揮の真の説明』（一七四八年）Hume（1748 : 7）。

（40）書簡ではスミスはより率直である。日付のない手紙で、彼は「私は、リンネル製造業か漁業かのどちらかに与えられてきたすべての法的奨励の愚行と悪影響について一冊が書ける」と言明している（*Corr* 299/327）。前者を考慮すると、スミスは（ちょうどリンゼイが一七三〇年代に提唱していたように）亜麻布についてのパンフレットで強力にリンネル支持を提唱していたケイムズと意見が食い違った。後者に関しては、彼の漁村の開発計画にスミスが反対したというウィリアム・ウィルバーフォースからの間接的証拠がある（Ross 2010 : 403〔邦訳四三〇〕に引用されている）。ウィルバーフォースの同じ手紙は、経済発展に対するスミスの説明についての彼の批判のなかでラシッド（Rashid 2009 : 255）によって引用されている。ラシッドはまたここで示された証拠と食い違うが、スミスは「別個の問題としてのスコットランドに実質的に無関心であった」と主張している。

（41）スミスは、一七八〇年にアンドレス・ホルトへの手紙のなかで、アンダースンを「とても熱心で、よく働き、正直な人」と評価した。アンダースンはスミスの認識を取り上げて、彼自身を「明らかに強すぎる」仕方で表現しているとした。しかしながら、スミスはまた、アンダースンがより一般的な攻撃をするためにそのうっかり間違いを利用したと判断しているが、しかし第二版でのアンダースン自身の修正が彼のすべての議論の基礎を取り去ったと考えている（*Corr* 208/251）。アンダースンはスミスと彼の書物を補足する一方、穀物の助成金を「最も賢明で最良の政治制度」（1777 : 370）と判断した。アンダースンはヤングスン（Youngson 1972）によって詳細に論じられている。

第五章　自由と商業の徳

【124】本章で取り上げるのは、これまで先延ばしにしてきた自由という話題である。すでに見たように、スミスは自由を「神の賜物」と呼んだし、同様の賞賛は先立ってヒューム（*E-CP* 494〔邦訳三九八〕）やケイムズ（1776：5）やウォレス（*CGB* 117）、それにターンブルのハイネキウス注釈（*MCL* 245）によっても与えられていた。もう一人あげれば、『大ブリテン壊滅防止論（*Essay towards Preventing the Ruin of Great Britain*）』（一七二一、一七五二年）において、ジョージ・バークリは、「有徳の人」と「善きキリスト教徒」が有する最大の特質を特徴づけるために、自由の語を採用した。これに続けてバークリは言う。「こんにち思慮を欠いた自由の保護者は、自由と放縦さとを区別しないでいる」（1953：VI. 70）。この言明は、自由という語のもつ意味がわかりやすいものではないことを示唆している。用語として、またおそらく概念としても、自由は多様な意味に左右される。ここでの作業の一部は、商業社会の広範な文脈のなかで、これらの多様な意味を精査することである。

商業社会が機能する仕方、つまり商業社会が作動する諸原理やその諸々の動機〔への関心〕は、スコットランド道徳哲学の背景をなすものである。（スミスが消費者の肉屋との取引について言ったように）商業が自己愛を前提として「機能」するように見えたということは、それが行われていたのが「倫理から自由な」領域であったことを意味するわけではない。商業社会における人間の相互作用が、（いわば）ソーセージを買うことに限定されるものではないということ（の認識）に加えて、一連の特徴的な「商業の徳」とでも呼ぶことのできるものが見出せる。このことが表しているのは、徳目の一覧表におけるある変化である（この変化は第二章で概観した「自然史」を通じて記される）。この変化を探ることが、本章の鍵となるもう一つのテーマである。

スミスが『法学講義』で自由と富裕という双子の神の賜物に言及するとき、いずれのヴァージョン〔Aノートおよび Bノート〕においてもその文脈は奴隷制にあった。一見すると直観に反する形でスミスは次のように言う。奴隷の境遇は社会が「改良」されるにつれて悪いものになる。なぜなら、奴隷は「人類の粗野な時期」のほうがよい待遇を与えられるからである、と（ウォレスも似たような指摘をしている［*DNM* 91］）。このことについてのスミスの説明は、不平等が存在しなければしないほど、主人は奴隷と同じような生活を送ることになるといったものである。【125】スミスは、しばしば奴隷の傍らで働くことがある北米の入植者を、奴隷たちよりはるかに恵まれていながら「自分自身をもっとも酷使する」「裕福で誇り高き西部のインディアン」と対照させる（*LJA* iii. 110/184-5〔邦訳一九一〕: *LJB* 137/453〔邦訳一七一〕）。〔ただし〕スミスはただちに自らが奴隷制を黙認しているのではないことを明確にする――「奴隷制が悪しき制度であるのを証明することはほとんど不要である」（*LJB* 138/453〔邦訳一七二〕）。

これはほとんど例外なく、スコットランド人たちとその他の啓蒙の見地である。奴隷制が存在していたにもかかわらず、スコットランド人たちは大きな道徳的憤激をあらわにすることはない。それゆえに、スミスの強調点は奴隷制が経済的に生産的ではないという事実におかれる。奴隷制が「悪」であることの判断は、奴隷よりも自由人のほうがよく働くという事実によって端的に説明される（『国富論』［*WN* III. ii. 9/387〔邦訳二、一九九〕: IV. ix. 47/684〔邦訳三三四～三三五〕］で何度も繰り返されて言われる議論である）。第三章で注目したように、富は勤勉な労働者によって増大させられるのであり、勤勉さは「労働にたいする自由な報酬」によって促進されるのだと、スミスは論じている（上述一〇九／【84】頁）。ケイムズは有名なウェダバーン対ナイト事件〔スコットランドで争われた黒人奴隷ナイトの解放をめぐる裁判で、奴隷主ウェダバーンは敗北した〕の裁判官の一員であったが、過半数〔の裁判官〕とともに後者〔ナイト〕を支持した際の根拠は次のようなものだった。ジャマイカでは法となっているかもしれないことでも、スコットランドでは影響力をもたない。なぜなら、奴隷制は道徳性と正義の第一諸原理と相容れないからである(1)。

ミラーは、粗野な民族（nations）でのほうが奴隷がよい待遇を受けているという議論のなかでスミスが女性の地位には触れないでいることを暗に非難している。「改良から最も隔たった時代には、女性は軽んじられ、男性の召使か奴隷のように扱われる」とミラーは論じる（*OR* 193）。このような議論はロバートソンによっても取り入れられ、彼はアメリカ先住民に言及しながら、女性の境遇は売買されるほどに侮辱的で悲惨なものだとした（*HAm* 822）。それはミラー自身が「自然な」ものだと判断した帰結である（それは、「自然史」にしたがって、人間本性と状況とがあたえられれば予見可能である）（*OR* 195）。ケイムズもこの点を指摘した一人であり（*SHM* I. 303f.）、同様にヒュームもあからさまに次のように述べている。野蛮な民族で男どもが自らの優越性を示すのは、「女性を最もみじめな奴隷状態へと貶めることによってである。すなわち、女性を監禁し、打ちひしぎ、売り払い、殺害することによってである」（*E-AS* 133〔邦訳一一三〕）[2]。商業社会の作法と徳が、どのようにしてそのような振舞いを不適切なものとするのかという点については、ここでは仄めかされているだけだが、それは後ほど明らかにするつもりである。実際、ヒュームの言語の選択は意図的にこの対比を指摘するものである。

古代の自由と近代の自由

自由と奴隷制〔隷属〕の対比は比較的明確だが、同じくクロノジカル〔歴史的〕ではあるもののより微妙なもう一つの対比がある。この後者の対比とは、古代の自由と近代の自由のあいだのそれである。【126】一八一九年にバンジャマン・コンスタンによって示されたものが著名であるが、スコットランド人たちがその区別を行っていたことは明白である（cf. Castiglione 2000）。このことの一つの明示的な表明は、（第二章で引用した）スミスの次のような観察である。「我々がこんにち自由の語を用いる意味において諸個人を自由」にするのは、自分の子どもに遺産を相続できることや、遺言によって自分の財産を処分できることとともに、職業選択の余地が存在していることである（そしてその不在は、「農奴制と奴隷制」に主として帰されるものである）（*WN* III. iii. 5/400〔邦訳二、二一七〕）。これはほとんど余談であるが、その自己意識は新たな何かがいたるところにあるという予感を明らかにしている。もちろん、それはスミスひとりではなかった。ヒュームは『イングランド史』で少なくとも二度、「この時代の習俗（manners）」が作りだした「自由の新たな構想」について言及していた。

新しさの核心にあるのは、第四章で論じたように、法の支配の下での自由という理念である。法の支配とは、あらかじめ万人に知られた一般的法の手続きに則った実行、正義〔司法〕の厳格な執行のことである。古代の自由とは、古典ギリシアや共和政ローマに特徴的なそれである。そこでは二つの系統を識別することができる。自由とは〔精神が〕平静な状態であり、肉体的欲望が理性的な意志によって厳格に統制されているところにあるという、すぐれてストア派的な見方がある。〔他方で〕また、自由は公共の善を実現しようとするポリス世界〔政治的世界〕における活動より成るという、リウィウスやキケロ他の「公民」的で共和主義的な見方もある。二つの見方はもちろん関連している。両者とも背後にはアリストテレスがおり、ともに腐敗を痛烈に批判する。この区別は多少作為的ではあるが、後者の系統については第六章で詳しく扱うことにしてここでは簡単に触れるにとどめ、前者のほうに焦点を当てる。

はじめに、以下での議論は大まかなもので、大胆な一般化に身を任せるようなものであることを認めなければならない。加えて、スコットランド人たちにも意見の多様性がある。ほとんど意図的に通常の逆をいくモンボドを別とすれば、彼らはみな「初期近代の合意」と呼ぶことのできるものを受け入れており、そこにはアリストテレスの自然学とストア派の宇宙論にたいする拒否がある。だが、見ていくように、倫理学となるとそこにはいくらかの不一致があった。

エピクテトスは助けとなる例である。『談話集（*Encheiridion*）』や『提要（*Manual*）』を含むエピクテトスの編纂書は、我々の統制の下にあるものとそうでないものとの対比から始まる。前者は「本性上自由」であって、「想像や選択や欲望（*orexis*）や嫌悪」がその例である。後者は「本性上、奴隷的」であって、「我々の肉体や財産、名声、義務」がその例である（1928 : 483）。自然にしたがって生きるということ（*kata phusin* ないし *secundum naturam*）は、この区別を心に留めるということである。「自然な生」とは自由な生である。本性上自由な生活を送るということは、（ストア派の始祖である）ゼノンが宣言したように、理性にしたがって徳ある生を送ることである。反対に、「不自由であること」に価値をおくのは有害な誤りである。それは文字どおり「病的（pathological）」であり、パトス（pathê）（つまり不合理で不自然な〔*alogos kai para phusin*〕魂の動揺としての諸情念）の餌食になることである（Diogenes Laertius 1925: par. 110）（cf. Rist 1969: 27）。

【127】この分析から二つの一般的特徴が引きだせる。一点目は「欲望」は統制可能だということであり、二点目は、肉体（*soma*）は本性上奴隷的なもののカテゴリーに含まれるということである。「統制」とは理性的な意志の行使であり、肉体が統制を必要としているというのはストア派の一貫した傾向である。とりわけ、それにふさわしい目的へと制限されなければならないのは、肉体的悦楽への欲望（*epithumia*）である。例えば、セネカは、食物の「目的」は空腹を満たし（肉体に動力を供給する）ことにあるので、かくして空腹でないときに食すことは不自由であって「不完全さ」を表していると指摘する。古くなったパンも新しいものと同様に役に立つ。というのも、自然が求めるのは胃を満たすことであって、胃を楽しませる（*delectari*）ことではないからである（Seneca 1932a: no. 119）。節制〔統制〕を維持し続けている人々は、導かれるべくして生きている。人間としての我々を定義するもの、すなわち理性に従って、生きるのである（Aristotle 1894: 1177a-b〔邦訳下一七二～一七六〕）。この生は、不動の第一原因、あるいは神の永遠の完全性を観想することに捧げられる。平穏で禁欲的でストイックな、この情動なき生は、つねに肉体的欲望（空腹やのどの渇きや性など）の要求の言いなりである変転常なき俗世の生と、鋭い対照をなす。このエピクテトス的二分法は明確であるが、それは「非本質的なもの〔どうでもよいもの〕（*adiaphora*）」の余地がないということではない。例えば富と健康とは、奢侈の追求に代表されるように、不適切な利用（exploitation）につながりがちではあるものの、「適切」にもちいる方向にむけることもできるのである[4]。

第六章で見るように、「奢侈」をどのような地位に置くかで、スコットランド人たちに様々な立場が生み出され、そこから広大な最前線ではストア主義にたいする相異なる評価が生じた。しかしながら、そこには、このような説明のなかで「理性」に与えられた「力」については支持できないという合意が生じた。この判断は「近代的」な（ポスト・アリストテレス主義的な）展望において鍵となる要素である。理性が有する動機づけの力は否定され、情念や欲望（や本能）が支持された。スコットランド人たちは、広範にこの経験主義のジョン・ロック的形態を受け入れている。すなわち、彼らは近代的合理主義のデカルト主義的脈絡（要素）にたいするロックの拒絶に倣っているのである。彼らはまた、トマス・ホッブズの著作に見られる近代的見解の最も露骨な表明にも異議を唱える。だが、その異議が基礎を置いていたのは、人間は情念〔欲求や嫌悪〕によって動機づけられているために、理性の役割は副次的で手段的なものにとどまる、というホッブズの基本的前提にたいする拒否というよりも、むしろホッブズの議論に含まれる自己中心主義の含意にたいする拒否であった。かくして、例えば、スミスは明確に、「快苦は欲望と嫌悪の大いなる目的〔／対象〕」であると論じて、次のように付け加えた。これらの目的〔／対象〕を区別するのは理性ではないのだ、と（*TMS* VII. iii. 2. 8/320〔邦訳下三四八〕; cf. Hume *T* 3. 3. 1/*SBNT* 574〔邦訳三、一三五〕）[5]。

ロックの説明では、「欲望（desire）」とは「善の欠如に帰せられる精神の落ち着きのなさ」である。苦痛を忍耐するときのような否定的なものであれ、喜びを享受するときのような肯定的なものであれ。【128】この落ち着かなさは、「人間の勤勉と行動の推進力」であり、ロックが宣言するところでは、次のことこそ事実である。「私たちが、自然の欲望や〔後天的に〕身につけられた欲望の誘惑から十分に解放されて、安心できることはめったになく、あのストック――それは自然の欲望、あるいは獲得された習慣によって積み上げられてきたものだが――から生じる絶え間なく続く落ち着きのなさが、次々と主導権を握る。すなわち、一つの行為が済むやいなや[…]また別の落ち着かなさが我々を動かそうと待ちかまえているのである」（1854: I. 378, 353, 388〔邦訳二、一六七、一五六〜一六〇、一七七〜一七八〕）。この反響は、生まれてから死ぬまで、誰もが自分の境遇をよりよいものにしようという絶え間のない欲望をもちつづけているのだ、と判断したスミスのうちにも、明確に聴きとることができる。「落ち着かなさ」というロックの語彙は、ハチスンによってそのまま採用されてもいる（*PW* 81）。ヒュームにとって理性が活力を欠いたものだとすれば（*T* 3. 1. 1. 10/*SBNT* 458〔邦訳三、一〇〜一一〕）、ハチスンにとってもなおそれは、我々の行動を導くには「あまりに緩慢で疑いと躊躇に満ちた」ものである（*PW* 109）。理性の射程にたいする限定は、彼らの道徳哲学において最も明白である。ヒュームにとって、「道徳的な善悪の区別が理性によってつくられることは不可能である」（*T* 3. 1. 1. 16/*SBNT* 462〔邦訳三、一五〕）のであり、スミスにとって「正邪についての最初の諸知覚が理性からひきだされうると想定するのはまったく道理にあわないし、理解できるものではない」（*TMS* VII. iii. 2. 7/320〔邦訳下三四六〜三四七〕）。ケイムズもまた同じくあけすけである。

　前近代的な見方にたいするこの拒絶の含意は、以下のような形での近代的自由の理解と関係している。永遠に変化しないものの規範的な優位を拒否することの一つの帰結は、普段から変化していくもののもつ価値の承認である。商業的生活――生活の糧を用意するための枠組み――は、それ自体で価値がある。かくして、そのような生活を進めていくことは道徳的な行いである。次に概観するように、商業社会における生活は、正義や人間性（博愛）や誠実さや遵法精神といった道徳上の諸規範によって統治される。これらは、自由という神の恩恵の保証者たる法の支配が実際に作動することを裏書きする。「すべての人は」正しく行為することと両立するかぎり、「自らの利益を自らのやり方で追い求める自由に完全に委ねられる」べきだ（*WN* IV. Ix. 51/687〔邦訳三、三三九〕）とスミスが述べたように、近代的自由は万人によって享受される。この包括性は、近代的自由を古代の自由から鋭く区画する。これは第二の系譜、シヴィックな系譜が議論される際に第六章で展開されることになる論点である。このことのさらなる帰結として、主権者の関心はこれらの「諸利益」（欲望）の特定の内容に置かれるのではなく、ただそれら諸利益が平和裏に共存する見込みだけに向けられる。特定の音楽の選択ではなくて、それが演奏される音量のほうに。実際に行われる特定の宗教的儀式ではなくて、選ばれて実行に移されるそれらの儀式にたいする限定条件のほうに。企画される事業の特定の性質ではなくて、公正な競争の原理との一致に、云々。

　この近代的な選択の自由は、普遍的に適用可能な法の一般的な枠組みのなかで行使されるものだが、【129】人間の動機だけではなく商業社会の核心にも迫るものである。両者をつなぐのは、「自己愛」の観念である。これは複雑な歴史を伴った観念である（Brooke［2012］はとりわけ価値がある。Myers［1983］, Hutchinson［1988］, Force［2003］も参照のこと）。だが、その歴史の探究は、若干の言及を行う必要はあるだろうが、私の権限を超えている。

正義と仁愛

第四章で注目したように、その他の〔スコットランド〕人のなかでも、ヒュームやケイムズと同じく、スミスは正義が欠くべからざるものだと宣言した。スミスは多分に意図的にこの〔正義の〕不可欠さを次の事実によって描き出すことを選んだ。すなわち、正義は異なる商人たちの社会を可能にする、つまり「相互の愛と愛情」を欠いた社会〔の存立〕を可能にすると（*TMS* II. ii. 3. 2/86〔邦訳上二二二〕: cf. Hutcheson *SIMP* 270〔邦訳三七九〕）。このことから導かれるのは、「慈恵は社会の存立にとって正義ほどには本質的ではない」（*TMS* II. ii. 3. 3/86〔邦訳上二二三〕）ということである。そして、商業社会では「誰もが商人である」から、そのまとまりは愛や愛情には依存しない。あなたが感情的には無関心な人々と社会的に共存するということが可能なのである。

商業社会は倫理的な関係を組み入れているという私の主張に即して言えば、以上のことに、スミスが仁愛の有徳さを否定しているとか、商業社会は美徳や道徳性にたいして敵対的であるとかといった含意は一切ない。商業社会のなかで正しく行為することの報奨、つまり「我々の隣人を傷つけまい」とする関心は、それに応じて正しい性格、「完全に罪がなくて正しい人」の性格の一部をなす。そして、そのような性格は「たいていの場合ほかの多くの美徳を、他の人びとのためを思う偉大な感情を、偉大な人類愛と仁愛をともなう」（*TMS* VI. Ii. Intro. 2/218〔邦訳下一〇九〕）とスミスは続ける。かくして、商業社会の成員は、正義とともに仁愛にもかなうということがありうる。だからスコットランド人たちの正義概念の狭さないし厳格さを、「道徳性」にたいする無関心を指し示すものとみなすのは誤りである(6)。

しかしながら、商業社会のまさにあの複雑性が意味するのは、一方でどんな個人も他の多くの人々の助けを必要とするのだが（これが粗悪な毛織物の上衣がもつメッセージだった〔上記一〇〇／【77】頁を見よ〕）、他方で誰も「ごく少数の人間との友情」しか享受できないということである。商業社会では、我々はもっぱら「見知らぬ者たちの集合体」のなかを生きている（*TMS* I. i. 4. 9/23〔邦訳上一五九〕: cf. Ignatieff 1984: 119〔邦訳一六八～一六九〕: Paganelli 2010）。それに応じて、相互愛と愛情、あるいは友情といった人間関係は相対的に稀になる。たいていの取引は人格的な関係を伴わない（impersonal）から、補完的で非人格的な（抽象的な）正義の諸規則を堅持することに基づいて行われなければならない。複雑な社会では、ある店の店主が同時に友人でもあるということはありそうにない。【130】あなたには店主は欲しいものを与え、店主にとっては、あなたは客である。第三章で一部引用したスミスの有名な一節の背後にあるのは、このような類の関係性である。

私たちがじぶんの食事を期待するのは、肉屋やビール職人やパン屋の仁愛からではなく、彼ら自身の利益にたいする顧慮からである。私たちは彼らの人類愛（博愛精神）にではなくて彼らの自愛心（self-love）に呼びかけるのであり、彼らに語るのはけっして自分じしんの必要のことではなくて彼らにとっての利益（advantages）についてである。物乞い以外はだれも同胞市民の仁愛にもっぱら頼ろうとはしないのである（*WN* I. ii. 2/26-7〔邦訳一、三九〕）。

もう一度いえば、スミスは〔ここで〕仁愛の存在を（ましてやその有徳さを）否定しているのではなく、ただその射程に限界を設けているのである。[7] 実際、『道徳感情論』でスミスは慎重に次のように言っている。商人たちの社会は、慈恵が実践されている社会と比べれば「幸福でもなく心地よく（agreeable）もない」。くわえて、正しい「行為」とは「無為」（危害を加えないこと）なので、「ただ単に」正しい人は、「ごくわずかな感謝」にしか値せず、「ごくわずかな積極的功績（merit）」をもつばかりで、愛情をもって扱われることはないだろう。

正義が仁愛のような他の美徳とは区別されるというのは、スミスの議論に限ってのことではない。実際、この区別は長期にわたる系譜をもつ。初期近代の思想では、それはしばしば完全権と不完全権のあいだの相違として表現され、前者にあたる行為が強制されえた（Hutcheson *SIMP* 113〔邦訳一五七〜一五八〕; *SMP* I. 257）。『道徳感情論』でスミスは、（編者たちが指摘するように）我々は高邁（／寛大）であることよりも正しくあるべきことにおいて、より厳格な義務のもとにあるという見方を支持すべく、ケイムズの『道徳と自然宗教の原理』にそれとなく言及している（*TMS* II. ii. 1. 5/80n.〔邦訳上二〇九〕）。ケイムズが述べたところでは、「仁愛と寛大さ（高邁さ）は正義よりも美しく、愛と尊敬を引きつける」が、それらは「厳密に我々の義務であるところのものを超えた、有徳な行為」（*PMNR* 33: cf. Forbes 1982: 199）である。この区別についての多少とも異なった「とりあげ方」が、ミラーによってなされている。ミラーが正義を他の美徳から区別するのは、正義が正確で一般的な諸規則への明確化と還元を受け入れる余地があるのにたいして（上記一三九／【107】頁を見よ）、他の美徳（寛大さやほかの仁愛に満ちた愛情）の実行は、非常に多様で個別の状況に依存するので、「すっかり同じような二つの事例が生じることはめったにない」（*HV* IV. 7/787-8; sf. IV. 7/795）からである。

近代の道徳化された経済

スコットランドの思想家たちは、明らかに商業社会を「倫理から自由な領域」とは考えていないが、その一方で、この商業社会が非難に値するほどに「社会的」利益ないし「公共的」利益よりも、「自己」利益ないし「私的」利益に依拠しているようにみえる、と理解されていることにも気づいている。彼ら〔の議論〕が一見したところ脆弱だったのは、道徳性を客観的で合理的な判断の問題とする議論を退けてしまったことで、【131】彼らが感情の主観的な領域に取り残されていたからであった。これは知的あるいは論争的には危険な領域だった。なぜなら、その領域はホッブズによって占拠されているようにみえていたのであり、彼によればすべての人間行動は行為者の諸利益によって決定されるとされたからであった。スコットランドの思想家たちに必要だったのは、ホッブズの立場やその後のマンデヴィルにみられる意図的に論争的な表現と、自らの立場とのあいだに概念上の距離をとることだった。その内部での差異がどのようなものであれ、彼らはヒュームが一般に「利己的な体系」と呼んだものと対立するところに自らを位置づけた。これが彼らの道徳哲学における共通テーマであり、導きの糸であった。この哲学の様々な形を詳しく解説することは、ここでは必要ない。それゆえ扱う内容は入念に取捨選択することにしたい。筆者の選択の原則ないし基準は、彼らの道徳哲学が商業社会の「道徳化された経済」と呼べるだろうものを支持することになる、その仕方である。(8)

ポスト・アリストテレス的な「近代性」に沿うかたちで、すべての人間は快楽を愉しみ苦痛を避けるという唯物的な事実は、人間行動に内在する予見可能性と確実性（すなわち、我々が今日「社会科学」と呼ぶところのものの確立に不可欠な規則性）を裏づける。そのような恒常性の最も明白な証拠は、人間本性における自己利益の顕著さという「事実」である（本書第三章でのタッカーを思い起こされたい［上記一一二／【85】頁注に引用］）。「顕著さ」はもちろん「排他的」であることを意味しない。アマルティア・センが強調してきたように（Sen［2011］: cf. Sen and Rothschild［2006］）、「スミス的経済学」においてさえ人間は多様な動機をもっている。ホッブズ的／マンデヴィル的な説明は経験によって反駁された。これがハチスン哲学の中心テーマであった。

ハチスンは合理主義の道徳哲学者たちを批判する一方、その主たる標的は、利己主義の体系、とりわけマンデヴィルのそれである（彼の最初期の作品の一つは、マンデヴィルの『蜂の寓話』の体系的な解体である）。ハチスンの議論の主眼は、自己利益の原理は「人間本性それ自体」を表現するものではなく、この欠陥が意味するのは自己利益の原理が道徳性の事実を説明し損ねているということにある。もちろん、ハチスンは人間が自己愛によって動機づけられていることを認識している。実際、ある点では「［普遍的仁愛の］体系を保持するには、すべての人が無邪気に自分自身のことに配慮することが求められる」と述べている。ここでハチスンは明示的に関連づけているわけではないが、この要請はスミスがストア派の創設者ゼノンの議論だとしたものと一致している。ゼノンによれば、「あらゆる動物は生まれつき自分自身に配慮するように推奨されており、自己愛の原理を授けられていた」（*TMS* VII. ii. I. 14/272〔邦訳下二三六〕）。レオニダス・モンテスが、スミスはストア派のオイケイオーシス（*oikeiosis*）〔家政〕の原理に「大きく依拠している」（2004 : 8）と主張しているのは、私には誇張しすぎのように思われる。(9) だがこの原理、とりわけ『善と悪の究極について』（1931: V. 9〔邦訳二八二〜二八四〕）におけるキケロによって再表明されたそれ（*Omne animal se ipsum diligit*）が広く引き合いに出されたのは事実である。【132】特に注目すべき援用はルソーによるもので、彼は否定的な意味合いを帯びた自尊心（amour-propre）から自己愛（*amour de soi*）の観念を注意深く区別した(10)（第六章でルソーに立ち返るつもりである）。実際、人間が自己利益の動機をもつことは認める一方、仁愛という事実はハチスンに繰り返し現れるテーマである。公共善への欲求、寛容の実践やその他の諸々の徳〔の存在〕は、人間がただ自己自身の便益の感覚のみによって動機づけられていると仮定してしまえば、説明不可能になる。こういった議論は何らめずらしいものではない。例えば、ターンブルが同様のことを言っている（*MCL* 256）。

ハチスンは自らの議論を「探究」として枠づけた。その目的は、自然のうちにある道徳的善性（および道徳的悪）にとっての一般的基礎を発見することだった。その究明の結果、この基礎はすべての人間が道徳感覚を有しているということに置かれた。(11) この基礎のうえにハチスンは道徳的善性についての説明を組み立て、彼が道徳的善性の頂点と考えた仁愛の原理に到達する（cf. *PW* 88-9, 100）。スコットランドの彼の後継者たちは、彼の証拠に基づいた道徳の基礎を受け入れた（第三章注8で引用したスミス『道徳感情論』の冒頭の一文を見よ）。ハチスンの後継者たちが異なっていたのは、彼が仁愛にあたえた特権的な位置をめぐってであり、その〔道徳的〕現実を正当化するために、別個の道徳感覚を引き合いに出す必要性をめぐってであった。これはヒュームとスミスにおいては明確であるし、ケイムズもヒュームとスミスへの批判のなかで、道徳感覚に根本的な役割を与える一方で、ハチスンによる道徳性の仁愛への還元からは距離を取り、なぜ我々が正しくなければならないかの十分な説明にとっての阻害要因へと向かう（*PMNR* 31; cf. *PE* 30-2）。

ハチスンも「共感」という用語は使っていたが、これが前景に出てくるのはヒュームと（とりわけ）スミスにおいてである。ハチスンに倣いつつ、ヒュームは人間の社交性とその重要性を強調する多くの一節（例えば *T* 2. 2. 4. 4/*SBNT* 353〔邦訳二、九二〕; *T* 2. 2. 5. 15/*SBNT* 363〔邦訳二、一〇四〕）で、人間はただ自己利益にのみしたがうとするホッブズの議論を受け入れない。このことを支持するのは「共通の経験」である。というのも、その経験にたずねるならば、気づくのは「やさしい情愛」が利己的なそれに勝るということだからである（*T* 3. 2. 2. 5/*SBNT* 487〔邦訳三、四二〕）。従順、仁愛、慈善、寛容、慈悲やそれに類した情愛は、自然的で社会的な美徳である（*T* 3. 3. 1. 11/*SBNT* 578〔邦訳三、一三九～一四〇〕; cf. *M* 5. 3/*SBNM* 214〔邦訳六〇～六一〕; *E-OC* 479〔邦訳三八五〕）。こういった徳が存在することについての否定しがたい証拠が意味するのは、あらゆる道徳的区別は「政治家の作為」の産物だというホッブズ的・マンデヴィル的な見方を、ヒュームがあけすけに退けているということである（*M* 5. 3/*SBNM* 214〔邦訳六〇〕; cf. *T* 3. 2. 2. 25/*SBNT* 500〔邦訳三、五四〕; *T* 3. 3. 1. 11/*SBNT* 578〔邦訳三、一三五〕）。だが、ここにハチスンからの明確な断絶があるのだが、第四章で概観したように、これらの社会的徳でさえ社会を支えることができないのであるから、その仕事には正義とその他の工夫が必要なのである。正義が有用であることを証明したうえで、ヒュームはさらに正義が「有徳」でもある理由を説明しなければならない。

【133】この説明は、ヒューム自身が認めるように、それが自己利益から証明されただけに、いっそう必要となる（*T* 3. 2. 2. 24/*SBNT* 499〔邦訳三、五三～五四〕）。我々の観点からは、これは商業社会にふさわしい道徳性を保証し

ようというヒュームの試みとして読むことができる。

　徳と自己利益の結合を打ち立てるために、ヒュームは「共感」の原理に訴える。この原理は「我々自身から」我々を引き離す（*T* 3. 3. I. II/*SBNT* 579〔邦訳三、一三五〕）。その要点は、〔不正に苦しむといった〕見知らぬ者の「不安」についての私の「観念」が、「まさにその印象へと形を変える」結果、私自身もまた不安を感じるという過程にある（*T* 2. I. II. 7/*SBNT* 319〔邦訳二、一九〕）。いま「およそ人間行動で不安を与えるすべてのものを『悪徳』と呼ぶ」（*T* 3. 2. 2. 24/*SBNT* 499〔邦訳三、五三〕）とするならば、私はその特定の不正行為によって物理的に影響を受けるわけではないにもかかわらず、その行為を非難する。このようにして共感はすべての人為的な徳において「道徳感情を創り出す」（*T* 3. 3. 1. 10/*SBNT* 577〔邦訳三、一三九〕）。だが共感はそれ自体では道徳の原理ではないし、ハチスンのように正義の徳を正当化するために直接的な道徳感覚を要請することもない。

　ヒュームの説明のまさにその専門的性格（cf. Mercer 1972: 44）が、彼の説明を脆弱なものにした。例えば、ケイムズは、〔ヒュームへの〕直接の反駁において、ヒュームがこの説明に与えたような課題にとって、これでは不十分だと考えている（*PMNR* 32, 19）。このことを部分的に認めたヒュームは、後の正義についての議論において、共感の「難解な」体系に言及することを放棄し、人間本性のうちに「人間愛あるいは同胞感情」が存在するために、誰も他人の幸福や悲惨に無関心ではいられないということを、事実として認めれば十分だと述べる。この後者の語彙はありふれたものだった。例えば、ファーガスンは『市民社会史論』の一章（「道徳感情について」）で「道徳的諸問題」に注力するなかで、我々の「権利の感覚」が「人間愛の心的な動き」を通じて同胞たちへと拡大することを可能にする道徳的本性の基礎を、「友好的な傾向性」のうちに見出す（*ECS* 35, 37）。後の体系的な『道徳政治科学の諸原理』では、ファーガスンは「人間愛」は「共感と同胞の境遇にたいする無差別的な関心の原理」に与えられた名前だと述べる（*PMPS* I, 125）。実質的に、ミラーが公刊された著作のなかで道徳的諸問題に唯一言及しているところでは、人類を不正から遠ざけているのは「人間愛の感情」だと述べている（*HV* IV. 4/773）[12]。「人間愛」〔の問題〕にはまた後で立ち戻ろう。

　スミスによる共感についての説明はずば抜けて広範にわたるものであり、彼は『道徳感情論』の様々な版を通じて、その説明を精緻化し続けた。この問題についてはかなりの数の研究が存在しており[13]、私の専門の選り抜きのアプローチに沿いながら、ここでの議論をある一つの側面に限定することにする。スミスは各人が「他人の幸福よりも自分自身の幸福を好む自然な選好」をもっていることを認める（*TMS* II. ii. 2. 1/82〔邦訳上二一五〕）。しかしながら、ホッブズ的・マンデヴィル的な見方の弱点は、【134】社会生活の相互行為が自己愛の尊大さを低め、その結果、あえて誰も人を直視して自らを選り好みするという原理を認めるということはない、という事実と折り合わないということである（*TMS* II. ii. 2. 1/83〔邦訳上二一七〕）。この視覚上の言語は、主要なモチーフである。人間は社会的動物であり、社会のなかで生きるということは、鏡を見るようなものである（*TMS* III. i. 3. 3/110〔邦訳上二九三〜二九五〕; cf. Hume *T* 2. 2. 5. 21/*SBNT* 365〔邦訳二、一〇六〜一〇七〕; *M* 9. 10/*SBNM* 276〔邦訳一四四〕）。ちょうど鏡によって我々が自分自身の容姿を見ることができるように、社会で生活することによって、我々は自らの行為が他者にどのような影響を及ぼすのかわかるようになる。このように社会の視線に晒されることのきわめて重要な効果は、「人間という生き物」は他者が自分のある行為については是認し、他の行為については否認するということを観察するようになり、その結果、人間は「ある場合には高揚し、別の場合には落胆するようになる」ということである。こういった反応にかんする説明は、共感の力学についての彼の記述のうちにある。

スミスにとって、「我々自身の胸のうちにあるあらゆる感情にたいしての同胞感情を他人のうちに観察することほどわたしたちを喜ばせるものはないというのは、人間本性にまつわる事実である」（*TMS* I. i. 2. 1/13〔邦訳上三六〕）（ハチスンにしたがって、この喜びは我々のあらゆる感情を自己愛に由来するとする論者によっては説明されえない、とスミスは記している）。このことは、この同胞感情こそが道徳判断の根幹であるだけに、いっそう重要である。もし観察者として我々が、創造的行為を通して他者がその置かれた状況のもとで感じるだろう情念を、共感を通じて再現するならば、我々は共感し、そうすることによってその反応を是認する（*TMS* I. i. 3. 1/16〔邦訳上四三〜四四〕）。観察者の共感的な感情は観察されている人々（行為者）のそれよりも弱いというのは、人間本性の所与の事実である。同じく、人間が社会的動物である以上は、行為者が観察者の共感を望むのもまた事実である。この二つの事実に応じるかたちで、行為者は自らの感情と観察者の感情のあいだの「調和と一致」を導くために、「自らの情念を観察者がついていける程度にまで引き下げる」（*TMS* I. i. 4. 7/22〔邦訳上五七〕）。この他者への敏感さ——他者から是認されることの喜びと、他者から否認されることの苦しみ——こそ、貧者が自らの貧困を隠すいっぽう、富者は自らの富をひけらかす理由を説明するために、スミスがもちいたものだった。富者は〔直接の〕効用よりも、それがもたらしてくれる〔人々からの〕尊敬のゆえに、財産を評価するのであり（*TMS* II. iii. 2. 1/51〔邦訳上二五三〕）、富者と権力者の情念についていこうとするこの傾向性こそが、階級区分の基盤を打ち立てるのである（*TMS* II. iii. 2. 3/52〔邦訳上一三四〜一三七〕）。加えて、ここで商業社会との接点の一つがより明確になるのだが、この尊敬されることへの欲求こそが、先に述べた我々の境遇改善へのあの誘因を説明する鍵となるのである（*TMS* II. iii. 2. 1/50〔邦訳上二五三〕: cf. IV. i. 10/183〔邦訳下二二一〜二二三〕）。

　したがって、スミスにとっては「安楽や快楽ではなく、虚栄こそが我々の関心を引きつける」のであり、虚栄はつねに我々の注目と賞賛の的でありたいという思いに基づいている（*TMS* I. iii. 2. 1/50〔邦訳上一二九〕）。これはいずれとって代わられるべき前商業社会的で、貴族的、ないし封建的な現象なのではなく、【135】社会生活〔一般〕が意味するところの一部である。このことは『法学講義』におけるスミスの観察、ホッブズの狭く理解された動機づけにかんする説明からの距離をしめす次のような観察によって、強固なものとなっている。すなわち、「人間生活のすべての勤労は三つのささやかな必需品の供給、つまり衣食住の獲得に費やされるのではなく、趣味の微妙・繊細さに応じた生活の便益品を獲得することに使用される」（*LJB* 209/488〔邦訳二六八〕）。もちろん、自然史の道筋にしたがって、この「財の獲得」は進展する。これは明らかに商業社会と関連する。ヒュームやスミスその他によって描かれた、あるいは示唆された社会とは、その構成員たちが社会的地位を意識する社会である。この自己意識が帯びる近代的（あるいは商業的）な特徴ある形態は、「趣味」によって表現され、それは所有物を通じて目に見えるかたちで誇示される。例えば、『人間本性論』の第二巻での情念をめぐる議論の多くは、自尊心をめぐる精密な議論とともに、「普通の生活」についてのこの事実の承認〔にかんするもの〕である。[14] 本書第六章で議論するように、このことは不安を引き起こす原因ともなりうるが、そこには積極的な側面もある。というのも、「一流のもの〔prestige goods〕」を求めて競い合うことは〔でさえ〕、スミスが述べたように勤労を生み出すからである。そのうえ、このかたちの競争は、商業社会においては、かつてほど破壊的なものではない。先行する時代においては、正義〔裁き〕に関わる制約は緩やかで、「大土地所有者」はほとんどつねに互いに戦争していたし〔*WN* III. iv. 9/418〔邦訳二、二四一〕; cf. Hume *E-RA* 277〔邦訳二二七〕〕、その領域では高い身分はおのずと成功につながる。後に明らかにするように、好戦的性格と付随する軍事的徳は、より穏やかで平和的な商業的徳へと置きかえられることになる。

我々はまず、この社会道徳的な相互作用が、商業社会についてのスミスの分析とどのように直接に関連しているかを見ることで、この変化を追跡することができるだろう。すでに触れたように、商業社会のまさにその複雑性が意味するのは、個人間の取引の大部分が、見知らぬ者と行われるということだった。スミスの理論によれば、行為者は、見知らぬ者からは友人の場合と比べて、より少ない共感しか期待することができない[15]。こうなるのは、ヒュームを連想させる議論のなかでスミスが想定したように、先行するより単純素朴な時代には家族や友人との取引が支配的で多くの共感が期待できるからである。その場合、感情を「和らげる」ように努力する必要はそれほどない。しかしながら、見知らぬ者の親切心はより弱く〔*TMS* I. i. 4. 9/23〔邦訳上五九〕〕、はるかに多くの努力が求められる。

つねに見知らぬ人たちのあいだで生活することは、互いに関係する二つの帰結をもたらす。一つ目は各人が自らを「中立的な観察者」に〔ほとんど〕同一化するということである〔*TMS* III. 3. 25/147〔邦訳上四二七〕; cf. III. 3. 38/153〔邦訳上四四三〕〕。この観察者は内面化された廉直の基準であり、伝統的には良心と結びつけられてきた役割をはたすものである――【136】公平な観察者とは「偉大なる裁判官にして調停者である胸中の人」〔*TMS* III. 2. 32/130〔邦訳上四〇六〕〕である。この基準は、スミスが人間本性に帰しているもう一つの事実、すなわち人間が望むのは、「ただ〔現に〕愛されるだけではなく、愛すべき存在であることであり〔…〕ただ賞賛されるだけではなくて、賞賛に値することだ」〔*TMS* III. 2. 1/113-14〔邦訳上三七九〕〕という事実にも根拠づけられている。このことの結果、我々はたとえ誰にも称賛されないとしても、称賛に値する仕方で行動してきたことになお喜びをおぼえるのである。それゆえ、我々はその行動において実際の賞賛、あるいは非難に依拠するのではなく、「中立的な観察者」であればその行動を是認するような行為をしようと努める（*TMS* III. 2. 5/116〔邦訳上二八六〕）。後にスミスが言うには、すべての人は自分自身と他人の性格と行動にかんするその人自身の観察から、次第に「正確な適合性と完全性」を形づくる（*TMS* VI. iii. 25/247〔邦訳下一七六〕）。言い換えれば、我々は誰もが潜在的には（というのも欠損することはつねにありうるから）理想あるいは基準を打ち立てることができる。自分自身と同様、他人にも訴えかけることによって、この基準は原則として我々が社会的実践において距離を獲得することを可能にしてくれる。例えば、個人や制度は〔実際の〕賞賛によってひどく左右されすぎであって、自らの試みが賞賛に値することに十分に注意を向けていないと判断することも可能である。かくして、あの君主の凡庸な才能を賞賛していることや、反対に「知識や勤労や武勇や慈恵」への敬意を失わせていることをもって、スミスはルイ一四世の宮廷を批判するのである（*TMS* I. iii. 2. 4/54〔邦訳上一四〇〕）。

見知らぬ者のあいだで生活することの慣習的効果についての第二の帰結は、共感を獲得するためにより大きな努力が求められるという事情が、性格を確固たるものにする方向に働くということである。このことのために、商業社会において行為者は、部族社会ないし氏族社会の時代にありえたよりも大幅な穏やか〔な気質〕を獲得し、いっそう一貫して自己規制の徳を示すことができる（*TMS* III. 3. 24/146〔邦訳上四二五〕）。このようにして、商業社会における個人は（大まかに言えば）「慎慮と正義と適切な慈恵の命ずるところにしたがって」行為することが可能となる（*TMS* VI. iii. 11/241〔邦訳下一六〇〕）。そして「正義の神聖な諸規則」――商業社会の基盤――にしたがうことが可能になるばかりでなく、「より穏やかに発揮された自己規制」にしたがうことで、「勤労と倹約」という際だって商業的な美徳に輝きが与えられるのである（*TMS* VI. iii. 11/241〔邦訳下一六〇〜一六一〕）（以下を参照）。

ここでの自己規制への言及は、我々をエピクテトスのようなストア派によって求められた「統制」〔の議論〕へと連れ戻す。スミスがストア派の教義に賛同しているという主張は、しばしばなされている[16]（古典的な表明はマクフィーとラフィルによるグラスゴー版『道徳感情論』の序文［1982］に見られるが、この他にも数多い）。スミスが賛意を示したとしても、それは広く共有された立場であったから、驚くにはあたらないだろう。例えば、ファーガスンは、『道徳政治科学の原理』の序文で自らが「ストア哲学に肩入れしていると思われるかもしれない」ということを公然と認めている（*PMPS* I. 7）。

しかしながら、スミスのストア哲学への親和性を疑うだけのいくつもの証拠がある。スミスはきっぱりと次のように宣言している。「自然が我々の運営のために素描した構想と体系は、ストア哲学のそれとはまったく異なるように見える」（*TMS* VII. ii. 1. 43〔邦訳下二七二〕：著者による強調）。【137】だが、より重要なのは、これらの根拠が彼の商業社会についての記述に由来していると見ることができる点である。そのうちのいくつかは、本書第六章で明らかになるはずだが、ここで適当なのは、第三章（本書一〇五／【81】頁）からスミスが「繁栄の喜び」を肯定していることを、彼の反ストア派的な立場の際だった例として思い起こすことであろう[17]。スミスをストア主義から引き離すのに効果的なもう一つの要素は、彼の道徳哲学の基礎が社会生活の力学に置かれていることである。社会を鏡〔の比喩〕と結びつける一節の要点は、道徳性とは社会化の問題だということである。社会的交流は個人にどのような振る舞いが〔社会に〕受け入れられるのかを教え、やがてこれらの社会的判断は良心として内面化される。スミスは、これがその「賢人」の描写をめぐる古典的なストア主義と正反対のものであることをよくよく知っていたのであり、ストア派の描く賢人はなにが自身の統制のうちにあるかを真に知っていることで、自らの完全な独立の表現とする。我々はエピクテトスの記述から、「自由な人間」は自らの評判（*doxai*）に、他人の意見に、関心をもたないということを思い出すことができる。まったく対照的に、スミスは「他人の感情は多くの場合に反抗的で不穏な、これらのあらゆる情念を制圧する唯一の原理である」と断言する（*TMS* VI. concl. 2/263〔邦訳下二一四〕：著者による強調）。ストア派にとって自己規制の徳は合理的な意志に由来する。逆に、スミスにあっては自己規制の徳の源泉は社会的な相互作用にある。そのうえ先に記したように、この徳の遂行が進展するのは、見知らぬ人々のあいだでの生活という要請が、また商業社会に特徴的な相互依存性が、共感的な調和を支えるにつれてなのである（cf. *TMS* V. 2. 8-10〔邦訳下七六～七七〕; I. i. 4. 7〔邦訳上五七～五八〕）。この相互依存は、スミスをルソーから区別する決定的な要素であり、本書第六章でこの議論を取り上げるつもりである。

だが、スミスのストア派としての資格を支持するさいに頻繁に引用されるある一節がある。一方での富者の宮殿が与える欺瞞的な満足や、「なにか偉大で優美で高貴なものであるかのように人の想像力を打つ」「富と偉大さの喜び」と、他方の「真の幸福」――「身体の安らぎと心の平安」として理解されるそれであり、乞食さえも含むすべての階級によって所有されうる条件――という二つを、そこでスミスは対比している（*TMS* IV. 1. 9. 10/183, 185〔邦訳下二二、二四〕）（一方の主要な後期ストア派であったマルクス・アウレリウスは皇帝だったが、エピクテトスは奴隷であった）。しかしながら、スミスの議論は、ストア派の道徳的教化のための一篇よりも、もっと微妙で繊細である。この一節のまったき重要性は明白である（Hundert 1994 : 222 : Berry 1997 : 44-5）。各人は富が幸福をもたらすのだと欺かれるかもしれないが、それにもかかわらず、このペテン〔欺瞞〕を追い求めることで富裕という賜物が作りだされる。かくして、この同じ一節のなかで、スミスは続けてこれらの利益を明らかにする。このペテンは「人類の勤労をたゆまなくかき立て持続させる」のであり、地表が変容し、都市が建設され、人口が増大し供給され、「人間の生活を高貴にし、優美なものとするすべての学問と技芸」が発明されてきたのは、まさにこれらの手段を通してなのである（*TMS* IV. 1. 10/183〔邦訳下二二〕）。【138】その示唆するところは次の通りである。もしストア派（あるいはルソー主義の）格率に固執するならば、すなわち人類が「本当の」満足だけに自らを限定するならば、人間の生活は惨めなほど貧しかった（そして不幸だった）だろう。実際、後にスミスは、土地の耕作や製造業の進展や商業（富裕）の増大を、それを通じて「人類が利益を享受し」「人間本性が高貴なものとなる」「真の改良」と呼んでいる（*TMS* VI. ii. 2. 3/229〔邦訳下一三四〕）。とりわけ、この後者の一節はいっそう重要である。それが明白にしているのは、スミスの議論が、とりわけ反ストア派的・新アウグスティヌス主義的道徳心理学に負っているという、これまでなされてきた主張、実質的にマンデヴィルを通してまでも曲解されてきたその主張にもかかわらず、スミスの立場と新アウグスティヌス主義の道徳心理学とのあいだには距離があるということである(18)。

『道徳感情論』第四編に出てくるこの議論は、スミスがそこで「見えざる手」に言及する唯一の箇所である（*TMS* IV. 1. 10/184〔邦訳下二四〕）。これもまた、自然と社会についての新ストア派的な摂理主義的記述を反映するものとして読まれてきたが[19]、「意図せざる結果」という、より一般的な現象についての特有の表現〔比喩的な文飾〕と見たほうが妥当である。スミスがここで摂理を引き合いに出しているのは本当だが、このことに大きな実質を付与することは困難である[20]。それはとりわけ、スミスが意図せざる結果のあらゆる場合を有益なものとみているわけではなく、本書第六章で論じるように、国債の拡大と精神を荒廃させる分業の〔負の〕効果とを、とりわけその有害な場合としているためである。

ヒュームを一方の側に置くとして[21]、摂理が頻繁にスコットランド人によって引き合いに出されているのは、疑う余地のない事実である。デイヴィッド・アラン（1993:207-17）は、詳細は乏しいながらも（しかし、我々はハリバートンが「見えざる手」の一節を用いたことを思い出すことができる〔本書四一／【30】頁の注〕）、「意図せざる結果」の認識がスコットランド人哲学者たちの有している長老派カルヴァン主義者の遺産の一部であると論じている[22]。ケイムズは頻繁に摂理を引き合いに出したし、リードやブレアやロバートスンらが職業牧師であった（そしてファーガスンも聖職者に叙任されていた）という事実は、決して単なる偶然ではない。一般的に「摂理」が表すのは、自然は体系的な秩序ないし設計を形づくるという「科学」によって支えられた見方である。ファーガスンは「それ〔摂理〕は神の存在をそこから引き出すことができる設計の証拠だ」という共有された見方を表明する（*EC* 6）。この見方は容易に、慈悲深く〔人々を〕指揮監督する摂理という考えと結びついた。ミツバチの巣の幾何学的な特性は、リードにとって蜂それ自体というよりも、蜂を設計した「偉大な幾何学者」の作品であった（1846:546-7；ファーガスンもまた同様の点で蜂を引き合いに出している。*ECS* 182；リードが認めているように、それはマクローリンの論文の主題であった）。そしてケイムズの作品は「美しい目的因」への言及に満ちている。スミスもまた時々そういった語彙を採用し（*TMS* II. ii. 3. 5/87〔邦訳上二二五～二二七〕を参照）、それは一見したところ隠れたアリストテレス主義の臭いがする。ある注釈者たちは、いくつかの但し書きをつけながらも、【139】スミスをそのような外観に結びつけようと試みているが、ストア派に結びつける試みと同じく、これもまたこじつけのように思われる[23]。

他のすべての「社会状態」と同じく、商業の時代も、ある特定の行動様式、他と区別される習俗と規範〔人倫［Sittlichkeit］〕を生み出す。すべての人はある種の商人である、というスミスの見解を直接に反響させつつ、ミラーは次のように断言する。「商人の精神は小売商人や卸売商人だけに限定されるものではない。境遇の類似からその精神は、ある程度まですべての身分や階級に浸透しており、習慣と模範の影響によって、多かれ少なかれ共同体のすべての構成員に行きわたっている」（*HV* IV. 6/777）。ここでの「習慣と模範」への参照は、ミラーと同時代の自然史家たちが賛同する、柔らかな決定論〔の存在〕を明らかにしている（前述九二／【72】頁を参照）。その次の一文で裏書されているのは次のようなことだ。「各個人が適切さの観念を形成するのは一般的な基準にしたがってであり、良俗を創りだすのはその時代の浸透した趣味に合わせるかたちにおいてである」（類似の言及としてSmith *TMS* V. 2. 7/204〔邦訳下七五～七六〕を参照）。

商業によって創りだされた「道徳」とはどのようなものなのか。「商業的な美徳」として区別できるものとは何なのか。ミラーはもう少し早い時期の文章で、社会的交流が拡大するにつれて（つまり社会がより複雑になるにつれて）、「相互の信頼と信用がますます求められるようになるが、それは画一的な職業や正直と公平な取引の厳格な実践なしには維持されえない」と述べる（*HV* IV. 6/773）。ファーガスンは、ことのついでではあるが、商人たちの「習俗の体系」として「時間の厳守と公平な取引」に触れている（*ECS* 189: 同じく *IMP* 39）。再びスミスの先例も同種のものと確認できる。グラスゴー講義においてスミスは「大部分の人々が商人であるときには、彼らはつねに誠実と几帳面さ〔時間の厳守〕とを普及させ」、その結果、この両者は「商業国民の主たる徳」となると述べている（*LJB* 328/539〔邦訳四〇二〕）。こういった徳が著しく目立つということは、未来志向の「市場」取引において予測可能性と信頼が必要であることの直接の反映である。これは、すでにみたように「野蛮な民族はほとんど正義の諸規則をわかっていないないし［…］自らの約束をめったに顧慮しない」という「粗野な民族」とは「まったく反対」である（Millar *HV* IV. 6/774）。この対比は、「文明」の進歩の歴史を切り開くものである。

ヒュームの一七五〇年代の評論は、この観点からは手引きとして読めるような作品である。「技芸の洗練について」という論考から、再び「勤労と知識と人間愛は堅固な鎖によって互いに結びつけられており、〔…〕それらはより洗練され、一般に呼ばれるところの、より奢侈的な時代に特有のものだと思われる」というヒュームの意見を取り上げることができる（*E-RA* 271〔邦訳二二三〕）。この三幅対は、【140】少しあとになって採用される（一七五八年）「無知と怠惰と野蛮」〔という三幅対〕と際立った（そしてほとんど相称的な）対照をなす（*E-JT* 328〔邦訳二六四〕）。ここでの〔三幅対の〕不可分の結びつきは、やがて第七章で探究することになるが、社会は共時的な総体を形づくるというスコットランド人哲学者の共有された立場の証拠となる。

我々はすでに、この第一の三幅対の最初の要素である「勤労」とは、どのようにして地表が変容してきたかについてのスミスの記述のなかで、出会っている。その主たる仮定は、人間は怠惰な存在だということである。ロバートスンは「社会の初期の時代」に生きた人々の行う「努力」を「わずかでかつ無気力な」ものとして描いた（*HAm* 819）。こういった叙述はまた、典型的には高地地方の住人にあてはめられた。『一七六九年のスコットランド旅行記』でトマス・ペナントは、（女性の場合は「より勤勉だ」と認めてはいるが）高地地方の住人を戦争に奮起するときをのぞけば、「ひどくものぐさ」で、「狩猟に出ているとき以外は怠惰で無精」だと断じた（1979: 193, 117）。スミスも「我々の祖先が怠惰であった」ことを認めるが、続けてその原因は「自然な属性」と想定されるものにではなく、「勤労への十分な誘因の欠如」にあるとする（*WN* II. iii. 12/335〔邦訳二、一一八〕）。ヒュームにおいては、商業の到来を告げた「進化」に即して、その〔勤労の〕奨励となるものは「自らの祖先が享受したよりも、さらに豪華な生活様式を求める欲求」である（*E-Com* 264〔邦訳二一七〕）。

ヒュームは、唯一ではないが典型的なかたちで勤労を「倹約」に結びつけている（*M* 5. 21/*SBNM* 243〔邦訳六九〕; *M* 9. 12/*SBNM* 277〔邦訳一四五〕; *M* App. 4. 2/*SBNM* 313〔邦訳一九二〕）。この結びつきはある変化を反映している。倹約（*Frugalitas*）とは自然の欲求の要請にしたがって素朴に生活することを意味した（例えば Seneca 1932a: no. 5を参照）。同じように、一六九一年におけるサー・ジョージ・マッケンジーのような新ストア派は、「我々が古代のような倹約を奉ずる」ことを命じた。「そのような倹約が支配する下ではかつてより悪徳に制約をかけることに大いに成功したのであり、古代の倹約は我々を貧困から解放することで、貧困がもたらすあらゆる罠から我々を守ってくれる」（1711 : 292）。もっと新しくは、『大ブリテン壊滅防止論』でのバークリによって倹約は称賛された（*Essay* 1953: VI. 74）。このような論法に即していえば、倹約は簡素や貧乏とともにヒュームが「厳格な」道徳と呼ぶものの構成要素だったのであり、それは価値ある（*honestum*）生の見本となるものであった。キケロ（1913: I. 106/109〔邦訳六〇、六一～六二〕）によって描かれたように、これは奢侈や柔和さや柔弱さと対照をなすものだった（貧乏についてのこのような見方については本書第三章を、この対比をめぐる議論については第六章を参照）。ヒュームの文脈は異なっていた（し、反対であった）。ヒュームはこの語を、スミスの言う大土地所有者の没落や彼自身の商業の勃興についての記述を背景としてもちいる。「土地利害」しか存在しないところでは、土地所有者は「放蕩する」ために「倹約はわずか」しかないだろう、とヒュームは断言する（*E-Int* 298-9〔邦訳二四三〕: cf. Wallace *CGB* 125）。だが商業が発展するのにともなって、我々は勤労を増大させる。彼が論じるところでは、このことが「倹約を増加させる」。なぜなら、商業は獲得への愛を自らの情念とする商人たち（「もっとも有益な種類の人間の一つ」〔*E-Int* 300〔邦訳二四四〕〕を生み出すからである。[24] 商人たちにはこれを享楽に費やしてしまう傾向はなく、【141】社会を通じて資源を分配するので、商人たちは「勤労の父である」。このことは次のような過程を準備する。すなわち、商人間の競争が利益を縮減し、それが低利子を喜んで受け入れさせ、その低利子が商品を安価にして、かくして消費を促進しゆえに「勤労を高めるのである」（*E-Int* 302-3〔邦訳二四六〕）。我々は以前の議論から、商人たちは「平等な法を熱望する」ために、その付随現象として商業が自由を生み出すのだということを知っている。

先に引用したように、スミスもまた倹約を勤労に結びつけ、ヒュームと同じように倹約は「財産の獲得」に向けられていると言う（*TMS* IV. 2. 8/190〔邦訳下二七〕）。これはやはりストアの教えに対立するというだけでなく、ウィリアム・ダヴナントのような思想家の処方箋にもまた対立する。ダヴナントは一六九八年に「古代の倹約を回復させなければならない」という原理を公にしていた（1771: IV. 424）。ヒュームは倹約を商人と結びつけたが、スミスは大部分の人では「倹約の原理」がその生涯を支配すると考えている（*WN* II. iii. 28/342〔邦訳二、一二八〕）。スミスの議論においては、古典的な先例に倣いつつ（cf. Cicero 1927: III. 8/245〔邦訳一六八〕）倹約は慎慮の徳に結びつけられる。

すべての徳のなかで、慎慮は我々にとって最も有益な徳である〔*TMS* IV. 2. 6/189〔邦訳下三五〕〕。慎慮の「本来の業務」は、自らの健康や財産や身分や評判への気遣いである〔*TMS* VI. 1. 5/213〔邦訳下九六〕〕。慎慮に富んだ人間の行動が公平な観察者によって是認されるのは、後のより大きな報酬のために現在の便益を犠牲にするさいの「勤勉と質素の堅固さ」においてである〔*TMS* VI. 1. 11/215〔邦訳下一〇〇〕〕。慎慮は「最も人を高貴にするたぐいの徳」ではないが、商人たちの社会の状況に適合した徳である。この慎慮をもった商業的人間の性向は、公共の奉仕や「確かな栄光」〔*TMS* VI. 1. 13/216〔邦訳下一〇二〕〕の追求へと駆り立てられることがないから、本書第六章でみるようにファーガスンにとっては商業社会のうちにある危険〔danger〕を象徴していた。スミスにとっては、商業社会はみてきたように正義次第であり、重要なのは、その徳にしたがい続けることは高潔な性格に依存するわけではなく、ただ慎慮をもった性格であればよいということである[25]。加えて、見知らぬ者どうしが集まることで行動が抑制されるということは、この〔商業〕社会は調和のとれたものでありうることを意味している。商業社会は、「一致〔同音〕」ではないにしても「調和〔協和音〕」〔それは「必要とされ要求されるもののすべて」である〕を経験することができる〔*TMS* I. i. 4. 7/22〔邦訳上五八〕〕。スミスが主張しているわけではないが、自然的自由の追求と享受をうながす各人と結びついた欲望によって特徴づけられる社会の内在的な多元性が、「一致」を構成しているように見える目的の単一性によって特徴づけられるような社会にいかにして適合するのか、理解は困難である。

しかし、ヒュームの切り離しえない鎖という比喩的表現を考えるなら、勤労〔倹約と慎慮〕はそれだけでは有効には作用しない。三幅対の一要素の発展は、ほかの二つの要素に影響を与えたり、それらから影響を受けたりする。かくして「勤労は、技芸と洗練の時代から切り離すことのできない知識によって大きく促進される」一方、【142】理性は「少なくとも商業と製造業のより低級な技芸にあてはめられ実践されることで」「洗練」される〔*E-RA* 273〔邦訳二二四〕〕。さらに、「勤労」と「職人技術〔技芸〕の洗練」は自由学芸における「洗練」に随伴するため、「天文学に無知で倫理学が無視されるような国民において、綿製の服が完璧に作られるということは、合理的には期待することはできない」(*E-RA* 270-1〔邦訳二二三〕)(改めてここで想定されている共時性に注目されたい)。文明化されていない諸国民は無知で、その結果として迷信深いというのは、啓蒙期を通じての不朽のテーマである。商業社会に到達していることを示す重要な指標は、その市民たちがもはや相互に離れて生活する(「無知で野蛮な諸国民」に特有の特徴)ことはなく、都市に集まっているという点である。「シヴィリティ〔礼儀作法〕」が適切にも高く評価される様式となる(Boyd 2008)。ロバートスンが指摘したように、都市は「上品な〔磨き上げられた〕習俗/作法」を生み出した(*VP* 319)。このことの一例は、ヒュームが取り上げているが、都市では両性が「くつろいだ社交的な作法」のもとで出会うということである。これは他と区別された商業的な生活様式の重要な部分であり、その作法〔習俗〕であり徳である。本章の冒頭で述べたように、このことの一つの現れは女性の地位の向上である。ヒュームが述べるところでは、この女性の地位の向上の結果として、知識や自由学芸の「改良」とともに両性は「人間愛の拡大を感じざるをえないのである」(*E-RA* 271〔邦訳二二三〕)。

鎖の第三の輪である人間愛についても、我々はすでにヒュームの『人間本性論』で共感がになった役割を代替するものとして出会っている。この語は多くの歴史的な重荷を背負っているが[26]、人間愛がこの三幅対の一構成要素であるということは、重要でより幅広い範囲のつながりを指し示している。本書第四章で簡単に指摘したように、人間愛には明確に近代的なあるひねりがある。ひとたび人間は「自分自身の欠如にかつてほど苦しまなくなる」と、「より自由になって人間愛の感情を開拓するようになる」(Millar *OR* 176)。ヒュームは、そこでの感情との秘められたつながりを明らかにした。ヒュームは人間愛を、「気性」あるいは感情的な性向を和らげることと関連づけ(*E-RA* 274〔邦訳二二五〕)、これをエピクテトスのような古代の道徳家たちの厳格さと対比させている。スミスはこういった人間的な心優しい感情を他人の気持ちにたいする高まった感受性に結びつけ、次のように述べている。「人間的で洗練された人びとは[…]他人の感情への感受性がより豊かである」(*TMS* V. 2. 10/207〔邦訳下八二〕)。その十全な力は第六章で明らかになるだろうが、ある論評においてスミスは一面で「人間愛」を「女性の美徳」だとしている(*TMS* IV. 2. 10/190〔邦訳下三九〕)。スミスは心優しい人々の感受性にたいして、拷問の刑罰やそれへの抵抗のうちに明らかな「未開人に必要な逞しさ」を対照させる。だが、このような振る舞いは「彼らの人間愛を減少させてしまう」(*TMS* V. 2. 11, 13/209〔邦訳下八五〜八八〕)。

この逞しさは自己規制の徳の模範的な表れのように見えるかもしれないが、それは誤解を招くものである。私はここでは、【143】これがスミスの「極端に」「両義的な近代性についての記述」を裏切っているというモーリーン・ハーキン(Harkin 2002 : 29)の読解と意見を異にする。私が解釈するところでは、この未開の(ストア派的な)自己規制は、文明化した人民によって実践された自己規制と比べたとき、よりいっそう抑圧に関わる問題である(Berry 1997 : 139)。「このうえなくすばらしい人間愛をしめし、最大限の自己規制を自然と身につけることができる」(*TMS* III. 3. 36/152〔邦訳上四四一〕)のは、未開の人間というよりも文明人であるだけにいっそう、自己規制の模範と通常されているものはその地位を掘り崩されるのである。未開人の振る舞いは、再び「洗練された民」の「率直で開かれていて誠実な」習慣と比べたときに、それが「偽りとまやかし」と結びつくだけにいっそう幻滅させるものである(*TMS* V. 2. 11/208〔邦訳下八五〕: cf. 裏切りを「無知と野蛮に通常ともなうもの」だとするヒュームも参照。[*E-NC* 211〔邦訳一七七〕])。(彼らの誠実と正義とともに)商業的国民の徳高き人間愛は、同胞の「信頼と尊重と愛情」とによって報われる(*TMS* III. 5. 8/166〔邦訳下三四八〕)。そして、先に素描したように、スミスの道徳哲学は他者の反応への敏感さに依存するから、これらの美徳は確固たるものとなり、各個人はそれにしたがって行為するようになる。それに加えて、他人の「善い意見」はいつも欲されているがゆえに、商業社会が機能するのに必要不可欠な「規則正しい行動」(*TMS* I. iii. 3. 5/63〔邦訳上一六七〕)、言い換えれば法によって律された予見可能な振る舞いが生み出されるのである。

ファーガスンもまた人間愛の卓抜した重要性について見解を述べている。ヒュームと同じ仕方で(上記九九/【76】頁を参照)、ファーガスンは人間愛を「戦争の法」が「穏やか」なものになっていく文明化の「主要な特徴」だとしているし、他方ミラーも敵を殺害することは「人間愛〔人間性〕にとってひどく不愉快な」ものであるとしている(*HV* IV. 6/754)。その同じ一節で、さらにファーガスンは、栄光は打ち負かされたものを保護することにあり、彼らを殲滅することにあるのではないと述べている(*ECS* 199-200)。にもかかわらず、彼は商業国家が「栄光にたいする侮蔑」をしめす傾向がある点を恐れている(*ECS* 258)。栄光は勇気という明確に軍事的な徳を示すことによって戦場で「勝ち取られる」ものである。この徳には本書第六章で立ち返るが、ここではそのような徳が、とりわけそれが好戦性をともなうために、商業的美徳と容易には両立しない次第を探究するのがふさわしい。スミス、ヒューム、ミラーはみな、近代世界における勇気（あるいは剛毅、不屈の精神）〔という徳〕の適合性について疑問を投げかけている。

ミラーは明確に勇気と剛毅とを区別している。前者は能動的であり、後者は受動的である。ミラーの考えでは、後者は「社会の幼年期」に実践される。なぜなら、「人間愛の欠如」こそが剛毅を適切なものとするからである（*HV* IV. 6/747-8）。反対に、「豊かで洗練された国民において諸個人に生じる生き生きとした感受性や、この上なくすぐれた同胞感情は、［…］特に剛毅にたいして敵対的である」。この同胞感情は商業的な「生活形態」の産物であり、それは「恒常的な統治〔正規の政府〕」や「静謐」、そしてより「親密な会話」を確立しながら「習俗を穏和なものにしてきた」「安全で快適な状況」という三つよりなる（*HV* IV. 6/751）。【144】ミラーはそれと明示することなく、歴史的・民族誌的な典拠を参考にしながら、「未開民族は世界のどこでも卑怯で不誠実だと言われている」のであり、それゆえ勇気が現れたのは騎士道と名誉の精神が発展したときなのだ、と述べる（*HV* IV. 6/748: cf. Hume *E-RA* 274〔邦訳二二五〕）。しかしながら、その勇気も「商業と製造業の改良」によって変容をこうむった結果、「騎士道の慣習」と「軍事的名誉の儀礼」とは「はっきりと商業社会の作法に対立する」（*HV* IV. 6/750）。

スミスは『道徳感情論』において、徳〔の検討〕にあてられた箇所では、徳に勇気を含めていない。この勇気の徳目は（スミス自身も熟考している正義と節制と慎慮とともに）古典的な四つの枢要徳であったから、この脱落は重要であるが、ここでの議論の観点からすればそれは驚くべきことではない（Raphael 2007 : 73〔邦訳八二〕には失礼ながら）。スミスは恐怖心の統御が有徳であることを疑問視していないが（分業の有害な影響にかんしては本書第六章を参照）、「最高度の恐怖を知らぬ武勇は、最大の不正義を理由にもちいられるかもしれない」とも述べているのであり、武勇はよい目的の帰結にも悪い目的の帰結にも等しく適応できるため、「たいへん危険な」ものにもなりうるのである（*TMS* VI. iii. 12/241〔邦訳下一六一〕; cf VI. concl. 7/264〔邦訳下二一六〜二一七〕）。ヒュームもまた、勇気と栄光への愛がある種の英雄的な徳であって、その眼前では「たいへん称賛される」ものの、「冷静に熟考する」人は英雄主義を有害で「徳と思われていたもの」にすぎないとみなす傾向にあるとする（*T* 3. 3. 3. 13-15/*SBNT* 599-601〔邦訳三、一七一～一七二〕: cf Baier 1991 : 210）。英雄の時代は過ぎ去った。彼らは無秩序を引き起こし、秩序が予見可能性を基礎としている社会においては場違いとなるだろう。ヒュームはこの見方に明確な歴史的視座を与える。――「実際言えるのは、あらゆる文明化していない諸国民にあっては、慈恵や正義、それに種々の社会的美徳にともなう利点をいまだ十分には経験していないが、勇気はその時点で優越した卓越性である」（*M* 7. 15/*SBNM* 255〔邦訳一一五〕）。『イングランド史』で一六世紀のスコットランドに言及しながらヒュームが述べるところでは、「軍隊」が「法」に優越しているときには「衡平や正義よりも勇気が最も評価され尊敬された美徳だった」（*HE* II. 81: cf. アングロ・サクスンについては I. 115）。

一般に容認されたのは、勇気は商業社会においては限られた役割しかはたさないということだった。頻繁にみられる「穏和さ」への肯定的な言及は、すでに我々も見てきたように、「穏和な商業」という表現でとらえられている思想の系列を示唆するものである（Hirschman 1977 : 60〔邦訳六〇～六一〕）。この表現はモンテスキューのうちに見出される。『法の精神』の第二〇編でモンテスキューは商業が野蛮な習俗を洗練させ穏和なものにするとし、その自然な帰結として平和をもたらすと述べている（1961: II. 8）。ハーシュマンが指摘するように、【145】モンテスキューの言い回しはロバートスンによって細部まで真似られた。実際ロバートスンはこの立場の最も明確な表明の一つを行っている。

商業は諸国民の区別と敵意を支えるこれらの偏見を消滅させていく傾向がある。商業は人間の習俗を穏和にし洗練させる。それは諸国民をあらゆる紐帯のなかでも最も強力なものの一つ、つまり彼ら相互の欠乏を満たしたいという欲望によって結びつける。商業は諸国民を平和へと導く［…］（*VP* 333）。

このような像は、モンテスキューが「厳密な正義についてのある感情」（1989: II. 9〔邦訳中二〇二〕）と呼んだものとともに、商業社会を特徴づける核心的な要素を的確にとらえている。他のすべての社会形態と同じく、商業社会もそれ固有の一連の徳の諸規範を発展させ、あるいは先行する社会の形態での諸規範の表現にたいして商業社会固有のひねりを加えている。しかし、商業的な生活様式にたいする広範な支持のすべてにとってこのことが疑問なしに当然のこととされたわけではなかった。確かにスコットランド人のあいだで、そして実際のところ啓蒙思想のいたるところで、それは激しい論争の主題だったのであり、これが次章で明らかにしようとすることである。

注

（1）ケイムズはこの訴訟への言及を『衡平法の原理』（一七七八年）の第三版に組み込んだ。当時のスコットランドでは、奴隷の一形態が炭鉱夫と製塩職人の場合に遺制として存在しており、そうした職業で生涯働かねばならなかった彼らは、ミラーによって遺憾だと認められた。この「有害な」慣行は明らかに所有者の損害であり、廃止が差し迫っているとミラーは信じた（*OR* 319）。この廃止は一七七四年に試みられて失敗した後、一七九九年に実現した。

（2）ステュアートは、典型的に、この意見の一致の例外である。彼は、ロバートスン、ケイムズ、ミラーと論争して、女性は財産以前に隷従という悲惨な境遇にあるということを否定した（*VSE* 11）。ステュアートの解釈は Sebastiani（2005）で論じられている。

（3）この用語は（例えばゼノンによって［Diogenes Laertius 1925 : 110］）度過ぎた衝動（*hormē*）の形態として、より特殊には欲望（*orexis*）［Diogenes Laertius 1925 : 113］という非合理的な様式として用いられている。こうしてそれは否定的な含意に満ちた用語であったし、エピクテトスによって用いられたような欲望（*orexis*）としての「欲求（desire）」とは区別された。こうした用語間の差異については、Inwood（1985 : 167）および Nussbaum（1986 : 275）を見よ。*Epithumia*（欲望）は身体を論じるときに典型的に用いられたのであって、したがってしばしば appetite（欲求）と翻訳できるし、キリスト教神学者によって継承された。

（4）精神的くつろぎという明白な要素はここでは、特にローマ的形態での、ストア主義の発展を映している。セネカは一般的に口やかましい口調であるにもかかわらず、彼自身が、富の擁護を含む『幸福な生活（*De Vita Beata*）』を書いた富裕な人間であった（1932b : pars. 21-6）。この発展はまたストア派の必要によって影響を受けた。すなわち、ストア派の必要が今や主流の見解となっていたことによって、自らの見解をキニク派の悪評から区別したのである。このキニク派は「自然にしたがう生活」を極端にした（一般に【146】樽に住んでいるディオゲネスという像によって［Zeller 1885 : 317］、また「聖人」あるいは「知者（*sapiens*）」の役割の審判者からセラピストへの再変更によって［Griffin 1976 : 170］、捉えられている）。エピクテトスは、時系列的には後期のストア派であるが、初期の禁欲的な思想への復帰、したがって、一部、彼の教えの頑強さを再現している。ディオゲネスにいくつか好意的な言及をしているけれども、彼はキニク派に対する反感を保持した（Epictetus［1928 : 4, II］を見よ）。この点に関連する議論についてはSchofield（2007）を見よ。

（5）スミスはこの「初期近代のコンセンサス」に強固に位置しているというのが、一九五七年に初めて刊行されたスミスの思想についてのクロプシーの解釈（Cropsey［2001］）における鍵となる主題である。

（6）ジョン・ソルターSalter（1994 : 312）はHont and Ignatieff（1983）を批判してこう主張する。スミスの正義にかんする見解は、たとえ彼の人間愛についての見解が要求したとしても、貧民の必要に注意するよう彼に要求するものではなかったが、しかしそうだとしても、「極端な不平等と抑圧」は償われるであろうという非現実的な主張を行う用意がなかった。このことはもちろん、スミスが道徳的基準の商業社会への適用可能性を否認しているということを否定することとは別である。

（7）適切な解釈がなされるなら、自己愛と仁愛は対立しないということは、バトラー『説教集』（一九六四年）の主題であった。彼の著作はスコットランド人のあいだで影響力があった。実際にハチスンの後期の思想は「バトラー化」されているとして特徴づけられてきた（Filonowicz 2008 : 236）。もっとも、ムーアMoore（2000 : 250）は一つにはバトラーが決定的であることを疑問にしているけれども。スミスとバトラーについては、Raphael（2007）とForman-Barzilai（2010）を見よ。

（8）これはE. P. Thompsonと結びついたそれ（モラル・エコノミー）とは異なる。彼は伝統的な権利や慣習の正当化機能に言及するためにそれを用い、それを彼は「新しい経済学」と対比した。そこでは経済は「道徳的命令と無関係」で、スミスはそれの支持者として認識されている（Thompson 1991a : 201ff.）。この点の批判としてはHont and Ignatieff（1983）およびトムスンの反論を見よ。その反論でトムスンは、自分はスミスが道徳的真空で仕事をしていたと論じているということを否定している（Thompson 1991b : 271, 268-9）。

（9）スミスの「注意深い承認」の、ある尺度からする評価についてはForman-Barzilai（2010 : 7 ; cf. Chap. 4）. を見よ。ストア派自身についてはAnnas（1993 : 262f）を見よ。彼女自身は*oikeiosis*を「親密化（familialisation）」と翻訳している。

（10）ルソーは自身の『人間不平等起源論』（一七五五年）（1962：118）においてこの区別を行っている（それは彼自身が創始者ではあるが）のであり、スミスによって『エディンバラ評論』（*Letter* 11-17/250-4〔邦訳『哲学論文集』三二七〜三三四〕）で書評された。その論考でルソーはマンデヴィルに言及したが、スミスはそれを彼の書評で取り上げた。マンデヴィルとしては「自己愛（self-love）」と「利己心（self-liking）」を区別していた（1988：II, 129〔邦訳続一四一〜一四二〕『哲学論文集』三二七〜三三四）。スミスの用語法の精妙な研究についてはHeath（2013）を見よ。

（11）シャーフツベリは「道徳感覚」の語を用いていたけれども、ハチスンの用語法はロックの経験主義を採用したことを反映していた（生得観念に拒否から引き出されうる帰結についてのいくつかの疑いにもかかわらず［*PW* 35］）。シャーフツベリとの分岐が彼を固く「近代派陣営」に入れた。【147】この点はウィリアム・リーチマンによって把握されている（グラスゴーでの同時代の神学教授［一七四三〜一七六一年］）。彼はハチスンの生涯の「説明」において、ハチスンはいかに自然哲学がかつてそうであった以上により大きな完成にもたらされたかを認識し、「同じ方法を追及することによってのみ」「道徳のより正確な理論」が形成されることが可能であると確信していたということを述べた（上述三一／【22】頁の仁愛と引力の彼による結合を見よ）。加えて、この道徳感覚を普遍的な人間の経験に基礎づけることによって、ハチスンは、ダニエル・ケアリー（2006：100）が述べているように、「道徳感覚を民主化した」。これがさらにハチスンの議論をシャーフツベリの議論から差異化させることに貢献した。シャーフツベリの議論はある水準の貴族的超然性と感受性（またハチスンの深い長老派的実践に対立する理神論的な性向）を前提していた。ハチスンの「普遍主義」が失敗したのは、それが基礎とした自然神学がロック的な経験主義に基礎を置いていたからであるということが、Elton（2008）によって論じられているが、それはMacIntyre（1998：289）によって提出された解釈を発展させたものである。

（12）グラスゴー講義において、ミラーは講義の一部として倫理学とその法学との関係を扱った——グラスゴー大学図書館にある'Notes on Lectures on *Institutes of Justinian according to Heineccius*（1789）'を見よ。スミスの影響は明らかである。

（13）例えば、Griswold（1999）, Broadie（2006）, Otteson（2002）, Forman-Barzilai（2010）, Frazer（2010）.

（14）ヒュームは、消費者の商業社会への相互作用によって必要となりまた強められた種類の社会的紐帯についての洗練された説明」を与えているというFinlayのコメントを見よ（2007：42）. またこの見解の洞察力のある掘り下げについては第六章と第七章を見よ）。またHarris（2010：35）を見よ。彼は『人間本性論』第二編について、ヒュームによれば人間は「際立って社会的地位に関心があり、また物質的保有物、地位、および名声を含むそうした地位を与えるものに関心がある」と述べている。

（15）Griswold（1999：142 および全体）は「共感のサークル」（Forman-Barzilai が彼女の著書［2010］に取り入れた用語）に言及している。Otteson（2002：Chap. 5）はいくぶん似たしかたで「親密な原理」に言及している。

（16）例えば、（彼らの間の差異にもかかわらず）Force（2003），Turco（2003），Fitzgibbon（1995），Muller（1995），Waszek（1984）を見よ。

（17）「人間本性の条件」は、もし自然に我々の行動に影響する感情が「つねに有徳に見えない」とすれば、「特に困難」になるだろう（*TMS* VII. ii. 3. 18/305）という彼の観察を見よ。スミスにおける人間本性についての注釈についてはBerry（2012）を見よ。

（18）ピエール・ニコル（1625-1695）の著作は特にこの文脈において呼び出されているが、しかし彼のアウグスティヌス的な人間本性についての見解において「高貴にする」余地はないということはさておいてさえ、いかなる直接の衝撃もせいぜい推測上のものである。彼はホッブズを読み、ホッブズの影響を受けた（Malcolm 2002：509）。ニコル自身は、ストア派についてのジャンセニストの批判の一部として、「開明された自分への愛」は「外に向かって（*au-dehors*）」「よく規制された」社会を再生することができると論じた。【148】とはいえ、「内部に向かっては」また神の眼にはこれは腐敗しているのかもしれないけれども（1999：408）。すなわち、自己愛は本質的に誇り高く、貪欲で、嫉妬深いが、しかしこの性質は商業業務の遂行を含む、他人との取引をするとき（1999：384；cf. 213）、また上品さの生成において、隠されるか偽装されねばならない（1999：182）。マンデヴィルは Brooke（2012：155）の表現では彼自身のストア派批判においてこの説明に「世俗化のひねり」を与えた（マンデヴィルは実際に真面目なアウグスティヌス主義者であったということは、Burtt［1992：Chap. 7］によって論じられている）。Phillipson（2010：61〔邦訳九二〕）はマンデヴィルとスミスはニコルの著作を「知っていたにちがいない」と主張しているが、しかしスミスに関してはこの「必然性」はいかなる直接的なテクストの証拠にも基づいていない。Forman-Barzilai（2010：38n. 40）が認めるところでは、スミスがニコルに親しんでいるのは「大部分は二次的と思われる」が、しかしマンデヴィルは「疑いもなく」ニコルに依拠しており、マンデヴィルは後の著作（『宗教の自由思想』〔一七二九年〕）——スミスはそれに「たぶん」出会っていたと思われる——でニコルに言及していると記している。しかしながら、そこでのマンデヴィルの個別的な言及は今の問題にたいして語っているものではない。Forman-Barzilai はまた、バトラーは「ニコルに酷似した概念とカテゴリー」を用いたし、スミスは「啓蒙された」あるいは「理性的な自己愛」へのニコル - バトラーの志向に影響されていたと判断している（2010: 40, 42）。Muller（1993: 51）はニコルからお決まりの文章をいくつか引用している（加えてまた別のアウグスティヌス主義者の、ジャン・ドマからも引用しているが、彼はニコルから拝借していた）が、しかし影響については明確な主張をしていない。ドマはまた（彼の『市民法』［一六八九年］の英訳［一七二二年］から）同じくハチンスン［1988: 101-2］によって引用されており、より重要なニコルとともに、ドマにもマンデヴィルは「重要な借りがあった」。またハチンスンの主張によれば、ニコルは肉屋、パン屋、そして酒屋についてのスミスの発言を「正確に先取りしていた」が、しかしこうした正確さは捉えどころがないし、その一方、Wootton（1986: 75）の考えでは、ニコルは「アダム・スミスの『国富論』の冒頭数章の鍵となる議論を萌芽的に提出した」のであり、さらには「我々が商業社会の新哲学の最初の明確な定式化を負っているのは」ニコルにである。こうしたほとんどすべては推定であり、ジャンセニストとの関係の全体は大いに懐疑的に取り扱われるべきである。

（19）以下を参照。Force（2003: 74）; Macfie（1967: 107〔邦訳一四六～一四七〕）; Murphy（1993: 193ff.）; Otteson（2002, 245ff.）; Young（1997）; Alvey（2003: 267）; Forman-Barzilai（2010）. こうした思想家は同じ見解を採用しているとか、あるいはお互いに必然的な合意をしている、というのではない。明らかに歴史的な展望については、Vivenza（2001）を見よ。

（20）スミス自身の信念は識別困難である。Ross（2010: 432〔邦訳四五七〕）は、「スミスが来世を重んじたという証拠はさほどない」と言うにとどめている。いくにんかの研究者は、スミスの思想に原理的な有神論的、あるいは理神論的な見解を認めている（例えば、Evensky（2005）, 特にChap. 4. しかし全般的にはHanley（2009a）, Otteson（2002）, Young（1997）を見よ）。スミスにおける神学的前提と世俗的経験主義とのあいだの二重性の精妙な説明については、Tanaka（2003）, またCampbell（1971）を見よ。スミスと宗教についての網羅的な文献の説明についてはKennedy（2013）を見よ。

（21）【149】ヒュームの一般的な評判は不敬虔者であった。友人を尊重して彼は自分の最も破壊的な著作（『自然宗教の対話』）が死後に出版されるように配慮したとしても、そうである。

（22）Chitnis（1976: 254）は、改良と改革という啓蒙の主題は一八世紀以前には物議を醸していたという持論の一部として、またカルヴィニズムの遺産を取り上げている。またEmerson（1989）を見よ。

（23）例えば、Calkins and Werhane（1998: 50）の主張では、実践的な水準で、人間の繁栄についてのスミスとアリストテレスの観念は「ほとんど」異ならない。とはいえ、彼らはただちに「スミスの体系はアリストテレスのようにはテロス、すなわち幸福という普遍的で最終的な目的に照準を定めていない」と述べている。Hanley（2007: 20, 19）はスミスとアリストテレスの多くの説明に、倫理学の方法と目的に関する彼らの概念と同じく、類似性を跡づけているが、しかしスミスとアリストテレスのあいだには「乗り越えがたいと思われる」「重要な差異」があると認めている。Fleischacker（1999: 120, 140）はスミスをアリストテレスに近いと考えているが、しかし重要な点で異なっているとする。

（24） この点はヒュームの見解をモンテスキューの（1961: I, 52.〔邦訳上一〇七〕）民主政における倹約の描写から区別するものである。商業の精神はとりわけ倹約と労働をもたらすのであるが、しかし（アテネのような）商業共和国のなかでは、それは所有欲を制限することに役立つ（1961: I, 47〔邦訳上一一六〕）。こうした共和国においては、倹約は厳格な徳のままであるが、それは貪欲（あるいはヒュームのいう利得への愛）についての否定的な見解の実例となる。倹約とこの商業「精神」との親縁性は、インセンティヴについてのヒュームの近代的な説明とはそれ（商業精神）を異なるものとするし、商業社会を商業共和国から区別することに役立つ。また第六章でも見るように、ヒュームは徳を奢侈と結びつけており、こうした商業共和国の場合のように、それらに反対してはいない。

（25） これはスミスが「貴族的高潔さ」あるいは「上級の慎慮」の功徳を一蹴しているという主張ではなく、社会的（商業的）な生活の通常の文脈において、それらの「完成」がそれらを異常なものにするというのである（商業社会は英雄や賢人なしに有効に機能する）。スミスが「真の超越的な徳」を「単なる社会的な適宜性」から区別していることは、スミスの道徳哲学にとって「中心的」であり、貴族的高潔さは前者の鍵となる例で、その「再興」は、その解釈によればスミスの目的の一つであった、という有力な議論（おそらく時には目立たぬようにと強いられるとしても）については、Hanley（2009a: 43, 69）を見よ。スミス自身の「高貴にする」（上の本文）への言及は物質的改善の文脈で行われていることを想起せよ。

（26） 我々はすでに法学における人間愛の役割に注目した。法学ではそれは不完全権の対象である（Reid 1990: 147 を見よ）し、「仁愛」の同義語として人間愛は正しくあるという完全な義務とは区別された（第五章の一六六／【129】頁を見よ）。ローマのモラリストはそれに学問と文化、ならびに親切と赦しを包括する広い意味を与えた（Ferguson 1958: 116を見よ）。前者の学問と文化は「人文学」という形でルネサンスに伝わり、それゆえに一八世紀のスコットランドの大学の人文学の教授はラテン語を教えたのである。

第六章　商業の危険

【150】ジェイムズ・ムーアは、スコットランド啓蒙の「際立った特徴」は「知的な不一致」だったと述べている（Moore 2009: 180）。この論点はよく取り上げられる一方で、ある種の誇張もされている。スコットランド人同士でつねに意見が一致していたわけではないことは、商業社会には欠点や不具合もあることを彼らが認識として共有していたことに最も明白である。それらの欠点の性質や改善可能性について活発な議論が行われた。本章では主としてそこに目を向ける。

古代における自由に二つの系統が認められるという第五章での主張を取り上げることから始めよう。一つは前章で論じたように、自由を平穏の状態——野放図な欲望はその状態においては理性の制御下にある——として扱い、本章で論じられるもう一つは、自由を市民の、あるいは政治的な活動として扱う。後者の理解に基づいて自由であることとは、市民として積極的に活動すること、共和国（res publica）に参加することを意味するとともに、以下の消極的な系も伴っている。すなわち、商業的な生活は「自由」を低減させ適切に制限された領域に限定されなければならない、というものである。

この二股の議論の根源はアリストテレスにある。よく知られているように、人間は生まれつきポリスの生き物であると彼は言っている[1]。アリストテレスの人間は、自らの本性に従って行為するときにのみ自分を実現する者であるから、政治的であること、すなわち政治を行うことは、人間の目的（*telos*）の達成なのである。「政治を行うこと」は、ポリスの公的領域に参加することを意味する。参加する者は市民（*polites*、ローマ人の語彙を用いれば citizens）である。市民は活動的である。活動する者として、公共善を維持するために彼らは互いの道徳的な平等を享受し、教育された倫理的な心性を持つ。この特徴づけにある含意は、市民たちが自由である、もしくは独立しているということでもある。実際、アリストテレスはポリスを「自由人の共同体」と定義している（Aristotle 1944 : 1279a23〔邦訳一三八〕）。この共同体の内部で、市民とは世帯主であった。世帯は生計という手段的な事柄にすぎないものに気を配った。それは女性、奴隷、動物たちからなる自由のない領域であった。【151】男性の家長は、自身の必要を満たされ、「余暇（*skole*）」を得て自らは「善き生」、すなわち本質的に価値のある活動――政治を行うことが主な特徴である――に専念した。この活動的な市民という見解は、ローマの政治的モラリストによって再表明された。彼らにとって市民とは、自らの活動を公的事柄（*rei publicae*）に捧げる者であった。その結果、この見解は「共和主義（republicanism）」とつながりを持った。共和主義の思想は（鍵となる人物であるマキァヴェッリを介して）ルネサンス期イタリアの独立都市国家において再び出現した。そしてそこから、同思想は（主唱者であったハリントンによって）一七世紀に導入され、さらに一八世紀のイングランドの思想に伝えられた。この系統は「共和主義的」自由と呼ばれるのがふさわしい（Goldsmith 1994 : 197）。

この意味での市民性の説明と同時に、それを脅かすものに関する差し迫った懸念があった。特定の脅威の源泉は違うものだが、脅威そのものは同じ構造を保っていた。その根源もまたアリストテレスである。政治という本質的に価値のある公務は、世帯という手段的な私的目的やその管理（*oikonomikē*）に惑わされるべきではない。また、金稼ぎ（*chrēmatistikē*）という仕事にも惑わされるべきではない（Aristotle 1944 : 1256a〔邦訳四八〕）。家族の役割は、それが機能する（限られた欲求を満たす）ために必要な物品を調達することである。このことは、一着の上衣が何点かの陶器に換えられるように交換へと広がってもよい。物品の受け手がそれにふさわしい、または本来的な目的のために（*kata phusin*）交換物を用いる限りにおいて。すなわち、上衣は交換のためにではなく、着用し、暖をとる必要を満たすために製造されるべきであって、この過程を促進するうえで貨幣は正当な役割を果たしうる。危険なのは、この手段的な役割が逆転し、目的そのものになってしまうことである。これが、長く続く脅威の核心、すなわち私益が公共善を覆すことである。「家政学（economics）」や金稼ぎ（交換）は格好の事例である。(2) 公益への欲求よりも私的な栄達〔野心〕への欲求、そして国庫を豊かにするための物品への欲求よりも私的な消費のための物品への欲求〔貪欲〕、この二つの欲求が肥大すると、共和国を統制すべき道徳的枠組みを腐敗させる。要するに、価値ある人生は、もし私的目的――基本的には食欲や情欲〔*epithumia*〕の満足追求によって定義される――を追い求めて奴隷のように費やされるならば、劣化してしまうのである。

欲望への否定的な言及は、古代の自由の第一の系統につながることを含意する。このつながりは、奢侈に〔否定的な〕役割が、貧困に〔肯定的な〕役割が割り振られたことで裏づけられる。古代の自由の第二の系統におけるこのつながりやその役割については、リウィウスの『ローマ建国史〔*Ab Urbs Conditur*〕』の第一巻序文に戦略的に位置づけられているのが分かる。

【152】いかなる国も、より大きく、より純粋〔*sanctior*〕で、よき先例により恵まれたこともなければ、奢侈と貪欲が入り込んだのがこれほど遅く、あるいは貧困や倹約がこれほど尊ばれた国もない。その国に富が少なければ少ないほど、欲望〔*cupiditatis*〕も少ないというのは真である。最近では、富が奢侈への渇望、放縦〔*desiderium per luxum atque libidinem*〕とともに、貪欲や過度の快楽〔*voluptates*〕を持ち込み、それは我々自身やあらゆる物事の破滅をもたらす（Livy 1919: I. pars. 11-12〔邦訳一一～一二〕）。

これは影響力のあるひな型を設定する助けとなった。もともとは貧困が尊ばれ、徳が卓越した環境にあったローマが、奢侈に屈し、没落へと陥った。ここで作用している因果関係は、「性格」としての「徳」の概念を前提している。徳〔*arête*〕は実践の一形式で、訓練や習慣化を通して達成できるものであり、そのため生来の気質が発展し、行為のうちに自らを表現する。アリストテレスにとって、徳を監督することは、「立法者〔*nomothetai*〕」の本務である（Aristotle 1894: 1103b〔邦訳上五七〕）。これらの前提により、柔弱な環境からは柔弱な性格が生まれるということになる。

富が評価される社会は、「奢侈、貪欲、高慢の餌食」とある世代を生み出すだろう（Sallust 1921: par. 12〔邦訳四八〜四九〕）。その結果、この社会はそれ自体が私的な目的に専念するようになり、男たちは公共善のための活動に気乗りしなくなるだろう。そのような活動の中心的要因は戦闘意欲である。ひとたび奢侈に毒されたなら（Sallust 1921: par. 11〔邦訳四六〜四七〕）、彼らは人生自体に価値を見出し、死を恐れるようになる（Seneca 1932a: no. 124）。その結果、その社会は軍事的に脆弱になるだろうし、臆病者（文弱な性格の人々）からなる国民はたやすく敗れるだろう。サルスティウス説における語気は力強い（この一節はカティリナ〔B. C. 108 ?-62. 古代ローマの政治家。反国家的な陰謀を企んだがキケロに阻止された〕の陰謀に関する自説を提起している）一方で、彼は一連の故事を典拠としてそれを強めている。例えば、フローラス（AD 二世紀）〔74-130. トラヤヌス帝・ハドリアヌス帝の時代に活躍したローマの歴史家〕は自らのローマ史において、シリア王アンティオコス〔B. C. 241-187 のアンティオコスⅢ世。スキピオ兄弟率いるローマ軍に敗北した〕がギリシア諸島のいくつかを征服した後、気が緩んで時間を休息（*otia*）と奢侈（*luxus*）に費やしたため、ローマ軍に対峙したときいかにたやすく打ち負かされたかを記述している（Florus 1943: I, 24）。奢侈に溺れた文弱な国民、あるいは、偶然ではなく、交易に専念する国民が、軍事的行動に応じうる唯一の道は、その役割を担う他人を雇うことであった。このことが、奢侈や富（商業）と傭兵を関連づける重要で持続的な見方を確立したのであり、それは市民が自由ではない印であった。自由な国家は、公共善に専念し、そのために戦う（そして死ぬ）のを厭わない有徳な（自由な）男たちに依存していた。これが古代の自由の公民的な系統の核で、武装することを市民であることの基準と同一視したアリストテレス説から、一八世紀のジェファスンやその同胞による共和主義的国制までを貫いている。

　以上は複合的な遺産であり、この複合性自体が議論の種となる。一七世紀以後にもなると、取引と商業を擁護するものは、奢侈と傭兵の否定的な関連づけを解除しなければならなかった。【153】奢侈については脱道徳化され（Berry 1994: Chap. 5）、傭兵については再評価された。どちらの面も、古典的な観念である「徳」を再考することが求められた。この問題の一面を第五章で論じたが、ここでその議論を発展させる必要がある。

　これはまず三段階で展開される。第一節では、公正な規制（法の支配）への同意としての近代の自由と、共和主義的自由としてのその参加型の系統との相違を再び見る。次に第二節では、スコットランド人が奢侈の脱道徳化をめぐってどんな議論を行ったかについての検証に進む。最後の第三節で、職業軍人にたいする民兵の相対的な優越に関する彼らのあいだの不一致に目を向ける。この結論は二つの最終部分に通じるものである。

1 私的自由と公的自由

商業社会における自由をめぐる議論を捉える方法の一つは、自由が主として公的従事の事柄なのか、あるいは主として私的選択の事柄なのかをめぐる論争として議論を分類することである。これはバランスの問題である。どちらの議論も、他方にも利点があることを否定しない。

スコットランド人で、前者の立場だと一番認められてきた思想家はアダム・ファーガスン、とりわけ『市民社会史論』における彼である。彼の議論は最も分かりやすい例であるため、若干の紙幅を割いて考察するに値する。「人間は安らぐために創られたのではない」（*ECS* 210. cf. 7: *PMPS* II. 508）、すなわち人間は本来、活動的であるという宣言は、正当にもファーガスン思想の鍵となる中心テーマとして見られてきた（Smith 2008: Oz-Salzburger 2008）。この活動が示されるのにふさわしい領域がきわめて重要である。彼の立場をヒュームの立場と比較すれば、そのことは正しく理解できる（Finlay 2006: 44を見よ。ただし、私の力点はむしろ異なる）。ヒュームは「活動」を人間の幸福における鍵となる構成要素と考える（*E-RA* 269-70〔邦訳二二二〕）。ここでヒュームは活動を「勤労」のかたちで強調する。勤労はそれ自体が快楽の源泉であるが、結果として第五章で見たように、改良の源泉である。それは機械的技術と自由学芸との両方の「技芸」を発展させ、そのうえ、分かちがたい関連のある他の要素としての知識や人間性を成長させる（先の一七九／【139】頁を見よ）。次節で展開する議論において、勤労は「貪欲」と「奢侈」によって促進される（*E-Com* 263-4〔邦訳一四～一五〕）。ヒュームは注意深く、勤労からの個人的恩恵と同じように「公的」恩恵も論じている。しかし、公的恩恵は自由の高まりを含む技芸一般の進歩によって測られる（*E-RA* 277〔邦訳二七〕）。【154】当面関連するここからのメッセージは、キケロの公的事項（*negotiis publicis*）、すなわち政治的事柄への関与は、活動の直接的な焦点ではなく、活動はむしろ勤労という私的な努力にあるということである。キケロ主義的な見解は、古代の自由における公民的共和主義的系統を捉える。これは、エピクテトスの系統――討論の場に背を向け、「余暇（*otium*）」に平穏で観想的な暮らしを求める人々のうちに現れる――と対照的で、キケロ自身も前者を好んだ（Cicero 1913: I, 20-1〔邦訳四三～四四〕）。

ファーガスンはキケロ的な枠組みのなかにいる。彼の考えでは、「活動」が「公共」の成員として市民によって行使されるべきであり（*ECS* 214）、彼らが自らの「私的な仕事」（*ECS* 215）に集中するか、もしくは「国家に対する何の配慮も」なしに、自ら個別の「利得」を保とうとする場合は、方向が間違っている（*ECS* 222）。この最後の一節はファーガスンの「古典的」立場への共感を示唆している。その立場とは、「政治」は「家政」（家族の組織化や統制）と対照的に、自由な男性が行うものというものである。家政の領域は、様々な程度で、すでに見てきたように、必要なものの領域、あるいは女性、奴隷、動物からなる自由でない領域である。また、ある者が取引や商業に専念することは、彼を「私的」事項に関わらせるということであり、それはこのアリストテレス的な伝統において、十全な意味での市民――人生を公共善に献身する者――と比較して、商人は充実度に欠けた、人間的に価値の少ない人生をおくる、という系論を伴っている。[3]

ファーガスンがこの「共和主義的」立場に共感しているということは、彼が全面的にそれに傾倒したことを意味するのではない。リサ・ヒル（Hill 1999: 44）やマルコ・グエナ（Guena 2002: 183）の説とは逆に、ファーガスンは商業社会以前の社会経済的秩序に郷愁の念を抱いているのではない。彼は奴隷制を明確に否定する（*ECS* 161, 185: *PMPS* II, 472）。彼の認識でも、ヒュームやスミスと同じく、奴隷制という社会的基礎に古典的共和国は依存していた。このように、ファーガスンは商業社会がもたらす諸々の利点や前進を否定することにはほど遠かった。[4] 一方で彼は、その社会において活動的な公的生活が暗に軽んじられることに、とりわけ懸念を抱いている。そのことは彼にとって、重大な危険である。ファーガスンは関心の焦点を自由論に置く。彼は、自由と法の支配を結合する「近代的」立場を受け入れる。「為政者の権力に制限を設定することや、臣民の財産や人格を守るよう定められた諸法に基づく保護を信頼すること」から自由や正義を得ることに「我々は満足しなければならない」（*ECS* 161, cf. 261: *PMPS* II, 459-61）。ただし、この一節でさえ、これは状況に対する次善の策であり、法よりむしろ「徳」が「国家の目的」である状態には劣るという含意がある。ファーガスンの懸念の中心には、彼が見通した「近代」の自由観の受動性に対する嫌悪がある。

【155】ファーガスンの展望によれば、この受動性は偶然の欠陥ではなく、法の支配――商業社会の鍵となる原理である――の機能に内在するものである。彼はこう結論づける。「公正な行政には付随するだろう単なる平穏によって［…］、我々が国民的な喜びを測るとき」、自由は「最大の危機に瀕している」（*ECS* 270）。平穏であることはストア派の賢人なら手が届く個人的「理想」かもしれないが、他方で社会的属性としては古代の自由の公民的共和主義的系統において尊ばれる地位を享受しない。この意味は、個々の市民が自らの私事に勤《いそ》しむ一方で、正義の一般的規範を執行する公的任務に「行政」が取り組むのを認めることで彼らは幸せなのだということであり、それをファーガスンは嘆いている。また、彼ら個々人の見地からは、行政が「商業や営利の技法」に介入することを控えるほうが望ましい。これはもちろん、まさしくスミスが望ましいと考えること――政府は正義を厳格に管理し、諸個人は自らの自然な自由を享受して、それぞれのやり方で自分の利益を追求することである。しかし、ファーガスンにとって、この「公的性質の目的に対する無関心」（*ECS* 256）は、「我々が想像しがちな程度よりも、もっと専制に類似した」状況を生み出すほどにさえ、まさに自由そのものを危険にさらす結果をもたらす、と彼は色々と文章を彩りつつ宣言している（*ECS* 269）。

受動性を植えつける、あるいは容認することによって、近代の自由は、自由の真の価値を守りきれておらず、古代の自由のほうがこの課題にはるかに有効に応えた。リウィウス的な伝統に従いつつ、ファーガスンは『市民社会史論』にローマの史実を点描し、ローマの「教訓」の価値を十分に確信して、数巻にわたるローマ史を描いた。その著作でファーガスンはおなじみの物語、すなわちローマの徳から帝国の腐敗への没落を語るとともに、献辞を記す際、「ローマの後半期」に焦点を当てる。ファーガスンがローマとカルタゴの関係を扱ったのは、まさしく示唆的である。両国の国制は「単に形式の点からは［…］よく類似して」（*Rom* I. 108）いたが、そのことはファーガスンにとって、外形的な構造に注意するだけでは不十分なことを示したにすぎない。真に重要なのは、国を突き動かしている精神である。カルタゴの精神は、「強奪」であった。というのも、同都市で偉大になるためには、人は金持ちになるしかなかった。他方ローマ人にあっては「金持ちであることは地位の実質を少しもなさなかった」。その理由は、同地で重視されたのが「自国に際立った奉仕をなすこと」だったからである（*Rom* I. 110, 122）。確かにカルタゴは、ローマよりも商業において秀でていたが、その優越は「同市民の軍事的性格」を抑える代償によって贖われたものであり、そのことは、カルタゴ市民が「外国人に軍事を依存して、彼らに永続的に頼らなければ」ならなかったことを意味した（*Rom* I. 10）。対照的にローマ人の優越は、彼らの「国民性」と「公的な徳」に存する（*Rom* I. 108）。この「徳」自体に「尚武心」（*Rom* I. 126）が表れており、その明白な結果として、その後の争いでローマの市民兵はカルタゴの傭兵に対して勝利を収めた。【156】『ローマ共和国興亡史』を通じて、ファーガスンは「軍事と政治の精神」を結合しており、そのうちに「国家の強みと安全」を見ている（*Rom* I. 333, III. とりわけ304; V. 396も）。ああ、しかし、カエサルとポンペイウスの時代までに、「人々が公共に役立つことのみを尊敬していた厳格な徳」は、「浪費と奢侈」に伴う腐敗が幅を利かせるにつれ、効果のない「時代遅れの考え方」になってしまった（*Rom* III. 79, 98）。

これら各巻にわたって詳述されている教訓から、商業社会が直面していた危険についてのファーガスンによる所見は強められた。ローマ以外でファーガスンの鍵となる他のモデルはスパルタであった。まさしくスパルタこそ、「唯一の目的が徳」であり、「市民の自由」が「成員の心性と胸懐」のうちに宿っているとファーガスンが描写した国家であった（*ECS* 158）。むろん、彼はスパルタの（とりわけ奴隷制という理由からの）根本的な欠点については幻想を抱かないものの、成員の「心性」こそが、スパルタを模範たらしめているのである。[5] スパルタ市民こそ、自由の真の価値を示している。市民であり、自由人であるには、「共和国」の運営への積極的な関与が必要である。これを現在理解されている「民主主義」と混同すべきではない。ファーガスンの立場は、『道徳政治科学の原理』で概説されているように、政府を評価する際に、参画している人数は重要な要因であるが、それには条件がある、というものである。「政治的な討議や機能を、政権の英知と両立する最大規模に拡大」すべきである（*PMPS* II. 509）。この資格は、リチャード・プライス――アメリカ植民地をめぐる議論に刺激され、市民的自由を論じた――に反論するファーガスンのパンフレットで論争的に用いられた。その公刊物でファーガスンは、

郵便はがき

料金受取人払郵便

山科局承認

1447

差出有効期間
平成30年9月
30日まで

6 0 7 - 8 7 9 0

(受　　取　　人)

京都市山科区
日ノ岡堤谷町1番地

ミネルヴァ書房
読者アンケート係 行

◆ 以下のアンケートにお答え下さい。

お求めの
書店名＿＿＿＿＿＿＿＿市区町村＿＿＿＿＿＿＿＿＿＿＿＿＿＿書店

* この本をどのようにしてお知りになりましたか？　以下の中から選び、3つまで○をお付け下さい。

A.広告（　　　　）を見て　B.店頭で見て　C.知人･友人の薦め
D.著者ファン　E.図書館で借りて　F.教科書として
G.ミネルヴァ書房図書目録　H.ミネルヴァ通信
I.書評（　　　　）をみて　J.講演会など　K.テレビ･ラジオ
L.出版ダイジェスト　M.これから出る本　N.他の本を読んで
O.DM　P.ホームページ（　　　　　　　　）をみて
Q.書店の案内で　R.その他（　　　　　　　　）

書名　お買上の本のタイトルをご記入下さい。

◆上記の本に関するご感想、またはご意見・ご希望などをお書き下さい。
文章を採用させていただいた方には図書カードを贈呈いたします。

◆よく読む分野（ご専門）について、３つまで○をお付け下さい。

1. 哲学・思想　2. 世界史　3. 日本史　4. 政治・法律
5. 経済　6. 経営　7. 心理　8. 教育　9. 保育　10. 社会福祉
11. 社会　12. 自然科学　13. 文学・言語　14. 評論・評伝
15. 児童書　16. 資格・実用　17. その他（　　　　）

〒 ご住所	Tel　　　（　　　）
ふりがな お名前	年齢　　歳　　性別　男・女
ご職業・学校名 （所属・専門）	
Eメール	

ミネルヴァ書房ホームページ　http://www.minervashobo.co.jp/
＊新刊案内（DM）不要の方は × を付けて下さい。□

「政治的自由の本質」を「賢者に権力を与え、万人に安全を与える体制」とみなしている（*Remarks* 8-9）。これらを同じものとしたあと、彼はこう宣言する。「全階級の自由と秩序は、彼らが行使する権力ではなく、彼らが自らの権利保護のために有する安全保障に比例する」（*Remarks* 11: cf. 3, 7）。ここでもローマが想起されるが、これはその歴史が「民衆の権力は民衆の善ではない」ことを示しているからである（*Remarks* 52: cf. 5）。

安全および安全保障への配慮は、「近代の自由」の顕著な特徴である一方で、商業社会においてその自由が担う役割にファーガスンが不満を覚えている、というのもなお事実である。このことは『道徳政治科学の原理』（より熱を帯びている『市民社会史論』や諸々のパンフレットでの特徴とは、一線を画するトーンの著作である）に明らかであり、同著で「自由を行使すること」にこそ、「人間本性の利益」が存するとファーガスンは言っている（*PMPS* II. 508）。商業社会ではそのような行使は求められない。要求されるのは、不正を差し控え、諸規範を遵守することに尽きる。【157】一方、見てきたように、安全保障の主要な規定を議論しない点で、ファーガスンはスミスたちと異なっている。ファーガスンは、規範に従うことに統治の「外見的な完成」ではなく、政治的な無関心を見る（Medick and Batscha 1988: 79）。ファーガスンが読みとるのは、この無関心は人間本性における基本的に論争好きな特質に逆行するだけではなく（*ECS* 20）、政治を経営機構の運営に還元もするということである（cf. *ECS* 225）。この還元は「社会の紐帯を弱める」（*ECS* 191）[6]。ここで暗に抱かれている連想は、政治的に不活発であることが、知らぬうちに無頓着を呼び込むということである。私事に忙殺され、「政治的精神」は、「活動的な徳」を鎖でつないだまま眠りこける。商業的な国民は、「彼らが所有する自由に値しなく」なる（*ECS* 221）[7]。

自由の価値が実現するのは、「全国的機関」が市民を「自らのために活動し、自らの権利を維持するために」召集するときに限られる（*ECS* 191）「権利」の意味がここでは若干もつれている。見てきたように、ファーガスンは標準的な近代法学的立場と呼びうるものを受け入れている。それは「自由は諸権利の保障である」（*APMP* 53）というもので、他人の侵犯を抑制するものとして消極的に理解されている（cf. *IMP* Pt. 5）。それと同時に、まさに留意してきたように、ファーガスンはこうも宣言する。すなわち、自由は「誰もが自らのために守る気構えを抱いておくべき権利」である（*ECS* 266）。諸権利の維持は「政治体制」に委譲され得ない。なぜなら、「自由を保障することに、多少とも実際に有効な法の影響力は、書物が詰め込まれた本棚から飛んでくる魔法の力ではまったくなく、現実には、自由であろうと決心する人々の有する影響力」だからである（*ECS* 263）。そのために必要な裏づけは、「自由な心」が持っている「不変の断固たる精神」に起因する（*ECS* 266）。この最後の一節は、彼がその前に言及していた「精神の持つ諸権利」（*ECS* 167）と共鳴する。これは、自由意志が誘発したものではなく、自由であろうという意志が誘発したものである。これらの諸権利は、政治的自由の表現であり（*ECS* 167）、それ自体が有徳性を示す（cf. *ECS* 247）。

ファーガスンが繰り返し「壮健（vigour）」や「意気（spirit）」に言及していることは、「徳」の語源である男らしい精悍さ（masculine virility）を想起させる。『市民社会史論』の一節がこの連関を取り入れている。「国は男性からなる。そして、堕落した臆病な男性からなる国は脆弱である。また、壮健で公的な意気に溢れ、断固たる男性からなる国は強靭である［…］。徳は国の力強さに必要な要素である」（*ECS* 225）。共和主義者の語彙において、徳は「腐敗」に対置される。ファーガスンがこの用法に少なくとも部分的には同意していたことは、とりわけ『市民社会史論』の後半部に明らかである。[8] 例えば、彼が専制支配（見てきたように、彼は近代的な自由がそれに近づいていると懸念していた）が「腐敗した男性からなる統治によって作られる」（*ECS* 240）と言うときである。【158】この腐敗の鍵となる源泉は「奢侈」であった。しかしそのテーマに移る前に、商業社会は政治を等閑視していることで危険をはらむ、というファーガスン説の重要性を強調しておく必要がある。このことは、スミスを再検討することで最も手際よくなしうる。

スミスが「近代」の自由を採り入れたのは、政治活動という徳と公共善の促進のあいだにあるファーガスン流の関連（修正された共和主義的関連）を断ち切っていることを意味する。スミスにとって、商業社会における公共善（public good）は、公衆の善（good of the public）であり、社会を構成する個々人が物質的幸福を享受すること（富裕の恩恵）において示される。この幸福は、分業——個人が自らの私的利益を法の支配の枠内で追求する際、相互交流としてあるもの——の産物である（自由の恩恵）。このように理解された公共善は、もはや目的に向かう政治的行為を必要としない。そのうえ、これは損失ではない。第四章で見たように、政治に参加する者は、公的な徳への関与を表現するためではなく、彼らにとって「重要」だからそのような活動を行うのである。

奢侈論争

古代の自由の二系統間の最も明解な共通部分は、それらが奢侈を嫌悪したことである。本章冒頭部分で、奢侈がどのようにローマ史における原因となる力として援用されたか、また第五章で、奢侈がどのようにストア派によって慨嘆されたかについては見てきた。両系統の収束は、奢侈を男らしくないとみなすことから生じる。奢侈は柔弱にする（*virilem effeminat*）（Sallust 1921 : par. 11 ; Mackenzie 1711 : 355）。この性差別的な言葉遣いは、偶然ではない。「徳（virtue）」の語源は男（*vir*）であり、その支配的な意味は勇気である（ギリシア語でも同様）。それゆえ、スミスが人間性と女性の「徳」を結合させたことが（ある意味で）重要なのである（一八三／【142】頁を見よ）。

道徳的な系統にとって、このことは、身体的な快楽の誘惑的な歓喜に男性が抗えないことを意味した。女性のように、彼らは壮麗な衣服、柔らかなベッド、繊細な味わいの食物、そして温い風呂を切望した。公民的な系統にとって、見てきたように、このことは、男らしい徳が腐敗したことを意味した。というのも、奢侈を追求したり尊んだりすることは、（公的というより）私的な利益を促進し、（政治というより）「経済」を好み、自らの戦闘を戦うために他人を雇うことだったからである。要するにそのことは、男性と女性の、市民と非市民の役割を不明瞭にすることであった。

道具的な生活を送る者への古典的な軽視――そのような生活は市民の自由な生活より価値が低いとみなされる(9)――は、商業の広がりを弱めた一方で、それは二つの他の懸念を尖鋭にした。商業は、信念、意見、期待や「信用」と何ら異ならないほど、触知不能なものに基礎を置くため、社会秩序を下支えするには明らかに実体がなさすぎるように思われた。【159】この懸念は本章第三節「公信用」で後に論じる。二つ目の懸念は、商業が領土の防衛に危険を引き起こすというものである。これについては、次項「国防」で論じる。しかしながら、これらの議論の前に、近代の自由を防衛することがいかに奢侈の再評価を必要としたかについて、検討される必要がある。

一七世紀における最初の関与はパンフレットにおける「貿易」の防御であった。それらは往々にして「局所的」な性格を帯びており、（東インド会社のように）特定の利害のために特定の擁護論をなすものであったが、それを国益の観点から言い表した。ちょうど一例をあげると、一六七七年のジョン・ホートンの『イングランドの大きな幸福』がそうである。この文献はもともと利害がらみのものだった。例えば、最もよく知られた初期の一撃は、トマス・マンによる『外国貿易によるイングランドの財宝』（一六六四年公刊だが、執筆はおそらくそれ以前）であり、商人という高貴な職業を擁護して、彼らの私的な尽力が適切に導かれたなら、公共善を達成するだろうとした。しかし、彼はこうも述べた。「パイプ喫煙、鉢植え、祝宴、流行追随、自分の時間を誤って怠惰と快楽に費やすこと［…］は、我々を女々しくし、［…］勇敢さを衰退させる」（Mun 1952 : 122, 193〔邦訳一一、一二六〕）。このように奢侈批判（と名づけられる）の立場が姿を現す。この立場は、一六九〇年のニコラス・バーボンに見るような、流行追随、および感覚を満足させ、体を飾りたて、安楽や快楽や生活の派手さを促す財への欲求（「心の望み」）の擁護では弱められている（Barbon 1905 : 14〔邦訳一七〕）。マンデヴィルの時代までには、より率直な奢侈の擁護が出現したものの、彼の挑発的議論においてさえ、奢侈の擁護は顕著に特徴になっているわけではない（後ほどマンデヴィルの議論に手短に言及する予定である）。しかし、彼の悪評によって、奢侈批判は衰退していないことが確証された。実際のところ、衰微するどころか磨きたてられていた。

ポール・ラングフォードはこう述べている。

奢侈の歴史、そして奢侈への態度は、一八世紀の歴史にとってきわめて身近になるだろう［…］。この時期［一七二七〜一七八三年］において、ある意味で、政治はこの奢侈の配分と表現に関することであり、宗教は奢侈を制御する試みに関すること、公的論争は奢侈の生起や規制に関すること、そして社会政策は奢侈品を生産しない人々に奢侈を限定することであった（Langford 1989 : 3-4）。

ラングフォードはここでイングランドに言及しているが、マクシーン・バーグとエリザベス・イージャーも同じように、より広く「奢侈は初期近代の時期の決定的な争点だった」（Berg and Eger 2003 : 70）と言明している。

我々が一般化できるのは、この広がりを説明する鍵となる要因は、商業社会の出現であり、社会変化の速度と規模によって、それとともに既成の批判のレパートリーの奢侈批判が利用しやすかったことによって、生み出された不安である。これらの潜在的な懸念は多数の文献を生み出し、その多くは「当世人の性格」に対する嘆きであって、【160】その嘆きはジョン・ブラウンのすこぶる有名な『当世作法道理評』（Brown 1758: I. 29, 67, 129）の文言にある「見栄張りの贅沢好きで、利己的な優柔不断」を表明していた。同著は出版された一七五七年のうちに六版を重ね、その人気は、その大雑把な論じ方にもかかわらず（あるいは、おそらくそれゆえに）、同時代人の感覚を何かしら刺激したことを示すように思われる。

「奢侈」から生じる論題は、より洗練された次元においては、スコットランドを含むヨーロッパ中で議論された。そして、位置づけられたコンテクストはそれぞれであったが、よく似た形跡で展開した[10]。一方では、奢侈は人々を刺激し、貨幣を流通させることで国家の福祉を促し、未開を上品で文明化された作法に置き換えるのに役立ち、芸術の進歩と涵養を進め、個人の幸福と国の力を大きくする。他方では、奢侈批判論者によれば、奢侈は富の不平等を維持し、都市生活の奨励によって田舎を廃墟にして、人口減少を招き、愛国心を抑えつけ、勇気を弱める[11]。

スコットランドにおいて、知識人のほとんどが討論に参加したが、一般的に共有された接近法があった。これはヒュームの貢献のなかに見出せる。彼の立場についてはすでに示唆したが、最も洗練されたスコットランドの議論として、いくぶんか詳細にヒューム説を検証してもよいだろう。その後、大雑把に、スペクトル（分光器）にそって、その他の人たちの見解を記すことにする。

ヒュームは論考「技芸の洗練について」を、「奢侈」が「含意の不確かな」言葉である（一七五二年当初のタイトルである「奢侈について」を一七六〇年版で「技芸の洗練について」に変えたが、考えもおそらくそれくらい変化したのだろう）と述べて始めている（*E-RA* 268（邦訳二二一））。彼だけが不確かさを見出したわけではない。他のスコットランド人も、ヒューム以後のディドロ、ヒューム以前のムロンと同じく、似たような見解を採用した[12]。『政治論集』での一般的な戦略に従って、ヒュームは浅はかな考え方をなくそうとし、この論争の凝りすぎた極論の下を突き抜けようとしている。彼には、単に融和したいという動機だけではなく、近代商業社会に好ましい項目を推し進めたいという動機もある。それゆえ、彼は「奢侈」を悪徳であるとする「厳格な道徳家」（とヒュームは呼んで、サルスティウスを例に挙げている）と、マンデヴィル（名前は明示していないが）の擁護を対比させて始めるとき、ヒュームが標的にしているのは主に前者であるのは明らかである。

ヒュームは論考「技芸の洗練について」と「商業について」で、私が「余剰価値」と呼んでいるものを擁護している（詳しい説明は Berry［2008］を見よ）[13]。それは、厳格な道徳家なら形容矛盾とするだろうものだが、ヒュームにとってはむしろ、それではうわべしか見ていないと否認する表現となる。見てきたように、ヒュームは理性を特権視する哲学的人間学を拒否し、貧乏と困窮――生活の物質的基礎を痛ましくも欠いている――を同一視することで、貧困の倫理学を置き換える。【161】商業は貧困化の緩和をもたらすが、その緩和は、奢侈品の生産に価値を付加することと一体である。この積極的な評価には二つの面がある。

一つ目は、ヒューム自身の定義から出てくる。奢侈は「諸感覚の満足における高度な洗練」（*E-RA* 268〔邦訳二二一〕）である。「厳格な」立場に反対するその役割は、「洗練された時代は、一番幸福であり、かつ最も有徳な時代である」（*E-RA* 269〔邦訳二二二〕）という彼の一般的な意見によって明らかにされている。奢侈批判論者と明らかに一線を画すのは、ヒュームが奢侈／洗練と幸福／有徳を、対立させるのではなく結合していることである。奢侈品は一見して余剰に思われるが、快楽や享楽――それらは本来それ自体で価値あるもの――の源を表現している。

二番目の見方は、手段的な便益を認識し、この便益は消費財として奢侈品を生産し、商業システムに奢侈品を加えることから生じる。その便益は一般的な利益をもたらす。ヒュームはここで、「近代主義」的な見方への同意を示唆する（第五章を見よ）。欲望が人間を動かすという見方である。誰もが「公共善への熱情」を有しているスパルタの体制は、「精神の自然な傾向」に反している（*E-Com* 262-3〔邦訳二一六〕; cf. Moore 1977 : 820）。実際、スパルタ式に男性を統制するには、「人間の奇跡的な変容」（*E-RA* 280〔邦訳二二九〕）が求められるだろう。効果のある人間的、あまりに人間的な動機づけは、「貪欲と勤労、技術と奢侈」である（*E-Com* 263〔邦訳二一六〕）。

「貪欲」については、ヒュームは「執拗である」とも「普遍的な情念」であるとも描いているが、公民的な道徳家も厳格な道徳家も等しく、先に見たリウィウスやサルスティウスのように、異口同音に非難した。しかし、先述した論点を振り返ると、ヒュームにとって、貪欲も立派に「勤労を誘発するもの」である（E-CL 93〔邦訳八二〕; E-AS 113〔邦訳九九〕）。その誘発の中心には、余剰価値を認識することに由来する便益がある。というのも、勤労に満ちているなら、個々人は富裕なだけではなく、〔第五章から再引用すると〕「日用品が感覚と欲求を満足させる限り、それから〔…〕利益を得る」（E-Com 263〔邦訳二一六〕）のだから、幸福でもあるからである。

さらに、「勤勉で文明化された」国の住民は、「祖先が享受したよりもすばらしい生活様式を享受したい」（E-Com 264〔邦訳二一七〕）という欲求を抱くにつれ、「どんな日用品も、最高の出来栄えのものを欲しくなる」だろう（E-JT 329〔邦訳三一三〕）。このすばらしさが「洗練」の本質であり、質的な差異を認識することである。「厳格な」見解は機能性から乖離するどんなことも余剰と扱う（パンの品質を評価するのは道徳的後退であるとする第五章一六三／【127】頁のセネカ説を想起せよ）。ヒュームは適切に、死んだ馬をご馳走にする大食のタタール人と、「料理の洗練」を経験した同時代のヨーロッパの宮廷人とを比較している（E-RA 272〔邦訳二五一〕）。洗練が発達することとは、質的に差別化された財があることと、繊細な食事や華麗な衣服の技能も美も正当に評価する能力があることとの、どちらにも示される。ただし過剰に耽溺することではない。【162】タタール人によって示された過剰は、ある一定量を超える単なる量的な増大であるが、そのようなものとして、質的洗練と概念上区別される。財に余剰価値があるのを認識することは、その区別を認識し、裏づけることである。こうして過剰から奢侈を区別することに、ヒューム以後の者も追随した。

にもかかわらず、文明化された商業社会を積極的に支持するこの議論は、奢侈批判論者の主張とやはりぶつかる可能性があった。例えば、マッケンジーが「倹約は男子を鍛え上げ、戦士の気質を備えさせる」（Mackenzie 1711: 303-4）と明言したような主張である。頑健さは、軍事的強さで測った国の偉大さに必須のものである。したがって、ヒュームによる商業社会の擁護論が成功するために重要なのは、この「偉大さ」という見解とそれに関わる徳に打撃を与えることである。この擁護において、ヒュームはマンデヴィル（Mandeville 1988: I, 122-3

〔邦訳一一一〜一一三〕）による証拠（ならびに採用された策略）に訴える。奢侈と軍事的脆弱のあいだに想定された因果関係は、恒常的な連関かどうかの検証には不合格である。そのことは、英仏両国——最も洗練された商業社会であるがゆえに最強な二国——の事例で明らかになる（*E-RA* 275〔邦訳二二五〕: cf. *HE* II, 598-9）。

ヒュームはこの後者の因果関係を詳述している。「勤労と技芸と交易は、主権者の力を増大させる」こと、しかも人々を困窮させることなくそれがなされることは、ヒュームにとって、「事物の最も自然な成り行き」に従うものである（*E-Com* 260〔邦訳二一四〕）。この組み合わせが可能になるのは、奢侈を求めて勤労が創出する「余剰」によってこそである。平和な時は、この剰余は手工業の維持と「自由学芸の改善（文明化の特徴）」に向かうが、軍事力が必要なときは、主権者は課税を行い、その結果、奢侈品への出費は減少する。軍事にとっては、このことで、以前は奢侈品の製造に雇用されていた人々が解放され、彼らは労働力のある種の「貯蔵庫」を形作ることになる（*E-Com* 261-2〔邦訳二一五〜二一六〕: *E-RA* 272〔邦訳二二四〕）。彼らが劣等部隊になるわけでもない。反対に、勤労、知識、人間性をつないでいる「分かちがたい鎖」を呼び覚ますことで、それらの戦士は、商業社会が与えうる技術からだけではなく、全般的により高度なレベルの知的能力からも、便益を得るだろう。(14) 怠惰な国民の「無知で熟練度の低い」兵士がなしうることは、せいぜい「急激な征服」に尽きる（*E-Com* 261〔邦訳二一五〕: cf. *HE* I, 627）。カローデンの戦い〔一七四六年にスコットランドの高地地方カローデンにおいて、ジャコバイト軍と大ブリテン王国軍との間で行われた戦い〕で証明されたように、そのような兵士は洗練された武器を備えた熟練の軍勢に対して役立たずである。(15) このことは民兵をめぐる討論に関わりがあり、「防衛」の項で後に考察する。

第五章からの議論を採り上げた我々は、奢侈に満ちた時代を「最も有徳である」と呼んだヒュームが、いかにして勇気という徹頭徹尾男性的な徳はもはや時代遅れであると暗に宣言しているのかを、いまや正しく評価できる。【163】いったん軍隊の徳の格が下がると、男らしくないとか、公共善への関与が弱いという商業に対する告発が、擁護できないものとして棄却される。したがって、ヒュームの判断は先に引用したように〔本書一八〇／【140】頁〕、「商人は最も有用な人種である」というものになる。その理由は、彼らが「公共の自由にとっての、最良で最も堅固な土台である」だけでなく、「勤労」も「もたらす」からである。このように、勤労は全員の利益へと発展していく。しかし「繊細さ」も、奢侈の快楽や、見てきたように、その後の暮らし方をもっとすばらしいものにしようとする欲求によって、刺激される。人間が日用品（「奢侈の対象物」：*E-Com* 264〔邦訳二一七〕）を得ようと「自らの怠惰」から目覚めるとき、繊細さと勤労は一緒にやってくる。ここには暗黙のダイナミズムがある。ヒュームは、ムロン（Melon 1735: 123）やマンデヴィル（Mandeville 1988: I, 169-72〔邦訳一五五～一五七〕）と同じく、かつての奢侈品が必需品になることに両者の関係の相対性が含意されていることを認識している。奢侈批判論者が仄めかしているような、両者を区別する自然な一定の内在的基準（基本的欲求）は何もない[16]。適切な制限を確定できる観点からの不変か既定の基準は何もない。むしろ、人が「ある特定の快楽に」置く「価値」は、「比較と経験に依存しているのである」（*E-RA* 276〔邦訳三〇〕; cf. *T* 2. 1. 6. 2/*SBNT* 290〔邦訳二二一～二二三〕）。

見てきたように、以前の世代の欲求と比較して、よりすばらしい生活様式を享受したいというこの欲求は、全般的な国力と同じく、雇用と勤労も促進する。そのことは貧民の状態の改良に帰結し、貧民は必需品だけでなく、生活上の「便宜品の多く」も所有できるようになった（*E-Com* 261〔邦訳二一二〕）。ヒュームは明示的に、洗練の時代においては「多数の者」がいまや「より精巧な技芸」を「享受」できると述べている。このような快楽は（ごく少数の）富者の特権ではない。この享受は富者の幸福を減らす以上に貧者の幸福を増やす。第四章で注目したように、ヒュームにとって、奢侈禁止令によって課された消費の抑制は、効果がないだけではすまず、人間の幸福、すなわち物質的な物の享受も減らす（ヒュームはここで、ヴェルナー・ゾンバルト〔Sombart 1913: 122〔邦訳一九七～一九八〕〕が奢侈研究において物象化〔即物化〕（*Versachlichung*）と呼んだものを例示している）。

この奢侈擁護論の副産物は、それがなおヒュームに、奢侈が無害（有徳）であるとともに「悪徳」にもなりうる、ということを認めることを可能にすることである。ヒュームの言う悪徳の意味は、利益をもたらさないか、公共の役に立たないということである（*E-RA* 269, 278〔邦訳二一、三三〕）[17]。ヒュームはこの説により、マンデヴィルの立場を詭弁として退けることが可能となる。ヒュームは、有害な奢侈は有毒であるという（暗にサルスティウスを想起させる）ことを、否定する必要性を何も認めない（*E-RA* 279〔邦訳三四〕）。また、奢侈を非難する者の偽善を責める必要もない[18]。実際のところ、ヒュームは「不道徳な奢侈」を、個人が自らの満足に閉じこもり、その地位や財産に求められる「義務の行為や寛大な行為」をなしえない場合であると記述している。ここにおいてさえ、その要点は、貧民を救済する徳（*E-RA* 279〔邦訳三三二〕）が公共の利益に向けて満足をより広めることである。【164】これは功利主義的計算である。ヒュームは、「度を超えた場合」奢侈は公私両方の害悪を生じさせうると認める一方で、にもかかわらず、その害悪を無駄に根絶しようとするよりは、受け入れるほうがまだましであるとする（*E-RA* 279-80〔邦訳三四〕）。二律背反である。奢侈を供給する勤労への刺激なしには、個々人（そしてそれゆえにその社会）は不精や怠惰に陥るだろう。そのような帰結の社会的、個人的コストは、奢侈を禁止した結果、もしかしたら生じるかもしれないどんな便益にも勝り、その事情は歴史的記録が証明している、とヒュームは考える(19)。

ヒュームの議論はサルスティウス（ブラウン）流の批判に対して投じられたが、この二律背反、もしくは「清濁併せ呑む《オンバランス》」功利主義的側面は、他のスコットランド人に採用された。商業社会に関して、奢侈には肯定的と否定的の両側面がある。ヒュームとは対照的に、否定的側面を強調した者もいる。ハチスンがマンデヴィルに根本的な嫌悪感を抱いていたことを考えれば、彼が奢侈の長所に異議を唱えたのを見ても不思議ではない。直接のマンデヴィル批判で、ハチスンは「奢侈」を「高価で心惹かれる住まい、身なり、家具、調度品を、その人の富が担える以上に使用すること」（Hutcheson 1989: 80）と定義している。これは、ヒュームが不道徳な奢侈と呼んで特徴づけたものに等しい。確かにハチスンは、後にマンデヴィル／ヒューム流の見解に例外を設け、奢侈は「技術と手工業の促進」のために必要もしくは有用であるとした。しかし彼は、厳格な道徳家の声で、「奢侈」を「伝染病」と宣言する（*SIMP* 269〔邦訳三三二〕）。

手軽に言いやすいことを考えると、知識人たちが奢侈批判論に一瞥を与えたのを見ても驚くにはあたらない。例えば、ステュアートは、自らの論争的な歴史においてそれを活用している（*HD* 36: cf. 95: *VSE* 2. 105: *OPL* 119）。奢侈批判論に一番強くこだわったスコットランド人を一人挙げるなら、ケイムズである。彼はヒュームとともに、奢侈が定義困難で相対的な言葉と認めるものの（*SHM* I. 363-4）、にもかかわらずケイムズの文章には「柔らかな枕と心地よい腰掛け」への耽溺や、馬車に乗ることの「贅沢な怠惰」についてのブラウン流の嘆きが散見される（*SHM* I. 368-9）。その後の文章で、彼は「奢侈と身勝手という伝染性の疫病がブリテンに広く蔓延している」と一般的な批判を口にする（*SHM* I. 477）。ブリテンがすでに商業時代に到達した以上、このことは危険を示唆する。スミス流の解説よりもむしろ、ケイムズの考えによれば、富裕は「奢侈を生じさせ」、奢侈は「感覚的快楽を活性化させる」のと同様に、利己性も助長する（*SHM* I. 230-1; I. 195）。とはいえ、明らかにハチスンに同意して、ケイムズの考えでも、「服装、家具、調度品、住まいの洗練」は、その余裕がある人々にとっては奢侈ではない。実際、「清濁併せ呑む」姿勢（柔弱ではあるが）を示すとすれば、「公衆」は「技術、手工業、商業によってもたらされる刺激で力を得る」（*SHM* I. 373）。ケイムズは、商業が富と力を授けると「たちまち」好都合なものになるが、【165】奢侈を招き入れることで、それは「究極に有害で」（*SHM* I. 474）「致命的な」（*SHM* I. 373）ものになることを認める。彼は「厳格で規則正しい政府」によって生じた平穏を通じて、「好戦的な人々が女々しく臆病に」（*SHM* I. 459）なることを懸念している。というのも、それは「男らしさ」（*SHM* I. 487）と愛国心（*SHM* I. 474）を絶やすからである。

程度差次第であるものの、ある種の合意があることは、ファーガスンによって裏づけられる。彼はケイムズと同じく、「公共の危険が小休止」するような平和な環境では、「私的利益」の追求を促進することを通じて、商業技術が個人を「女々しく、金目当てで、享楽的に」するかもしれないと考えた（*ECS* 250）。しかし、ヒューム（そして初期のターンブル［*PMP* 360］）と同様、ファーガスンは、「奢侈」の意味が不確かであると考え、奢侈を論じた自らの章で、公然と貸借対照表《バランスシート》アプローチを採用する。それには毀誉褒貶があった。非難する側では、奢侈は腐敗や国の破滅の源である。称賛する側では、奢侈は「技芸の親であり、商業の支えであり、国の偉大さの使い」（*ECS* 244）である。ダンバーによる通り一遍の扱いは、これに呼応するものである。奢侈は有益かもしれず（勤労への動機づけとして、それは「最も高貴な効果を産出する」場合）、あるいは有害かもしれない（ひとたび「精巧な技術や勤労の果実を手にした」場合）（*EHM* 368-9）。

最も体系的に「清濁併呑法」を試みたのは、ステュアートである。彼は、その言葉の「政治的」意味から「道徳的」意味を分離する。政治的意味によれば、奢侈は「良い効果を必然的に生み出すに違いない」一方で、「道徳の教義」によれば、それは「乱用、享楽、不摂生」の観念を伝える（*PPE* I. 44n〔邦訳一、三〇〕）。ステュアートは、不摂生の問題に絞ってこの論点を解決しようとする。暗にヒュームを支持しつつ、彼はこう論じる。政治的意味は、我々の奢侈という観念と「分離できない」一方で、「悪徳の不摂生」は分離できる（cf. Dunbar *EHM* 368）。この知的操作によって、彼はいまや、「奢侈は事物が余剰である限りにおいて、それを供給することにある。享楽は実際に享受することで生じ、行き過ぎはその享受の乱用を意味する」（*PPE* I. 268〔邦訳一、二八二〜二八三〕）と、論じることが可能となる。それらの「事物」を供給する点で、奢侈は好都合な結果をもたらし、そのことは「道徳の教義」とは別個に評価できる。事実上、これは「功利主義的」戦略であり、我々がヒュームに確認したものである。

　奢侈論争において人口問題が際立った意味を持ったことを考えるなら、そこにウォレスが加わることが期待される。彼は失望させない。「近代の都市や時代は、古代の都市や時代よりもふんだんに奢侈の手段があるために、それ自体に人口減少のより強力な源泉を持つ」（*DNM* 334）。とはいえ、ウォレスの全般的な立場を正確にケイムズ的であると理解することはできない。このことは、『ブリテンの政治的現状についての諸特徴』で、ウォレスがブラウンの『当世作法道理評』（とりわけ第五章）で執拗な批判を行っていることから明らかである。【166】ウォレスはヒュームの『政治論集』も問題にするものの、「商業について」あるいは「技芸の洗練について」を批判対象に選ばず、銀行と信用についてのヒュームの見解に焦点を合わせていることが注目される（後述を見よ）。

　ウォレスは、自由には「ある部分で放縦が」伴うことを認める（*CGB* 65）。それはミラーにも反響している。第二章で論じたように、ミラーは商業と自由のつながりを裏づけている。しかし自由は、とりわけ女性に影響を及ぼすとき、放縦に迷い込みかねないことをミラーは認める。「より単純だった時代」に比べて、「富裕で贅沢な国」においては、「自由な性交渉」が「放縦とふしだらなマナー」を生じさせ、そのことは「女性の地位や威厳をおとしめる」役割を果たす（*OR* 225）[20]。このことに関して、ミラーは実際のところ、『階級区分の起源』の一七七一年の初版と一七七九年の第三版のあいだに、さらに考えを進めた。後の掘り下げで、ミラーはユウェナリス〔60-130. 古代ローマ時代の風刺詩人、弁護士〕の第六の風刺というおなじみの例を引用し、ローマの実例を描いている（cf. *HV* IV. 4/769）。そこでの「官能的な時代」と「似たような結果」が「近代ヨーロッパ諸国」にもおそらく見られる（*OR* 228）。ミラーはフランスとイタリアを引用する。なぜなら（スミスも同じことをしたように［*TMS* V. 2. 10/207〔邦訳下八三〕］）、それらの国で「立派な技術」と「洗練され優雅な娯楽の趣向が一般的に普及している」からである（*OR* 225［*Obs* 75-6も同様］）[21]。この議論を通してずっと、ミラーは奢侈批判論から通常連想されることについて応酬している。これは誇張されるべきではない。そのことは同論題にスコットランド人がもたせた幅の一部であって、私見によれば、ミラーの側に潜在的な「共和主義的」共感の証となるものは何もない[22]。例えば、ここには徳の腐敗（ただし*OR* 223を見よ。第一版から加筆がある）や公的熱意の喪失についての言及はごくわずかしかない。しかしながら、ミラーは商業上の改良における危険をはっきりと認識している。そのことは後の第三部でもう一度検討する。

ミラーには共和主義への強いこだわりがおよそなかったのではないかという疑念を抱くもう一つの理由は、彼が贅沢禁止令について何も発言していないことである。見てきたように、ヒュームはそれらの法律に軽蔑の眼差しを向けており、これがスコットランド人の基本的な立場であった。贅沢禁止令はローマ共和国、同帝国で何度も繰り返され（Arena 2011; Berry 1994: Chap. 3）、中世や近代初期のヨーロッパにも受け継がれた特徴だった。その射程からはほとんど誰一人逃れられなかった[23]。土台となったのはストア派の哲学であった。同法は、「善き生」をもたらせるよう、もしくは「善良で思慮ある秩序」が形作れるよう、欲求を合理的で、客観的に妥当と思われることに照らして取り締まることを求めた[24]。実践面あるいは現実面では、それらの法律は政治的腐敗（とりわけローマにおける）を統制しようと試みたものであり、後には、社会的地位が高い層に認められた服装を規制することを通じて、階層秩序を維持しようと試みたものだった。それらの法律はうまくいかず、程度は様々であるにせよ、だんだんと衰えていった。

【167】スミスが贅沢禁止令を軽蔑的に退けたことはすでに触れた〔一四一／【109】頁〕。このことは「奢侈批判論」への彼の態度を一番よく示している。この態度は「無関心」として最もよく特徴づけられる。ニール・ド・マルキ（de Marchi 1999: 18）はスミスを「懐疑的」と呼んでいるが、これはどんな道徳的立場よりも彼自身の個

人的潔癖についての話である。スミスはケイムズの見方に何の応酬もしなかったが、ヒュームの論争的態度にも取り合わない。もちろん、奢侈と男らしくないことに関連があるとする、定評ある例示は見つけられる（*LJA* iii. 121/189〔邦訳一九五〕）。マナーの崩壊についてもそうである（*TMS* I. ii. 3. 4/35〔邦訳上九二〕）。しかし、これらはきわめて少なく、道徳感情についての書物だからこそ、こだわりのこの希薄さはいっそう意味がある。スミスは「奢侈品」の「必需品」への転換についての歴史的に最も重要な説明をしている。それは、必需品が社会ごとに異なるという説を採用したこと、また奢侈品を必需品に区分されないものとして正式に定義したことによる説明である（*WN* V. ii. k. 3/870〔邦訳四、二一七〜二一八〕）。[25]これはスミスの租税論の輪郭をなすものであるが、奢侈品への彼の最も一般的な言及は、第二章で論じた封建制の崩壊を論じた文脈におけるものである。そこにおいてスミスが関心を持ったのは、因果関係についてであり、判断についてではなかった。スミスが批判を企てたように思われるところは、『法学講義』における一節である。同節でスミスはこう述べている。「多くの人々が〔…〕奢侈の技術に絶えず心を奪われていることで、女々しく、臆病になる」（*LJB* 330/540〔邦訳四〇六〕）。これは、「商業精神」から生じる三つの「不都合」を列挙する文脈で現れる（*LJB* 328/539〔邦訳四〇六〕）。しかし、この列挙は、『国富論』で再出現する際にはかたちを変えられており、直接的に奢侈批判とは読みとれない。そのことは本書を読み進めてもらえれば明らかになるだろう。上記の不都合の三番目は、商業が「軍事的精神を消滅させる」傾向に関連する。それが次の項に導く。

国　防

柔和で女性的な奢侈と剛健で男らしい徳とのジェンダー的な並置は、軍事問題において最も明らかに示された。商業社会が直面している危険は、防衛上の脆弱性であり、穏和な商業（*le doux commerce*）が社会を平和にする結果、軍事能力が優先されないことによってもたらされる。もっとあからさまに言えば、戦闘は商業活動になる。傭兵に自らの代理で戦いを行わせるか、税収を用いて常備軍に支出するかによってである。そのいずれも、共和主義が市民として重要と認めるもの――公共善に献身すること、自分自身で武装すること――に、抵触する。マキァヴェッリによって有力な提唱がなされたように、傭兵や常備軍への有徳な代替案は市民からなる民兵であった。ここでもローマが、ふさわしく思われる歴史的な「メッセージ」を提供した。奢侈の安楽な暮らしによって腐敗したローマは、【168】やがて好戦的なヴァンダル族やゴート族の遊牧民に軍事上太刀打ちできなくなった。

相変わらずのローマ史頼りであるが、ブリテンにおいてそれは、難解で死せる歴史的問題ではなく、進行中の政治問題の参照モデルだった。一七五六年から六三年の七年戦争が、軍事上の問題とそれに付随する財政問題を提起した（ブリテンは自国の軍隊を補うために、ハノーヴァー〔ドイツ西北の港町〕とヘッセン〔ドイツ中央部の町〕から、かなりの出費となる部隊を輸入しなければならなかった［Rayner 2008 : 65］）。民兵法案が一七五六年に提出され、下院を通過し、上院で破棄されたものの、成立した。同法は多数の人々を軍役に就かせたが、徴集された者のあいだで不人気だったことを考えるなら、実際の軍事力としてどの程度有効だったのかは疑問視された（Langford 1989 : 334）。ジャコバイトの乱以後のスコットランドにおいて、地域で召集され地域に立脚した民兵軍を創設する動きが独自にあった。どちらの場合も、一概には言えないものの、同時代の「政治」の陰謀が推進要因だった。にもかかわらず、採択された政治的立場は、擁護され鮮明にされる必要があった。したがって、トーリーの民兵擁護論は、カントリ・ジェントルマンによって導かれたのであるが、土地所有権（独立）と公的義務との完全な統合を強調する「イデオロギー」資源を求めた。それはウィッグの国防への弱い関心（とトーリーは見てとった）――それは彼らが商業に巻き込まれていたせいである――に反対するものであった。スコットランドの知識人には広範囲のウィッグ的合意があったが、そのことは、彼らが民兵論争で、徳の言語やそれに投げかけられた脅威――彼らの社会で商業化が拡大していくことによる――に依拠することを妨げはしなかった。

初期の議論を踏まえると、ファーガスンが民兵の主唱者であったことも、スミスが常備軍の長所を擁護したことも、驚くにはあたらない。ここでもまた、彼らの立場の関係を二極化させるべきではない。どちらの議論にも微妙な留保がある。この「論争」にも他のスコットランド人が参加した。その基調をなす論題は、だれもが商人である社会はそれ自体をどうやって守るか、というものであった。危険なのは、その防衛策が構造上の理由で首尾よく遂行されないかもしれないことである。ここに、前節で展開された奢侈論争で争点になっていた、重大な根本的懸念の一つがある。

『道徳感情論』において、よき市民は法律を尊重し遵守するのと同じく、同胞の幸福を促進すべきである、とスミスは言う。しかし、と彼は注意している。「争いのない平穏な時代」には、その二つの原則は一致する――「既存の政府を支持することは、明らかに我々の同胞市民の、安全にして立派で幸福な状況を維持する最良の手段に思われる」（*TMS* VI. ii. 2. 12/231〔邦訳下一三九〕）。それらの必要な「時代」は、一般法則として、商業社会によって提供される。商業がこのように、「平和や平穏」とつながっていることこそ、ファーガスンにとっては警戒を要する。ファーガスンが見抜く危険の鍵はこのようなものである。すなわち、もし「平等な正義と自由という見せかけが、【169】最終的にはあらゆる階級を等しく卑屈で欲得ずくにさせる」なら、「我々は自由な市民が一人もいない奴隷の国を作り出すことになる」（*ECS* 186）。市民は「統治や国防という負担を自分自身ですすんで支える」べきであり、それを他人に任せてはならない（*ECS* 266）。

軍事上の問題において、社会学的な分業、すなわちファーガスンが「職業の分離」と呼んだものは、危険なまでに不適当である。奢侈批判論でのジェンダーを区別する言葉遣いに呼応して、彼は「戦争の技術」を一職業にすることは、市民と兵士を「女性と男性」と同じくらい区別可能にすることであると言う（*ECS* 231）。ファーガスンは、服屋や革なめし人に関する技術的な専業化によって、よりよい衣服や革靴がもたらされることは認める。しかし、ここが核心なのだが、「市民を形作る技芸と政治家を形作る技芸、政策の技術と戦争の技術を分離する」ことは、「人の性格をバラバラに寸断することである」（*ECS* 230）。商業は、「活動的な徳」を結びつけるのを脅かすだけでなく、「社会の親睦精神」も蝕む。そのことは、戦争の技術を専門的職業にするために、専業化を推し進めることによってなされる。本章第二部でファーガスンの分業観に立ち戻る。ここでの問題は、ファーガスンがこの危険への対処法をどう見るかである。

答えは、古代の自由という伝統の源のうちに、すなわち民兵にある。民兵の利点は、「高い社会層において、協議する能力と戦う能力」がまとめられ、他方で同時に、「民衆の集団」に、自らの権利を守れるようにしてくれるような「自国への熱情と軍事的な性格」をもたらすことである（*ECS* 227: cf. 266）。傭兵に頼ることは、それらの権利に無責任になることである。商業的な行為者として、傭兵は正しい大義がある地で戦うのではなく、最高額の報酬がもたらされる地で戦うだろう。同じように、職業的「常備」軍に頼ることも、それらの権利を脅かすだろう。というのも、この軍隊は外敵に対してだけではなく、共和派（スッラ、ポンペイウス、カエサルを引いている）の伝統的な心配事である「内部の敵」と捉えられた誰に対しても用いうるからである（cf. *ECS* 227; Millar *OR* 286; Kames *SHM* II, 12, 37）。

ファーガスンは、懸念を実践の上で表現した。彼は民兵法案をめぐる論争に寄与するパンフレットを執筆した（『現下の状況』［*Reflection* 5］の最初の頁において触れている）。（このパンフレット自体は、『市民社会史論』に現れる多くの論点の概略を示している）[26]。彼は最近の成功に触れながら、民兵を創設するための提案は「実行不可能というわけではない」と論じる（*Reflection* 5）。任意の民兵を成功裡に維持するために、ファーガスンは「民衆」の武器への親しみを蘇らせるよう（*Reflection* 20）、また「紳士」向けには公的奉仕と名誉を（再び）関係づけるよう（*Reflection* 38）推奨している。これらの推奨は、商業が作法を損傷したことに関係する。しかし、この見解は、【170】民兵軍の実現が「即時的な解決策」を可能にするものではないことを意味している。論争への自らの寄与の理由はここにこそある、とファーガスンは考える。連隊の編制そのものよりも、それを首尾よく確立するための前提条件の方により注意が払われるべきである（*Reflection* 48）[27]。

ファーガスンはスコットランド民兵軍創設運動の主導者の一人だった。彼は「ポーカー・クラブ」の一員で、アレグザンダー・カーライルによれば（Carlyle 1910: 439）、同クラブ名の発案者だった。一七六二年にイングランドの法令が更新される予定に合わせて設立され、知識人ではヒューム、ブレア、ロバートスン、ダルリンプル、スミスが加わっているものの、メンバーの多くは貴族やジェントルマンであった（Robertson 1985: 189-91）。このような団体に典型的なように、同クラブには公的目的と同じく「社交的」側面があった（ただしカーライルによれば、それは質素かつ穏健なものであった［Carlyle 1910: 440］）[28]。同クラブに対する支援の少なくとも一部は、それがスコットランド人による新王家の受容――カローデンの戦い以降、スコットランド人は忠実なハノーヴァー家支持者であり、だから武装を許される――をあらわす標識となっていることに起因した。

ケイムズはポーカー・クラブのもう一人のメンバーだった（Ross 1972 : 180）。彼はファーガスンと共に、この論題に最も注意を払ったスコットランド人で、「軍隊について」（*SHM* II, Sk. 9）の素描全体をこれに充てた。予想通りに、ケイムズは「我々の民衆」が「戦争の武器をまさに目にしただけで、女々しく怖がる」（*SHM* II, 9）ようになっているものの、常備軍という改善措置は注意を要すると判断する（*SHM* II, 10）。とはいえ、彼は民兵をめぐる問題点に気づいていた。ケイムズの言及によれば、ハリントンの「共和主義的」構想と同じく、彼のスコットランドにおける後継者、サルトーンのフレッチャーの構想も不適切である（*SHM* II, 12-13）。[29] ケイムズは、古典的な民兵は手工業や商業――それらは今や力の源となっていることを彼は知っている――に有害であることを認める。その事実に気づいて、彼は自ら念入りな計画を練り上げた。ケイムズの構想によれば、周期的な徴募の結果、誰もが軍に奉仕しなければならないだろう。そのことは、「我々の上層階級に、若干の軍事精神を」蘇らせるだろうし（将校は最重要の要素である）（*SHM* II, 19）、一方で、「兵卒」にとって、奉仕の周期性は、「勤労精神」が「戦争」の精神に結びつきうることを意味する（*SHM* II, 24）。彼はこの計画が不完全であることを控えめに認めつつ、常備軍を輪番制の問題にすることで、「戦時とおなじく平時も群集を統制する」（*SHM* II, 37）ための一つの試案としてそれを提示しているのである。

ケイムズは軍事精神に繰り返し言及したが、スミスにおいても繰り返される。もっとも、スミスもポーカー・クラブのメンバーだったが、彼の民兵観はファーガスンのものと異なり、ファーガスンもそう認めている。[30] スミスにとっては、グラスゴーの教室で明言したように、民兵は時代遅れのものだった。常備軍は「導入されなければならない」（*LJB* 337/543〔邦訳四一三〕）。誰もが商人であるような社会において、対価が支払われて兵士になることに何の不調和もない。【171】より実践的なレベルにおいても、改良（技術と奢侈の発展）とともに、「より優れた性質の」者は戦争に奉仕する気がなくなり、「より優れた性質の職工」は、民兵に費やすであろう時間に対して十分な報酬が得られない結果、「常備軍として編制される」に違いないのは「最も卑賤な」者である（*LJA* iv. 169/265-6〔邦訳二八〇〕）。加えて、近代の戦争行為では、砲術が決定的な要因であり（cf. Hume *HE* I. 498）、その発展自体が技術的進歩の所産である。そのことの効果は、個々人の武器を扱う器用さへの依存を劇的に減退させることである。今や重視されるのは「規則性、秩序、そして命令に従う迅速さ」〔*WN* V. i. a. 22/699〔邦訳三、三五八〕〕であり、偶然に集められた訓練されていない素人集団よりも、職業軍人によって、より適切に達成されるものである。(31)

これらの基準に照らせば、常備軍は民兵より優れている。「民兵論」を弱める別の要因がある。「勤労に励み、富んだ国」において、「実践的な軍事演習を強要」するには、「人々の利害関心、才能、性向」に向き合う「きわめて活発な治安維持」が要求されるだろう〔*WN* V. i. a. 17/698〔邦訳三、三五五〕〕。そして後者の文脈で、スミスはもう一度「政府の継続的で手間のかかる注意」が民兵を維持したければ必要であることに触れる〔*WN* V. i. f. 60/787〔邦訳四、五八〕〕。ミラーはこの論点を簡潔に指摘し、民兵を強制することの困難は、「それが時代の精神に逆らっていることの十分な証拠」であると述べる〔*HV* IV. 189〕。軍事的に、民兵は長期の従軍に適さない。その点もヒュームによって主張された〔*E-Com* 261〔邦訳二二〕〕。スミスにとって、「富裕で文明化された国」において、職業軍は「貧しく野蛮な国」による侵略から文明を守る手段である。このことの意味は、早期に「文明化した」が野蛮人に侵略された国々の破滅が回避できたことだけでなく、『法学講義』におけるスミスの発言――一七四五年に何千人かの「裸の武装していない高地人」に対して常備軍で戦わなかったなら、彼らは「ほとんど苦もなく」王座を簒奪していただろう〔*LJB* 331-2/540-1〔邦訳四〇六~四〇七〕; cf. Millar *HV* IV. 4/757〕――に窺えるような、地域的な最近の手がかりも含んでいる。

職業軍あるいは常備軍の懸念は、先に記したように、国内の自由を抑圧するのに用いられうることだった。スミスはこの不安に直接的な注意を向けている。「共和主義的原理を奉じる人々」の立場を明白に否定しつつ、スミスは常備軍が「場合によっては自由に好都合にも」なりうると言っている〔*WN* V. i. a. 41/706〔邦訳三、三七〇〕〕。この主張には疑いなく条件が付く。それは軍の上級将校が「第一級の貴族や郷士」――結果として「民間の権威の維持に最も利害関心を」有する者(32)――を基盤としている状況においてあてはまるだけではない〔*WN* V. i. a. 41/706〔邦訳三、三七〇〕〕。後の議論で、スミスはもし「全市民が武勇の精神を持っているなら」、より小規模の（より安価の）常備軍で足りると認めている。同じ「精神」はまた、【172】常備軍が押しつけると想定された自由への危険を軽減するだろう（*WN* V. i. f. 59/787〔邦訳四、五七〕）。エドワード・ハーファム（Harpham 1984 : 765, 769）は、スミスがここでシヴィック・ヒューマニズムから距離を置くと示していると判断する一方で、レナイダス・モンテスは、これらの条件特定に「共和主義者の意識」を聞き取る。それに耳を傾けるなら、「経済的進歩は古典的共和主義の道徳的基礎を根絶やしにはしない」（Montes 2009 : 328）と言うことである。モンテスの議論（そしてスミスにシヴィックな共和主義を理解する他の者の議論）は、商業社会が直面するように思われるもう一つの危険の観点から考察するのが最良である。

2　分業（再論）

スミス説によれば、武勇の精神がある結果として生じる小規模な常備軍の利点の一つは、費用の低減が見込めることである。これは偶然の要因ではない。この問題に関するスミスの議論は、『国富論』の「公共事業と公共施設の経費について」の節に現れる。この文脈は、スミスが第五編で分業に立ち戻る理由を理解する上で非常に重要である。これが軍事組織や軍事精神の問題にも関わっていることは、さらにファーガスンの分業論の解明に決定的に役立つ。

実際のところ、ファーガスンをして分業論に心を砕かせたのは、分業のもつ社会学的側面である（第三章を見よ）。分業は、多様で別々の社会要素が、どれ一つとして「社会それ自体の精神で活気づいている」ことのないように、社会を区切る（*ECS* 218）。民兵への懸念が示すように、ファーガスンの最大の関心事は、この区切りが「政策や戦争という、より高次元の分野」に影響を及ぼしたときの、公共精神の喪失についてである（*ECS* 181）。彼は「より高位の人々」への商業化の影響を憂慮している。それは彼らが、「勇気と精神の高揚」を持たなくなり、「男らしい職務がない」なかで無気力になることである。この無気力は、「貧民」が経験する状況よりも深刻な事態である（*ECS* 259-60）。デイヴィッド・ケットラー（Kettler 1977 : 451）は、ファーガスンの焦点は「政治的階級」であると理解した数少ない解説者の一人である（ただし Hill 2007 : 353 と Guena 2002 : 189 も見よ）。

この焦点は、『市民社会史論』の二つの段落を決定的に条件づけている。その段落は、大げさな解釈の対象となってきた[33]。彼は「手工業［…］が最も栄えるのは、心が最も斟酌されない場合であり、作業場が［…］人間という部品からなる機関として考えられる場合である」。そして作業場の「親方」によって「徒弟」衆が「思索を広げる」よう育てられうる機会がある場合と対比している（*ECS* 183; cf. *PMPS* I, 251）。【173】しかし、これらの文章に、回顧して得られた意義を過剰に積み込むのではなく、それらは文脈のなかに置かれるべきである。これらの節は独立してあるのでもなければ、現在重要と見られる論題を強調的に扱っているのでもない。ファーガスンの見解は、実質的なものというより例証的なものであり、彼が摂理による意図せざる結果に注意を怠らなかったことを示している。「ビーバーやアリ、ハチの技巧」は、「自然の英知」に帰される。「人間の事柄」も何ら異ならない、とファーガスンは言明する。この話題を摂理による監督に関連させるなら、我々が持続的な道徳的糾弾をここに見出そうとしているのではないという推定が、筋の通ったものになる。ファーガスンが軸とした論点は、社会の発展と個人の発展のあいだに、直接の相関関係は少しもないということである。したがって、また例証的に、手工業は個人の理性が行使されない場合に繁栄しうるし、作業場は「それら自体の協調行動が何もなくとも、ある目的に対して同一歩調を取る機関の諸部品」と譬えることができるのである。このように理解されたなら、親方／徒弟の区別は、発展した社会の複雑で予見できない性格の例示化なのであって、「階級分析」ではない。そのうえ、彼の議論の文脈上、この特定の例示化は次章の論題——服従について——の段取りをするのに行論上役立つ。

分業によって産み出された富裕はスミスにとっても意図せざる結果であったが、それは唯一のものではなかった。慈悲深さをより欠いた別の事態が出現した。それは、いまから見ていくが、機械技術が無知をもたらすことについてのファーガスンの注目とどこか類似しているものの、ファーガスンと違って摂理論的解釈はない。分業によるこれらの無慈悲な結果は第五編で議論されている。後半のこの議論は多くの論評を促し[34]、それらは一般的に第一編の議論（本書第三章で分析）との一貫性に焦点を当てている。この論評は、スミスの狙い——なぜ、どこで政府の介入が、それゆえ支出が必要とされるのかを概説すること——によって、後半の議論が推進されているという事実を見落としがちである。分業の論題が再出現したのは、スミスがまさしく不安定さを看破したからであり、この介入が、公共事業（政府の三つの義務の一つ。第四章を見よ）というかたちで、その不安定さの改善に努めるのである。

『法学講義』で、スミスが「商業精神」から生じる三つの不都合を識別したくだりについては先に見た。三番目で、見てきたように、「武勇の精神」に言及しており、一番目と二番目で分業に触れている（*LJB* 328-9/539-40〔邦訳四〇三～四〇五〕）。正確には一致しないものの、『国富論』第五編で、要約すれば、専門工（ピン製造者と読める）の器用さは、彼の「知的、社会的、軍事的な徳」を犠牲にして買われる、とスミスは述べている（*WN* V. i. f. 50/782〔邦訳四、五〇〕）。「文明化された社会」における「労働する貧民」の状態、すなわち「人々の大多数」が「余儀なく陥る」であろう状態を緩和するために、租税収入が必要である。【174】集められた金銭は政府の介入資金になるだろう。

どういう筋道で分業がこれら三つの徳を弱体化させるとスミスは考えるのか。「知的」な徳は、「ピン製造者」が「自らの知力を働かせたり、創意を注いだりする好機をまったく持たない」。そして道徳的な因果関係の原理と一致して、彼は「知性を発揮する習慣」を失い、「人としてなりうるかぎり愚鈍で無知に」なる。「彼の心は活発さを失い、そのことで［…］およそ理性に基づいた会話を楽しんだり参加したりできなくなる」（*WN* V. i. f. 50/782〔邦訳四、五〇〕）[35]。この不活発は他の論者によってしっかり固められる。ダンバーは、ピン製造の話を引用した後、職人が蒙る「知性の不活発」に触れるとき（*EHM* 423）、あきらかにスミスを支持している。ミラーも同じようにスミスに負っている。「単一の手作業」に限定された機械技術工は、「何も考えない習慣が身につきがちであり」、その結果、彼らは「無知と偏見の雲」に覆われる、とミラーは述べている（*HV* IV. 4/732, 737）。実際のところ、彼らは「機械のように」なる（*HV* IV. 4/732）。これは『市民社会史論』のファーガスンを思い起こさせるイメージである。同著で彼は、親方と徒弟の対比を描き、徒弟の「才能は［…］生かされないままである」と述べる[36]。ケイムズは、おなじみの言葉を用いたもう一人の人物である。「単一の対象」への集中は、「思考と創意」を排除し、その結果、作業者は「荷役用の動物」のように「鈍感で愚かになる」（*SHM* I. 110）。

分業は、知的な徳への影響の効果に続けて、「社会的な徳」に影響を及ぼす。なぜであろうか。スミスは精神的な不活性に触れる同じ一文で、ピン製造者についてこう言っているからである。彼はその制限された仕事によって、「寛大で高貴で優しい感情を抱く」ことがまったくできず、「その結果、私生活のよくある義務の多くについてでさえ、正しい判断を形成する」ことがおよそできなくなる（*WN* V. i. f. 50/782〔邦訳四、五〇〕）。我々は、スミスの道徳哲学が同感原理に左右されること、それによって我々の行為が互恵的な社会的相互作用を通じて判断され、その判断が、公平な観察者の命令に留意するよう認識する習慣を通じて、やがて内面化されて良心となることを知っている。都市化が社会の商業化を伴うことを暗示しつつ、スミスは行為に「注意を払う」のが自分や他人だけである「田舎の村落」の状況と、「大都市」に来た「下層階級の者」の状況を対比している。後者の状況において、彼は「無名で暗闇のうちに沈んでいる」。彼は社会という鏡が機能するために必要な「光」を欠いている（*TMS* III. i. 3/110〔邦訳上二九三〕。本書一七三／【134】頁も見よ）。この閉じ込められ光のない状態で、彼は「あらゆる種類の低級な浪費や悪徳に自棄」しがちである（*WN* V. i. g. 12/795〔邦訳四、七五〕）。彼が注目されうる唯一の方法は、小規模な宗派に加わることである。そこで彼は自分の鏡を見つける。【175】結果として、彼の行為は「際立って規則正しく、秩序ある」ものになる。しかし、もう一つの意図せざる結果があり、それらの小宗派の厳格さが、彼らの「道徳」を、しばしば「不快なほど厳しく非社交的に」する傾向がある（*WN* V. i. g. 13/796〔邦訳四、七六〕）。

ここで「非社交的」なものに触れていることは、誤解されてはならない。スミスは、利己的な態度を誘発し、身勝手なふるまいを助長するものとして、商業社会あるいはその「精神」を非社交的にする議論に取り組んでいるのではない。多くの論評者（例えばDwyer 1987; Dickey 1986; Tegos 2013）が、とりわけ一七七六年以後の『道徳感情論』の修正を取り上げ、徳の危険へのより根深い懸念（一七九〇年の第六版の新たな章で「感情の腐敗」と呼んでいるもの）を見つけようとしている。これらが商業社会の特定の一面の評価と関連しているために、この懸念は一七五五年の『人間不平等起源論』に対するスミスの同年の書評に端を発するルソーの衝撃と結びつけられてきた。ピエール・フォースの解釈（Force 2003）は、全面的な成功は納めていないものの（Berry 2004を見よ）、

『国富論』を商業社会に関するヒュームの擁護とルソーの批判を和解させる試みと見る。ライアン・ハンリー（とりわけ Hanley 2008b、ただし 2008a も）とデニス・ラスムッセン（Rasmussen 2008、優れた文献目録の付いた2013も）は、スミスの書評を、彼の商業社会論へのアントレコース料理で魚と肉のあいだに出される軽い料理として後に用いている。どちらもルソーの批判が強力なものであり、スミスは彼に負うと判断している。私の考えでは、両面とも誇張表現である。見てきたように、スミスは有害な効果について明確にはほど遠いが、近代人の魂について心の底から不安を抱え込んでいるのではない。フォースよりもハンリーとラスムッセンが分析の果てに確固として認識しているのは、スミスにとって商業社会は「明白に好ましい」（Rasmussen 2008 : 9）のであり、スミスが「商業社会の真の友人」（Hanley 2009a : 8）であることである。(37)

ミラーは「商人の国」と名づけたものにおける富の追求について発言している。この追求は「奪い合いになり」、「そこでは無数の競争と対抗関係［…］が心を収縮させる」ため、誰の手も他のすべての手に対立している」（*HV* IV. 6/778-9）。しかしこれは、ルソーの告発の想定される深遠さからはやや距離がある。実際のところ、他のどの場所でも、ミラーはスミスに近い。ミラーによれば、それらの「ピン製造者」が実作業をしていないときは、同じように苦しんでいる会社の同僚に改良をほとんどもたらさないだろうし、そこでの相互行為は「飲酒と放蕩」のかたちをとるだろう（*HV* IV. 4/732）（このことはスミスの言う「下層階級」の人にも当てはまると考えられうる［Weinstein 2006 : 109］）。ミラーはまた、どことなく黙示録的に、社会のなかで徳や知性を持てる者と持たざる者のあいだに断絶――暗黒期のヨーロッパが再創造されかねない状況――が生じることを懸念している（*HV* IV. 4/737）。(38) ケイムズはただ、【176】「単一の対象」に制限される「作業者」の無知と非社交性を、同じ言い方で端的に結びつけるだけである（*SHM* II. 111）。

武勇の徳における衰退はどうなのか。この論点に関するスミスの所感は、おそらく彼を（ある種の）シヴィック〔公民的〕な共和主義者と解釈する主要な根拠であり、モンテスが例示したのを見てきた。(39) 確かにスミスの語気は強い。ピン製造者の単調な生活は「精神の勇気を腐敗させる」（*WN* V. i. f. 50/782〔邦訳四、五〇〕）、すなわち、その生活は「ある種の精神の不完全さ、歪み、悲惨さ」（*WN* V. i. f. 60/787〔邦訳四、五八〕）を含む臆病さを植えつける。それは、「武勇の精神を失わせる」（*LJB* 331/540〔邦訳四〇六〕）ことで、国家の防衛力を明らかに弱体化させる環境だろう。とはいえ、もちろん、軍隊の職業化（社会学的な分業の一様式として）は由々しさを緩和するのに役立つだろう。分業と軍事的脆弱さについてこれほど明白にしている者は他にいない。ダンバーは精神の無気力を「あらゆる男らしい徳の欠乏ないしは壊滅」（そのなかでは「勇気」が鍵となる要素であると合理的に推測できる）と結びつけ、武勇の徳が（最低限の分業しかなかった）未開の時代に最も尊重されたと判断している（*EHM* 424, 389; cf. Smith *LJB* 300/527〔邦訳四〇六〕）。見てきたように、民兵の長所や短所についての議論で一般的な見方だったのは、ミラーの言葉によれば、「近代の商業的国民においては武勇の精神が衰退している」（*HV* IV. 6/753）ことであった。しかし、ミラーもケイムズもファーガスンも、この蔓延する退廃の例として「ピン製造者」を名指してはいない。

スミスが、上記の徳へのこれらの脅威、商業社会の不備もしくは症候を特定する目的は計画的なものであった。この目的は、注目すべきことに、『法学講義』で不備――それは商業社会における徳（誠実さや几帳面さのような――本書一七九／【139】頁を見よ）と対比して準備された――を列挙している議論とは区別される。このことの文脈上の要点は、『法学講義』の列挙をスミス自身の見解と誤解しているハーシュマン（Hirschman 1977）のような解説者には捉えられない。『国富論』における要点は、どこで政府が動くのかであり、公的財源がこの不備を是正するために要請される。

スミス自身はこのやり方で進めてはいないものの、先の三つの症候に対応する三つの是正策が位置づけられうる。知的な徳が不活発なことへの是正策としては、驚くにはあたらないが、教育があげられ、スミスはまさしくその点にこそ最も注意を払っている（とりわけ、Weinstein 2006 と Skinner 1995 を概観せよ）。『法学講義』における、商業社会の三つの不備の二番目は、教育をひどく疎かにしていることだと言われている（*LJB* 329/539〔邦訳四〇四〕）。この不作為を埋める、もしくは防ぐことは、政府固有の職務の一つである。個々人では維持できない公的な仕組を確立し、維持するのが政府の義務であること（*WN* IV. ix. 51/687-8〔邦訳三、三四〇〕）を想起せよ。そしてその後、スミスは、この政府権限に該当するものとして、商業を助成することや「人々の教育」を促進すること（*WN* V. i. c. 2/723〔邦訳三、三九五～三九六〕）を挙げる。【177】この症候が（典型的に）「ピン製造者」に影響を及ぼすことを考えれば、この是正策はすべての「国民」に適用されるわけではない。「富裕な上流層」は余暇を得て自分たちでやっていく傾向にあると言明される一方で、「庶民」には余暇もその傾向もない（*WN* V. i. f. 52-3/784〔邦訳四、五二～五三〕）。地域学校の設立は、スコットランドにおけるように、「公的」になされることが適切である。そこでは社会的分業のもう一つの例として、「普通の労働者でさえ払える」程度の授業料で子供たちは教育できる（*WN* V. i. f. 55/785〔邦訳四、五四〕）。公的財源が教師の月給の残りを払うことになる。[40]

スミスは、教育されるべき内容についていくつか推奨もしている。基礎科目を押さえておくべきという見方である。それは、「読み書き計算」の能力であり、それに加えて、時折教えられるもののまず使われない「ラテン語」を「ごくささやかにかじる」よりも「幾何学と力学の入門篇」の能力である。スミスは、「この階層の人々」（*WN* V. i. f. 55/785〔邦訳四、五五〕）にはそれで十分だとはっきり言明している。優秀者に「ささやかな褒賞金や小さな優等章」を与えることによって、また商売を始め、企業活動に関与するのを望む者に、それらの基礎科目についての「試験や検定の受験」を「義務づける」ことによって、公共はこの義務を強化できる（*WN* V. i. f. 56-7/786〔邦訳四、五五～五六〕）。スミスの処方箋は普通の人々向けに限った話ではない。国家は「中流かそれ以上の身分と財産の層」に対して、彼らが「教養を要する自由職業」や「信任や利益を伴う名誉ある要職」に就きうる前に、「科学と哲学」の研究を課すことができる（*WN* V. i. g. 14/796〔邦訳四、七六〕）。見ていくように、これは「ピン製造者」の社会的徳の欠如をどう是正するかに関わりがある。

スミスは教育について、機能説を明確に採っている。国家は「下層の人々の教育」を支援することから「利益」を引き出す。それが利益になる理由は、教養の程度が上がれば、「熱狂や迷信」、そして「臆見」に陥りにくくなるからで、それらに惑わされると、「往々にして最も恐ろしい無秩序」が生じる（*WN* V. i. f. 61/788〔邦訳四、六〇〕）（この点については後で立ち戻る）。仲介的慈善の行為として、この機能性を過度に強調し、これを社会的統制の一形式と読むことも可能である（Winch 1978 : 120〔邦訳一四六〕も参照）。というのも、これらの利点を指摘するのと同様に、スミスはそれらが欠如している場合でさえ、教育は国家が配慮するのにふさわしいとも言うからである。スミスはまた、ラテン語は実用性がほぼないかもしれない一方で、彼が望ましいとする、普通の人々によって学習される幾何学や力学の課程は、「最も実用的なものと同じように、最も崇高な学問への必要な序章」であると考えている（*WN* V. i. f. 55/786〔邦訳四、五五〕）。

スミスの言う、知的な徳の欠乏を教育で解決する道は、他の論者にも採り上げられた。ミラーにとっては、【178】「自らの暮らし方によって知識の習得をある程度妨げられている、最も有用ではあるが卑賤な階級の市民に、できるだけ知識を伝えるために、教育を施す学校や神学校」を設けることによって、「普通の人々」が直面する精神的向上への障害に立ち向かうことは、「公共の偉大なる目的であるべきである」。ここでもまた、スコットランドの教区学校が模範として引かれる（*HV* IV. 4/738）。ダンバーは、ピン製造者が従事する仕事がもたらす悪影響には、それらに対抗する「何らかの行政措置」が必要であると言っている。特定されてはいないものの、彼の念頭にあるのは教育のように思われる（*EHM* 423-4）。

「ピン製造者」の社会的な徳の不足について、よく最初に指摘されるのは『道徳感情論』におけるスミスによる政府の義務への言及である。そこでスミスは、立法者が「ある程度互いの面倒を見ることを命じる〔…〕規則を定めてもよく」、そうすることで「悪徳と不適宜性」が妨げられる、と言う。ただし、それは命令形ではなく仮定法で叙述されており、それらの規則の実行は「最も繊細かつ控えめに」なされることが要求される、とスミスは助言している（*TMS* II. ii. i. 8/8〔邦訳上二一二〕: cf. *TMS* IV. 2. 1/187〔邦訳下三一～三二〕）。この抑制された言い方では、たとえ原理的にはこの箇所が社会的な徳に公的な注意を払うことの適切さを裏づけている――ラルフ・リンドグレン（Lindgren 1973: 72）のように、ここで道徳を強制することは、原理の限度さえ超えることである、とまでは言わないが――にせよ、道徳改革のための至上命令としてここを読むことはできない。その上、実際問題として、『国富論』でスミスがこの大それた任務の遂行を考察するようになるとき、その規定が穏当なものであることは印象深い。ビアホールの数を削減し、ビールより蒸留酒により高い税率を課すために租税制度を用いることについての何気ない所感を別として（*WN* V. ii. g. 4/853〔邦訳四、一八四〕: V. ii. k. 50/891〔邦訳四、二二〇〕）[41]、社会的な徳が実践面において不足していることは、二つのやり方で埋め合わされる。

一つめは、再び教育に、ただし間接的に依拠する。反社会的、もしくは非社会的行為の徴候の一つは放縦である。先に見てきたように、熱狂は無秩序につながりうる。啓蒙の語調を再び響かせつつ、スミスは学問が「熱狂と迷信という毒に対する大いなる解毒剤」であり、より高い社会階層に学問研究を課すなら、社会を解体に導く毒に「下位層」がさらされるのを防ぐことになるだろう、と熱弁する（WN V. i. g. 14/796〔邦訳四、七七〕）。ここで、経験的に推定されている（に違いない）のは、今や「学問」の洗礼を受けた上位階層は、流行している（と想定される）不品行よりもむしろ、英知と徳を顕現させ、それが鏡となり下位層を包摂するほど、社会的なものの見方が広く波及していく、ということである（*TMS* I. iii. 3. 4/62-3〔邦訳上一六六〕）[42]。

社会的な徳が弱まっていることへの二番目の是正策は、たとえやはり間接的なものであるにせよ、国家に直接的な役割を与えるものである。国が厳格な諸宗派の役割に目配りするのである。それらの集団は、ピン製造者たちを組織化する一方で、にもかかわらず、社会を分裂させるような熱狂を注入しがちである。これに対抗するために、国家は、演劇、詩作、音楽、ダンス等々のような「公的気晴らし」を奨励することができる、とスミスは判断する。【179】「奨励すること」というスミスの意図は、「自分自身の利益」から気晴らしを求める者に「中傷や下品さなしに」、「完全な自由」を与えることである（WN V. i. g. 14/796〔邦訳四、七七〕）。「寛容」な政策は、それをする場合はスミスの自然的自由への規範的支持に合致するうえ、『道徳感情論』の基底にある、義務を伴った「繊細と慎み」の事例として読むこともできる[43]。これらの気晴らしの効果は、「憂鬱で暗澹とした気分」を晴らすことであり、スミスはその気分と諸宗派の「不愉快なほど厳格で非社会的な」性質とを結びつけている（WN V. i. g. 12/796〔邦訳四、七六〕）。ケイムズも、「公的な見世物」と社会的な愛着の支持とを繋げている。彼は、どの階層も親しめるこれらの見世物や娯楽が、「生まれや役職や職業によって様々な階級へ人々が分かれること」（*EC* II. 443）という乖離性への抵抗力として役立つと考えている。

武勇の徳が腐食していく話については、スミスが推奨していることは特定的ではない。民兵を導入しても解決策にならないことは見た。スミスは、ギリシア人やローマ人が市民に行わせる軍事訓練に触れ、近代の民兵に比べて「武勇の精神」を維持するのにより優れた仕組であると判断する（WN V. i. f. 60/787〔邦訳四、五七〕）。それは、近代の民兵が時代の中で役立たないものであることのさらなる例示として端的に読まれうる。それらの訓練は、彼らの教育の必修部分である（*WN* V. i. a. 12/696〔邦訳三、三五二〕――ギリシア人への言及）（ケイムズは、ローマ市民が「幼児期から戦闘訓練」をしているため、ローマ軍が「無敵」であると考えている〔*SHM* II. 20〕）。しかし、それらの訓練に従事することは、「政府による」その従事への「それなりの労を伴った支援」がなければ、改良が進むに伴って廃れてしまうだろう（*WN* V. i. f. 59/786〔邦訳四、五八〕）。さらに、先に記したように、そのようなどんな訓練も、民衆の惰性に直面すれば強力な規制が必要となる。ジョン・ロバートスン（Robertson 1985 : 216）とアンドルー・スキナー（Skinner 1996 : 194〔邦訳二九三〕）の解釈によれば、スミスは、にもかかわらずそれらの訓練が当時の公教育の必修部分をなすべきであると主張していた。ファーガスンの場合は、「諸部門の乖離（separation of departments）」についての公刊されなかった断章で、「軍事戦術と実技訓練」は、「初等教育」に適切に含まれるべきである、と主張している（*MSS* 148）。ターンブルもまた、その「訓練」は「男らしく、頑丈で、武勇に富む精神」に必要と考えているが、「正しく範を取った教育」への言及はするのに、詳細を語ってはいない（ターンブルは、それらの訓練が「ただの兵士の国」になってしまわないように、制限されるべきであるとも述べている）（*PMP* 362, 361）。スミスも同じく、詳細については明らかにしていない。スミスは（ロバートスンやスキナーには失礼ながら）訓練を必修とすべきであるとは言っていないが、「それなりの労を伴った」もしくは「政府の真剣な配慮」（*WN* V. i. f. 60/787〔邦訳四、五八〕）の内容は、特定されないままである（cf. Sher 1989 : 255）。【180】最もありうる推測はこうなる。教区学校に関しても、ギリシアやローマの共和国に関しても、本文中で隔たりなく「区別のための褒賞金や徽章」（*WN* V. i. f. 56, 58/786〔邦訳四、五五、五六〕）という語句が繰り返されるが、それによってこれらの訓練が、武勇の徳の衰退に抵抗する一助となる諸活動に参加することを奨励するよう、政府が裏づけて誘因構造をかたちづくればよいと示唆しているのだろうというものである。しかし、その思索的な解決策でさえ、スミスが伝染病にたとえている不足を扱うのに不十分であるように思われる（*WN* V. i. f. 61/788〔邦訳四、五九〕）。

　この病気の深刻さの度合いや、是正策を位置づける不足、困難さと見えるものが、モンテスの「シヴィック・

ヒューマニズムの黄昏の色合い」（Montes 2009：328）という語句を表現しているのかどうかについては議論の余地がある。その語句は、スミスが第一にシヴィックな「主張」にいみじくも賛成していると想定することによって、この特定の局面を過剰に述べるリスクを孕んでいる。商業社会を悩ませる最後の危険が吟味されるとき、スミスの賛成を疑うさらなる理由がある。この最後の脅威は、信用制度と公債の帰結によって現れてくる。

3　公信用

クレイグ・マルドルー（Muldrew 1998：chap. 10）が「信用文化」と名づけたものが一六世紀から徐々に形をなしていった。それは、あの人は信頼をおけるという評判に基づいた各地域の人間関係の網の目から広まって、彼が「契約社会」と呼ぶものに辿り着く。こうしたプロセスを経て信用は制度化された（Ito 2011）。このプロセスのカギを握るのは、信用の流通力を高めることであった。これと銀行の発展が絡み合い、一六九六年のイングランド銀行創設およびいわゆる「財政金融革命」で山場を迎える。それは人々が政府に投資する機会を作り出し、そのことで政府は債務をとれるようになる。こうした展開には抵抗がつきものであった。根本的懸念は、信頼がもはや顔見知りの個人との関係に根をもつのではなく、不確定性と意見の世界に浮かぶに任されていたことである——すでに見たニコラス・バーボンの論断の通り、「信用は意見が作った価値である」（Barbon 1905：19〔邦訳二四〕）。バーボンから見てこれは否定的展開ではなかった。信用制度の支持者たちは、軍の勝利にとって信用が必要だと指摘した（イングランド銀行は対仏九年戦争のさなかに創設された）。それは信用が製造業と商業を刺激する力に依存していた。現実の戦争の拡がり、いつまでも払拭されない国際紛争の脅威——いつでもではないがとりわけ植民地拡大に起因して生じたそれ——がつねに背景としてあった（Dickson 1967：7）。

【181】こうした公信用依存によって、信用を増す行動にいよいよ大きなプレミアムがつくようになったことは意識されており（Hoppit 1990：320）、さらに信用手段の発展が信用を利用できる道を切り拓いたために、ますますそうなった。例えば、チャールズ・ダヴナントはよく引かれる一節で何が問題の核心なのかを言い当てた——

「人間精神のなかにしかないもののなかでも〔本書二〇四／【159】頁で引いたバーボンの「精神の欲求」を参照〕信用ほど空想的で微妙なものはなく〔…〕それは意見によりかかっている」（Davenant 1771: I. 151）。こうした非実物的世界のおかげで、投機筋と「株屋」が栄える。ダヴナントは彼らを別の言葉で「興業、信用の怪しげな資金、国民の債務負担増を請け負う人たち」と特徴づけた（Davenant 1771: IV. 212）。ダヴナントは堅実な信用制度を熱望するが、それには時代の「不道徳と不信心」の修正が必要で、これは規正法の制定によって促されるだろう（Davenant 1771: I. 167; I. 347; V. 379）。むろんカール・ウェナリンド（Wennerlind 2011: Chap. 4）が論じた通り、実務上信用システムを維持するには消費の勧告や名ばかりの指図では足りず、法の厳格な強制が必要であった。

ダヴナントの懸念は一八世紀前半の壮絶な金融崩壊劇で息を吹き返した（イングランドでは南海バブルという不名誉な例があるが、それは単発の事象ではない）。上述のとおり、奢侈批判でこれに応じた動きが繰り広げられ、信用の非実物性は奢侈の皮相性をさらに具体的に示した。欲望が首座についたことが流行のはかなさと伝染性のなかに明示され、それは「興業屋」と株屋が栄える投機経済の基本形が示す不合理性や非恒常性と合致した。これは反奢侈派のジェンダー的言語に見合うものだった。女は流行を追い、かくて諺にあるような移り気と頼りなさを証明するものだと。こうした女性の特質は信用に基づく経済に非難とともに関連づけられた。土地に基づく経済と対比すると、地主はエドマンド・バークが「偉大にして雄々しき美徳、恒常性、重み、度量、強さ、忠誠、堅実」（Burke 1889: 427〔邦訳一三九〕）と特定したものの砦であった[44]。

商業社会派を反奢侈派が論難したのとちょうど同じように、反信用文化派も商業社会派を論難した。後者の論難のなかに、より深いものが潜む。商業社会が抽象的で信念に依存するということは、この危険がそれだけ潜伏性のものであることになる。不確定性やリスクは商業に付きもので、誰かが専門化しようと決めてもその成果物たる財が売れるという保証はない。第四章でふれたが、分業の広がり（したがって社会の富裕）は将来への信頼次第である。信用制度もまた信頼次第である。【182】ステュアートはそれを実際「理性的期待」と定義している（*PPE* II. 440〔邦訳一、二二〇〕）。資金は（製造業着手に必要な株が買われるとき）払い戻されるとの期待に基づいて前払いされ、預金された貨幣（他人に貸せる）は安全で、要求払いができるという信頼が必要である。政府支出の長期債化も例外ではない。それは今期（と見通せる将来）の経費を賄う貨幣を求め、特に戦争経費が大切で、信頼できる将来税収フローの力によって借り入れられる（債務をとれる）。ミラーはウィリアム三世の政策に注釈しつつも一般にあてはまるとして、国債を契約する理由を三つ特定している。第一に「富と奢侈のよくある帰結としての浪費と遊興」、第二に収入を上回る経費を使いたいという「野望」、第三に「何よりも」まず「広範な交易と製造業の当然の帰結としての資本流通がもたらす借入の利便向上」である（*HV* III. 7/657）。けれども、信用の危険は歴史的な問題ではない。第一章でふれたエア銀行の倒産は、これらが些細な問題でも遠い昔の事柄でもないことを示した。信用と公債（に関連した問題）の状況は、それが商業社会の理念にとって明白で目前にある危険をなすことを意味した。ヒュームのように商業を支持する人たちも、この脅威を敏感に察知し、それにいかにうまく対処するかについて疑問を抱いていた。

ヒュームはこの主題のために論考を一つ捧げている（「公信用について」）。これは一七五二年の『政治論集』所収だが、同論集中では「商業について」よりは「勢力均衡について」と共通点が多い。「公信用について」で、唯一ではないが主な関心対象となっているのは、公債が国防力の解体を、また彼は重要だと明言しているが、勢力均衡に対する注目の欠落を招くことである（*E-PC* 365〔邦訳二九三〕）。こうして彼の説明は、本章第一節で概観した危険によって塑型されている。彼が公債の「国内管理」に与える影響を考えたのは事実である。得失とも総合判断すると、この点では、債務ファイナンスの短所が、商業や工業に及ぼすとされている長所を上回ると彼は見た（これはもちろん、肯定面を少し認めたことになる）。それでも、これら短所は、公債が「政治体と考えられる場合の国家」に及ぼす損傷に比べて「取るに足りない」（*E-PC* 355〔邦訳二八六〕）。

当時における戦争と国防の突出と浸透がヒュームの展望をもたらしている（第一文は「平和」「戦争」「征服」「防衛」を含む〔*E-PC* 349〔邦訳二八三〕〕）。論考冒頭の導入箇所は「古代の普通の慣行」と「近代の方策」を対比している。前者は財宝の蓄蔵を、後者は借入（公信用の契約）を意味した。蓄蔵は平時に征服のため、または戦時に防衛のためになされる。【183】借入の背景は「公信用について」では不明だが、「勢力均衡について」では戦争と関連づけられている（*E-BP* 340〔邦訳二七二〕）。蓄蔵された財宝を欠く近代の体制は、資金集めのために「子孫」が債務を返済してくれると信じて、公収入を抵当に入れる。ところが、むろん次の世代もただ同じ政策をとるのみで、債務を続く世代に回し、回された方はさらに後代に回す。結末は、こうして蓄積された債務が「すべての争論の頭越しに」最終的に破産を招くことである。それは「ほぼ確実に」「貧困、無力、外国に対する服従」をもたらすだろう（*E-PC* 350-1〔邦訳二八四〕）。この点で、同論考は特に「政治的な」面に踏み込んでいることがわかる。古代の慣行も誤用に服したが、それでも「この点で」それには近代の慣行よりも慎慮に適う（*E-PC* 350〔邦訳二八三〕）。商業には、ある「内在的な」危険（我々の呼称だが）がある。例えば〔政府が〕返済力を超える債務をとると、主にその利払いのために増税し続ける必要が出てくるので、労働の価格が上がることである。彼はまた紙幣に対する疑問を再三再四述べている（「貨幣について」において〔*E-Mon* 284〔邦訳二二二〕〕）が、これは政府証券や株式が一種の貨幣として機能するためである（*E-PC* 355, 356〔邦訳二八六、二八七〕）。しかし「外在的な」危険は破局的である。このために「公信用について」の特徴である修辞が花開く――「国が公信用を滅ぼすか、公信用が国を滅ぼすか、二つに一つである」（*E-PC* 360-1〔邦訳二九〇〕）。

ヒュームは破滅に至る道を二つ示している。税負担が過大になって新規収入源が尽きてしまい、有事に直面した政府が絶対支配者然と行動するか（cf. *E-CL* 96〔邦訳八四〕）、利払い用に積み立てられた貨幣に手をつけるかである。政府は返済を誓うだろうが、こうやって「公共の信用」をないがしろにするなら、近代の経済の土台である信頼を打ち壊し、「ぐらついた機構」は瓦解するだろう。このシナリオをヒュームは「公信用の自然死」と呼ぶ（*E-PC* 363〔邦訳二九一〕）。だが、さらにひどいシナリオも考えられる。これは意図的破産に訴えるものだが、「民衆の政府」（cf. *E-CL* 96〔邦訳八四〕）をあまりにないがしろにしており、結末は資源が尽きてあまりに脆弱になり、外からの征服者に抗戦できなくなるというものである。これが「公信用の暴力死」である（*E-PC* 365〔邦訳二九三〕）。こうして論考は大団円を迎える。戦争に備えて蓄蔵する古代の慣行とは異なる、借入という近代の慣行はその力を殺がれてしまったのである。

同論考におけるヒュームの結びの言葉は、感傷に収斂するように見える。ダヴナント風に古代の質実さの回復が断固として支持される（Davenant 1771: IV, 424）ことはなく（我々が見るところヒュームはそれを退けた）、その代わり「民衆受けする狂気や幻想の影響」から逃れよとの嘆願が述べられる。ここには「勢力均衡について」のこだまが聞き取れる。同論考では、一時的関心事にすぎない（オーストリア継承）戦争のために歳入を抵当入れするのは、「最も致命的な思い違い」とされている（*E-BP* 340〔邦訳一〇六〕）。【184】ダンカン・フォーブズ（Forbes 1975a: 174〔邦訳二二五～二二七〕）の指摘どおり、この国際的側面（とりわけ対仏関係）こそヒュームの公信用論の中心メッセージである。[45] かといってヒュームが、特に後の版での論考の改訂で（Hont 2005: 340〔邦訳二四八〕）、商業の危険についてダヴナント的な懸念を匂わせなかったわけではない。その論調でヒュームは債務を抱えた過重課税社会が「不自然」で、そこでは「株主」のみが（勤労から直接入る額を超える）収入を手にすると明言している。しかし、こうした人々は「国家への関係」をもたない。彼らは収入をどこにいても受け取れる。[46] ヒュームは彼らが都市の住人で「愚かで勝手気ままな奢侈による無気力に陥っていく」と断ずる（*E-PC* 357〔邦訳一三〇〕）。ここでもまた真の問題は感覚の充足ではなく怠惰である。さらにまた、資金のこうした流動的性格が世襲の権威の基盤となることを妨げる。これはよき統治の伝統的拠り所たる「王と人民」の間の独立生活者という「中間権力」を排する（*E-PC* 358〔邦訳一三一〕）。[47] おそらくこの「権力」が、「民衆受けする狂気」と恐いもの知らずな支配者の「幻想」に対抗する力として作用するのである。

ヒューム以外のスコットランド人も債務の危険について語っている。当時エディンバラで出版されたパンフレットはヒュームに説き及んでいるが、彼があまりに上品すぎると判断している。著者は不明だが、[48] それは情け容赦ない――「公債［…］は共和国の壊疽《えそ》であり、切断に任せる以外なかろう」（いたるところで蛭《ひる》や害虫に擬せられ、不道徳と遊興心の温床とされる［Anon. 1753: 1, 2, 6, 12, 13］）。他方、ウォレスはヒュームに反論している。信用は商業にとって必要で、ヒュームが「紙券信用」に反対したのは誤りである（*CGB* 27）。ヒュームが認めたのと同じく、彼も公債が商業を刺激するという長所を強調するが、短所によって打ち消されて、お釣りがくると見た（*CGB* 49）。実際、ウォレスは「国はおそらく公債高が大きいその時代に富みかつ栄える」と断じている（*CGB* 95）。彼は、株屋は働かず用なしだとの議論に対して、こうした批判をいちばん浴びせる人たち、つまり「地主たち」にも同じことがあてはまるとして、返す刀で反論した（*CGB* 50）。彼は借入額に上限を課すのは容易でないことを認める（*CGB* 50）が、これはファーガスンと同じ結論である。ファーガスンは「偉大な国家的企図」の執行のために「民間生産活動の休止」を求めるよりも、債務契約という便法をとる方に利があるものの、それは「きわめて危険」で、またオランダを引合いに出して破産を招くと見ており（*ECS* 234-5）、この点でウォレスを飛び越えてヒュームに近い。『道徳と政治学の原理』で、彼は債務による資金繰りが貸手にも借手にももたらす「誘惑」の危険を力説している。上述の匿名パンフレットの著者やスミス（*LJB* 326/538〔邦訳三九九〕）と異口同音に、債務が増えるほど【185】「遊興のテーブルの有為転変に似てくる」（*PMPS* II. 450-1）〔民間や国が主体となる富くじ発行策は、一七世紀後半の特徴である〔Murphy 2009: 34-5〕〕。結局のところ、ファーガスンにとってもウォレスにとっても、危険は公債という慣行〔自体〕ではなく、公債を限度内に収めないことである（*PMPS* II. 455）。

ステュアートには、ヒュームの名を出さないが、〔公債の〕「結果」を列挙する際に、ヒュームが「公信用について」で示した懸念の影響が表れている。しかし、彼はその懸念の可能性を「予測する」ことは不可能だと見ている（*PPE* II. 601〔邦訳二、四三九〕）[49]。ステュアートは「過去の経験」から問題は処理できることがわかると信じているが、債権者の力が強い今では「事態はおそらく別だと思われる」（*PPE* II. 636〔邦訳二、五一七〕）。加えて、いっそうヒュームを思わせる調子で、彼は戦争に反対し、戦争は野望に起因し債務増加の原因になると述べている（*PPE* II. 637〔邦訳二、五一八〕）。ところが、彼は破産が不可避だというヒューム的結論には反対し（*PPE* II. 647〔邦訳二、五二八〜五二九〕）、「為政者」の手による信頼の再建が債務完済の手段だと考える（*PPE* II. 656〔邦訳二、五三八〕）。

ステュアートは、公信用が「国家つまり政治体に託された信頼の上に成立し」ていると表明する（*PPE* II. 472〔邦訳二、二五三〕）。信頼や信託が鍵を握るということは、ウォレス（*CGB* 47）もファーガスン（*PMPS* II. 449）も認めた。これはそれ自体特筆に値する点で、スミスでも中心的な問題である。上述のウォレスがとった既存の指針〔上述二一二／【166】頁〕によると、自由には誤用が伴ったが、スミスはそれが公信用システムに具体化されていると見た。自由な行為には「意図せざる結果」が伴う。

ヒューム同様にスミスも古代と近代の慣行を対比する。商業国では奢侈財が買い求めやすく魅力的だから、平時には資金は使われて蓄蔵されないことになる。その結果、戦時には余分の経費を賄うために収入源を借入に頼り、債務契約を結ぶ必要がある（WN V. iii. 4/909〔邦訳四、二九〇〕）。しかし、この必要を生み出す「社会習慣的《モラル》原因」の作用はまたそれを賄う手段も生み出した。すなわち貸付に応じる商人と製造業者の存在である（WN V. iii. 5. 6/909-10〔邦訳四、二九一〜二九二〕; cf. Steuart *PPE* I, 182〔邦訳一、一九四〕）。この論脈でスミスは正義の規則正しい実行がもつ重要性について、彼としては最も強い言明を行う。商業社会が享受するこの規則性によって、商人たちは政府に信用を供与するのに十分な信任と信頼を手にする（WN V. iii. 7/910〔邦訳四、二九三〕）。政府は極度の苦境にあるから、貸付条件は貸手側からは魅力的になる（*LJB* 321/536〔邦訳三九四〜三九五〕）。ところが、政府は今度は収入源を予想できるので、「貯金する義務から免れる」（WN V. iii. 8/911〔邦訳四、二九三〕）。スミスはこの点について説明をしていない――ヒュームが依拠した科学的規則性への暗黙の帰着すらない。彼の議論は歴史的語りとともに進むので（ステュアートが行っていたのと同じく）、この断言は叙述的なものと思われる。

【186】ひとたび政府が貯蓄を怠ると一連の事象が作動し始め、「いまのところ隠れていて、長期的にはおそらくヨーロッパの大国すべてを滅亡させるような、莫大な債務が生み出される（WN V. iii. 10/911〔邦訳四、二九四〕）。スミスは、続いて、長々と債務を長期化するのに用いられた様々な手法を列挙する。しかし、一時的と銘打って集められた税や「恒久債という破滅的な便法」の固定化により、こうした手法が状況を悪化させてきた（WN V. iii. 39. 41/920-1〔邦訳四、三一〇、三一二〕）。そこでこうした手法か創意が示されたとしても、元本はともかく利子を払いきれるだけの歳入がないなら、破産が最終的な帰結となる。スミスは記しているが、これはしばしば「硬貨の額面を大きくする」ことで「偽装」される（WN V. iii. 60/929〔邦訳四、三二八〕）（ヒュームは「公信用について」の後の版で削除したくだりの一つで、これを書きとめた［*E-v* 638〔邦訳二九六、注（19）〕］）。この「手品のような芸当」は状況を改悪しただけで、「災い」を比較的罪のない人々にまで及ぼしている（WN V. iii. 60/930〔邦訳四、三二九〕）。スミスの考えでは「公債がいつの日か払い戻されると期待するのは無駄」である（WN V. iii. 66/933〔邦訳四、三三四〕）。

この語り方には、修辞の点でヒューム的な黙示録的調子はない。原理のうえでは解決法はある。公収入を増やせば（植民地からの徴税を含む）債務は減らせるし、公支出を減らすことを単独または同時に行えばよい（*WN* V. iii. 66/933〔邦訳四、三三四〕）。実際には、スミスの制限のある「政治」観（Teichgraeber 1986 : 18）は、こうした解決策の実行が容易だろうという幻想を抱いていなかったことを表す。すなわち、彼は、債務を商業生活の事実としてより重視して考えようとしていた。たとえ債務がなければ理念的にもっと繁栄するのが商業生活だとしても。これが例示するのは、いかに商業的市場の出現がもたらした意図せざる結果が、封建的権力を滅ぼして法の支配を促した点で利益をもたらしたかのみならず、またそのように出現した社会を、債務を介して破壊する脅威を与える点で、有害でもあったかである。商業社会は、考えられるすべての世界のなかで最良ではない。このことが、その理念の意義の評価とともに、スコットランド人の商業社会の理念について我々に示すものは、最終章の主題である。

注

（1）「人間は生まれつきポリス的生き物である（*anthrôpos phusei politikon zoon*）」（Aristotle 1944 : 1253a10-11〔邦訳三五〕）。ここでは人間一般である（人間は「ポリス的」と限られるわけではないというアリストテレスの見解を反映している）にもかかわらず、彼やその追随者の議論では、性差が示されており、それは男性が政治に参与するというものである（女性は家［*oikos*］を切り盛りし、ポリスそれ自体に関しては「控えめに沈黙している」のがふさわしい［1944 : 260a31］）。

（2）古代の自由の最初の系統において、必要な限度が満たされた時点でも限界が見られなかったのとまさしく同様に、アリストテレスは、【187】富を獲得する技法によって生み出された富裕の追求に限界はないと考えた（Aristotle 1944 : 1257b17-18）。

（3）スミス（*LJB* 301-2/527〔邦訳三六八～三六九〕）は、商人に触れて彼らが軽蔑されているとしているが、この偏見はいまだに完全には拭い去られておらず、「商業の進歩にとって大きな障害」であるとも述べている。

（4）デイヴィッド・ケットラー（Kettler 1965 : 236）は、ファーガスンの「由々しき疑念」を確認しているにもかかわらず、「最後の分析において［…］、ファーガスンの立場は商業社会が正統であるという点に帰着している」と結論している。この結論の後に、『道徳政治科学の原理』からの長大な引用が続く（*PMPS* I, 249-50）。

（5）スパルタをこのように拠りどころとすることについて、ファーガスンはヒュームと意見を異にしている。ヒュームはスパルタの政治体制に根強い批判的見解を有していた（本文後述を見よ）。ヒュームはこのファーガスンとの相違を書簡で認めた（*CorrF* I, 76を見よ）。ファーガスンがスパルタを「理想的な政体」と見なした点については、ジャックによって主張された（Jack 1989 : 151）。

（6）この闘争性は、とりわけ「意図せざる結果」との関連という理由から多くの解釈を刺激した。英国における先駆的な議論についてはレーマン（Lehmann 1930 : 98-106）を、近年の扱われ方についてはヒル（Hill 2006 : Chap. 7）を見よ。ファーガスンにおいて、「対立」の利点は〔意図せずに〕ローマにおける貴族と平民のあいだの闘争に明示されている（*Rom* I, 85-6）。このリウィウス的な比喩は、公民的共和主義的伝統の頼みの綱であり、とりわけマキァヴェッリの『ディスコルシ』において、リウィウスによるローマ史の最初の一〇巻を論じた部分で再生された。

（7）共和政ローマの最後の出来事を論じる際、ファーガスンはカトー、キケロ、ブルートゥスらが「自由への称賛すべき熱意」をもって活動し、彼らを支持する市民――実際のところ、彼らはそのとき、自由に値しなかったが――を援助したことを述べている（*Rom* V, 71）。より一般的には、ファーガスンの『ローマ共和国興亡史』において、軍事や政治的徳がゆるむと共に、「人間本性が退行する挙動に陥る」というテーマが繰り返し取り上げられる（*Rom* V, 397）。

（8）ポーコックは『市民社会史論』を、「この〔腐敗〕というテーマについてのスコットランド人の論説で、おそらく最もマキァヴェッリ的である」と言った（Pocock 1975 : 429〔邦訳四三二〕）。マクダウェル（McDowall 1983 : 545）の「ファーガスンによる徳の理解はマキァヴェッリ的であった」も参照せよ。また、メディックとバチャ（Medick and Batscha 1988 : 69）も見よ。

（9）アリストテレスは一般的にこう宣言した。「最良のポリス（*beltistē polis*）」は「労働者（*banausoi*）」すなわち生計のために働かなければならない者を市民とは扱わないだろう（Aristotle 1944 : 1278a8〔邦訳一三四〕）。プラトンは、取引者（*hoi kapeloi*）と身体的な虚弱さのいずれも軍事的任務にほんらい適合しないものと見なして、その二つを確定的に結びつけた（Plato 1902 : 371c, 374a〔邦訳上一三八～一三九、一四四～一四六〕）。クセノポンはそれらを統合し、道具的な「自由でない」あるいは「非自由の」活動（*banausikai*）は身体を虚弱にし、精神を薄弱にするため、その従事者はポリスの防衛者としては不適である、とする（Xenophon 1923 : IV, 3〔邦訳三八〕）。

（10）ホントは、ブリテンとフランスに限定しているものの、世紀前半を概説している（Hont 2006）。フランスでの討論には大量の文献がある。最も綿密なのはショヴリン（Shovlin 2006）である。他の地域での討論は十分には扱われていないが、イタリアに関しては、熱心な研究がある（Wahnbaeck 2004）。スペインに関する手短なコメントは、ヘル（Herr 1958）を見よ。ステュアートは「ドイツ」において影響が大きかった。官房学論者のいう民生（*Polizei*）は、奢侈を規制することも包んでいる。

（11）【188】本文の一覧は『百科全書』（第九巻）の一七五七年のサン＝ランベールによる「奢侈」の記事から述べている。前半部の一覧は、のちに見るように、ヒュームの議論に類似しており、フランスにおける彼の相当な影響を反映している。チャールズ（Charles 2008）を見よ。

（12）ムロンはこう宣言している。「奢侈という言葉は空虚な名詞であって」、「あいまいで、混乱して、ゆがんだ考えを」伝える。また彼は、「治安（police）や商業」を考える際には、それを払いのけるべきであると助言している（Melon 1735: 130）（ムロンの『商業政治論』は影響力が大きく、ヒュームも知っていた）。ディドロは「奢侈」を、それをあらゆる事物に適用することは、正確な定義を回避することを意味する例として引用している（「奢侈」『百科全書』[Diderot 1755: V, 636r]）。

（13）ヒュームの他の奢侈論についてはCunningham（2005）. Susato（2006）と著者の以前の研究報告であるBerry（1994: 144-9）を見よ。

（14）ヒュームは『イングランド史』で、砲術の発展について「人間破壊のための考案」ではあるものの、「戦闘での流血をより減らし、市民社会により大きな安定性をもたらしている」と意見を述べるとき、それを暗に人間性（鎖の第三の環）と接続している（*HE* I, 498）。

（15）ヒュームは同時代の軍隊指揮能力に幻想を抱いていたわけでは決してない。彼は一七四六年のブルターニュでのセント・クレア将軍の軍事行動を直接目撃していた（Mossner 1980: Chap. 15）。

（16）一八世紀初頭のフランスで最も影響力のあった奢侈批判論者であるフェヌロンは、余分な技術と生まれつき課された真の必要とを対比した（Fénelon 1962: 453-4）。フェヌロン説については、Bonolas（1987）とHont（2006）を見よ。

（17）ヒュームは『人間本性論』で、奢侈を（浪費、優柔不断、確信のなさと共に）「悪徳」と呼び、その欠点はそれらの性格が「我々から仕事と活動の能力を奪う」とした（*T* 3. 3. 4. 7/*SBNT* 611〔邦訳三、一七三〕）。「技芸の洗練について」での後のヒュームの説明の方向によると、この欠点は固有のものとしてあるというよりも、日ごろの行いで好都合ではないことにある。この一節に初めに私の注意を喚起してくれたカール・ウェナリンドに謝意を表したい。

（18）『蜂の寓話』におけるマンデヴィルの「主意」の特徴づけは、「黄金時代に望みうる美徳や無垢をすべて恵まれること」かどうかが行いの適切さの基準であると判断する一方で、（「勤勉で、富裕で、強力な国家」で見られるような）「このうえなく上品な生活の慰安」を享受することは、当然のことながら、同時にはできないというものであった（Mandeville 1988: I, 6〔邦訳五〕）。

(19) ヒュームの説明によれば、エリザベス期イングランドは「貴族が様々な程度で優雅な奢侈のための嗜好を身につけつつある」時代であった。このことは「輝かしい思いやり精神」の衰えを導いたものの、にもかかわらず「消費のこの新しい方向性が技術と勤労を促進し、他方で古風な思いやり精神は悪徳、無秩序、扇動、怠惰の源であると考えるほうが妥当である」（*HE* II, 601）。

(20) ヒュームは、洗練された時代においては、放漫な愛がよりありがちになると述べている（*E-RA* 272〔邦訳二五〕）。ケイムズによれば「貞操は名ばかりのものになっている」（*SHM* I, 338）。

(21) 一七七九年においてすら、このことはイングランドとドイツにおいては、よりあてはまりにくい。これらの国では、「どちらかというと必要で有用な技術」が強調され、それによって華美に流れることに歯止めがかかった（ただしイングランドに関しては、『イングランド統治史論』［*HV* IV, 4/770］における似たような一節がある）。【189】その小段落で強調されたのは、精巧で優雅な技術についてであり、第三版の関連部分の新たな見出しがそう語っている。ミラーは規制（limit）について論じ（*OR* 225; *Obs* 77）、そのことは、それらの技術を衰えさせる一つの条件についての長期的視点の比喩を暗示している。

(22) マイケル・イグナティエフは性的放縦についてのミラーの扱いに「ミラー思想におけるシヴィック・リパブリカン的水脈」を見ているものの、近代の個人主義に関しては、ミラーは「あいまいである」と判断している。そして、そのことがミラーの立場、すなわち「シヴィック・ヒューマニストのモラリズムと経済学」という「二つの言語」の間に囚われた思想家としての立場を暗示している、と考える（Ignatieff 1983: 340, 336, 341〔邦訳五六六、五五九～五六〇、五六八〕）。ミラーがそのように「囚われている」かどうかは、もちろん彼が二つの言語に通じている能力次第である。クヌード・ホーコンセンは、ここに、ミラーが正義の問題を徳に関する道徳的解釈と区別するやり方における「論の運びの勝利」を見ている（Haakonssen 1996: 169）。キャサリン・モラン（Moran 2003: 79, 71）は、ミラーなりの懸念を認めるものの、イグナティエフに失礼ながら、「男性の欲求や感情」を測る試金石となる「不変の女性らしさ」を採りあげた者としてミラーを読み解いている。

(23) Cf. Muzzarelli 2009 and Hunt 1996. 個々の「国」の法令研究が数多くある。

(24) ハート（Harte 1976: 39）に引用された一五三三年のイギリス服飾法（Act of Apparel）序文。

(25) 日雇い労働者が公的な場所に現れる際、麻のシャツ（それを持っていないならば、実際、「不面目なほどの貧困」が暗示される）を着ていなければ恥ずかしく思うだろうとスミスは言っている。以前の時代のギリシアやローマの人々は、そのような衣服なしにすこぶる快適に暮らしていた（*WN* V. ii. k. 3/870〔邦訳四、二一七〕）。この点でのスミスの影響については、Roberts（1998）を、より広範な基礎については、Berry（1994）: Chaps. 7 and 8を見よ。

(26) 例えば、「我々は、精神に忍び寄る安穏に実際苦しんでいる」。別の例はファーガスンの以下のような認識を含んでいる。「我々が到達した」商業段階は、我々の作法に影響を及ぼし、以前はあった「実入りのよい技芸への軽蔑」を取り除いた。そして「軍事という業」の地位低下を生じさせた。というのも、「その利益は取るに足りない」からである。ブリテンは各人が自らの〔専門〕分野に閉じこもる手工業者の国になるだろう。そして、公的奉仕が生計をたてる手段になることを容認するだろう（*Reflection* 14, 8-9, 12, 43）。

(27) 市民軍に加わるのは自発的であるべきか強制的であるべきかといった主な争点に関して、ファーガスンの立場はあいまいである。ある法令が強制的な形式を採用していたとしても、もし作法が変化するなら、無理強いすることがほぼなく、やはり「喜んで即座に従う構え」が生じるだろう（*Reflection* 49）。レイナー（Raynor 2008: 70, 72）は、このパンフレットが自発的決定制を支持していると理解し、強制論に反対するために執筆されたように思われると論じている。

(28) ロバートスン（Robertson 1985: 186）は同クラブの社交的側面を、シャー（Sher 1989: 259n.）は公的目的の側面を強調する傾向にある。

(29) 一六五六年の『オシアナ』において、民兵はハリントンの計画の中心的な要素であった。注30も見よ。この論題に打ち込んだ一六九八年の『民兵との関係から見た統治』において、フレッチャーは民兵を「自由の真のしるし」として、【190】また「徳の学校」を構成するものとして称賛した（Fletcher 1979: 19, 24）。フレッチャーが重要な影響源をなしたことは、デイヴィ（Davie 1981: cf. Pocock 1985: 230〔邦訳三三一〜三三二〕）によって掘り下げられた。ただし、この意見を支持する証拠は、取るに足りないものしかない。ケイムズの著作は彼の論文に言及した少数の例の一つである。

(30) ファーガスンは『国富論』の読了後にスミスに書簡をしたため、多くの点でスミスを支持するが民兵をめぐっては反対すると言った（*CorrF* I. 193-4）。この論点に関するスミスとファーガスンの関係は、シャーによって論じられ、彼らには「根本的な」不一致があったと結論されている（Sher 1989: 208）。Mizuta（1981）も見よ。スミスはポーカー・クラブのメンバーであったものの民兵支持に変節しなかったのとまさしく同じように、ヒュームも変わらなかった。しかし、ディヴィッド・レイナーには、一七六〇年の『妹ペグ』というパンフレットがヒュームによって執筆されたと論じている部分があり（ファーガスンが執筆者とされることのほうが多い）、彼はヒュームの「熱意ある民兵軍の擁護」に言及している（Rayner 1982：26）。他の論者は（例えば、Robertson 1986：70ff.：cf. Robertson 1983 および Forbes 1975a：212〔邦訳二八六〜二八七〕）、常備軍への嫌悪と民兵への支持を、ヒュームが自らの「完全な共和国の理念」論文に大きく依拠したシヴィック共和主義者の一形式であったことの証拠と見る。もっとも、同論文はあきらかに、ハリントンの共和国を「唯一価値あるモデル」として認める想像上の実演を意図したものである（*E-IPC* 514〔邦訳二八九〕）。私は、この論文を「ふざけた当てこすり」と見るリチャード・ティーチグレーバーの素敵な表現（Teichgraeber 1986：117）に傾いている。

（31） 近代の軍隊についても言えることだが、この一般的なメッセージはより以前の時代にも適用される（九八／【75】頁を見よ）。スミスはローマとカルタゴの例を取り上げる。それに関しては見たように、ファーガスンが多言を費やしている。ただ彼が論点にするのは、どちらの軍隊も、紛争の長期性が原因で、職業軍の性格を帯びていたことである。ローマ人はギリシア、シリア、エジプトの民兵を打ち負かしたが、彼らは「弱々しい抵抗しか」示さなかった（*WN* V. i. a. 32-5/702-3〔邦訳三、三六三〜三六五〕）。ファーガスンは、同じこの展開をローマの腐敗のしるしと判断した。

（32） これは、郷士の利害と公共の利害は一致するというスミスの見解（第四章一四三／【111】頁で特定した）に呼応している。スミスは、郷士たちが政治判断を下すには精神的気構えが不十分だと考えており、実効ある軍事的統率力が知力にはあまり依存しないとはむろんいえない以上、上の見解とどれだけ整合するかは不明である。

（33） このことはおそらく、マルクスが『資本論』で同節を引用したことによって始まったか、少なくとも促された（Marx 1967：I, 361〔邦訳一、四七四〕マルクスは他の点でもファーガスンについて言及しており、『市民社会史論』が『国富論』より早かったせいで、彼をスミスの師と見なしている［I, 123n, 354］〔邦訳一、四六四〕）。これらの言及は、「若きマルクス」の「発見」や、「疎外 alienation もしくは estrangement」（*Entäusserung, Entfremdung*）と組み合わさったとき、ファーガスンが「階級抑圧の鮮明な光景を」素描している点において（McDowall 1983：543）、マルクスの前兆となるとか、ファーガスンが「資本主義の最も鋭い批判家に属する」（Blaney and Inayatullah 2010：106）との主張を生んだ。この一節（ならびにより広い意味での『市民社会史論』におけるファーガスン思想）が「企業文化」（Benton 1990）や「市場」（Varty 1997：38；Ehrenberg 1999：96）のより広範な批判の前兆であることも知られている。ダンカン・フォーブズ（Forbes 1967：46）は、ファーガスンが「近代思想史における最も拡がりをもつ主題の一つ、【191】すなわち疎外という観念を明白に告げた嚆矢」と理解しうると明言している。また、ディヴィッド・ケットラー（Kettler 1965：9-10）は、ファーガスンの「関心が、過剰な合理化、非人間化、原子化、疎外化、官僚化という問題の前兆になっていることは間違いない」と明言している。

(34) 例えば、ウエスト（West 1964; 1969）を見よ。彼は後にウエスト（West 1975）、ラム（Lamb 1973）、ローゼンバーグ（Rosenberg 1965）、ワーヘーン（Werhane 1991）と議論している。マルクス主義者の疎外論が、これらのすべてではないにせよ多くの議論の枠組みを整えている。この見方については、例えばウインチ（Winch 1978）、ヒル（Hill 2007）、マクレー（MacRae 1969 : 24）を見よ。マクレーは、この問題が出現したとき、疎外についての議論の多くが自分には「空虚」であるように思えたことを、皮肉交じりに説明している。

(35) これは少し後にさらに強い言葉で強化される。「文明社会」における「下層階級」は「粗野な無知と愚かさ」を蒙り、「知的能力を適切に用いることのない人間」ほど軽蔑に値するものはない（*WN* V. i. f. 61/788〔邦訳四、五九〕）。

(36) 後の著作でファーガスンはスミスに負うことを示し、公刊しなかった一八〇六年の論考で、ピン製造の文脈において、仕事が「手や足をたんに動かすこと」である者たちの「不活性」について述べている（*MSS* 15/145）。『道徳政治科学原理』は、分業について長々と語っているものの、その徳への効果については何の言及もない（*PMPS* II. 42-30）。

(37) スミスとルソーの関係についての最も早期にして最も鋭い吟味は、イグナティエフ（Ignatieff 1984: Chap. 4）に見られる。より最近のグリスウォルド（Griswold 2010）は、この関係の哲学的吟味を行っており、スミスでは相互依存が深い意義を持つことを取り上げている。

(38) ハンズ・メディックとアネット・レッパート－フェーゲン（Medick and Leppert-Fögen 1974 : 31）は、この分割を「二階級理論（*Zweiklassentheorie*）」を表明するミラー思想における別の構成内容を示唆するものとして、マルクス主義的な用語で解釈している。彼らにとっては、論文の表題のように、ミラーは「矛盾」によって分裂したプチブルジョワジーの理論家である（「プチブルジョワジーのイデオロギーとしての初期社会科学」1974 : 34, 47 ならびに全般を通じて）。

(39) スミスにシヴィック・ヒューマニズムを見出す者としては、他に（ある程度条件つきで）ロバートスン（Robertson 1983）、マクナリ（McNally 1988）、ハーシュマン（Hirschman 1977）、イヴンスキ（Evensky 2005）、田中（Tanaka 2007）が連なる。ウインチ（Winch 1978）はポーコックに影響され、自説の多くをそれらの視点で表現したが、後の論考（Winch 1983; 1988）でこの解釈の限界を明らかにしている。

(40) スミスは、全面的な公的資金拠出には反対である。その理由は、教師が「職務をなおざりに」するのを後押しするだろうからである（*WN* V. i. f. 55/785〔邦訳四、五四〕）。この格率をスミスは大学教育に拡げたが（*WN* V. i. f. 7-8/760-1〔邦訳四、一六～一七〕）、それは名指しにしたオックスフォードのしくみと比較して、スコットランドでの実践を暗に好ましいとしているのであろう（*Corr* 178も見よ）。

（41）スミスは後者の方策について、この政策が採用されるのは「ふつうの人々に想定される傾向としての健康を害し、道徳を腐敗させる」ことを減退させる理由で、蒸留酒の消費に歯止めをかけるためにである、と明言している。彼はそう論じるものの、その適宜性に異議を唱える根拠については何ら述べておらず、ダヴナントに反して、課税率に差をつけることを擁護している（*WN* V. ii. k. 50/891〔邦訳四、二二〇〕）。

（42）（一七九〇年の第六版で追加された）この章の同部分におけるスミスの関心が、地代や貴族的環境よりもむしろ、【192】商業的蓄積に関わるものかどうかについては、議論の余地がある。洞察に富んだ探究については、Tegos（2013）を見よ。

（43）「寛容」という同じ原理が、以下のスミスの見解にも行きわたっている。すなわち、それらの「諸宗派」はその成員数がわずかになり、多くの集団が〔厳格な〕様相を発散しはじめたときにのみ、厄介なものになる、という見解である。さらにスミスは、この分裂増殖は仮に政府が「それらの集団を放っておいて」一方でそれらに他宗派を尊重せよと強いるなら進行すると考える（*WN* V. i. g. 9/794〔邦訳四、七三〕）。スミスは、この宗派の多様性が「不条理や欺瞞や狂信が何一つ混ざっていない、純粋で合理的な宗教」を導くことさえあるかもしれないとまで主張している（*WN* V. i. g. 8/793〔邦訳四、七二〕）。（スミスは「多元的な世界を思い巡らしている」という議論については、Boyd［2004: 137］を見よ）。これは、国教が制定されたところでの国家の役割とは区別される。ここでの論点は、政府の第一の義務であり、安全保障であるが、公共事業ではない。主権者の権威に逆らって牧師が陰謀を働かないようにするためには、「公的な安寧」のために国家が「宗教の導師の大部分」に「相当程度」の影響力を行使すべきことが必要である。この影響力は、原則として、人事構造への統制という手段を介してなされる。時の主権者が現行の「信仰箇条」自体にかかわることは、「分をまきまえたものではない」からである（*WN* V. i. g. 18/798〔邦訳四、八〇〕）。

（44）こうした性差論的用語では、美徳（男らしさ）が女らしさを表す女神フォルトゥーナと対比され、後者の「財」（言語、名声）は移り気である。こういう並べ方はルネサンスにはよく見られる（マキァヴェッリの『君主論』［特に第二五章］がよく知られる）が、フォルトゥーナの気変わり（気紛れからex lubidine）を強調する（だから奢侈が支配し、カティリナが力を得た）サルスティウスのようなローマのモラリストによっても想起されていた（Sallust 1921: para. 8〔邦訳四三〕）。この性差論的用語が果たした役割をめぐる議論についてはPocock（1975: Chap. 2）を、その信用との関係についてはPocock（1975: 452ff.〔邦訳三八八以下〕）を見よ。ポーコックは「商人の道徳」は市民の徳とぶつかることを強調しつつも、土地と信用が対立すると想定することにはのちに警戒を示している（Pocock 1975: 449, 445

〔邦訳三八五～三八六、三八三〕: cf. 466〔四〇三〕）。

（45）フォーブズは見解を十分展開せず、これをHont（2005）が受け継いで徹底させた。ホントはヒュームが公信用を商業社会の自己破壊の代理人として弾劾したと見るポーコックの解釈（Pocock 1985: 132〔邦訳二四七～二四八〕）に対してフォーブズを最終的に擁護した。田中秀夫（Tanaka 2007: 43）はヒュームにふれて問題を正しくつかんでいる。彼によるとヒュームの「二面性は商業社会観に関するものではなく商業社会と国際的な力の政治との関係に関するものである」。

（46）「貨幣保有者」は「[政体という船の]旅人以上の者ではない」というボリングブルックの表象と比較せよ（Bolingbroke 1754: III. 174）。スミスもこの感覚を表明した（*WN* V. ii. f. 6/848〔邦訳四、一七六〕: cf. III. iv. 24/426〔邦訳三、二五三～二五四〕）が、厳しい非難は何ら含まれていない。

（47）ヒュームは「政府の起源について」の後半で自由な政府の一つの目印として「何人かの成員の間での権力の分割」を伴うことを特記していた（*E-OG* 41〔邦訳三一～三二〕）。背景ごと考えると、「公信用について」ではこの中間権力は地主郷士からなると思われる（ボリングブルックは【193】貨幣保有者が「旅人」であるのに対して「土地保有者は我々の政体という船の真の所有者」であるとした［Bolingbroke 1754: III. 174］）。とはいえこれは交易者と商人が「中間的階級の人たち」で公共の自由にとって最良の基盤だとした「技芸の洗練について」における議論（*E-RA* 277〔邦訳三一～三二〕、本書七五／【56】頁を見よ）と考え合わせると座りがよくない。「権力」と「階級（rank）」の差については Giarrizzo 1962: 52, 68n. を見よ。

（48）大英図書館は同作の著者をエリバンク卿（Lord Elibank）とするが、スコットランド国立図書館はイグリントン卿（Lord Eglinton）とする。エリバンクはヒュームの友人、知識人仲間の中心的人物であり、選良協会員にして民兵派でもある（Carlyle［1910: 63, 279］は彼の能力を高く買っている）。「改良者」とされるイグリントンもヒュームの知己で、ロンドンの高等政治家集団と交流した。

（49）ヒュームは「予測は難しい」と認めるが、それでも「必然的な結果」や「事物の自然の成行き」にふれる（*E-PC* 357, 360〔邦訳一三〇、一三三〕）。これらは行動におけるある種の予測可能な恒常性を基盤としている（彼は「人間や大臣の本性」または「すべての時代の人間」が「同じ誘惑につかまっている」とする［*E-PC* 360, 363〔邦訳一三三、一三七〕］）。このようではあるが、修辞を駆使して強調された予知は合理的「推測」として提示されている（*E-PC* 360〔邦訳一三三〕）。

第七章　商業社会の理念

【194】終章となる本章の狙いは、「商業社会」の語でスコットランド人が理解していたものは何で、その特徴は何かをつきとめることである。この作業はまた、ここまでの章で語った物語のなかの個々のエピソードに光を当てるだろう。

商業社会の理念の核にあるのは、それが政体や部族ではなく「社会」だという点であり、政府や家族もこれに含めることができる。この二つは、一つの「社会」をつくる制度、行動、価値が絡まりあった仕組の構成要素である。こうした統合はイロコイ族、タタール人、封建期ヨーロッパ人、古代世界やルネサンス世界の都市国家でも商業社会でも実際にある。商業の世界にはそれ独自の仕組があり、この独自性は歴史の所産である。既述の定式（本書六五／【49】頁）を繰り返すと、スコットランド人の著作に出てくる商業社会には共時的な面と通時的な面がある。

ここまでに論じた商業社会の鍵となる特質の一部をまとめ直してもよかろう。第三章では、商業社会は分業を組織的に用いるから栄えることを学んだ。この繁栄が浸透したことも理解している。すなわち、相対的に貧しい人でも、市場の参加者は誰もがそれまでの時代より絶対的に豊かなのである。この「普遍的な富裕」の広がりによって、近代の商業社会は、ヴェネツィアのような交易都市での生活と違うものになった。それら交易都市では、寡頭政の支配者が傑出した地位を保持する厳しい統治を行っていた。また近代の商業社会は、奴隷制に基礎を置く古典古代の共和国とはさらに違っていた。商業社会の共通善は、少数者ではなく多数者の物質的幸福を何が促進するかによって判断されたが、それはヴェネツィアでは奢侈禁止法のようなものが妨げたし、アテネやローマではそもそもなかった。第四章では、近代の繁栄は一度「火がつく」と、法の支配と厳格な司法の実施とともに進展したことを見た。【195】このような公平（equity）の制度化はまた、奢侈禁止法と奴隷制という法的に強制された位階秩序に対立するものでもあった。安定した公平な法体系の運用を通してのみ、将来を見据えた市場行動に必要な信頼が成り立つ。この運用が恒常性と予測可能性を確立するからである。市場行動は本来多数の人々との相互作用を含む。しかし違いは質的でも量的でもある。この相互作用の多くが間接的かつ匿名的で、直接的な場合ですら大半が見知らぬ人が相手で、このため相互作用のあり方は目立って情のないものになり、個々には機能中心で、情を伴ってそれ自体に価値を認めて行われるものではない。法の支配が機能している社会での生活は、近代に固有な型の自由をもたらした。第五章で明らかにした、自分の関心を自分なりに追求する自由である。こうした多様な自己追求が商業的であってもなくても、それは平和的環境が保たれたもとで、または少なくとも無法性が特徴となってはいないもとで、行われることになる。

商業社会にはこういうポジティブな要素はあるが、またネガティブな面もある。ただ、第六章で概観したが、こうした面が商業社会の目立った特徴を浮彫りにするのである。消費財が増えるだけでなくその質が改良され、嗜好と洗練を顕在化させる（奢侈）。商業社会は、軍事のような政治の領域を一つの専業分野とみなす。銀行と信用のある社会、公的資源が社会全般を利するように適正に用いられる社会である。こうした側面と整合する形で、行動やふるまいの型が形成される。利己心に従って富が生まれるので、恩恵の及ぶ範囲が広がる。すなわち、弱くて脆い成員も面倒を見てもらえ、死なずに済む。商業社会には礼節があり、女性は尊重され、個人は忌憚なく交流し、敵さえも人間的に扱われる。

重要なのは、こうした諸側面がたまたま共存するわけではないという点である。それらは内的統一性の表れである。もっとも、以下で確証の労をとろうと思うが、この統一性は、対立や異常のない、変化しないものであるということを意味するわけではない。この統一性は、ここで初めて考察する制度と規範を少し検討することで、具体的に示せる。つまり宗教と美術である。商業社会のほうが社会として啓蒙的である。その成員の信念にこのことが反映されている。これが一様またはあまねく当てはまるわけではないことを認めて、条件つきとすべきではあるが（統一性のなかの変化の例としてこの条件に目を向けている）。知識の多い教育のある人は、創造し総覧する知性としか考えられない神の意向（Design）が宇宙のなかに読み取れるとき、秩序が保たれていると評価することができる。【196】こうして、一九世紀には「科学」と「宗教」が対立したが、啓蒙期には科学的知識や理性の前進は、神の意向の完全性をいっそう明白かつ決定的に示すものと考えられていた。ハットンの『地球の理論』は画期的な実例である。「我々はいたる所に秩序のある世界に住んでいる。目的因が少なくとも作用因と同様に既知である世界に」（Hutton 1795：545: cf. 566）。よき科学者は真の信仰を持っていた。いかに疑いの影がさすにせよ、ニュートン自身がその証左である（cf. Gregory 1788：248）。スミスはこれを「純理性的」宗教と名づけた（第六章、注43）。理神論である。これは個々の宗教実践形態とは違っていた。特に迷信とは異なる。

スコットランド人は所有の自然史を書き、それは具体物の所有から少しずつ抽象物の所有に変化していくが、また宗教の自然史も書き残した。ヒュームは一七五七年にそういう表題の長い試論を出した。直接のねらいは、宗教の誕生を人間本性のなかに探ることにあった。だが他の書き手もいた。ケイムズの『人間史素描』の例も同じ意図によるし、萌芽的な形でなら、こういう歴史の試みはスミスにもある（Berry 2000）。違いはあるが共通の語り口になっている点もあり、それは、宗教的信仰が迷信から理性へ、また人間世界に介入するがゆえに、なだめたり願をかける必要がある多くの神々の具体的崇拝から、唯一神による秩序の抽象的評価へと、発展したという点である。これは無知から知への成長と同じことだが、それ自体が「社会」の歴史と一体不可分になっている。多神論者は因果関係に無知であるが（cf. Kames *SHM* II. 389）、それは彼らの置かれた環境に起因する。「絶え間ない欲求と情念」に追い立てられるので（Hume *NHR* I. 6/35〔邦訳八〕）、彼らには余暇がなく、この欠落のせいで学ぶ機会がない。人間が因果のつながりをたどる作業を始めるには「自由な」時間が必要である（cf. Smith *HA* III. 3/50〔邦訳三一〕: Wallace *Prospects*, 19. 52n.）。社会が発展するにつれて人間も文明化し、「余暇、平静、豊かさ」が成長すれば「科学と文学」も発展する（Millar *HV* III. 3/507: *OR* 176）。

所有の歴史と宗教の歴史がこうして歩みをともにすることは、スコットランド人が「人類の自然史」を書くという野望をもっていたのであってみれば、驚くにはあたらない（様々な例があるなかでミラーの表明が顕著である〔*OR* 180〕）。同じ系譜のなかに「文学史」もありうることになる（ファーガスン『市民社会史論』にこういう題の章がある）。言語は生き生きした隠喩的表象にあふれた詩から、明快さを重視する散文へと歩んできた（Smith *LRBL* ii. 115-16/137〔邦訳二七三～二七四〕を見よ：cf. Amrozowicz 2013）。宗教的信仰の「質」が改良されるにつれて、文学のそれもまた改良される。ホメロス（とオシアン）が今も読まれる文学を生み出したことは否定されていないが、【197】その価値はブラックウェルがホメロス論（一七三五年）で宣言したとおり「どんな種類の文書にもあてはまるが、特に詩は時代の風習に左右される」という原理に依存する（Blackwell 1972：68-9）。ところがこの「風習」は当然文学のみに顕著なわけではなく、社会全体に拡散しているのである。

文学が「改良されている」と考えることは、そう言えるための基準があると考えることでもある。多くのスコットランド人が「嗜好の基準」をめぐる議論を行ったが、啓蒙期によくあるこの議論はこうして出てきた（Berry 1997：174-80）。この議論で何度も扱われるテーマは、人間の「様々な感情」を「調停し」、基準に従って判定するのは人間本性の普遍的特性で、この「基準」の源は人間本性それ自体だというものである（Hume *E-ST* 229〔邦訳一九四〕：Kames *EC* II. 437-8：ほか）。また「野蛮人」の道徳性と宗教が商業社会の営みや信仰より劣るのとまったく同じく、ブレアがいうとおり「粗野で文明化以前の国民」においては嗜好が「役割を果たすための材料がない」（Blair 1838：21）。同様にして、人が美的判断を下すときの基準を打ちたてるのは「洗練され繁栄する国民における人間的感情」である。美的考慮は実際に人間本性に普遍的に見られる一面なのだから、「文明化以前」の人々も基準をもつのだろうが、彼らが価値を認めるものは粗野であり、定義上洗練された嗜好を欠き、敵を恐れさせるために「艱難苦行」や自傷が行われ（Dunbar *EHM* 389）、または宗教儀礼に従ってそれらが行われる（Kames *SHM* II. 436）。

勃興してきた商業社会の共時的見取図は、第一段階の狩猟採集社会のそれと通時的に対比されうる。だから、要するに狩猟採集社会は個人の所有はほとんどなく、統治機構の形態でも何も見るべきものはなく、女性の劣位以外では身分の区別もほぼなく、数えきれないくらいの神々が住む世界に生き、その行いは住人の気持ちを和らげる。これらの未開人はまた、鮮やかで生き生きとした形象に満ちた話のなかで、こうした出来事にふれ、自らの身体を様々な色に塗ったり彫り物を入れたりして、神々を偶像として表現するものである。対照的に、商業社会は約束手形のように、実物ではないものを財産として扱い、その成員は専業の政府が無情に司る法の支配のもとに住み、この意味で社会的地位に関係なく平等を享受し、両性の関係も一種の平等に近く、一神教を奉じ、言動に趣きがあって控え目で、仕事では慎重で公私にわたって寛容となる。対照は、具体から抽象へ、単純から複雑へ、粗野から文化への自然史の航跡に重なる。この複雑性の発展を、【198】身分から契約へ（メイン）、ゲマインシャフトからゲゼルシャフトへ（テンニエス）、機械的連帯から有機的連帯へ（デュルケム）、同質性から異質性へ（スペンサー）という一九世紀の各種の移行論のスコットランド版と見ることもできる。

むろんこれらは二元的な理念型だが、それを打ちたててみれば、さらに次の問いを問えるようになる。三つの問いを問おう。第一に、第四段階としての商業社会の見方について何が特にスコットランド的だったのか、第二に、スコットランド人自身はこの第四段階がいかに、またどのような前提からそれまでの社会形態より優れていると見ていたか、第三に、この優越が示すものは何で、それはどう解釈されたか。

商業のスコットランド的理念の特質

第二章では、商業が独立の（第四）段階と明記されることはなくても、段階論は啓蒙期にはよくあることを見た。段階論そのものの一覧は確定できない。例えば、ヒューム自身は社会変化に段階論の手法を用いなかったが、社会変化には多大な関心を寄せ、商業社会の理念型を構成する要素の大半にも関心を寄せた。これら諸要素はまた、啓蒙思想家の範囲を超えて見られる。すなわち（思いつくままに挙げると）、コンディヤックは、信用と信頼を結びつけて自由な商業がもたらす結果を十分に論じ（Condillac 1847 : 296, 339）、ゴゲは、整然とした社会では商業の対象は増殖して多様化すると指摘し（Goguet 1758 : I, 573）、チュルゴは、狩猟民より羊飼いのほうが所有の観念が発達しており、人間は野蛮から遠ざかるにつれて人間的になっていったと考え（Turgot 1973 : 66, 79）、ジェノヴェージは、人間はみな他人と自分を区別したいという性質を自然にもつと述べた（Genovesi 1765 : 145）、等々。スコットランド人の視界に入ってきたのは、商業社会こそが独立の型を形成するという評価であった。

手短にいくつか比較して、この主張を裏づける一助としよう。例えばカンティロン、ガリアーニ、チュルゴ、コンディヤックはみな「商業」について分析的に書いたので（貨幣、利子、税などを論じた）、この点で『政治論集』や『国富論』に独自性はない。しかし、ヒュームやスミスの著作を全体として見ると独自である。ヒュームと同じくコンディヤックも『人間知性起源論』（一七四六年）という重要な「哲学的」テクスト、『古代史と近代史』（一七五八～一七六七年）という「歴史」を書いたが、ヒュームはまた別である。特に彼の『人間本性論』はすでに見た第三部以外でも「近代」社会の作用に終始関心を抱き、【199】『イングランド史』の中心テーマはこの自由と商業の近代世界の生成譚であった（Danford 1990 または Capaldi and Livingston 1990 を見よ）。『国富論』を頭抜けたものにしたのは、その壮大な構成と野心なのは明らかで、後の名声がそれを証言する。しかし、スミスは『道徳感情論』で全面展開した道徳理論と組み合わせて考えると、さらに進んで、行動指針を定める「経済学」以上のものを提示しているのである。この発想の核心にあるのは、自分の時代の世界で、明確に別種の社会システムが生まれつつあるのを目にしているという評価である。我々はいまや全面的な相互依存を不可欠の特徴とする商業社会に住んでいる。モンテスキューも（Montesquieu 1961: I, 52〔邦訳上一一六〕）エルヴェシウスも（Helvetius 1843: 272）チュルゴも（Turgot 1973: 73）「商業精神」にふれているかもしれないが、それをすでに滅びた小規模な共和国に適用したにとどまる。

これと同じ結論は、意識的にもっと意義深い用法を検討するときも引き出せる。ケネーとミラボーに商人社会（les sociétés marchandes）という表現が見られる（Quesnay 1764: II, 19）。しかし、それを新たな型と見ていたわけではなく、派生的で追加的なもの（seconde et postiches）と見ている。重農派の原理に従うと、この「社会」は基盤が安定せず自己維持力もない（実際不安定である）。空想的だが示唆に富むあるくだりによると、農業は国家の根で、幹は人民、枝は勤勉、葉は商業で、葉が樹木のなかで最も輝いているが、堅さはなく、嵐のなかで吹き飛ばされやすい（Mirabeau 1759: II, 12）という（ケネーとの共著でも同じ基本着想を用いている［Quesnay 1764: III, 1］）。農業と商業は密接に関係しあうが、商人社会（une société marchande）はなお農業に依存していることに変わりはない（1764: II, 24）。ケネーとミラボーは、モンテスキューらと同じやり方で、標準的道筋をたどって商業社会を交易する共和国と結びつける（1764: II, 20）。

第二章で示唆したが、封建期ヨーロッパの明らかに別種の社会形態のあり方からいかに商業社会が生まれたかについて、スコットランド人が歴史的分析を行うとき注目したことこそ、彼らの商業概念に商業都市国家での先例とは異なる独自性を与えた。スミスの『国富論』は、とりわけロバートスン、ミラー、ヒュームが全面的に展開していたことを縮約しており、近代的現象としての商業の出現を、深く掘り下げたコンテクストに位置づけてみたものである。だから、ヴォルテールの『ルイ一四世の世紀』（一七五一年）、『習俗論』（一七五六年）のような歴史が商業にふれていたとしても、いずれの場合も指摘は一般的な概観に仕上げられているだけで、話題を一貫して扱うでもなく、商業の出現について詳論するのでもない[1]。ジェノヴェージとダンヴィラもまた商業を第四段階と見てはいたが、【200】これも第二章で見たとおり（本書八一／【61】頁の注）、どちらの著者も商業が独自の社会形態のあり方だという考え方を掘り下げても前進させてもおらず、またスコットランド人の試みと違う点として、それに重大な桁外れの力を認めてもいない。

商業社会に質的に独自のものがあるという見方は、スミスの定義そのものに潜んでいる。誰もが商人である社会の核には分業があり、それは農業労働者よりも「職人と製造業者」において進んでいる（WN IV. ix. 35/676〔邦訳三、三二一～三二二〕）。より進んでいるということは、量的拡張ではすまないことを示す。理念型が指し示す通り、それによって信念の体系、行動の基準、各種の制度に具体化される。だからスミスは、重農主義の重商主義に対する優位を説いたのはもっともだが、重農派は商業社会の理念をそれ自体として明言してはいない。スミスは商業を基盤とする社会は質的に特別だとみなすが、他の同国人もそう考えたとみるのが合理的である。田中秀夫が述べるとおり、彼らは全体として「社会の理論にパラダイムチェンジをもたらした」（Tanaka 2007: 32）。

明快というよりは不鮮明な区分を一定程度認めるとしても、スコットランドの独自性の問題は、なぜそういえるのかという問いを浮かび上がらせる。決定的な答えはないだろう。様々な説明が試みられている。よくあるのは、第一章冒頭で素描したような、一八世紀スコットランド特有の事情を引き合いに出すことである。意外なやり方もある。「政治、経済、社会の多様な諸形態をきわめて近づけて」諸段階を考察したのは「驚くにあたらない」と表明することである（Muller 1993 : 23）。こうした発言には慎重でありたい。「誰もが自分の時代の子である」という自明の命題を克服しようとするほど、ある著者固有の立場や議論がいかに「環境」の特定の面に由来するかを説明するのは難しくなる。第一章ではまた、「改良」が啓蒙の重要な動因であるとも述べた。フランスではこれが効果的に阻まれ（チュルゴの改革の企図が失敗したことを見よ）、オーストリア、プロイセン、ロシアでも同様に、上からの試みはそれに見合う社会的、経済的土台を見出せなかったが（例えば所有の保証の欠如）、ブリテンではアセモグルとロビンスンの用語法を用いるなら（Acemoglu and Robinson 2012）、諸制度が相対的に「収奪的（extractive）」ではなく「包括的（inclusive）」なので改良がさかんになった。再びフランス（モンテスキューやヴォルテールのような親英論が私心もまじえて表明された）や他国一般と比べると、ブリテンに相対的に政治的自由があったために「改良する」試みが定着した。大局的に見て、進歩（社会的改善と政治的前進）には商業が必要であると認識されていた。

【201】これはイングランドにもスコットランドにもあてはまるが、両国の事情は別であった。諸般の事情から、第一章で予めふれたとおり、スコットランドは追いつかなければいけない立場であった。この点できわめて慎重に言えば、その認識が根底的な意味で改良と商業をスコットランド人が「採る」ことを教えたのである。これは彼らが自国史を考えるときの中心的先入見がブリテンであるという事実、言い換えれば、いかにブリテンの物語が封建的依存から近代的独立と自由が育まれたというものであったかという事実で強められた。これがスコットランド人の改良に対する関心を強めた。自らの社会が立ち遅れた社会から現代的で洗練された社会に移行すべきであった。後者は「商業」が全面的に別の社会形態だという見方に要約できた。ジョン・ロバートスンは政治的経済的状況と知的起源の両方で、ナポリとスコットランドが似ているという刺激的報告をしているが（Robertson 2005 : 326, 379 ほか随所）、実際にはイングランドに接していて合邦もしていたので、スコットランドの〔イングランドに対する〕「認識」の意義とされるものが何かが争点になる。またナポリ人とスコットランド人は国の経済

(political economy)を論じたが、「商業社会」の理念が生まれたのは後者の議論からであった[2]。けれども、この推測は仮のものであり思弁的なものであることを強調したい。結論的には、この試みにおいて「なぜ」スコットランド人が明確さで勝る(劣るのではなく)理念をもったかという問いへの答えは、さほど重要ではないと思う(むろん、だからといって、他の人々が別の関心からそれをもっと重視しないとは限らないだろうが)。

第四段階の優越性

上述の二つの理念型の対比はただ記述的なものなのではなく、価値判断を具体化したものであることは明らかである。商業社会というものには第六章で指摘した危険があるが、それでもかつての社会より優れている。このことを言い表した例はすでに見た。ここではスコットランドの人々がこの優越性の理由が何であると考えたか、あるいは考えようとしたかを見ることが課題である。

商業社会の住人自身が述べるところでは、彼らはみなかつてより自由で(この法則は原理上は全員に等しくあてはまる)、おしなべて健やかで豊かである。しかし先行する時代と同じく、商業社会には身分の差がある。商業による富は世代間継承が比較的容易でないので、牧畜社会や農耕社会よりも階級差は流動的である(Millar *OR* 291を見よ)。それからまた、社会的地位がより潜在的に「開放されて」いて、商業的富に根ざす身分は「立ち働く人によって」合理的に獲得される可能性があるといった点でも異なる(Ferguson *ECS* 237)――こういう選択肢は牛飼いや農奴にはない。ところが【202】牧畜社会や農耕社会はやはり所有/富に根ざしているので、第一段階のなかで違いを生んだ個人的属性よりは安定性をもって成立している。本章冒頭で、抽象的信仰の体系としての理神論が商業社会の特徴と響き合うものだったと述べた。けれどもまた、それは商業社会の相対的に少数の啓蒙された人々にとってのみ正しいのも明らかだろうと示唆した。ミラーは同じ点について別の論脈で論じている。自由と独立心を「世界の未開の部分」に探ることは「イングランドの荷役人」や「スコットランド高地地方の低い身分の人々」にそれを探ることと「同じく無益」であろうと(*OR* 295)。知識人はみなその事実に意識的で、第六章で取り上げた共時的関心とは違って、この意識が商業社会はある時代に形成されたものだとみなす通時的理解をもたらしている。

この理解は彼らなりの「俗衆」概念に織り込まれている。それは嗜好をめぐる議論に最もはっきり出ているが、至る所に見られる。スコットランド人が説明する俗衆は歴史的に排除された集団ではない。彼らもまた商業社会のなかに存在している。[3] ケイムズがこの文脈において明らかにしているが、未開人は抽象的すぎるため所有と占有を区別できないだけでなく、「俗衆はいまなお明白な所有の概念」をもたない（*HLT* 91）。今日の俗衆と過去の未開のこうした類似性は、人間本性の恒常性原理が根底に位置づけられていることを強く示す。その「原理と作用」には変化はなかったのである〔本書第二章注33でヒュームが引用〕。過去の未開／今日の俗衆というこの類似性は、彼らがともに十分教導を授けられていないという事実に表れており、この点で彼らは同じ一つのものである（cf. Hume *E-AS* 111〔邦訳九八〕）。この共通基盤により彼らはともに迷信深い。ただ違いもある。「迷信時代」には、人間のうち「判断力で最も優れた者も感化される」が、「啓蒙の時代には迷信は俗衆に限定される」（Kames *SHM* II, 417; cf. Hume *NHR* VI, 4/53〔邦訳四四〕、幼児殺しを許容するギリシア哲学者についてのくだりは、Smith *TMS* V. 2. 15/210〔邦訳下八九〜九二〕）。さらに俗衆は概して短絡的だが、ケイムズのいう「啓蒙の時代」には、ヒュームがしたように「賢人」つまり「哲学者」と対比できる（Hume *U* 8. 13/*SBNU* 86〔邦訳七七〕; *T* 1. 3. 13. 12/*SBNT* 150〔邦訳一、一七七〜一七八〕）。ところがこの点はほめすぎてはいけない。ヒュームによると、また「人生の活動的部分のすべて」で、哲学者も「概して」俗衆と同じ行動原則に支配されているからである（*U* 9. 5/*SBNU* 106〔邦訳九五〕）。

それでもなおこうした哲学者こそ嗜好の仲裁人である。俗衆の俗衆たる所以は相対的無知だが、それは彼らが仲裁人〔批判者〕と認められないことを意味する。嗜好〔趣味〕に関する試論のなかで、ヒュームは実際批判者にぜひ必要な特質は何かまとめた直後に、【203】それらは「一般の人々」には欠けていることになると発言している（*E-ST* 241〔邦訳二〇二〕）。ブレアが要点を言葉にしている。人はみな嗜好という「能力」をもつとしても、その度合にはおそらく自然に不平等があるが、こうした違いはすべて、どちらかというと「教育と教養」の所産である。だから、そうした「教育と改良が野蛮な国民に対して文明的な国民に嗜好の洗練という点で与える巨大な優越性」は、「同じ国民」の内部でも「無礼で教育のない俗衆」に対して「自由学芸を学んだ」人に優越性が備わるとき再生される（Blair 1838: 12; cf. Kames *EC* II. 446; Gregory 1788: 132-3 ほか多数）。先に見たスミスが挙げる哲学者と荷役人の例には、決定的な変数は社会学的（な道徳的因果推定）だという議論が示されているが、これはその議論を補強する。決定的なのは余暇と教育が存在する（かしない）かである。

根底にある価値判断とは、知は無知より優れるが、普遍的な価値は別のもっと基本的な普遍性、つまり人間本性自体の普遍性を反映するというものである。一部のコメントに見られる非難や示唆とは逆に、固有の商業社会というスコットランド的理念は、未開人が文明社会のものとは違う「文化」に住むために何らかの意味で異質な人類だとする、一九世紀の歴史主義の説明を先取りするというわけではない(4)。価値の普遍性への右の信頼に基づいてこそ、スコットランド人は非文明人を自由に批判できたのである。例えば、スミスは、幼児殺しが地域によっては「受け継がれた慣習」によって許されてきたことを認めながらも、この「恐ろしい行ない」を人間の心情を逆撫でするものとして弾劾する。この心情は「人間本性の最も強く最も活発な情念に根ざす。またその心情にいくらか歪みがあるとしても全面的な逆転はありえない」（*TMS* V. 2. 16; V. 2. 1/211, 200〔邦訳下六五、九二〕）(5)。人間本性が共通でも、それが制度として表れる道筋には優劣がある、という価値判断は排除されない。ヒュームを例にとると、だから一夫一妻と一夫多妻はともに人がつくった制度だが、後者の方が「憎むべき」であると判断しても正しい（*E-PD* 185〔邦訳一六二〕）。同様にして、近代社会における奴隷制の法制化を批判してもかまわない。

以上をもってスコットランド人は文化の偏向や厚顔な臆断の危険に気づかなかったとすることはできない（Pitts 2005: 26-7; Smith 2009 を見よ）。ダンバーは「野蛮」と「文明」というレッテルは概括的なので退けるべきであって、より正確にはヨーロッパ人は「他の国民に対する優越性」という意見に傾いていると考えている（*EHM* 151-2; cf. 455）。これに似た心情をファーガスンも吐露している。「我々自身が洗練と文明の基準であると思われる。そして我々の特徴が現れないところでは、知るに値することなど何もないのではないかと懸念する」
【204】（*ECS* 75; cf. 245. ただし、自らの時代の慣行を「人類の基準」と考えるのは、決疑論的な問題をはらむ）。ロバート

スンにとっては、現在支配的な理念を基盤に過去の「制度や作法」について「判断」するのは「多大な誤り」である（*VP* 417 ; cf. Kames *HLT* 82）、ミラーはヨーロッパの商社が各地の住民を蹂躙して彼らから強奪したと批判した（*HV* IV. 6/785）。ヒュームは「文明的なヨーロッパ人」の優越性を疑わなかったのに、これが「野蛮な〔西〕インド人」の非人間的な取扱いにつながったことを難じた（*M* 3. 19/*SBNM* 191〔邦訳二九〕）。むろん「国民性について」における「黒人」に関するコメントが、いまでは悪名高いという具体例が語るものはあるし[6]、商業社会の「文明的」優越性も偏見たるを免れないことは、否定すべくもないが。

含意を解釈する

スコットランド人が考えた商業社会の理念には、自意識から自らの社会に優越性の軍配を上げたことと考え合わせると陶酔的な自己正当化の色合いがあるのは否めない。商業社会の理論化の際に彼らは自らの社会を理論化しており、それは本当はスコットランドの選良の一員である自分自身のことなのだから、このことはさして驚くにはあたらない（Emerson 2009 : 239ff.）。けれども第六章で立証しようとしたように、それはスコットランド人が目の眩んだ楽天家で、商業社会の欠点、および商業社会が社会の秩序と統合性に与える可能性のある様々な危険、これらに気づかなかったということを意味しない。

ときに悲嘆にくれはするが、スコットランド人は敏感さを失わずに希望を抱いている（cf. Broadie 2001 : 38）。彼らが希望を引き出したのは社会制度が社会構成の差を生む鍵であるとの洞察からであり、それとともに社会的または道徳的な因果推定力を社会の学問（social science）から説明したため、行動と価値はおおむね制度の所産だと気づけたのである。制度の変更を阻む躓きの石などない。人間は完全ではないが、そのことは乗り越えられない壁ではない。人間は不完全な社会的存在だとしても協力のすべを見出してきた。実際人間の諸制度が存在することそれ自体がそのことの証しである（多くの人が神意によって裏づけられていると見た事実である）。これまで見出された最高の協力方法は商業社会のなかにある。徳あるルソー的国家のような代案も想定されたが、それは「精神の自然の傾向」（ルソーの「モデル」の一つはスパルタであるが［Shklar 1969 : 12-32］ヒュームはそれを念頭にこう述べた

〔*E-Com* 263〔邦訳一四〕〕に反するばかりか、富裕という物質的恩恵や個人の自由という精神的な恩恵を欠いている。彼らはまた社会の学問からも警戒を引き出した。すなわち、道徳的因果推定は習慣をとおして作用するので修正に向かう変化の進行は遅いという点である。ミラーはこの視点を織り込んでコメントしている。【205】国の制度が「いかに不完全で欠点がある」と思えても、それは「作法の漸進的改革から生じてくる柔和な改良を受け入れるだけである」（*Obs* v）。物事を実際に代えてしまうのが「革命」だとしても、それは穏和にして物静かで、気づかぬほど遅々としており、鳴物入りで劇的に突如生じるわけではない。さらに、柔和な変化でさえもまさしく人間本性自体が根本から変わることはないためにうまくいかない。自愛心、貪欲、自惚れ、優先順位の攪乱（ヒュームがいう遠くのものより近くのものをとること）は必ずしも制度的枠組みで守られて巧みに方向づけられるようになるわけではない。

　これは階級イデオロギーの体現に帰すことはできないと思われる。農本的資本主義（McNally 1988 : 233）、プチブル（Medick 1973 : 288-9 ; cf. Medick and Batscha 1988 : 85）、「萌芽的産業家」（Mizuta 1975 : 115）のどれであれ。また理論的な通時的分析を封建的生産様式から資本主義的生産様式への移行で説明して、その分析を彼らの「階級意識を反映した」環境に帰すことによって（Pascal 1938 ; Meek 1967 ; Hobsbawm 1980）大いに洞察が進むとも言えない。マルクスはスミスについて、当時の人々は自分たちの社会が「自然」であると自己催眠をかけた論じたが、それは彼らをその後継者との関連で読むことになるのだが、こうしたやり方では彼らの議論が隠されてしまうだけである[7]。スコットランド人の理念が我々に再考を迫るのは、社会の「自由《リベラル》な」あり方を描くとはどういうことかである。むろんこの理念が異論はあってもそうさせるとすれば、イデオロギー談議をさらに続けることにはなるが。加えて、「自由主義的な」解釈を行っても、対立イデオロギーを色づけるのと同じ還元主義とある意味で同様になる。スミスが没後、自由市場の使徒（とされる）で国家介入の敵（言い換えれば「資本主義システムがますます成熟するのを受け止めて」［Heller 2011 : 149］知的統合をなしとげた人）と評されたことが、こう述べる大きな理由である。

　スコットランド人に事後的に「自由主義」を押しつけることに反対する人々は、よく彼らを共和主義の遺産を継承した人として強調する。これはルソーとスミスの関係がなぜそうした関心をひいたのかをある程度説明する。J・G・A・ポーコックが説明したように、この解釈はスコットランド人がポリス（polis）の代わりに洗練（politeness）をもってきた、すなわち非古典古代的な自由概念を発展させて人間を政治的視点というよりは社会的・取引的な視点から見た。しかし、ポーコックも述べているとおり、この見方にはスコットランド人の社会思想は個人を所有関係から定義する市民法学的伝統の発展を代表するものだという別の一面がある。ポーコックはこれらが共存可能と見ており、あまりに択一論的な接近法はとらないよう勧告している（Pocock 1983: 245-50〔邦訳四〇九～四一七〕）。

この勧告は聡明なものだが、スコットランド人を二つの面から眺めてみても【206】彼らの商業社会理念の中核にあるものをとらえられない。美徳を備えた市民も個人の権利の保有者も、誰もが商人である社会の主人公ではない。商業社会なるものは政治からも法からも定義されていない。むろん、これらは不可欠の制度である。それは個人の行動には正直な行動や権利の尊重が求められるのと同様である。商業社会のなかで問題になるのは、関係の相互依存（非依存的〔独立的〕市民の一般意志が主権とならない共同体のなかに依存しか見出さなかったルソーには、これが欠けている）である。アンドルー・スキナーは、相互依存がスミスの寄与の「真の尺度」だと唱えたが（Skinner 1996: 177〔邦訳二一〇〕）――「経済現象の相互依存」を把握したこと――このことはスコットランド人一般と彼らの思想全体に拡大できる(8)。何らかの単一のイメージがスコットランド人の理念を最もうまく約言するとすれば、スミスの「粗末な毛織の上衣」（本書一〇〇／【77】頁）がそれである。多数の人々の手作業という努力が形になったものだからである。デュガルド・ステュアートに言わせると、この上衣は「未開拓の自然の最初の単純な努力」と対比された「きわめて見事に人手が加わり、細やかにされた状態の事物」の記念碑である（Smith *EPS* 45/292〔邦訳三六〕; cf. 本書四四／【32】頁）、

このイメージをかくも際立たせている要因は、相互依存性を描写することに加えて、スコットランド人なりのとらえ方で、商業社会がいかに人間本性の特性によって機能するかを具体例で示したことにある。商業社会の諸制度には歴史的な形成物として人間の情念の帰結が反映されている。分業は例の上着をもたらす鍵となる制度だ

が、スミスがはっきりと認めているとおり、「分業がもたらす一般的富裕はそれを予見して目指す人間の知恵」（*WN* I. ii. 1/25〔邦訳一、三七〕）の結果実現したわけではない。それは第三章で検討したような人間本性にみられる交換性向から出てきた。スコットランド人が「近代主義的」心理学を用いたことは、彼らが理性ではなく欲望を人間行為の動因とみなしたということを意味する。むろん彼らは人間が理性的でないと考えたのではないが、そのことは自らを目的合理性（Zweckrationalität）、つまり道具を用いての目的実現として表現するのである。視野を最も小さくとると、物々交換の各参加者は、自分がこの活動に参加することで、いかに欲しいものがより入手しやすくなるかをめいめいに計算する（単に胸中においてであれ）。動機はそのままで規模は拡大される。上着製造に携わる何千人もが一人一人同様にふるまう――他人と協調して働くことで、各人の欲望がよりよく実現される（単に次の食事を手に入れるのが目的だとしても）。

上着が伝えるメッセージにはさらに二つの含意がある。〔第一に〕理性を駆動力としては退けたのと同じ心理学が道徳判断のプロセスを重視させる。スコットランド人がとった感情の倫理学は、道徳判断を理性の命令ではなく、感情と想像力の問題にした。【207】ファーガスンの語を用いるなら、上着製造の工程は神の意向（*ECS* 122）ではなく人間行為の一部だが、道徳を背景にしてこそ展開する。商人、つまり全人間（女性も含む――これはルソーの厳然たる男性中心政体とは異なる）は道徳的行為者であり、概して柔和な美徳の体現者である。彼らは超人ではなく人間である。商業社会には英雄も賢人も不要で、彼らがいない方がよい。この商業道徳（と呼べるだろう）が第二の示唆をもたらす。

道徳は、上着が市場に正しく現れるために、そろっていなければならない多くの背景的条件の一つである。道徳が期待できるのは、ただ社会の互いのつながりという特徴が念頭におかれているときだけである。決定的なまでに相互依存関係があるとしても、それは強要の所産ではない（Wolin 1960 : 291〔邦訳三三八〕）。強要する公式の諸制度はあるが、「国家」が人々に強要して上着をつくらせる仕事をしているわけではない。再び人間本性に従って「自由社会」のなかで相互に絡みあった何千もの人々が、罰を恐れてではなく何らかの積極的な利得を夢見て相互作用を繰り広げる。利得は相互的である（ことのほうが多い）し、想像された苦痛は個人にとどまる（ことのほうが多い）だろう。そういう相互性の根拠は各参加者が自らの利益が増大するのを目にすることである。正しい制度環境のなかでは（cf. Muller 1993）これは予測可能性の基礎を保証として与えるが、同じようにリヴァイアサンの剣を避けることにもなる（cf. Cropsey 2001）。ホッブズは情念の理論を基盤に「市民哲学（civil philosophy）」（政治学）を開拓したと考えたが、スコットランド人も同じく体系的に社会の学問の手本を示した(9)。

ここでは強要が退けられているが、それは社会秩序を「自生的」と見る考え方とつなげられることが多い(10)。思うにこれは最も満足いく語ではない。自生的秩序のパラダイムは市場の調整作用であるが、スミスが「誰もが商人」というところまで議論を煮つめたために、経済的因子たる市場がスコットランド人の思想の中心内容だと示唆されるとしても、自生的秩序は重視されすぎている。社会の諸制度にはみな相互依存がある。ジェイムズ・オットスン（Otteson 2002）は自生的秩序からスミスの道徳哲学を読み解く道を拓いたが、私はもっと広い意味で述べている。法や政治を中心にしなかったとしても経済取引中心に転換させてはいない。「マルクス派」か「自由主義者」かを問わず、これはスコットランド人を「イデオローグ」とみなす人々の心情から離れない誤解である。スコットランド人は制度主義者であった。自生的秩序はすべてすき間に生じる。さらに、私が強調しているとおり、スコットランド人は商業の世界が時代のなかで形成され、これに応じて制度の「変わりにくさ」が日常茶飯事になっていると気づいている（Berry 2003a）。

複雑に絡まりあった全体は完全には機能しない。上にまとめたとおりそれは「理念型」であり、主な特質を言い当てるためにつくったものであって、経験的な描写のつもりはない。【208】「商業社会」は不完全な全体であり、自らを秩序づける構造に収束すると見るのは誤解を招く。商業社会はそれ自身のなかに例外的要素を含む。いわゆる「意図せざる結果」の法則は、ファーガスンの行為対神の意向の区別やスミスの「見えざる手」が解明すると思われるものだが、すでに注記したとおり必ずしも高尚なものではない。分業は富裕をもたらしたが精神を不活性化し、信用は産業活動を刺激したが防衛面でもろさを昂進させ、商業は女性の地位を向上させたが性的規範を緩め、また商業は司法の業務を日常的にしたが政治参加は無視した。スコットランド人のベーコン主義の眼目はこれらを修正または矯正する努力にある。こうした努力はどれも社会の学問のおかげで進んだが、まさしくその学問が努力の向けられるべき材料の変わりにくさを警告する。結論となる本章ですでに見たとおり、スコットランド人は商業社会の不完全性に十分気づいており、それと同じく、こういう点が進歩によって消滅するだろうという注意深い楽観をもち続けている。

結局のところ、このことで私たちは出発点に戻る。スコットランド人の商業社会の理念は改良を「めぐる」ものであった。同理念の共時面と通時面の二面が改良の周りを回っている。商業社会は地主の社会より進んでいる。これは地主の社会が遊牧、狩猟採集の社会より進んでいるのと同じである。商業社会と遊牧社会はもたざる人々がもてる人々に依存する点で一致している。狩猟採集社会は特に私的所有などなく脆弱な困窮生活を送るもので、そこに見られる社会的結束はみな血縁か、防衛や攻撃のためのその場限りの協力という形をとる。商業社会の内部では所有の力はそれがもつ相互依存という重要な特長によって普及していく。商業社会の参加者を惨めなくらい貧しい生活を超える域に引き上げるのはまさしくこの特徴である。

相互依存は本性上少数でなく多数を意味し、この意味は社会生活とその制度的表現の方向を左右し、商業共和国から固有の「商業社会」を区別する役割を担う。こういう共時的つながりをデイヴィッド・フォーダイスは「社会という大きな機械」と表現したが（Fordyce 1776: 7）、まさしくそのおかげでこうした制度や行動がおよそのところ一体となるのである。この一体性が不完全なので改良という啓蒙の仕事の課題が生まれる。この「仕事」で大切なのはその拡がりや展望ではなく（それらがあるべきだと判断されても当然だが）、それが歴史的に形成された一群の制度や行動のなかで生じるとみなされたことである（これはユートピア的霊感ではなく学問によって形をなすとみられた）。この限定は、この大づかみな一体化、自らの場所を求める諸制度の体系が「商業社会」のようなものの存在を成立させるという洞察の所産であるとともに、その洞察を強めもする。[11]【209】そして特に選り抜いて「社会」なる語を使っているわけではないが（例えば「人々」や「国民」と同様である）、それでもミラーはおおよそ「両性の状況とあり方の［…］革新」が「人生のありふれた諸技術（common arts of life）での人類の進歩から生じたもので、それゆえ一般社会史の一部をなす」（Millar *OR* 228）と示唆的に述べている（または私なりにそう思う）。商業社会はその一般社会史のなかに位置づけられ、それ特有の「人生のありふれた諸技術」は誰もが商人であることに基づいて実行され深められているのである。

注

（1）ロバートスンは、原資料を示していないことを理由に、ヴォルテールの歴史書を用いなかった旨を告白している（*VP* 492）。十字軍以降のヨーロッパ商業の発展についてのヴォルテールの説明は、一〇〇を超える『習俗論』の章のたった一章をなすにすぎず（Voltaire 2001: III, Chap. 82）、『ルイ一四世の世紀』では一つの章のある部分の主題であって（1929: Chap. 29）、商業に関する他の指摘はついでにすぎない。

（2）ロバートスンが取り上げたのは一七六〇年以前で、ヒュームが重要な対話相手であったことがわかる（彼こそが「スコットランドで啓蒙に着手した」〔Robertson 2005 : 381〕）。『国富論』は分析対象となっていない。

（3）このことはスミス解釈の論脈内でのブラニとイナヤチュラーの議論に条件をつける（Blaney and Inayatullah 2010 : 45. ただし彼ら自身の条件はp. 48を見よ）。彼らはスミスが「近代社会を時間／倫理的な砦の内に封じ込めた」ので、未開社会と文明社会の間に「時間の壁」がそそり立つとした。彼らは（他の思想家やスコットランド人を含めて）議論を拡大し、「未開社会」は商業社会の擁護にとって中核となる「モデル」であるとしているが（2010 : 192, 47）、これはミークを受けたものである（Meek 1976 : 129-30〔邦訳一五〇～一五一〕）。

（4）ヒュームについてなされた発言のなかに示されている（Berry 2007で論じた）。ニコラス・フィリップスンはスミスにふれて「人間本性を歴史化した」（Phillipson 2000 : 84）と述べ、異なる文明に「異なる精神」と「異なる自己」を認めたのはロバートスンだとしている（Phillipson 1997 : 59）。

（5）フォーマン - バージライの次の記述と比較せよ（Forman-Barzilai 2010 : 248）。「スミスは文化が正義を覆すことを決して認めなかった。彼は『人間本性の最も強く最も活発な情念』を覆す多様性を認めなかった」。彼女はまたスミスは「最終的に」は「根源的な地域自立論者（localist）であり個別性支持者（particularist）」であったとも判断している（2010 : 194）。

（6）ヒュームは『政治論集』の一七五三／五四年版の論考に覚書を増補し、黒人の肉体的特徴をもつ人たちの間では「決して」「文明国」も「卓越した」人物もいなかったから黒人は白人より「自然的に劣っている」のではないかと「疑いたく思う」と発言している。しかし同書の最終版（没後の一七七七年刊〔*E-NC* 208n.〔邦訳一八三〕〕）でこの覚書を修正した。「決して」は削られて「これまでほとんど」にされた（*E-v* 629〔邦訳一八三〕）。おそらくビーティーの批判（Beattie 1975 : 310–11）を容れての修正であろう。Immerwahr（1992）、またより広い背景については Davis（1966）を見よ。

（7）【210】むろんこういう特殊なイデオロギー的読解には多くの例がある。トレヴァ－ローパーによると「スコットランド社会には目立った特徴がある」（Trevor-Roper 1977 : 375）ために、スコットランド人は経済学と社会学的歴史を重視した（cf. Horne 1990 : 73）。

（8）ダニエル・ブリュールマイアーが「スコットランド啓蒙のなかにはきわめて強固な社会的相互依存と共存の意識がある」と要約しているのは的確である（Brühlmeier 1996 : 24）。

（9）先例がなくはない。ウィリアム・レトウィンによると（Letwin 1964 : vi; cf. Appleby 1978 : 184）、科学としての経済学の「基本原理」は一七世紀末に確立された。だが分析の広さと体系性でスコットランド人は際立っている。このためマクレーは（MacRae 1969 : 25）幾度となく言われるように、スミスを「経済学の父」としただけでなくファーガスンを「最初の社会学者」としたし、ケイムズには人類学史のなかで一章が割かれ、大風呂敷ながらミラーの『階級』は社会の階層分化論の嚆矢となる著作として賞賛されている（Evans-Pritchard 1981）。自らが先行しているというホッブズの主張については『物体論』の献呈書簡を見よ（Hobbes 1839 : I. ix〔邦訳一〇〕）。

（10）この考え方はフリードリヒ・ハイエクに関連する。彼は自らの考える正しき自由主義の伝統を打ち出したとしてスコットランド人思想家を光輝のなかで描き出した（Hayek 1972 : 57〔邦訳一、八三〕）（ハイエクとスコットランド人の関係を組織的に扱ったものとしては Smith〔2006〕を見よ）。ロナルド・ハモウィー（Hamowy 1987 : 3）はスコットランド人に社会学的重要性を見出すことにおけるハイエクの影響は「自生的秩序」の概念に体現されているという見方を前面に打ち出している。けれどもこの語はオーギュスト・コントとハーバート・スペンサーが用いたもので、いずれもハイエクが好んで取り上げる系譜とは異なる。この点についても Smith（2006）が欠かせない指南となる。

（11）「社会」の語を人々が秩序ある共同関係のなかで生きる場という意味（cf. *OED*）で使う例は一八世紀半ば以前には珍しい。フランス語でも同じである。「意味領域」についてのゴードン（Gordon 1994 : 52ff.）の議論を参照せよ。むろんスミスの大著の表題にある「諸国民（Nations）」はこれが不正確なことを支持する。

参照文献

一次文献——スコットランド啓蒙

Act Of Union, 1707, www.rahbarnes.demon.co.uk/Union/UnionwithEnglandAct.

Anderson, A. (1764), *A Historical and Chronological Deduction of the Origin of Commerce*, London.

Anderson, J. (1777), *Observations on the Means of Exciting a Spirit of National Industry : Chiefly Intended to Promote the Agriculture, Commerce, Manufactures and Fisheries of Scotland*, Edinburgh.

Anon. (1753), *An Inquiry into the Original and Consequences of the Public Debt*, Edinburgh.

Beattie, J. [1776] (1975), *Essay on the Nature and Immutability of Truth*, Hildesheim: Olms reprint.

Blackwell, T. [1735] (1972), *An Enquiry into the Life and Times of Homer*, Menston: Scolar Press reprint.

Blair, H. [1783] (1838), *Lectures on Rhetoric and Belles-Lettres*, in one volume, London.

——— [1763] (1996), *A Critical Dissertation on the Poems of Ossian*, appended to *Poems of Ossian*, H. Gaskill (ed.), Edinburgh: Edinburgh University Press, pp. 343-408.

Carlyle, A. (1910), *The Autobiography of Dr Alexander Carlyle of Inveresk 1722-1805*, J. Burton (ed.), Edinburgh: Foulis.

Craig, J. [1806] (1990), *Account of the Life and Writings of John Millar*, J. Price (ed.), Bristol: Thoemmes.

Dalrymple, J. (1757), *Essay toward a General History of Feudal Property in Great Britain*, London.

——— (1764), *Considerations upon the Policy of Entails in Great Britain*, Edinburgh.

Dunbar, J. (1781), *Essays on the History of Mankind in Rude and Cultivated Ages*, 2nd edn., London.

Ferguson, A. (1756), *Reflections Previous to the Establishment of a Militia*, London.

——— (1766), *Analysis of Pneumatics and Moral Philosophy*, Edinburgh.

——— (1776), *Remarks on a Pamphlet Lately Published by Dr Price*, London.

——— [1783] (1813), *The History of the Progress and Termination of the Roman Republic,* 5 vols, Edinburgh.
——— [1767] (1966), *An Essay on the History of Civil Society,* D. Forbes (ed.), Edinburgh: Edinburgh University Press.
——— [1769] (1994), *Institutes of Moral Philosophy,* 3rd edn, London: Thoemmes reprint.
——— [1792] (1995), *Principles of Moral and Political Science,* 2 vols, Hildesheim: G. Olms.
——— (1995), *Correspondence,* 2. vols, V. Merolle (ed.), London: Pickering.
——— (2006) *The Manuscripts of Adam Ferguson,* V. Merolle, R. Dix and E. Heath (eds.), London: Pickering and Chatto.
Fletcher, A. [1698] (1979), *A Discourse of Government with Relation to Militias,* in D. Daiches (ed.), *Fletcher of Saltoun : Selected Writings,* Edinburgh: Scottish Academic Press, pp. 1-26.
Fordyce, D. (1776), *The Character and Conduct of the Female Sex,* 2nd edn., London.
Gregory, J. [1765] (1788), *A Comparative View of the State and Faculties of Man,* in *Works of the late John Gregory,* vol. 2. Edinburgh.
Halyburton, T. (1718), *Memoirs of the Life of the Reverend, learned and pious Mr. Thomas Halyburton,* London.
——— [1714] (1798), *Natural Religion Insufficient ; and Revealed Necessary to Man's Happiness in his Present State,* Montrose.
Home, F. (1756), *The Principles of Agriculture and Vegetation,* Edinburgh.
Hume, D. (1748), *A True Account of the Behaviour and Conduct of Archibald Stewart,* Edinburgh.
——— (1875), *Philosophical Works,* T. Green and G. Grose (eds.), London: Longmans.
——— (1894), *History of England,* 3 vols, London: George Routledge.
——— (1932), *The Letters of David Hume,* 2 vols, J. Greig (ed.), Oxford: Clarendon Press.
——— (1975), *Enquiries concerning Human Understanding and concerning the Principles of Morals,* L. Selby-Bigge and P. Nidditch (eds.), Oxford: Clarendon Press.〔渡部俊明訳『人間知性の研究・情念論』哲書房、一九九〇年〕〔渡部俊明訳『道徳原理の研究』哲書房、一九九三年〕
——— [1739-40] (1978), *A Treatise of Human Nature,* L. Selby-Bigge and P. Nidditch (eds.), Oxford: Clarendon

Press.〔木曾好能他訳『人間本性論』法政大学出版局、Ⅰ、Ⅱ、Ⅲ、一九九五～二〇一二年。（第Ⅰ巻、木曾好能訳『知性について』新装版、二〇一一年。第Ⅱ巻、石川徹・中釜浩一・伊勢俊彦訳『情念について』二〇一一年、第Ⅲ巻、伊勢俊彦・石川徹・中釜浩一訳『道徳について』二〇一二年）〕

――――（1985）, *Essays : Moral, Political and Literary,* E. Miller（ed.）, Indianapolis: Liberty Press.〔田中敏弘訳『道徳・政治・文学論集』名古屋大学出版会、二〇一一年〕

――――［1751］（1998）, *An Enquiry concerning the Principles of Morals,* T. Beauchamp（ed.）, Oxford: Oxford University Press.

――――［1748］（1999）, *An Enquiry concerning Human Understandings,* T. Beauchamp（ed.）, Oxford: Oxford University Press.〔斎藤繁雄・一之瀬正樹訳『人間知性研究』法政大学出版局、二〇〇四年〕

――――［1739-40］（2002）, *A Treatise of Human Nature,* D. and M. Norton（eds.）, Oxford: Oxford University Press.〔木曾好能他訳『人間本性論』法政大学出版局、Ⅰ、Ⅱ、Ⅲ、一九九五～二〇一二年。（第Ⅰ巻、木曾好能訳『知性について』新装版、二〇一一年。第Ⅱ巻、石川徹・中釜浩一・伊勢俊彦訳『情念について』二〇一一年、第Ⅲ巻、伊勢俊彦・石川徹・中釜浩一訳『道徳について』二〇一二年）〕

――――（2007）, *A Dissertation on the Passions and the Natural History of Religion,* T. Beauchamp（ed.）, Oxford: Oxford University Press.〔福鎌忠恕・斎藤繁雄訳『宗教の自然史』法政大学出版局、一九七二年〕

Hutcheson, F.（1728）, *An Inquiry concerning the Original of our Ideas of Virtue or Moral Good,* 3rd edn, London.〔山田英彦訳『美と徳の観念の起源』玉川大学出版部、一九八三年〕

――――［1726］（1989）, *Observations on the Fable of the Bees,* Bristol: Thoemmes reprint.

――――（1994）, *Philosophical Writings,* R. Downie（ed.）, London: Everyman.

――――［1755］（2005）, *System of Moral Philosophy,* 2 vols, London: Continuum.

――――［1747］（2007）, *A Short Introduction to Moral Philosophy,* L. Turco（ed.）, Indianapolis: Liberty Press.〔田中秀夫・津田耕一訳『道徳哲学序説』京都大学学術出版会、二〇〇九年〕

Hutton（1777）, *Considerations on the Nature, Quality and Distinctions of Coal and Culm, with enquiries philosophical and political into the present state of laws and the questions now in agitation relative to the taxes upon these commodities,* Edinburgh.

——— (1794), *An Investigation of the Principles of Knowledge and of the Progress of Reason,* 3 vols, Edinburgh.

——— (1795), *Theory of the Earth, with Proofs and Illustrations,* Edinburgh.

Kames, H. Home, Lord (1732), *Essays upon Several Subjects in Law,* Edinburgh.

——— (1747), *Essays upon several subjects concerning British Antiquities,* Edinburgh.

——— (1758), *Essays on the Principles of Morality and Natural Religion,* 2nd edn., London.〔田中秀夫・増田みどり訳『道徳と自然宗教の原理』京都大学学術出版会，二〇一五年〕

——— (1766), *Progress of Flax-Husbandry in Scotland,* Edinburgh.

——— (1767), *Principles of Equity,* corrected 2nd edn., Edinburgh.

——— [1774] (1779), *Sketches on the History of Man,* 3rd edn., 2 vols, Dublin.

——— (1776), *The Gentleman Farmer : Being an Attempt to Improve Agriculture by Subjecting it to the Test of Rational Principles,* Edinburgh.

——— (1777), *Elucidations respecting the Common and Statute Law of Scotland,* Edinburgh.

——— (1779), *Historical Law Tracts,* 2nd edn, Edinburgh.

——— [1779] (2005), *Essays on the Principles of Morality and Natural Religion,* 3rd edn, Indianapolis: Liberty Press.

——— (1817), *The Elements of Criticism,* 9th edn, 2 vols, Edinburgh.

Leechman, W. (2005), 'An Account of the Life, Writings and Character of Francis Hutcheson', prefixed to Hutcheson, *A System of Moral Philosophy,* London: Continuum Classic Texts, pp. i-xlviii.

Lindsay, P. (1733), *The Interest of Scotland Considered,* London.

Mackenzie, G. [1691] (1711), *Moral History of Frugality,* London.

MacLaurin, C. (1750), *An Account of Sir Isaac Newton's Philosophical Discoveries,* 2nd edn., London.

McQueen, D. (1756), *Letters on Mr Hume's History of Great Britain,* Edinburgh.

Melvill, T. (1734), *The True Caledonian,* Edinburgh.

Millar, J. (1771), *Observations concerning the Distinction of Ranks of Society,* London.

——— [1779] (1971), *The Origin of the Distinction of Ranks,* 3rd edn., in W. Lehmann (ed.), *John Millar of Glasgow,* Cambridge: Cambridge University Press, pp. 173-322.

——— [1797/1803] (2006), *An Historical View of the English Government,* M. Salber Phillips and D. Smith (eds.) in one volume, Indianapolis: Liberty Press.

Pennant, T. [1769] (1979), *A Tour in Scotland,* 3rd edn, Perth: Melven Press.〔古賀憲夫訳『スコットランド旅行記——旅行家トマス・ペナント』晃学出版、二〇一二年。一七六九年の旅行記は要約で、一七七二年の旅行記も全訳ではない。〕

Ramsay, J. (1888), *Scotland and Scotsmen in the Eighteenth Century,* 2 vols, A. Allardyce (ed.), Edinburgh.

Reid, T. (1846), *Works,* in one volume, W. Hamilton (ed.), Edinburgh: Maclachan Stewart.

——— (1990), *Practical Ethics,* K. Haakonssen (ed.), Princeton: Princeton University Press.

Robertson, W. (1840), *Works,* in one volume, D. Stewart (ed.), Edinburgh.

Sinclair, J. (ed.) (1973), *The Statistical Account of Scotland 1791-1799,* Wakefield: EP Publishing.

Smith, A. (1982), *Essays on Philosophical Subjects,* W. Wightman, J. Bryce and I. Ross (eds.), Indianapolis: Liberty Press.〔水田洋他訳『哲学論文集』名古屋大学出版会、一九九三年〕本書はDugald Stewart, *Biographical Memoir of Adam Smith*〔福鎌忠恕訳『アダム・スミスの生涯と著作』お茶の水書房、一九八四年〕を付録に持ち、著者はこれから引用している。

——— (1982), *Lectures on Jurisprudence,* R. Meek, D. Raphael and P. Stein (eds.), Indianapolis: Liberty Press.〔*LJB*：水田洋訳『法学講義』岩波文庫、二〇〇五年、*LJA*：水田洋他訳『法学講義　1762～1763』名古屋大学出版会、二〇一二年〕本書は『国富論』の初期草稿（*ED*）を付録に収録しており、その邦訳は『法学講義』岩波文庫にある。

——— (1982), *The Theory of Moral Sentiments,* A. MacFie and D. Raphael (eds.), Indianapolis: Liberty Press.〔水田洋訳『道徳感情論』岩波文庫、上下、二〇〇三年〕

——— (1982), *An Inquiry into the Nature and Causes of the Wealth of Nations,* R. Campbell and A. Skinner (eds.), Indianapolis: Liberty Press.〔水田洋監訳、杉山忠平訳『国富論』岩波文庫、1～4、二〇〇〇～二〇〇一年〕

——— (1983), *Lectures on Rhetoric and Belles Lettres,* J. Bryce (ed.), Indianapolis: Liberty Press.〔水田洋・松原慶子訳『修辞学・文学講義』名古屋大学出版会、二〇〇四年〕

——— (1987), *Correspondence of Adam Smith,* E. Mossner and I. Ross (eds.), Indianapolis: Liberty Press.

Somerville, T. (1861), *My Own Life and Times 1741-1814,* Edinburgh: Edmonston.

Steuart, J. (1966), *An Inquiry into the Principles of Political Oeconomy,* 2 vols, A. Skinner (ed.), Chicago: University of

Chicago Press.〔小林昇監訳『経済の原理』名古屋大学出版会、一、二、一九九三年〕
Stewart, D. (1854), *Dissertation : Exhibiting the Progress of Metaphysical, Ethical and Political Philosophy since the Revival of Letters in Europe,* in W. Hamilton (ed.), *Works,* vol. 1. Edinburgh: Constable.
——— [1793] (1858), *Biographical Memoir of Adam Smith,* in W. Hamilton (ed.), *Works,* vol. 10. Edinburgh: Constable.〔福鎌忠恕訳『アダム・スミスの生涯と著作』お茶の水書房、一九八四年〕
Stuart, G. (1768), *Historical Dissertation concerning the Antiquity of the English Constitution,* Edinburgh.
——— (1779), *Observations concerning the Public Law and the Constitutional History of Scotland,* Edinburgh.
——— [1792] (1995), *A View of Society in Europe in its Progress from Rudeness to Refinement,* 2nd edn, Bristol: Thoemmes reprint.
Turnbull, G. (1740), *Treatise on Ancient Painting,* London.
——— (1741), *Discourse upon Moral and Civil Laws,* appended to his edition of Heineccius' *System of Universal Law,* Edinburgh.
——— [1740] (2005), *The Principles of Moral Philosophy,* Indianapolis: Liberty Press.
Tytler, A. [1807] (1993), *Memoirs of the Life and Writings of the Honourable Henry Home of Kames,* 2 vols, Bristol: Thoemmes reprint.
Wallace, R. (1761), *Various Prospects of Mankind,* London.
——— [1758] (1961), *Characteristics of the Present Political State of Great Britain,* New York: Kelley reprint.
——— [1753 and 1809] (1969), *Dissertation on the Numbers of Mankind in Antient and Modern Times,* New York: Kelley reprint.
Wodrow, R. (1828), *Life of James Wodrow,* Edinburgh: Blackwood.

一次文献——その他

Aquinas, St Thomas [1259-64] (1928), *Summa Contra Gentiles,* vol. 3, trans. English Dominican Fathers, London: Burns and Oates.
Aristotle (1894), *Ethica Nicomachea,* L. Bywater (ed.), Oxford: Oxford Classical Texts.〔高田三郎訳『ニコマコス倫理

学』岩波文庫、上下、一九七一～一九七三年〕

——— (1944), *The Politics*, trans. H. Rackham with text, London: Loeb Library.〔山本光雄訳『政治学』岩波文庫、一九六一年〕

Bacon, F. (1740), *Works*, 4 vols, London.

——— (1853), *The Physical and Metaphysical Works of Lord Bacon*, J. Devey (ed.), London: Bohn Library.〔[*AL*] 服部英次郎・多田英次訳『学問の進歩』岩波文庫、一九七四年〕

——— (1868), *The Moral and Historical Works of Lord Bacon*, J. Devey (ed.), London: Bohn Library.〔[*GI*] 服部英次郎訳『大革新』河出書房新社、一九六三年、[1868] 成田成寿訳「ニュー・アトランティス」『ベーコン』中央公論社所収、一九七〇年、[*NO*] 桂寿一訳『ノヴム・オルガヌム』岩波文庫、一九七八年〕

Barbon, N. [1690] (1905), *A Discourse of Trade*, J. Hollander (ed.), Baltimore: Johns Hopkins Press.〔バーボン、ノース久保芳和訳『交易論、東インド貿易論』東京大学出版会、一九六六年〕

Beccaria, C. [1764] (1965), *Dei Delitti e delle Pene*, F. Venturi (ed.), Turino: Einaudi.〔風早八十二・五十嵐二葉訳『犯罪と刑罰』岩波文庫、一九五九年〕

Berkeley, G. (1953), *Works*, A. Luce and T. Jessop (eds.), 6 vols, Edinburgh: Nelson.

Bolingbroke, H. St John, Viscount (1754), *Works*, 5 vols, London.

Brown, J. (1758), *An Estimate of the Manners and Principles of the Times*, 7th edn, London.

Burke, E. [1774] (1889), *Speech on American Taxation*, in *Works*, vol. 1. London: Bohn.〔中野好之編訳『バーク政治経済論集——保守主義の精神』法政大学出版局、二〇〇〇年〕

Butler, J. [1726] (1964), *Fifteen Sermons Preached at the Rolls Chapel*, London: Bell.

Chambers, E. (1728), *Cyclopedia or an Universal Dictionary of Arts and Sciences*, London.

Cicero (1913), *The Offices*, trans. W. Miller with text, London: Loeb Library.〔泉井久之助訳『義務について』岩波文庫、一九六一年〕

——— (1927), *Tusculan Disputations*, trans. J. King with text, London: Loeb Library.〔木村健治・岩谷智訳『キケロー選集12　トゥスクルム荘対談集』岩波書店、二〇〇二年〕

——— (1931), *De Finibus*, trans. H. Rackham with text, 2nd edn., London: Loeb Library.〔永田康昭・兼利琢也・岩崎

務訳『キケロー選集10　善と悪の究極について』岩波書店、二〇〇〇年〕

Condillac, E. [1776] (1847), *Le Commerce et le gouvernement,* in E. Daire and G. Molinari (eds.), *Mélanges d'économie politique,* Paris: Guillaumin, pp. 247-443.

——— [1746] (2001), *Essay on the Origin of Human Knowledge,* trans. H. Aarsleff (ed.), Cambridge: Cambridge University Press.〔古茂田宏訳『人間認識起源論』岩波文庫、上下、一九九四年〕

Condorcet, M. [1795] (1933), *Esquisse d'un tableau historique des progrès de l'esprit humain,* O. Prior (ed.), Paris: Boivin.〔渡辺誠訳『人間精神進歩史』岩波文庫、一、二、一九五一年〕

Constant, B. [1819] (1988), *The Liberty of the Ancients Compared with that of the Moderns,* trans. B. Fontana, Cambridge: Cambridge University Press.

d'Alembert, J. [1751] (1963), *Preliminary Discourse to the Encyclopedia,* trans. N. Schwab, Indianapolis: Bobbs Merrill.〔桑原武夫訳編『百科全書――序論および代表項目』岩波文庫、一九七一年〕

Danvila y Villagrassa, B. [1779] (2008), *Lecciones de Economia Civil o del Comercio,* P. Ferri (ed.), Zaragoza: CISC.

Davenant, C. (1771), *Works,* 5 vols, C. Whitworth (ed.), London.〔田添京二・渡辺源次郎訳「東インド貿易論」、初期イギリス経済学古典選集2『バーボン／ノース「交易論」、ダヴナント「東インド貿易論」』東京大学出版会、一九六六年、著作集第一巻の一部分の訳〕

de la Condamine, C. (1745), *Relation abrégée d'un voyage fait dans l'intérieur de l'Amerique Méridionale,* Paris.

Deleyre, A. (1755), 'Epingle', in *Encyclopedie ou dictionnaire raisonnée des sciences, des arts et des métiers,* vol. 5. Paris, pp. 804-6.

Descartes, R. [1637] (1912), *A Discourse on Method,* trans. J. Veitch, London: Everyman Library.〔野田又夫・井上庄七・水野和久・神野慧一郎訳『方法序説ほか』中公クラシックス、二〇〇一年〕

Diderot, D. (1755), 'Encyclopédie', in *Encyclopédie ou dictionnaire raisonnée des sciences, des arts et des métiers,* vol. V, Paris, pp. 635-49.〔桑原武夫訳編『百科全書』前掲〕

Diogenes Laertius (1925), *Lives of Eminent Philosophers* (*Zeno*), vol. 7, trans. R. Hicks, London: Loeb Library.

Epictetus (1928), *The Manual and Discourses,* trans. W. Oldfather with text, London: Loeb Library.

Fénelon, F. [1699] (1962), *Les aventures de Télemaque,* J. Goré (ed.), Firenze: Sansoni.〔朝倉剛訳『テレマックの冒険』現代思潮社、上下、一九六九年〕

Florus (1943), *Epitome of Roman History,* trans. E. Foster with text, London: Loeb Library.

Galiani, F. [1751] (1915), *Della Moneta,* F. Nicolini (ed.), Bari: Laterza.

Genovesi, A. (1765), *Delle Lezioni di Commercio o sia d'economia Civile da Leggesi,* Naples.

Godwin, W. [1798] (1976), *Enquiry concerning Political Justice,* I. Kramnick (ed.), Harmondsworth: Penguin Books.〔白井厚訳『政治的正義』陽樹社、一九七三年、原書第八編「財産論」だけの訳〕

Goguet, Y. (1758), *De l'Origine des Loix, des Arts et des Sciences et de leur Progrès chez les Anciens Peuples,* Paris.

——— (1761), *The Origin of Laws, Arts and Sciences and their Progress among the most Ancient Peoples,* Edinburgh.

Grotius, H. [1625, trans. 1738] (2005), *The Rights of War and Peace,* R. Tuck (ed.), Indianapolis: Liberty Press.〔一又正雄訳『戦争と平和の法』酒井書店、一～三、一九七二年〕

Harrington, J. [1656] (1977), *Oceana,* in *Political Writings,* J. Pocock (ed.), Cambridge: Cambridge University Press, pp. 155-359.

Harris, J. (1757), *An Essay upon Money and Coins,* London.〔小林昇訳『貨幣・鋳貨論』東京大学出版会、一九七五年〕

Helvétius, C. [1758] (1843), *De l'Esprit,* P. Christian (ed.), Paris: Lavigne.

Hobbes, T. [1655] (1839), *Epistle Dedicatory* to *De Corpore,* in *Works,* vol. 1. W. Molesworth (ed.), London, pp. vi-xii.〔本田裕史訳『物体論』京都大学学術出版会、二〇一五年〕

——— [1651] (1991), *Leviathan,* R. Tuck (ed.), Cambridge: Cambridge University Press.〔水田洋訳『リヴァイアサン』岩波文庫、一～四、一九九二年〕

Houghton, J. (1677), *England's Great Happiness,* London.

Johnson, S. [1773] (1791), *A Journey to the Western Islands of Scotland,* London.〔諏訪部仁他訳『スコットランド西方諸島の旅』中央大学出版部、二〇〇六年〕

Livy (1919), *From the Founding of the City,* vol. 1. trans. B. Foster with text, London: Loeb Library.〔鈴木一州訳『ロ

ーマ建国史』岩波文庫，上，二〇〇七年〕

Locke, J.（1854）, *Philosophical Works,* 2 vols, H. St John（ed.）, London: Bohn Library.〔大槻春彦訳『人間知性論』岩波文庫，一〜四，一九七二〜一九七七年〕

———— [1689]（1965）, *Two Treatises of Government,* P. Laslett（ed.）, New York: Mentor Books.〔加藤節訳『統治二論』岩波文庫，二〇一〇年〕

Macaulay, C.（1769）, *History of England from the Accession of James I to the Elevation of the House of Hanover,* 3rd edn, London.

Machiavelli, N. [1532]（1998）, *Il Principe,* in A. Capata（ed.）, *Tutte le opera storiche, politiche e letterarie,* Rome: Newton, pp. 6-55.〔川島英昭訳『君主論』岩波文庫，一九九八年〕

Mandeville, B.（1729）, *Free Thoughts on Religion,* 2nd edn, London.

———— [1732]（1988）, *The Fable of the Bees,* 2 vols, ed. F. Kaye, Indianapolis: Liberty Press.〔泉谷治『蜂の寓話』，『続蜂の寓話』法政大学出版局，一九八五，一九九三年〕

Martin, H. [1701]（1952）, 'Considerations on the East-India Trade', reprinted in J. McCulloch（ed.）, *Early English Tracts on Commerce,* Cambridge: Economic History Society, pp. 541-630.

Marx, K.（1967）, *Capital,* 3 vols, trans. S. Moore and S. Aveling, ed. F. Engels, New York: International Publishers.〔向坂逸郎訳『資本論』岩波文庫，一〜九，一九六九〜一九七〇年〕

Melon, J.-F.（1735）, *Essai politique sur le commerce,* Amsterdam.〔米田昇平・後藤浩子訳『商業についての政治的試論』京都大学学術出版会，二〇一五年〕

Mirabeau V.（1759）, *L'Ami des hommes,* 6 vols, Amsterdam.

————（1760）, *Tableau Oeconomique avec ses Explications,* Amsterdam.

Montesquieu, C. [1748]（1961）, *De I'Esprit des Lois,* 2 vols, G. True（ed.）, Paris: Gamier.

————（1989）, *The Spirit of the Laws,* trans. A. Cohler, B. Miller and H. Stone, Cambridge: Cambridge University Press.〔野田良之他訳『法の精神』上中下，岩波文庫，一九八九年〕

Mun, T. [1664]（1952）, *England's Treasure by Forreign Trade,* reprinted in J. McCulloch（ed.）, *Early English Tracts on Commerce,* Cambridge: Economic History Society reprint, pp. 115-210.〔渡辺源次郎訳『外国貿易によるイングラ

ンドの財宝』東京大学出版会，一九六五年〕
Newton, I. (1953), *Newton's Philosophy of Nature : Selections from his Writings*, H. Thayer (ed.), New York: Hafner. 〔島尾永康訳『光学』岩波文庫，一九八三年〕
Nicole, P. (1999), *Essais de morale*, L. Thirouin (ed.), Paris: Presses Universitaires de France.
North, D. [1691] (1952), *Discourse on Trade*, reprinted in J. McCulloch (ed.), *Early English Tracts on Commerce*, Cambridge: Economic History Society reprint, pp. 505-40. 〔久保芳和訳「交易論」，『バーボン／ノース「交易論」・ダヴナント「東インド貿易論」』所収，初期イギリス経済学古典選集2，東京大学出版会，一九六六年〕
Perkins, W. (1609), *Three Books of Cases of Conscience*, in *Works*, vol. 2. Cambridge, pp. 1-176.
——— [1597-1601] (1612), *Treatise of the Vocations*, in *Works*, vol. 1. Cambridge, pp. 747-79.
Petty, W. [1683] (1899), *The Economic Writings of Sir William Petty*, C. Hull (ed.), 2 vols, Cambridge: Cambridge University Press. 〔大内兵衛・松川七郎訳『政治算術』岩波文庫，一九五五年，大内兵衛・松川七郎訳『租税貢納論』岩波文庫，一九五二年，松川七郎訳『アイァランドの政治的解剖』岩波文庫，一九五一年〕
Plato (1902), *Politeia*, J. Burnett (ed.), Oxford: Clarendon Press. 〔藤沢令夫訳『国家』上下，岩波文庫，一九七九年〕
Pufendorf, S. [1672] (1934), *On the Law of Nature and of Nations*, trans. C. and W. Oldfather, Oxford: Classics of International Law.
Quesnay, F. (1764), *Philosophie rurale ou économie générale et politique de l'agriculture*, Amsterdam.
Rousseau, J.-J. [1755] (1962), *Discours de I'ineqalité parmi les hommes*, Paris: Garnier. 〔本田喜代治・平岡昇訳『人間不平等起源論』岩波文庫，一九七二年〕
St Lambert (1757), 'Luxe', in *Encyclopédic ou dictionnaire raisonnée des sciences, des arts et des metiers*, vol. IX, Paris, pp. 763-71.
Sallust (1921), *The War with Catiline*, trans. J. Rolfe with text, London: Loeb Library. 〔合阪學・鷲田睦朗訳『カティリーナの陰謀』大阪大学出版会，二〇〇八年〕
Seneca (1932a), *Letters to Lucilius*, trans. R. Gummere with text, London: Loeb Library.
——— (1932b), *Moral Essays*, vol. 2. trans. J. Basore with text, London: Loeb Library.
Sidney, A. [1698] (1990), *Discourses concerning Government*, T. West (ed.), Indianapolis: Liberty Press.

Sprat, T. (1702), *The History of the Royal Society of London,* 2nd edn, London.

Swift, J. (1721), *Bubble : A Poem,* Edinburgh.

Temple, W. (1680), *Miscellanea,* London.

Tucker, J. (1755), *The Elements of Commerce and Theory of Taxes,* Bristol.

Turgot, A. (1973), *On Progress, Sociology and Economics,* trans. R. Meek (ed.), Cambridge: Cambridge University Press.

Voltaire, A. [1751] (1929), *Siècle de Louis XIV,* 14th edn, E. Bourgeois (ed.), Paris: Hachette.〔丸山熊雄訳『ルイ14世の世紀』岩波文庫、一～四、一九六八～一九八三年〕

——— [1734] (1956), *Philosophical Letters,* in H. Block (ed.), *Candide and Other Writings,* New York: Modern Library, pp. 323-56.〔林達夫訳『哲学書簡』岩波文庫、一九五一年〕

——— [1756] (2001), *Essai sur les Moeurs et l'esprit des Nations,* in *Les Oeuvres Complètes de Voltaire,* 3 vols. (22-4), Oxford: Voltaire Foundation.〔安斎和雄訳『歴史哲学「諸国民の風俗と精神について」序論』法政大学出版局、一九八九年〕

Xenophon (1923), *Oeconomicus,* trans. E. Marchant with text, London: Loeb Library.〔越前谷悦子訳『オイコノミコス——家政について』リーベル出版、二〇一〇年〕

二次文献

Acemoglu, D. and J. Robinson (2012), *Why Nations Fail : The Origins of Power, Prosperity and Poverty,* London: Profile Books.〔鬼澤忍訳『国家はなぜ衰亡するのか——権力・繁栄・貧困の起源』早川書房、上下、二〇一三年〕

Allan, D. (1993), *Virtue, Learning and the Scottish Enlightenment,* Edinburgh: Edinburgh University Press.

Alvey, J. (2003), *Adam Smith : Optimist or Pessimist,* Aldershot: Ashgate.

Amrozowicz, M. (2013), 'Adam Smith: History and Poetics', in C. Berry, M. Paganelli and C. Smith (eds.), *Oxford Handbook of Adam Smith,* Oxford: Oxford University Press, pp. 143-58.

Annas, J. (1993), *The Morality of Happiness,* New York: Oxford University Press.

Appleby, J. (1978), *Economic Thought and Ideology in Seventeenth-Century England,* Princeton: Princeton University

Press.
Arena, V. (2011), 'Roman Sumptuary Legislation: Three Concepts of Liberty', *European Journal of Political Theory*, 10:463-89.
Aspromourgos, T. (2009), *The Science of Wealth: Adam Smith and the Beginnings of Political Economy*, London: Routledge.
Baier, A. (1991), *A Progress of Sentiments: Reflections on Hume's Treatise*, Cambridge, MA: Harvard University Press.
Baker, K. (1975), *Condorcet: From Natural Philosophy to Social Mathematics*, Chicago: University of Chicago Press.
Baugh, D. (1983), 'Poverty, Protestantism and Political Economy', in S. Baxter (ed.), *England's Rise to Greatness*, Berkeley: University of California Press, pp. 63-107.
Benton, T. (1990), 'Adam Ferguson and the Enterprise Culture', in P. Hulme and L. Jordanova (eds.), *The Enlightenment and its Shadows*, London: Routledge, pp. 63-120.
Berg, M. and E. Eger (2003), 'The Rise and Fall of the Luxury Debates', in M. Berg and E. Eger (eds.), *Luxury in the Eighteenth Century*, Basingstoke: Palgrave, pp. 7-27.
Berry C. (1994), *The Idea of Luxury: A Conceptual and Historical Investigation*, Cambridge: Cambridge University Press.
——— (1997), *Social Theory of the Scottish Enlightenment*, Edinburgh: Edinburgh University Press.
——— (2000), 'Rude Religion: The Psychology of Polytheism in the Scottish Enlightenment', in P. Wood (ed.), *The Scottish Enlightenment: Essays in Re-Interpretation*, Rochester, NY: Rochester University Press, pp. 315-34.
——— (2003a), 'Sociality and Socialisation', in A. Broadie (ed.), *The Cambridge Companion to the Scottish Enlightenment*, Cambridge: Cambridge University Press, pp. 243-57.
——— (2003b), 'Lusty Women and Loose Imagination: Hume's Philosophical Anthropology of Chastity', *History of Political Thought*, 24:415-33.
——— (2004), 'Smith under Strain', *European Journal of Political Theory*, 3:455-63.
——— (2006a), 'Smith and Science', in K. Haakonssen (ed.), *The Cambridge Companion to Adam Smith*, Cambridge:

Cambridge University Press, pp. 112–35.

——— (2006b), 'Hume and the Customary Causes of Industry, Knowledge and Humanity', *History of Political Economy,* 38 : 291–317.

——— (2007), 'Hume's Universalism: The Science of Man and the Anthropological Point of View, *British Journal for the History of Philosophy,* 15 : 535–50.

——— (2008), 'Hume and Superfluous Value (or What's Wrong with Epictetus Slippers)', in C. Wennerlind and M. Schabas (eds.), *David Hume's Political Economy,* London: Routledge, pp. 49–64.

——— (2009a), 'Ferguson and the Principle of Simultaneity', in E. Heath and V. Merolle (eds.), *Adam Ferguson : Philosophy, Politics and Society,* London: Pickering and Chatto, pp. 143–53, pp. 214–17n.

——— (2009b), *David Hume,* London: Continuum.

——— (2010), 'Creating Space for Civil Society: Conceptual Cartography in the Scottish Enlightenment', *Giornale di Storia Constituzionale,* 20 : 49–60.

——— (2011), 'Science and Superstition: Hume and Conservatism', *European Journal of Political Theory,* 10 : 141–55.

——— (2012), 'Adam Smith's Science of Human Nature', *History of Political Economy,* 44 : 471–92.

Blaney, D. and N. Inayatullah (2010), *Savage Economics : Wealth, Poverty and the Temporal Walls of Capitalism,* London: Routledge.

Bonolas, P. (1987), 'Fénelon et le luxe dans le Télémaque', *Voltaire Studies,* 249 : 81–90.

Booth, W. (1993), *Households : On the Moral Architecture of the Economy,* Ithaca, NY: Cornell University Press.

Bowles, P. (1985), 'The Origin of Property and the Development of Scottish Historical Science', *Journal of the History of Ideas,* 46 : 197–209.

——— (1986), 'John Millar, the Legislator and the Mode of Subsistence', *History of European Ideas,* 7 : 237–51.

Boyd, R. (2004), *Uncivil Society : The Perils of Pluralism and the Making of Modern Liberalism,* Lanham, MD: Lexington Books.

——— (2008), 'Manners and Morals: David Hume on Civility, Commerce and the Social Construction of Difference', in C. Wennerlind and M. Schabas (eds.), *David Hume's Political Economy,* London: Routledge, pp. 65–85.

——— (2013), 'Adam Smith and Civil Society', in C. Berry, M. Paganelli and C. Smith (eds.), *Oxford Handbook of Adam Smith,* Oxford: Oxford University Press, pp. 443-63.

Broadie, A. (2001), *The Scottish Enlightenment,* Edinburgh: Birlinn.

——— (2006), 'Sympathy and the Impartial Spectator', in K. Haakonssen (ed.), *The Cambridge Companion to Adam Smith,* Cambridge: Cambridge University Press, pp. 158-88.

Brooke, C. (2012), *Philosophic Pride : Stoicism and Political Thought from Lipsius to Rousseau,* Princeton: Princeton University Press.

Brown, M. (1988), *Adam Smith's Economics,* London: Croom Helm.

Brown, S. (1997), 'William Robertson (1721-93) and the Scottish Enlightenment', in S. Brown (ed.), *William Robertson and the Expansion of Empire,* Cambridge: Cambridge University Press, pp. 7-35.

Brühlmeier, D. (1996), 'Die Geburt der Sozialwissenschaften aus dem Geiste der Moralphilosophie', in D. Brühlmeier, H. Holzhey and V. Mudroch (eds.) *Schottische Aufklärung : "A Hotbed of Genius",* Berlin: Akadcmie Verlag, pp. 23-38.

Bryson, G. [1945] (1968), *Man and Society -the Scottish Enquiry of the Eighteenth Century,* New York: Kelley reprint.

Buckle, S. (1991), *Natural Law and the Theory of Property : Grotius to Hume,* Oxford: Clarendon Press.

Burtt, S. (1992), *Virtue Transformed : Political Argument in England, 1688-1740,* Cambridge: Cambridge University Press.

Caffentzis, G. (2001), 'Hume, Money and Civilization: Or Why Was Hume a Metallist ?', *Hume Studies,* 27 : 301-35.

——— (2008), 'Fiction or Counterfeit ? David Hume's Interpretations of Paper Money and Metallic Money', in C. Wennerlind and M. Schabas (eds.), *David Hume's Political Economy,* London: Routledge, pp. 146-67.

Calkins, M. and P. Werhane (1998), 'Adam Smith, Aristotle and the Virtues of Commerce', *Journal of Value Inquiry,* 32 : 43-60.

Cameron, A. (1995), *Bank of Scotland, 1695-1995,* Edinburgh: Mainstream.

Campbell, N. and R. Smellie (1983), *The Royal Society of Edinburgh (1783-1983),* Edinburgh: RSE.

Campbell, R. H. (1982), 'The Enlightenment and the Economy', in R. H. Campbell and A. Skinner (eds.), *Origins and*

Nature of the Scottish Enlightenment, Edinburgh: John Donald, pp. 8-25.

Campbell, T. (1971), *Adam Smith's Science of Morals,* London: G. Allen and Unwin.

Cant, R. (1982), 'Origins of the Enlightenment in Scotland: the Universities', in R. Campbell and A. Skinner (eds.), *Origins and Nature of the Scottish Enlightenment,* Edinburgh: John Donald, pp. 42-64.

Capaldi N. and D. Livingston (eds.) (1990), *Liberty in Hume's 'History of England',* Dordrecht: Kluwer Academic.

Carey, D. (2006), *Locke, Shaftesbury and Hutcheson : Contesting Diversity in the Enlightenment and Beyond,* Cambridge: Cambridge University Press.

Castiglione, D. (2000), '"That Noble Disquiet": Meanings of Liberty in the Discourse of the North', in S. Collini, D. Winch and J. Burrow (eds.), *Economy, Politics and Society,* Cambridge: Cambridge University Press, pp. 48-69.

Chamley, P. (1975), 'The Conflict between Montesquieu and Hume', in A. Skinner and T. Wilson (eds.), *Essays on Adam Smith,* Oxford: Clarendon Press, pp. 274-305.

Charles, L. (2008), 'French "New Politics" and the Dissemination of David Hume's *Political Discourses* on the Continent', in C. Wennerlind and M. Schabas (eds.), *David Hume's Political Economy,* London: Routledge, pp. 81-202.

Chitnis, A. (1976), *The Scottish Enlightenment : A Social History,* London: Croom Helm.

Clark, I. (1970), 'From Protest to Reaction: The Moderate Regime in the Church of Scotland 1752-1805', in N. Phillipson and R. Mitchison (eds.), *Scotland in the Age of Improvement,* Edinburgh: Edinburgh University Press, pp. 200-24.

Coats, A. (1958), 'Changing Attitudes to Labour in the Mid-Eighteenth Century', *Economic History Review,* 11:35-51.

——— (1992), 'Economic Thought and Poor Law Policy in the Eighteenth Century', in *On the History of Economic Thought,* vol. 1, London: Routledge, pp. 85-100.

Cohon, R. (2008), *Hume's Morality : Feeling and Fabrication,* Oxford: Oxford University Press.

Collingwood, R. (1946), *The Idea of History,* Oxford: Clarendon Press. 〔小松茂夫・三浦修訳『歴史の観念』紀伊國屋書店、二〇〇二年〕

Cropsey, J. [1957] (2001), *Polity and Economy. With Further Thoughts on the Principles of Adam Smith,* South Bend: St Augustine's Press.

Cunningham, A. (2005), 'David Hume's Account of Luxury', *Journal of the History of Economic Thought,* 27 : 231–50.

Danford, J. (1980), 'Adam Smith, Equality and the Wealth of Nations', *American Political Science Review,* 24 : 674–95.

——— (1990), *David Hume and the Problem of Reason,* New Haven, CT: Yale University Press.

Daston, L. (1988), *Classical Probability in the Enlightenment,* Princeton: Princeton University Press.

Davie, G. (1981), *The Scottish Enlightenment,* pamphlet no. 99, London: Historical Association.

Davis, D. (1966), *The Problem of Slavery in Western Culture,* Ithaca, NY: Cornell University Press,

de Marchi, N. (1999), 'Adam Smith's Accommodation of "Altogether Endless" Desires', in M. Berg and H. Clifford (eds.), *Consumers and Luxury,* Manchester: Manchester University Press, pp. 18–36.

Devine, T. (1985), 'The Union of 1707 and Scottish Development', *Scottish Economic and Social History,* 5 : 23–40.

——— (1990), *The Tobacco Lords : A Study of the Tobacco Merchants of Glasgow,* Edinburgh: Edinburgh University Press.

Dickey, L. (1986), 'Historicizing the "Adam Smith Problem": Conceptual, Historiographical and Textual Issues', *Journal of Modern History,* 58 : 579–609.

Dickson, P. (1967), *The Financial Revolution in England,* London: Macmillan.

Donovan, A. (1982), 'William Cullen and the Research Tradition of Eighteenth-Century Scottish Chemistry', in R. Campbell and A. Skinner (eds.), *Origins and Nature of the Scottish Enlightenment,* Edinburgh: John Donald, pp. 98–114.

Duke, M. (1979), 'David Hume and Monetary Adjustment', *History of Political Economy,* 11 : 572–87.

Durie, A. (1979), *The Scottish Linen Industry in the Eighteenth Century,* Edinburgh: John Donald.

——— (2010), 'Movement, Transport and Travel', in E. Foyster and C. Whatley (eds.), *A History of Everyday Life in Scotland, 1600–1800,* Edinburgh: Edinburgh University Press, pp. 252–72.

Dwyer, J. (1987), *Virtuous Discourse : Sensibility and Community in Late Eighteenth-Century Scotland,* Edinburgh: John Donald.

Dwyer, J. and A. Murdoch (1983), 'Paradigms and Politics: Manners, Morals and the Rise of Henry Dundas', in J. Dwyer, R. Mason and A. Murdoch (eds.), *New Perspectives on the Politics and Culture of Early Modern Scotland,* Edinburgh: John Donald, pp. 210-48.

Ehrenberg, J. (1999), *Civil Society : The Critical History of an Idea,* New York: New York University Press.

Elton, M. (2008), 'Moral Sense and Natural Reason', *The Review of Metaphysics,* 62 : 79-110.

Emerson, R. (1973), 'The Social Composition of Enlightened Scotland: The Select Society of Edinburgh 1754-64', *Studies in Voltaire,* 114 : 291-329.

——— (1984), 'Conjectural History and the Scottish Philosophers', *Historical Papers of the Canadian Historical Association,* 63-90.

——— (1986), 'Science and the Origins and Concerns of the Scottish Enlightenment', *History of Science,* 26 : 333-66.

——— (1989), 'The Religious, the Secular and the Worldly: Scotland 1680-1800', in J. Crimmins (ed.), *Religion, Secularization and Political Thought,* London: Routledge, pp. 68-89.

——— (1992), *Professors and Patronage : The Aberdeen Universities in the Eighteenth Century,* Aberdeen: Aberdeen University Press.

——— (1995a), 'Did the Scottish Enlightenment Emerge in an English Cultural Province ?', *Lumen,* 15 : 1-22.

——— (1995b), 'Politics and the Glasgow Professors, 1690-1800', in A. Hook and R. Sher (eds.), *The Glasgow Enlightenment,* East Linton: Tuckwell Press, pp. 1-39.

——— (1998), 'Lord Bute and the Scottish Universities, 1760-92', in K. Schweizer (ed.), *Lord Bute : Essays in Re-Interpretation,* Leicester: Leicester University Press, pp. 147-79.

——— (2008a), 'The Scottish Contexts for David Hume's Political-Economic Thinking', in C. Wennerlind and M. Schabas (eds.), *David Hume's Political Economy,* London: Routledge, pp. 10-30.

——— (2008b), *Academic Patronage in the Scottish Enlightenment : Glasgow, Edinburgh and St Andrews Universities,* Edinburgh: Edinburgh University Press.

——— (2009), *Essays on David Hume, Medical Men and the Scottish Enlightenment,* Farnham: Ashgate.

Evans-Pritchard, E. (1981), *A History of Anthropological Thought,* London: Faber and Faber.

Evensky, J. (2005), *Adam Smith's Moral Philosophy,* Cambridge: Cambridge University Press.

Fauré, M. (1997), 'John Millar ou la culture politique d'un homme des Lumières', in L'Écosse des Lumières: Le XVIII

siècle autrement, Grenoble Université de Stendhal, pp. 209–29.
Ferguson, J. (1958), *Moral Values in the Ancient World,* London: Methuen.
Filonowicz, J. (2008), *Fellow-Feeling and the Moral Life,* Cambridge: Cambridge University Press.
Finlay, C. (2006), 'Rhetoric and Citizenship in Adam Ferguson's *Essay on the History of Civil Society*', *History of Political Thought,* 27: 29–49.
——— (2007), *Hume's Social Philosophy,* London: Continuum.
Fiori, S. and E. Pesciarelli (1999), 'Adam Smith on the Relations of Subordination, Personal Incentives and the Division of Labour', *Scottish Journal of Political Economy,* 46: 91–106.
Fitzgibbon, A. (1995), *Adam Smith's System of Liberty,* Oxford: Clarendon Press.
Fleischacker, S. (1999), *A Third Concept of Liberty: Judgment and Freedom in Kant and Adam Smith,* Princeton: Princeton University Press.
——— (2004), *On Adam Smith's Wealth of Nations: A Philosophical Companion,* Princeton: Princeton University Press.
——— (2013), 'Smith on Equality', in C. Berry, M. Paganelli and C. Smith (eds.), *Oxford Handbook of Adam Smith,* Oxford: Oxford University Press, pp. 486–500.
Foley, V. (1976), *The Social Physics of Adam Smith,* West Lafayette, IN: Purdue University Press.
Forbes, D. (1954), 'Scientific Whiggism: Adam Smith and John Millar', *Cambridge Journal,* 7: 643–70.
——— (1967), 'Adam Ferguson and the Idea of Community', in J. Young (ed.), *Edinburgh in the Age of Reason,* Edinburgh: Edinburgh University Press, pp. 40–7.
——— (1975a), *Hume's Philosophical Politics,* Cambridge: Cambridge University Press.〔田中秀夫監訳『ヒュームの哲学的政治学』昭和堂，二〇一一年〕
——— (1975b), 'Sceptical Whiggism, Commerce and Liberty', in A. Skinner and T. Wilson (eds.), *Essays on Adam Smith,* Oxford: Clarendon Press, pp. 179–201.
——— (1977), 'Hume's Science of Polities', in G. Morice (ed.), *David Hume: Bicentenary Papers,* Edinburgh: Edinburgh University Press, pp. 39–50.

——— (1982), 'Natural Law and the Scottish Enlightenment', in R. Campbell and A. Skinner (eds.), *Origins and Nature of the Scottish Enlightenment,* Edinburgh: John Donald, pp. 186-204.

Force, P. (2003), *Self-interest before Adam Smith,* Cambridge: Cambridge University Press.

Forman-Barzilai, F. (2010), *Adam Smith and the Circles of Sympathy,* Cambridge: Cambridge University Press.

Foyster, E. and C. Whatley (2010), *A History of Everyday Life in Scotland, 1600-1800,* Edinburgh: Edinburgh University Press.

Francesconi, D. (1999), 'William Robertson on Historical Causation and Unintended Consequences', *Cromohs :* 1-18

Frankel, C. (1948), *The Faith of Reason,* New York: Octagon Books.

Frazer, M. (2010), *The Enlightenment of Sympathy,* Oxford: Oxford University Press.

Fricke, C. (2013), 'Adam Smith: The Sympathetic Process and the Origin and Function of Conscience', in C. Berry, M. Paganelli and C. Smith (eds.), *Oxford Handbook of Adam Smith,* Oxford: Oxford University Press, pp. 177-200.

Furniss, E. (1920), *The Position of the Laborer in a System of Nationalism,* Boston: Houghton Mifflin.

Gatch, L. (1996), 'To Redeem Metal with Paper: David Hume's Philosophy of Money', *Hume Studies,* 22: 169-91.

Gaukroger, S. (2001), *Francis Bacon and the Transformation of Early-Modern Philosophy,* Cambridge: Cambridge University Press.

Gay, P. (1967), *The Enlightenment : The Rise of Modern Paganism,* London: Weidenfeld and Nicolson.

Geertz, C. (1975), *The Interpretation of Cultures,* London: Hutchinson. 〔吉田禎吾他訳『文化の解釈学』岩波書店、上下、一九八七年〕

Giarrizzo, G. (1962), *David Hume : Politico e Storico,* Turin: Einaudi.

Goldsmith, M. (1994), 'Liberty, Virtue and the Rule of Law, 1689-1770', in D. Wootton (ed.), *Republicanism, Liberty and Commercial Society 1649-1776,* Stanford: Stanford University Press, pp. 197-232.

Golinski, J. (1988), 'Utility and Audience in Eighteenth-Century Chemistry: Case Studies of William Cullen and Joseph Priestley', *British Journal for the History of Science,* 21: 1-31.

Gordon, D. (1994), *Citizens without Sovereignty : Equality and Sociability in French Thought 1670-1789,* Princeton: Princeton University Press.

Griffin, M. (1976), *Seneca : A Philosopher in Politics,* Oxford: Clarendon Press.

Griswold, C. (1999), *Adam Smith and the Virtues of Enlightenment,* Cambridge: Cambridge University Press.

——— (2010), 'Smith and Rousseau in Dialogue', *Adam Smith Review,* 8:59-84.

Groenewegen, P. (1977), 'Adam Smith and the Division of Labour', *Australian Economic Papers,* 16:161-74.

Guena, M. (2002), 'Republicanism and Commercial Society in the Scottish Enlightenment: The Case of Adam Ferguson', in M. van Gelderen and Q. Skinner (eds.), *Republicanism : A Shared European Heritage,* Cambridge: Cambridge University Press, vol. 2. pp. 177-95.

Guthrie, D. (1950), 'William Cullen and his Times', in A. Kent (ed.), *An Eighteenth-Century Lectureship in Chemistry,* Glasgow: Jackson, pp. 49-65.

Haakonssen, K. (1981), *The Science of a Legislator,* Cambridge: Cambridge University Press.〔永井義雄他訳『立法者の科学』ミネルヴァ書房、二〇〇一年〕

——— (1996), *Natural Law and Moral Philosophy : From Grotius to the Scottish Enlightenment,* Cambridge: Cambridge University Press.

Hamowy, R. (1987), *The Scottish Enlightenment and the Theory of Spontaneous Order,* Carbondale: Southern Illinois University Press.

Hanley, R. (2007), 'Adam Smith, Aristotle and Virtue Ethics', in E. Schliesser and L. Montes (eds.), *New Voices on Smith,* London: Routledge, pp. 17-39.

——— (2008a), 'Enlightened Nation Building: The "Science of the Legislator" in Adam Smith and Rousseau', *American Journal of Political Science,* 52:219-34.

——— (2008b), 'Commerce and Corruption: Rousseau's Diagnosis and Adam Smith's Cure', *European Journal of Political Theory,* 7:137-58.

——— (2009a), *Adam Smith and the Character of Virtue,* Cambridge: Cambridge University Press.

——— (2009b), 'Social Science and Human Flourishing', *Journal of Scottish Philosophy,* 7:29-46.

——— (2013), 'Smith and Virtue', in C. Berry, M. Paganelli and C. Smith (eds.), *Oxford Handbook of Adam Smith,* Oxford: Oxford University Press, pp. 219-40.

Hardin, R. (2007), *Hume's Moral and Political Theory,* Oxford: Oxford University Press.

Hargraves, N. (2002), 'The "Progress of Ambition": Character, Narrative and Philosophy in the Works of William Robertson', *Journal of the History of Ideas,* 63 : 261-82.

Harkin, M. (2002), 'Natives and Nostalgia: The Problem of the "North American Savage" in Adam Smith's Historiography', *Scottish Studies Review,* 3 : 21-32.

Harpham, E. (1984), 'Liberalism, Civic Humanism and the Case of Adam Smith', *American Political Science Review,* 78 : 764-74.

Harris, J. (2010), 'Hume on the Moral Obligation to Justice', *Hume Studies,* 36 : 25-50.

Harrison, J. (1981), *Hume's Theory of Justice,* Oxford: Clarendon Press.

Harte, N. (1976), 'State Control of Dress and Social Change in Pre-Industrial England', in D. C. Coleman and A. H. John (eds.), *Trade, Government and Economy in Pre-Industrial England,* London: Weidenfeld and Nicolson, pp. 132-65.

Hayek, F. [1960] (1972), *The Constitution of Liberty,* Chicago: Gateway. 〔気賀健三・古賀勝次郎訳『自由の条件』春秋社、1～3、一九八六～一九八七年〕

Heath, E. (2013), 'Adam Smith and Self-Interest', in C. Berry, M. Paganelli and C. Smith (eds.), *Oxford Handbook of Adam Smith,* Oxford: Oxford University Press, pp. 241-64.

Heller, H. (2011), *The Birth of Capitalism : A Twenty-First Century Perspective,* London: Pluto Press.

Henderson, W. and W. Samuels (2004), 'The Etiology of Adam Smith on Division of Labor: Alternative Accounts and Smith's Methodology Applied to Them', in W. Henderson, K. Johnson, M. Johnson and W. Samuels (eds.), *Essays in the History of Economics,* London: Routledge, pp. 8-85.

Herr, R. (1958), *The Eighteenth-Century Revolution in Spain,* Princeton: Princeton University Press.

Hill, C. (1968), *Puritanism and Revolution,* London: Panther Books.

Hill, L. (1999), 'Hume, Smith and Ferguson: Friendship in Commercial Society', *Critical Review of International Social and Political Philosophy,* 2 : 33-49.

——— (2006), *The Passionate Society : The Social, Political and Moral Thought of Adam Ferguson,* Dordrecht:

Springer Press.
——— (2007), 'Adam Smith, Adam Ferguson and Karl Marx on the Division of Labour', *Journal of Classical Sociology,* 7 : 339-66.
Himmelfarb, G. (1984), *The Idea of Poverty : England in the Early Industrial Age,* London: Faber and Faber.
Hirschman, A. (1977), *The Passions and the Interests,* Princeton: Princeton University Press.〔佐々木毅・旦祐介訳『情念の政治経済学』法政大学出版局、一九八五年〕
Hobsbawm, E. (1980), 'Scottish Reformers of the Eighteenth Century and Capitalist Agriculture', in *Peasants in History,* Calcutta: Oxford University Press, pp. 3-29.
Hollander, S. (1973), *The Economics of Adam Smith,* Toronto: University of Toronto Press.〔小林昇監修・大野忠男他訳『アダム・スミスの経済学』東洋経済新報社、一九七六年〕
Hont, I. (2005), *Jealousy of Trade : International Competition and the Nation-State in Historical Perspective,* Cambridge, MA: Belknap Press.〔田中秀夫監訳、大倉正雄・渡辺恵一他訳『貿易の嫉妬』昭和堂、二〇〇九年〕
——— (2006), 'The Early Enlightenment Debate on Commerce and Luxury', in M. Goldie and R. Wokler (eds.), *The Cambridge History of Eighteenth-Century Political Thought,* Cambridge: Cambridge University Press, pp. 379-418.
——— (2009), 'Adam Smith's History of Law and Government as Political Theory', in R. Burke and R. Geuss (eds.), *Political Judgement,* Cambridge: Cambridge University Press, pp. 131-71.
Hont, I. and M. Ignatieff (1983), 'Needs and Justice in the Wealth of Nations', in I. Hont and M. Ignatieff (eds.), *Wealth and Virtue,* Cambridge: Cambridge University Press, pp. 1-44.〔水田洋・杉山忠平監訳『富と徳——スコットランド啓蒙における経済学の形成』未來社、一九九〇年〕
Höpfl, H. (1978), 'From Savage to Scotsman: Conjectural History in the Scottish Enlightenment', *Journal of British Studies,* 7 : 20-40.
Hoppit, J. (1990), 'Attitudes to Credit in Britain, 1680-1790', *The Historical Journal,* 33 : 305-22.
Horne, T. (1990), *Property Rights and Society : Political Argument in Britain 1605-1834,* Chapel Hill: University of North Carolina Press.
Hundert, E. (1994), *The Enlightenment's Fable : Bernard Mandeville and the Discovery of Society,* Cambridge: Cam-

bridge University Press.

Hunt, A. (1996), *Governance of the Consuming Passions,* London: Macmillan.

Hunter, M. (1992), 'Aikenhead the Atheist: The Context and Consequences of Articulate Irreligion in the Late Seventeenth Century', in M. Hunter and D. Wootton (eds.), *Atheism from the Reformation to the Enlightenment,* Oxford: Clarendon Press, pp. 221-54.

Hutchinson, T. (1988), *Before Adam Smith : The Emergence of Political Economy 1661-1776,* Oxford: Blackwell.

Ignatieff, M. (1983), 'John Millar and Individualism', in I. Hont and M. Ignatieff (eds.), *Wealth and Virtue,* Cambridge: Cambridge University Press, pp. 317-43.〔水田・杉山監訳『富と徳』前掲〕

——— (1984), *The Needs of Strangers,* London: Chatto and Windus.〔添谷育志・金田耕一訳『ニーズ・オブ・ストレンジャーズ』風行社、一九九九年〕

Immerwahr, J. (1992), 'Hume's Revised Racism', *Journal of the History of Ideas,* 53:481-86.

Inwood, B. (1985), *Ethics and Human Action in Early Stoicism,* Oxford: Clarendon Press.

Ito, S. (2011), 'The Making of Institutional Credit in England, 1600 to 1688', *The European Journal of the History of Economic Thought,* 18:487-519.

Jack, M. (1989), *Corruption and Progress : The Eighteenth-Century Debate,* New York: AMS Press.

Jardine, L. (1974), *Francis Bacon : Discovery and the Art of Discourse,* Cambridge: Cambridge University Press.

Johnson, E. (1937), *Predecessors of Adam Smith,* London: P. King.

Kelly, D. (2011), *The Propriety of Liberty,* Princeton: Princeton University Press.

Kennedy, G. (2005), *Adam Smith's Lost Legacy,* Basingstoke: Palgrave.

——— (2011), 'Adam Smith and the Role of the Metaphor of an Invisible Hand', *Journal of the History of Economic Thought,* 33:385-402.

——— (2013), 'Adam Smith and Religion', in C. Berry, M. Paganelli and C. Smith (eds.), *Oxford Handbook of Adam Smith,* Oxford: Oxford University Press, pp. 464-84.

Kennedy, T. (1995), 'William Leechman, Pulpit Eloquence and the Glasgow Enlightenment', in A. Hook and R. Sher (eds.), *The Glasgow Enlightenment,* East Linton: Tuckwell Press, pp. 56-72.

Kent, A. (1950), 'William Cullen's History of Chemistry', in A. Kent (ed.), *An Eighteenth-Century Lectureship in Chemistry,* Glasgow: Jackson, pp. 49-77.

Kettler, D. (1965), *Social and Political Thought of Adam Ferguson,* Columbus: Ohio State University Press.

——— (1977), 'History and Theory in Ferguson's *Essay on the History of Civil Society : A Reconsideration', Political Theory,* 5:437-60.

Kidd, C. (1993), *Subverting Scotland's Past : Scottish Whig Historians and the Creation of an Anglo-British Identity 1689-c. 1800,* Cambridge: Cambridge University Press.

——— (2004), 'Subscription, the Scottish Enlightenment and the Moderate Interpretation of History', *Journal of Ecclesiastical History,* 55:502-19.

Krause, S. (2004), 'Hume and the (False) Luster of Justice', *Political Theory,* 32:628-55.

Lamb, R. (1973), 'Adam Smith's Concept of Alienation', *Oxford Economic Papers,* 25:275-85.

Langford, P. (1989), *A Polite and Commercial People : England 1727-1783,* Oxford: Oxford University Press.

Laudan, L. (1970), 'Thomas Reid and the Newtonian Turn in British Methodological Thought', in R. Butts and S. Davis (eds.), *The Methodological Heritage of Newton,* Oxford: Oxford University Press, pp. 103-31.

Law, R. (1969), *James Watt and the Separate Condenser,* London: HMSO.

Lehmann, W. (1930), *Adam Ferguson and the Beginnings of Modern Sociology,* New York: Columbia University Press.

——— (1971), *Henry Home, Lord Kames and the Scottish Enlightenment,* The Hague: M. Nifhoff.

Lenman, B. (1981), *Integration, Enlightenment and Industrialization : Scotland 1746-1832,* London: E. Arnold.

Letwin, W. (1964), *The Origins of Scientific Economics,* New York: Doubleday.

Lieberman, D. (1989), *The Province of Legislation Determined : Legal Theory in Eighteenth-Century Britain,* Cambridge: Cambridge University Press.

Lindgren, J. (1973), *The Social Philosophy of Adam Smith,* The Hague: Nijhoff.

Livingston, D. (1984), *Hume's Philosophy of Common Life,* Chicago: University of Chicago Press.

Lough, J. (1971), *The Encyclopedic,* London: Longman.

McArthur, N. (2007), *David Hume's Political Theory : Law, Commerce and the Constitution of Government,* Toronto:

University of Toronto Press.
McDowall, G. (1983), 'Commerce, Virtue and Politics: Adam Ferguson's Constitutionalism', *Review of Politics,* 45: 536–52.
McElroy, D. (1969), *Scotland's Age of Improvement,* Pullman: Washington State University Press.
Macfie, A. (1967), *The Individual in Society: Papers on Adam Smith,* London: G. Allen and Unwin.〔水田洋他訳『社会における個人』ミネルヴァ書房、一九七二年〕
Macfie, A. and D. Raphael [1976] (1982), 'Introduction' to A. Smith, *The Moral Sentiments,* Indianapolis: Liberty Press.
Machines, A. (1999), 'Scottish Jacobitism: In Search of a Movement', in T. Devine and J. Young (eds.), *Eighteenth-Century Scotland: New Perspectives,* East Linton: Tuckwell Press, pp. 70–89.
McIntosh, J. (1998), *Church and Theology in Enlightenment Scotland: The Popular Party, 1740–1800,* East Linton: Tuckwell Press.
MacIntyre, A. (1998), *Whose Justice? Which Rationality?,* London: Duckworth.
McKenna, S. (2006), *Adam Smith: The Rhetoric of Propriety,* Albany: SUNY Press.
Mackie, J. (1954), *The University of Glasgow: 1451–1951,* Glasgow: Jackson.
McNally, D. (1988), *Political Economy and the Rise of Capitalism,* Berkeley: University of California Press.
MacRae, D. (1969), 'Adam Ferguson', in T. Raison (ed.), *Founding Fathers of Sociology,* Harmondsworth: Penguin Books, pp. 17–26.
Malcolm, N. (2002), *Aspects of Hobbes,* Oxford: Clarendon Press.
Manuel, F. (1959), *The Eighteenth Century Confronts the Gods,* Cambridge, MA: Harvard University Press.
Marshall, P. and G. Williams (1982), *The Great Map of Mankind,* London: Dent.〔大久保佳子訳『野蛮の博物誌』平凡社、一九八九年〕
Martin, J. (1992), *Francis Bacon, the State and the Reform of Natural Philosophy,* Cambridge: Cambridge University Press.
Medema, S. and W. Samuels (2009), '"Only Three Duties": Adam Smith on the Role of Government', in J. Young (ed.), *Elgar Companion to Adam Smith,* Cheltenham: Edward Elgar, pp. 300–14.

Medick, H. (1973), *Naturzustand und Naturgeschichte der bürgerlichenGesellschaft,* Göttingen: Vandenhoeck and Ruprecht.

Medick, H. and Z. Batscha (1988), *Einleitung : A. Ferguson Versuch über die Geschichte der bürgerlichen Gesellschaft,* Frankfurt-am-Main: Suhrkamp.

Medick, H. and A. Leppert-Fögen (1974), 'Frühe Sozialwissenschaft als Ideologie des kleinens Bürgertums: J. Millar of Glasgow', in H. Wehler (ed.), *Sozialgeschichte Heut,* Göttingen: Vandenhoeck and Ruprecht, pp. 22-48.

Meek, R. (1967), 'The Scottish Contribution to Marxist Sociology', in *Economics and Ideology,* London: Chapman and Hall, pp. 34-50.

——— (1973), Introduction to *Turgot : On Progress. Sociology and Economics,* ed. and trans. R. Meek, Cambridge: Cambridge University Press.

——— (1976), *Social Science and the Ignoble Savage,* Cambridge: Cambridge University Press. 〔田中秀夫監訳、村井路子・野原慎司訳『社会科学と高貴ならざる未開人』昭和堂、二〇一五年〕

Mercer, P. (1972), *Sympathy and Ethics,* Oxford: Clarendon Press.

Miller, E. (1996), 'Sympathetic Exchange: Adam Smith and Punishment', *Ratio Juris,* 9:182-97.

Mizuta, H. (1975), 'Moral Philosophy and Civil Society', in A. Skinner and T. Wilson (eds.), *Essays on Adam Smith,* Oxford: Clarendon Press, pp. 114-31.

——— (1981), 'Two Adams in the Scottish Enlightenment: Adam Smith and Adam Ferguson on Progress', *Studies in Voltaire,* 191:812-19.

Mokyr, J. (2009), *The Enlightened Economy : An Economic History of Britain 1700-1850,* New Haven, CT: Yale University Press.

Montes, L. (2004), *Adam Smith in Context,* London: Palgrave Macmillan.

——— (2009), 'Adam Smith on the Standing Army versus Militia Issue: Wealth over Virtue', in J. Young (ed.), *The Elgar Companion to Adam Smith,* Cheltenham: Elgar, pp. 315-34.

Moore, J. (1977), 'Hume's Political Science and the Classical Republican Tradition', *Canadian Journal of Political Science,* 10:809-39.

——— (2000), 'Hutcheson's Theodicy', in P. Wood (ed.), *The Scottish Enlightenment : Essays in Re-Interpretation,* Rochester, NY: Rochester University Press, pp. 239-66.

——— (2009), 'Montesquieu and the Scottish Enlightenment', in R. Kingston (ed.), *Montesquieu and his Legacy,* Albany: SUNY Press, pp. 179-95.

Moran, C. (2003), 'The Commerce of the Sexes: Gender and the Social Sphere in Scottish Enlightenment Accounts of Civil Society', in F. Trentman (ed.), *Paradoxes of Civil Society,* revd edn, New York: Berghahn, pp. 61-84.

Mossner, E. (1980), *Life of David Hume,* 2nd edn, Oxford: Clarendon Press.

Muldrew, C. (1998), *The Economy of Obligation : The Culture of Credit and Social Relations in Early Modern England,* Basingstoke: Macmillan.

Muller, J. (1993), *Adam Smith in his Time and Ours,* Princeton: Princeton University Press.

Murdoch, A. (1980), *The People Above : Politics and Administration in Mid-Eighteenth-Century Scotland,* Edinburgh: John Donald.

Murdoch, A. and R. Sher (1988), 'Literary and Learned Culture', in T. Devine and R. Mitchison (eds.), *People and Society in Scotland,* vol. 1, Edinburgh: John Donald, pp. 117-42.

Murphy, A. (2009), *The Origins of the English Financial Markets,* Cambridge: Cambridge University Press.

Murphy, J. (1993), *The Moral Economy of Labor,* New Haven, CT: Yale University Press.

Muzzarelli, M. (2009), 'Reconciling the Privilege of a Few with the Common Good: Sumptuary Laws in Medieval and Early Modern Europe', *J. Medieval and Early Modern Studies,* 39 : 587-617.

Myers, M. (1983), *The Soul of Economic Man,* Chicago: University of Chicago Press.

Norrie, A. (1989), 'Punishment and Justice in Adam Smith', *Ratio Juris,* 2 : 227-39.

Nussbaum, M. (1986), *The Fragility of Goodness,* Cambridge: Cambridge University Press.

Ostrom, E. (1998), 'A Behavioral Approach to the Rational Choice of Collective Action', *American Political Science Review,* 92 : 1-22.

Otteson, J. (2002), *Adam Smith's Marketplace of Life,* Cambridge: Cambridge University Press.

Oz-Salzburger, F. (2008), 'Ferguson's Politics of Action', in E. Heath and V. Merolle (eds.), *Adam Ferguson : History,*

Progress and Human Nature, London: Pickering and Chatto, pp. 147-56, 214-17.

Paganelli, M. (2006), 'Vanity and the Daedalian Wings of Paper Money in Adam Smith', in E. Schliesser and L. Montes (eds.), *New Voices on Adam Smith,* London: Routledge, pp. 271-89.

——— (2010), 'The Moralizing Role of Distance in Adam Smith', *History of Political Economy,* 42:425-41.

——— (2013), 'Commercial Relations: From Adam Smith to Field Experiments', in C. Berry, M. Paganelli and C. Smith (eds.), *Oxford Handbook of Adam Smith,* Oxford: Oxford University Press, pp. 333-50.

Pascal, R. (1938), 'Property and Society: The Scottish Historical School of the Eighteenth Century', *Modern Quarterly,* 1:167-79.〔水田洋訳「財産と社会」、同『近代思想の展開』新評論、一九七六年所収〕

Passmore, J. (1971), 'The Malleability of Man in Eighteenth-Century Thought', in E. Wassermann (ed.), *Aspects of the Eighteenth Century,* Baltimore: Johns Hopkins University Press, pp. 21-46.

Perez-Ramos, A. (1996), 'Bacon's Legacy', in M. Peltonen (ed.), *Cambridge Companion to Francis Bacon,* Cambridge: Cambridge University Press, pp. 311-34.

Pesciarelli, E. (1978), 'The Italian Contribution to the Four-Stages Theory', *History of Political Economy,* 10:597-605.

Phillipson, N. (1973), 'Culture and Society in the Eighteenth-Century Province: The Case of Edinburgh and the Scottish Enlightenment', in L. Stone (ed.), *The University in Society,* vol. 1, Princeton: Princeton University Press, pp. 407-48.

——— (1976), 'Lawyers, Landowners and the Civic Leadership of Post-Union Scotland', *Juridical Review,* 21:97-120.

——— (1981), 'The Scottish Enlightenment', in R. Porter and M. Teich (eds.), *The Enlightenment in National Context,* Cambridge: Cambridge University Press, pp. 19-40.

——— (1987), 'Politics, Politeness and the Anglicisation of Early Eighteenth-Century Scottish Culture', in R. Mason (ed.), *Scotland and England 1286-1815,* Edinburgh: John Donald, pp. 226-46.

——— (1997), 'Providence and Progress: An Introduction to the Historical Thought of William Robertson', in S. Brown (ed.), *William Robertson and the Expansion of Empire,* Cambridge: Cambridge University Press, pp. 55-73.

——— (2000), 'Language, Sociability and History: Some Reflections on the Foundations of Adam Smith's Science of Man', in S. Collini, R. Whatmore and B. Young (eds.), *Economy, Polity and Society: British Intellectual History*

1750–1950, Cambridge: Cambridge University Press, pp. 70–84.
——— (2010), *Adam Smith : An Enlightened Life,* London: Allen Lane.〔永井大輔訳『アダム・スミスとその時代』白水社、二〇一四年〕
Pitts, J. (2005), *A Turn to Empire,* Princeton: Princeton University Press.
Pocock, J. (1975), *The Machiavellian Moment,* Princeton: Princeton University Press.〔田中秀夫・森岡邦泰・奥田敬訳『マキァヴェリアン・モーメント』名古屋大学出版会、二〇〇八年〕
——— (1983), 'Cambridge Paradigms and Scottish Philosophers', in I. Hont and M. Ignatieff (eds.), *Wealth and Virtue,* Cambridge: Cambridge University Press, pp. 235–52.〔田中秀夫訳「ケンブリッジ・パラダイムとスコットランド人哲学者——一八世紀社会思想のシヴィック・ヒューマニズム的解釈と市民法学的解釈との関係の研究」水田洋・杉山忠平監訳『富と徳』前掲、第九章〕
——— (1985), *Virtue, Commerce and History,* Cambridge: Cambridge University Press.〔田中秀夫訳『徳・商業・歴史』みすず書房、一九九三年〕
——— (1999), *Barbarism and Religion : Narratives of Civil Government,* Cambridge: Cambridge University Press.
Poovey, M. (1998), *A History of the Modern Fact,* Chicago: University of Chicago Press.
Pulkkinen, O. (2003), *The Labyrinth of Politics : A Conceptual Approach to the Modes of the Politicalin the Scottish Enlightenment,* Jyväskylä: Jyväskylä Studies in Education, Psychology and Social Research.
Rae, J. [1895] (1965), *Life of Adam Smith,* J. Viner (ed.), New York: Kelly reprints.〔大内兵衛・大内節子訳『アダム・スミス伝』岩波書店、一九七二年〕
Rahmatian, A. (2006), 'The Property Theory of Lord Kames (Henry Home)', *International Journal of Law in Context,* 2:177–205.
Ranke, L. (1824), *Geschichte der Romanischen und Germanischen Völker,* Leipzig and Berlin: G. Reimer.
Raphael, D. (2007), *The Impartial Spectator : Adam Smith's Moral Philosophy,* Oxford: Oxford University Press.〔生越利昭・松本哲人訳『アダム・スミスの道徳哲学——公平な観察者』昭和堂、二〇〇九年〕
Rashid, S. (1986), 'Adam Smith and the Division of Labour: A Historical View', *Scottish Journal of Political Economy,* 33:292–7.

——— (2009), 'Adam Smith and Economic Development', in J. Young (ed.), *The Elgar Companion to Adam Smith,* Cheltenham: Elgar, pp. 211-28.

Rasmussen, D. (2008), *The Problems and Promise of Commercial Society : Adam Smith's Response to Rousseau,* University Park: Pennsylvania State University Press.

——— (2013), 'Adam Smith and Rousseau: Enlightenment and Counter-Enlightenment', in C. Berry, M. Paganelli and C. Smith (eds.), *Oxford Handbook of Adam Smith,* Oxford: Oxford University Press, pp. 54-76.

Rayner, D. (1982), *Introduction : Sister Peg : A Pamphlet Hitherto Unknown by David Hume,* Cambridge: Cambridge University Press.

——— (2008), 'Ferguson's Reflections Previous to the Establishment of a Militia', in E. Heath and V. Merolle (eds.), *Adam Ferguson : History, Progress and Human Nature,* London: Pickering and Chatto, pp. 65-72, 196-7.

Rendall, J. (1978), *The Origins of the Scottish Enlightenment 1707-1776,* London: Macmillan.

Riley, P. (1978), *The Union of England and Scotland,* Manchester: Manchester University Press.

Rist, J. (1969), *Stoic Philosophy,* Cambridge: Cambridge University Press.

Roberts, M. (1998), 'The Concept of Luxury in British Political Economy: Adam Smith to Alfred Marshall', *History of Human Sciences,* 11:23-47.

Robertson, J. (1983), 'The Scottish Enlightenment at the Limits of the Civic Tradition', in I. Hont and M. Ignatieff (eds.), *Wealth and Virtue,* Cambridge: Cambridge University Press, pp. 137-78.〔水田・杉山監訳『富と徳』前掲〕

——— (1985), *The Scottish Enlightenment and the Militia Issue,* Edinburgh: John Donald.

——— (1986), 'Scottish Political Economy beyond the Civic Tradition: Government and Economic Development in the *Wealth of Nations*', *History of Political Thought,* 4:451-82.

——— (2005), *The Case for the Enlightenment : Scotland and Naples 1680-1760,* Cambridge: Cambridge University Press.

Robinson, E. (1964), 'Mathew Boulton and the Art of Parliamentary Lobbying', *Historical Journal,* 7:209-29.

Robinson, J. (1962), *Economic Philosophy,* London: Watts.〔宮崎義一訳『経済学の考え方』岩波書店、一九六六年〕

Rockoff, H. (2011), 'Upon Daedalian Wings of Paper Money: Adam Smith and the Crisis of 1772', *Adam Smith Review,*

6 : 237-68.

Rosen, F. (2000), 'The Idea of Utility in Adam Smith's "The Theory of Moral Sentiments"', *History of European Ideas,* 26 : 79-103.

Rosenberg, N. (1965), 'Adam Smith on the Division of Labour: Two Views or One ?', *Economica,* 32 : 127-49.

——— (1975), 'Adam Smith on Profits - Paradox Lost and Regained', in A. Skinner and T. Wilson (eds.), *Essays on Adam Smith,* Oxford: Clarendon Press, pp. 377-89.

Ross, I. (1972), *Lord Kames and the Scotland of his Day,* Oxford: Clarendon Press.

——— (2010), *The Life of Adam Smith,* 2nd ed., Oxford: Oxford University Press.〔篠原久・只腰親和・松原慶子訳『アダム・スミス伝』シュプリンガー・フェアラーク東京，二〇〇〇年〕

Rothschild, E. (2010), *Economic Sentiments : Adam Smith, Condorcet and the Enlightenment,* Cambridge, MA: Harvard University Press.

Salber Phillips, M. (2000), *Society and Sentiment : Genres of Historical Writing in Britain 1740-1820,* Princeton: Princeton University Press.

——— (2006), 'Introduction', in John Millar, *An Historical View of the English Government,* Indianapolis: Liberty Press, pp. ix-xix.

Salter, J. (1994), 'Adam Smith on Justice and Distribution in Commercial Societies', *Scottish Journal of Political Economy,* 41 : 299-314.

Sampson, R. (1956), *Progress in the Age of Reason,* London: Heinemann.

Schabas, M. (1994), 'Market Contracts in the Age of Hume', in N. de Marchi and M. Morgan (eds.), *Higgling : Transactors and their Markets,* Durham, NC: Duke University Press, pp. 117-34.

——— (2005), *The Natural Origins of Economics,* Chicago: University of Chicago Press.

——— (2008), 'Temporal Dimensions in Hume's Monetary Theory', in C. Wennerlind and M. Schabas (eds.), *David Hume's Political Economy,* London: Routledge, pp. 127-45.

Schofield, M. (2007), 'Epictetus on Cynicism', in T. Scaltas and A. Mason (eds.), *The Philosophy of Epictetus,* Oxford: Oxford University Press, pp. 71-86.

Schumpeter, J. (1986), *History of Economic Analysis*, London: Allen and Unwin.〔東畑精一・福岡正夫訳『経済分析の歴史』岩波書店、上中下、二〇〇五～二〇〇六年〕

Scott, W. [1937] (1965), *Adam Smith as Student and Professor*, New York: Kelley reprints.

——— [1900] (1966), *Francis Hutcheson*, New York: Kelley reprints.

Sebastiani, S. (1998), 'Storia Universale e Teoria Stadiale negli "Sketches on the History of Man" di Lord Kames', *Studi Storici*, 39: 113-36.

——— (2005), '"Race", Women and Progress in the Scottish Enlightenment', in S. Knott and B. Taylor (eds.), *Women, Gender and Enlightenment*, Basingstoke: Palgrave, pp. 75-96.

Seki, G. (2003), 'Policy Debate on Economic Developments in Scotland: The 1720s to the 1730s', in T. Sakamoto and H. Tanaka (eds.), *The Rise of Political Economy in the Scottish Enlightenment*, London: Routledge, pp. 22-38.

Sen, A. (2011), 'Uses and Abuses of Adam Smith', *History of Political Economy*, 43: 257-71.

Sen, A. and E. Rothschild (2006), 'Adam Smith's Economies', in K. Haakonssen (ed.), *The Cambridge Companion to Adam Smith*, Cambridge: Cambridge University Press, pp. 319-65.

Shackleton, R. (1961), *Montesquieu : A Critical Biography*, Oxford: Oxford University Press.

Shaw, J. (1983), *The Management of Scottish Society 1707-64*, Edinburgh: John Donald.

Sher, R. (1985), *Church and University in the Scottish Enlightenment*, Edinburgh: Edinburgh University Press.

——— (1989), 'Adam Ferguson, Adam Smith and the Problem of National Defense', *Journal of Modern History*, 61: 240-68.

——— (2006), *The Enlightenment and the Book : Scottish Authors and their Publishers in Eighteenth-Century Britain and America*, Chicago: University of Chicago Press.

Shklar, J. (1969), *Men and Citizens : A Study of Rousseau's Social Theory*, Cambridge: Cambridge University Press.

Shovlin, J. (2006), *The Political Economy of Virtue : Luxury, Patriotism and the Origins of the French Revolution*, Ithaca, NY: Cornell University Press.

Simmel, G. [1907] (1990), *The Philosophy of Money*, D. Frisby (ed.), London: Routledge.〔居安正訳『貨幣の哲学』白水社、新訳版、二〇一六年〕

Simon, F. (2013), 'Adam Smith and the Law', in C. Berry, M. Paganelli and C. Smith (eds.), *Oxford Handbook of Adam Smith,* Oxford: Oxford University Press, pp. 393-416.

Skinner, A. (1995), 'Adam Smith and the Role of the State: Education as a Public Service', in S. Copley and K. Sutherland (eds.), *Adam Smith's Wealth of Nations : New Interdisciplinary Essays,* Manchester: Manchester University Press, pp. 70-96.

——— (1996), *A System of Social Science,* Oxford: Clarendon Press.〔田中敏弘・篠原久訳『アダム・スミスの社会科学体系』未來社、一九八一年、但し、初版一九七九年の訳〕

Skoczylas, A. (2001), *Mr Simson's Knotty Case : Divinity, Politics and Due Process in Early Eighteenth-Century Scotland,* Montreal and Kingston: McGill-Queen's University Press.

Smith, C. (2006), *Adam Smith's Political Philosophy : The Invisible Hand and Spontaneous Order,* London: Routledge.

——— (2008), 'Ferguson the Active Genius of Mankind', in E. Heath and V. Merolle (eds.), *Adam Ferguson : History, Progress and Human Nature,* London: Pickering and Chatto, pp. 157-70, 217-22.

——— (2009), 'The Scottish Enlightenment, Unintended Consequences and the Science of Man', *Scottish Journal of Philosophy,* 7: 9-28.

Smout, C. (1969), *A History of the Scottish People 1560-1830,* London: Collins.〔木村正俊監訳『スコットランド国民の歴史』原書房、二〇一〇年〕

——— (1999), 'The Improvers and the Scottish Environment: Soils, Bogs and Woods', in T. Devine, and J. Young (eds.), *Eighteenth-Century Scotland : New Perspectives,* East Linton: Tuckwell Press, pp. 210-24.

——— (2012), 'A New Look at the Scottish Improvers', *Scottish Historical Review,* 91: 125-49.

Sombart, W. (1913), *Luxus und Kapitalismus,* Munich: Duncker and Humblot.〔金森誠也訳『恋愛と贅沢と資本主義』講談社学術文庫、二〇〇〇年〕

Spadafora, D. (1990), *The Idea of Progress in Eighteenth-Century Britain,* New Haven, CT: Yale University Press.

Stalley, R. (2012), 'Adam Smith and the Theory of Punishment', *Journal of Scottish Philosophy,* 10: 69-89.

Starobinski, J. (1993), *Blessings in Disguise : or the Morality of Evil,* trans A. Goldhammer, Cambridge: Polity Press.

Stein, P. (1988), 'The Four Stages Theory of the Development of Societies', in P. Stein, *The Character and Influence of the Roman Civil Law,* London: The Hambledon Press, pp. 395–409.

Stewart, J. (1992), *Opinion and Reform in Hume's Political Philosophy,* Princeton: Princeton University Press.

Suderman, J. (2007), *Orthodoxy and Enlightenment : George Campbell in the Eighteenth Century,* Montreal and Kingston: McGill-Queen's University Press.

Susato, R. (2006), 'Hume's Nuanced Defense of Luxury', *Hume Studies,* 32:167–86.

Tanaka, H. (2007), 'Beyond the Ambivalent View of Commercial Society: Commerce, Industry and Alienation in the Scottish Enlightenment', *International Journal of Public Affairs,* 3:32–55.

Tanaka, S. (2003), 'The Main Themes of Moral Philosophy and the Formation of Political Economy in Adam Smith', in T. Sakamoto and H. Tanaka (eds.), *The Rise of Political Economy in the Scottish Enlightenment,* London: Routledge, pp. 134–49.

Teggart, F. (1941), *Theory and Process of History,* Berkeley: University of California Press.

Tegos, S. (2013), 'Adam Smith Theorist of Corruption', in C. Berry, M. Paganelli and C. Smith (eds.), *Oxford Handbook of Adam Smith,* Oxford: Oxford University Press, pp. 353–71.

Teichgraeber III, R. (1986), *'Free Trade' and Moral Philosophy,* Durham, NC: Duke University Press.

Thompson, E. (1991a), 'The Moral Economy of the English Crowd in the Eighteenth Century', in *Customs in Common,* London: Merlin Press, pp. 185–258.

——— (1991b), 'Moral Economy Revisited', in *Customs in Common,* London: Merlin Press, pp. 267–351.

Thomson, J. [1822] (1859), *An Account of the Life and Lectures of William Cullen,* 2 vols, Edinburgh: Blackwood.

Thornhill, C. (2011), *A Sociology of Constitutions and State Legitimacy Historical-Sociological Perspective,* Cambridge: Cambridge University Press.

Tierney, B. (1959), *Medieval Poor Law,* Berkeley: University of California Press.

Tomkins, A. (2009), 'On Republican Constitutionalism in the Age of Commerce: Reflections from the Scottish Enlightenment', in S. Besson and J. Marti (eds.), *Legal Republicanism,* Oxford: Oxford University Press, pp. 317–36.

Tooby, J. and L. Cosmides (1992), 'The Psychological Foundations of Culture', in J. Barkow, L. Cosmides and J. Tooby (eds.), *The Adapted Mind : Evolutionary Psychology and the Generation of Culture,* New York: Oxford University

Press, pp. 19–136.

Trevor-Roper, H. (1977), 'The Scottish Enlightenment', *Blackwood's Magazine,* 322 : 371–88.

Turco, L. (2003), 'Moral Sense and the Foundations of Morals', in A. Broadie (ed.), *The Cambridge Companion to the Scottish Enlightenment,* Cambridge: Cambridge University Press, pp. 136–56.

Ulman, L. (1990), *The Minutes of the Aberdeen Philosophical Society 1758–1773,* Aberdeen: Aberdeen University Press.

Varty, J. (1997), 'Civic or Commercial? Adam Ferguson's Concept of Civil Society', in R. Fine and S. Rai (eds.), *Civil Society : Democratic Perspectives,* London: Frank Cass, pp. 29–48.

Vereker, C. (1967), *Eighteenth-Century Optimism,* Liverpool: Liverpool University Press.

Vickers, D. (1960), *Studies in the Theory of Money,* London: Peter Owen.

——— (1975), 'Adam Smith and the Status of the Theory of Money', in A. Skinner and T. Wilson (eds.), *Essays on Adam Smith,* Oxford: Clarendon Press, pp. 482–503.

Viner, J. (1927), 'Adam Smith and Laissez-Faire', *Journal of Political Economy,* 35 : 198–232.

Vivenza, G. (2001), *Adam Smith and the Classics,* Oxford: Oxford University Press.

Vlachos, G. (1955), *Essai sur la politique de Hume,* Paris: Institut Français Athènes.

Voges, F. (1986), 'Moderate and Evangelical Thinking in the later Eighteenth Century: Differences and Shared Attitudes', *Scottish Church History Society Records,* 22 : 141–57.

Vyverberg, H. (1958), *Historical Pessimism in the French Enlightenment,* Cambridge, MA: Harvard University Press.

Wahnbaeck, T. (2004), *Luxury and Public Happiness : Political Economy in the Italian Enlightenment,* Oxford: Clarendon Press.

Waszek, N. (1984), 'Two Concepts of Morality: A Distinction of Adam Smith's Ethics and its Stoic Origin', *Journal of the History of Ideas,* 45 : 591–606.

Webster, C. (1975), *The Great Instauration : Science, Medicine and Reform 1626–1660,* London: Duckworth.

Weinstein, J. (2006), 'Sympathy, Difference and Education: Social Unity in the Work of Adam Smith', *Economics and Philosophy,* 22 : 79–111.

Wences Simon, M. (2006), *Sociedad Civil y Virtud Civica en Adam Ferguson,* Madrid: Centro de Estudios Politicos y Constitucionales.
Wennerlind, C. (2001), 'The Link between David Hume's *Treatise of Human Nature* and his Fiduciary Theory of Money', *History of Political Economy,* 33 : 139–60.
——— (2002), 'David Hume's Political Philosophy: A Theory of Commercial Modernization', *Hume Studies,* 28 : 247–70.
——— (2005), 'David Hume's Monetary Theory Revisited', *Journal of Political Economy,* 28 : 247–70.
——— (2008), 'An Artificial Virtue and the Oil of Commerce: A Synthetic View of Hume's Theory of Money', in C. Wennerlind and M. Schabas (eds.), *David Hume's Political Economy,* London: Routledge, pp. 105–26.
——— (2011), *Casualties of Credit : The English Financial Revolution 1620–1720,* Cambridge, MA: Harvard University Press.
Werhane, P. (1991), *Adam Smith and his Legacy for Modern Capitalism,* New York: Oxford University Press.
West, E. (1964), 'Adam Smith's Two Views on the Division of Labour', *Economica,* 31 : 23–32.
——— (1969), 'The Political Economy of Alienation: Karl Marx and Adam Smith', *Oxford Economic Papers,* 21 : 1–23.
——— (1975), 'Adam Smith and Alienation: A Rejoinder', *Oxford Economic Papers,* 27 : 295–311.
Whatley, C. (2006), *The Scots and the Union,* Edinburgh: Edinburgh University Press.
Winch, D. (1978), *Adam Smith's Politics,* Cambridge: Cambridge University Press.〔永井義雄・近藤加代子訳『アダム・スミスの政治学』ミネルヴァ書房、一九八九年〕
——— (1983), 'Adam Smith's "Enduring Particular Result"', in I. Hont and M. Ignatieff (eds.), *Wealth and Virtue,* Cambridge: Cambridge University Press, pp. 253–69.〔水田・杉山監訳『富と徳』前掲〕
——— (1988), 'Adam Smith and the Liberal Tradition', in K. Haakonssen (ed.), *Traditions of Liberalism,* St Leonards NSW: Centre for Independent Studies, pp. 83–104.
Withers, C. (2007), *Placing the Enlightenment : Thinking Geographically about the Age of Reason,* Chicago: University of Chicago Press.
Withers, C. and P. Wood (eds.) (2002), *Science and Medicine in the Scottish Enlightenment,* East Linton: Tuckwell

Press.

Wolin, S. (1960), *Politics and Vision : Continuity and Innovation in Western Political Thought,* Boston: Little, Brown. 〔尾形憲男他訳『政治とヴィジョン』福村出版、二〇〇七年〕

Womersley, D. (1986), 'The Historical Writings of William Robertson', *Journal of the History of Ideas,* 47 : 497-506.

Wood, P. (2003), 'Science in the Scottish Enlightenment', in A. Broadie (ed.), *The Cambridge Companion to the Scottish Enlightenment,* Cambridge: Cambridge University Press, pp. 94-116.

Wootton, D. (1986), 'Introduction', in *Divine Right and Democracy,* London: Penguin Books, pp. 22-86.

Young, James D. (1979), *The Rousing of the Scottish Working Class,* London: Croom Helm.

Young, Jeffrey T. (1997), *Economics as a Moral Science : The Political Economy of Adam Smith,* Cheltenham: Elgar.

——— (2005), 'Unintended Order and Intervention: Adam Smith's Theory of the Role of the State', in S. Medema and P. Boettke (eds.), *The Role of Government in the History of Economic Thought* (supplement to vol. 37 of *History of Political Economy*), Durham, NC: Duke University Press, pp. 91-119.

Youngson, A. (1972), *After the Forty-Five : The Economic Impact on the Scottish Highlands,* Edinburgh: Edinburgh University Press.

Zeller, E. (1885), *Socrates and the Socratic Schools,* 3 vols, trans. O. Reichel, London: Longmans Green.

解説　ベリー教授の仕事

田中秀夫

本書はChristopher Berry, *The Idea of Commercial Society in the Scottish Enlightenment* (2013, Edinburgh U. P. xii+244) の邦訳である。一九七〇年代に本格的に始まったスコットランド啓蒙研究はすでにほぼ半世紀の歴史を持ち、多数の優れた研究を生み出してきた。そして今もなお活発を極め、研究成果は近年ますます多数刊行されている。(1)そのなかで本書は、スコットランドにおける「商業社会」の理念ないし概念をめぐる論争に焦点を絞って、広く文献を渉猟しつつ、論争を深く掘り下げて考察した労作である。ヒューム、ステュアート、スミスを生んだスコットランドであるから「商業社会」の理念という主題自体はこれまでに多くの議論がなされてきたし、周知のものであるが、本書の考察は多面的かつ総合的で、ユニークな優れた研究成果であるといって過言ではない。

著者のクリストファー・ベリー教授は現在、グラスゴー大学の名誉教授で、その業績によって二〇〇五年にはエディンバラ王立協会（別称スコットランド・ナショナル・アカデミー）会員に選ばれた。教授はブリテンだけではなく、アメリカ合衆国とヨーロッパはいうまでもなく、日本と中国、チリでも講義をしており、また稀なほど親日的な研究者で、多くの日本人研究者の受け入れでも貢献があることを特筆しておきたい。

教授の主要著作を以下に掲げる。そのうちすでに二冊が中国語訳されており、本書の他にもう一点、日本語訳の予定があると聞く。また、さらに論文集が近くエディンバラ大学出版部から刊行される模様である。

Hume, Hegel and Human Nature（Martinus Nijhoff, 1982）.
Human Nature（Macmillan, 1986）.
The Idea of Democratic Community（Wheatsheaf Books, 1989）.
The Idea of Luxury : A Conceptual and Historical Investigation（Cambridge : 1994）.（中国語訳、2005）
Social Theory of the Scottish Enlightenment（Edinburgh, 1997）.（中国語訳、2013, 日本語訳、forthcoming）
David Hume（Bloomsbury : New York & London 2009）.
Idea of Commercial Society in the Scottish Enlightenment（Edinburgh, 2013）.（日本語訳、ミネルヴァ書房、中国語訳、Zhejiang UP 近刊）
教授は大著スミス論集も編集している。Editor（with M. Paganelli & C. Smith）& author of 2 essays in *Oxford Handbook of Adam Smith*（Oxford, 2013）.

単著七冊に編著一冊となっているが、単著七冊は英米では抜群に多くはないにしても、比較的多いと言えよう。これ以外に多数の論文などがあることは言うまでもない。ベリー教授は一九四六年生まれで、現在七一歳。ロンドン大学で「ジェイムズ・ダンバーとスコットランド啓蒙」と題した論文によって一九七〇年に博士学位を取得、同年にグラスゴー大学政治学部の講師となり、以後、同大学で教鞭を取り続けてきた。一九九五年に政治理論の教授となり、一九九八年から二〇〇二年には政治学科長、二〇〇五年には法・商業・社会科学部の学部長代理および大学院長を務め、またアダム・スミス研究基金のディレクターも担った。現在は名誉教授だが、フェローとしてグラスゴー大学で研究を続けている。ヒュームはベリー教授の一貫した研究対象であるが、近年はヒュームとともにスミスの研究に力点を置いているように思われる。上掲の編著、『オックスフォード　アダム・スミスハンドブック』は、スミスについての専門的論集の大冊で、スミス研究の現段階を示す一冊である。スミスはグラスゴー大学の教授であった。名誉教授にデスクや研究室を提供する西欧の慣習は日本人研究者にはうらやましい。

こうした環境で生みだされた本書は、教授のスコットランド啓蒙研究の集大成と見なしうるもので、前述のように、スコットランド啓蒙の「商業社会」概念の諸側面に光を当て、緻密かつ深く考察した著作である。経済思想史研究の伝統が形成されており、ヒュームやスミスについての研究者が多いわが国では、本書は相当の関心を引くと思われる。本書は七章から成っている。各章を簡単に紹介しておこう。

改良・改善を焦点とするスコットランド啓蒙の思想の制度的背景を詳述しているのが第一章「スコットランド・改良・啓蒙（Scotland, Improvement and Enlightenment）」である。厖大な研究史を参照して、政治的安定と経済状態、教区、大学、クラブと協会を鳥瞰し、啓蒙思想家としてのベーコン、ニュートン、ロック、モンテスキューのエッセンスを描いている。

第二章「商業・段階・社会の自然史（Commerce, Stages and the Natural History of Society）」は、ミークが詳細に調査した「生活様式としての四段階論」について、ミークが言うほどスコットランドの啓蒙思想家は四段階論に一般的に依拠したわけでもないし、生活様式というより所有・取得様式の区別として、また理念型的な自然史的枠組みとして四段階論は援用されたのだとして、ミークを批判している。その起源をプーフェンドルフに求めたホント説もケイムズを創始者とするピーター・シュタイン説も根拠薄弱だと一蹴される。著者は商業社会の成立問題のほうが重要だとして力点を移し、意図せざる結果としての商業社会の成立論について、ヒューム、スミス、ロバートスン、ミラーなどの共通の認識枠組みを強調している。

第三章「繁栄と貧困（Prosperity and Poverty）」は、商業社会の際だった特徴を豊かさに求めるのはスミスだけではなく、スコットランド人の共通の理解であり、それは分業の成果であるということから、まず分業を論じ、社会学的側面と技術的側面を指摘している。また商業の発生と普及の因果関係認識の多様性に注意を促し、著者が一九九七年の著書で提唱した、ヒュームやスミスの商業を道徳的原因に関連づける「ソフトな決定論」を再論している。この点はスコットランド啓蒙のすぐれた遺産であろう。後半は貧困論で、貧困に徳をみるストア的、キリスト教的伝統がヒューム、スミスたちによって転換され、下層階級にまで行き渡る豊かさこそ徳を可能にするという思想の誕生が描かれる。

第四章「市場、法、および政治（Markets, Law and Politics）」は、商業の発展には期待の実現と見知らぬ他人との交換を可能にする法の支配、あるいは正義の制度的確立が不可欠である点を強調し、法の発展をヒューム、スミスがどう考えたかを貨幣論を交えて説いたのち、正義論、最後に商業政治を扱っている。ヒュームは正義を人為的徳としたが、他のスコットランド人は自然的徳とした点で論争があった。しかし、効用重視はスミスもミラーもほぼ踏襲した。商業社会での統治者の役割を国防、公共事業、司法に絞ったスミス説と他のスコットランド人の各論には微妙な差異があり、政治の役割の理解の差異をヒューム、ファーガスン、ケイムズ、ジェイムズ・アンダースンなどに見ている。

第五章「自由と商業の徳（Liberty and Virtues of Commerce）」では、商業社会は最大の恵み、富裕と自由をもたらすというスミスの議論のうち、自由を論じる。古代と近代の自由の差異に関して、著者は古代の自由概念には平静を重視する流れと共和主義的な自由とがあるとしたうえで、法の支配を重視するスコットランド啓蒙思想家の自由論を比較したのち、正義と慈恵、近代の道徳的経済、商業の徳をトピックとして取り上げ、関連の議論を分析し、スコットランド啓蒙の特徴を指摘する。

第六章「商業の危険（The Dangers of Commerce）」は、商業の危険性についての議論を取り上げる。個人的自由と公共的自由、奢侈論争、国防、分業、公信用といったトピックについて、スコットランド人が、いかに商業社会が直面するこうした危険性を認識したか、共和主義の継承を含めて、いかに対応策を講じていたかの精細な分析を繰り広げている。

最終の第七章「商業社会の理念（The Idea of a commercial Society）」では、スコットランド啓蒙思想家が、商業社会をこれまでの社会より優れた社会であることを明らかにしようと努めながら、その弱点も多面的に明らかにすることによって、商業社会の理念ないし概念を掘り下げたことが描き出されている。商業社会がそれまでの社会と比べて、いかに優れた社会であるかという論点は、いまだに現代的な問題であり、我々が暮らしている市場社会の問題を考えずに読むことができない。商業社会は富裕であり、より自由であり、階級は存在するが、階級区分は緩やかであり、労働者も女性もそれまでの社会におけるよりも人間的に取り扱われる社会であり、奢侈的生活がモラルを害う危険性もあるが、この点は意見が分かれるといった点に著者は注意を促す。信用、公債も有益であるとともに、過度に依存すると破産に直面し、国力を失って外敵に滅ぼされる可能性があるとヒュームなどは主張したが、焦点はどこまでにすれば有益かという限度問題であったことを明らかにしている。

本書は長きに渡って著者が追求してきた主題であること、四〇年以上に亘るエマスン、フィリップスン、スキナーとの交友に序文で触れている。本書が参照している原典はこの主題に関わるほとんどを網羅している。著者が学位論文で取り組んだジェイムズ・ダンバーについての研究成果が、方々に織り込まれているのも興味を引く。著者本書はヒューム、スミスを中心としながら、ケイムズ、ミラー、ファーガスン、ロバートスンへの頻繁な言及、そしてハチスン、ウォレス、G・ステュアート、ジェイムズ・ステュアート、D・ステュアート、ダンバーなどへの少なからぬ言及をもっている。参照された二次文献も充実したものである。そして日本の研究にも例外的なほどの参照がある点も、特徴である。

しかしながら、本書は必ずしも読みやすいものではない。本書は物語というより多面的な分析であり、分析的議論の濃密な集積だからである。文体もかなり難解になっている。それだけに翻訳は容易ではなかったが、翻訳の価値はその分、大きいかもしれない。

結論的に言えば、本書はスコットランド啓蒙が後世に伝えた最大の贈り物としての「商業社会」の理念ないし概念についての広く深い考察を繰り広げた最新の研究として、大きな価値があると評価しなければならないだろう。

監訳者がベリー教授に初めて会ったのは、比較的新しく、坂本達哉教授たちが中心となって日本（慶應義塾大学）で開かれた第三一回国際ヒューム・コンファレンス（二〇〇四年八月）のときだったと思う。それ以来、何度か教授が来日された時に、京都でのセミナーのゲストとしてお迎えし、交流を深めた。その間に、私の教え子たちもグラスゴーを訪問し、教授の指導を受け、お世話になった。私としても自分にできることはささやかながら行うべく努めてきたが、幸い良好な交流が今に至るまで続いている。本書の翻訳を思い立ったのは、本書が優れた研究書だからであるが、もとより感謝の気持ちの表明という意味も皆無ではない。

本書の翻訳には若い世代の研究者がチームとなって貢献している。基本的に各章の翻訳担当者と訳文のチェック役を決めて分担してもらった。一部分については研究会を持って参加者全員で検討した。当然のことながら参加者各人には経験の差などがあるので、章ごとの訳にばらつきがあるのは不可避であったが、監訳者が多くの手を入れなければならない章はさほどなかった。翻訳に協力していただいた皆さんに改めてお礼申し上げたい。翻訳の間違いや疑問点があれば、それは監訳者が責任を負っている。忌憚のないご指摘をお願いしたい。

本書はミネルヴァ書房にお願いすることになった。杉田社長と本書を担当していただいた堀川健太郎氏には厚くお礼申し上げたい。本書が、一人でも多くの研究者や学生、市民の目に触れ、参考にしてもらえることを願っている。

※ 注

この解説には、一部、既発表の書評を利用した（『経済学史研究』第五七巻第一号、二〇一五年七月、九八～九九頁掲載）。

（1） 最近のサーヴェイとして、田中秀夫・渡辺恵一「スコットランド啓蒙の最近の研究（一九九六～二〇一四年）」『経済学研究』愛知学院大学、第二巻第二号、二〇一五年三月を参照。

索　引

（左に翻訳頁，右の【　】に原書頁を並記している）

あ　行

か 行

さ 行

175【136】, 180-1【140-1】, 192n【149n】, 207【162】, 217【170】

権利（rights）　12【7】, 16【10】, 37【27】, 59【44】, 60【45】, 69【52】, 83n【63n】, 130【100-1】, 154n【120n】, 188n【146n】, 201【156】, 201【157】, 216【169】, 260【206】

公債／公的債務（debt, public）　59【44】, 230-2【180-2】, 234-5【184-5】

交換　52【39】, 59【44】, 71【53】, 99【76】, 100【77】, 118-9【90-1】, 124【96】, 126【97】, 127-8【98-9】, 133【103】, 153n【119n】, 194【151】

公共善，公共の利益（public good / interest）39【29】, 132【102】, 136【105】, 140【109】, 142【110】, 162【126】, 168【130】, 169【132】, 194【150】, 194【151】, 196【152】, 198【154】, 202【158】, 204【159】, 206【161】, 208【163】, 214【167】

ゴゲ（Goguet, Y.）　82n【62n】, 111n【86n】, 251【198】

高地地方，ハイランド　7【3】, 11【6】, 13【7】, 40n【30n】, 96【74】, 148-9【115-6】, 150【117】, 255【202】

コーツ（Coats, A.）　115n【88n】

ゴドウィン（Godwin, W.）　34【24】, 36【26】, 37【27】, 95【73】

コーン（Cohon, R.）　134【104】

コンスタン（Constant, B.）　161【126】

コンディヤック（Condillac, E.）　35【25】, 84n【64n】, 92【70】, 251【198】

コンドルセ（Condorcet, N.）　32【23】, 36【26】

サマヴィル（Somerville, J.）　22【15】

サルスティウス（Sallust）　196【152】, 203【158】, 206【160】, 207【161】, 209【163】, 244n【192n】

サルバー・フィリップス（Salber Phillips, M.）86n【65n】, 125【97】

サンプスン（Sampson, R.）　80n【60n】

サン＝ランベール（St Lambert）　239n【188n】

詩（学）（poetry）　65【49】, 228【179】, 250【196】

シヴィック・ヒューマニズム（公共的／市民的人文主義）　105【81】, 165【128】, 198【154】, 199【155】, 207【161】, 220【172】, 224【176】, 238n【187n】, 240n【189n】, 242n【190n】, 243n【191n】 →また共和国を見よ

ジェノヴェージ（Genovesi, A.）　17【11】, 81-2n【61-2n】, 251【198】, 253【199】

市場（market）→交換を見よ

自然状態（State of Nature）　39【28】, 46【34】, 58【43】, 120【93】

シドニー（Sidney, A.）　105【81】

シムスン（Simson, J.）　15【9】, 16【10】

シムスン（Simson, R.）　24【16】

シャー（Sher, R.）　17【10】, 25【17】, 241n【189n】

社会化（socialisation）　34【24】, 81n【61n】, 94【72】, 138【107】, 176【137】

社会学（sociology）　11【6】, 125【97】

奢侈（luxury）　5【1】, 69【52】, 163【127】,

シャバス（Schabas, M.）　113n【87n】

シャーフツベリ（Shaftesbury, Lord）　136【105】, 189n【146n】

ジャリッツォ（Giarrizzo, G.）　245n【193n】

自由（liberty）　12【6】, 14【8】, 37【27】, 254【200】, 254【201】, 255【202】, 259【204】, 259【205】　→ファーガスン，ヒューム，スミスを見よ

自由学芸（liberal arts）　183【142】, 197【153】, 208【162】, 257【203】

習慣，慣習（habit）　36【26】, 66【50】, 78【59】, 121【93】, 122【94】, 139【108】, 164【128】, 175【135-6】, 179【139】, 184【143】, 185【144】, 188n

【146n】, 195【152】, 222【174】, 259【204】
宗教，信仰（religion） 14【8】, 15【9】, 30【22】, 33【23】, 41n【30n】, 51【38】, 204【159】, 248-9【195-6】, 250【197】 →ヒューム，スミスも見よ
宗教改革（Reformation, the） 17【11】, 38【28】, 72【54】, 104【80】
重商主義（Mercantilism） 13【7】, 110【84】, 140【109】, 150【116】, 150【117】
習俗，礼儀，生活様式，作法，風習（manners） 23【16】, 36【26】, 40【29】, 40n【30n】, 50【38】, 53【40】, 61【46】, 65【49】, 66【50】, 68【51】, 71【53】, 72【54】, 74【55】, 77【58】, 85n【64n】, 89【68】, 94【72】, 149【116】, 162【126】, 179【139】, 183【142】, 186【144】, 186【145】, 205【166】, 214【167】, 217【169】, 241n【189n】, 250【197】, 258【204】, 259【205】, 264【209n】
シュタイン（Stein, P.） 51【38】, 52【39】, 58-9【43-4】
趣味，嗜み，嗜好（taste） 61【46】, 62【47】, 73【55】, 173【135】, 179【139】, 240n【188n】, 248【195】 →ヒューム，ケイムズも見よ
商業（commerce） 9【4】, 30【21】, 31【22】, 40【29】, 43【32】, 52【39】, 55【41】, 62【47】, 66【50】, 81n【61n】, 84n【64n】, 85n【65n】, 92【70】, 97【74】, 106【82】, 146【114】, 148【115】, 186【145】, 190n【148n】, 196-7【152-3】, 203【159】, 214【167】, 239n【188n】
——社会（commercial society） 12【6】, 12【7】, 16【10】, 23【16】, 24【17】, 32【23】, 33【24】, 35【25】, 37【27】, 38【28】, 39【29】, 53【39】, 57【43】, 60【45】, 61【46】, 67【50】, 76【57】, 78【59】, 79【60】, 87【66】, 93【71】, 97【74】, 99-100【76-7】, 101【78】, 110【85】, 117-8【90-1】, 124【96】, 129【100】, 147【114】, 150【116】, 183【142】, 232【182】, 237【186】, 247-65n【194-210n】
商人（merchants） 8【3】, 24【16】, 59【44】, 61【45】, 73【55】, 76【58】, 97【74】, 99【76】, 100【77】, 113n【87n】, 117【90】, 124【96】, 129【99】, 129【100】, 145【113】, 166【129】, 167【130】, 179【139】, 181【140】, 182【141】, 198【154】, 204【159】, 208【163】, 215【168】, 218【170】, 236【185】, 237n【187n】, 253【200】, 260【206】, 261【207】, 264【209】
植民地（colonies） 145【112】, 147【114】, 200【156】, 237【186】
女性（women） 180【140】, 194【151】, 198【154】, 203【158】, 231【181】, 237n【186n】, 248【195】, 250【197】, 262【208】 →ヒューム，ミラーも見よ
所有（権），財産（property） 33【23】, 51【38】, 54【40】, 64【49】, 71【54】, 76【57】, 79【60】, 85n【64n】, 119【92】, 130【100】, 249【196】, 250【197】, 251【198】, 254【200】, 260【205】, 263【208】 →ヒューム，ケイムズ，ミラー，スミスも見よ
ジョンスン（Johnson, E.） 114n【88n】
ジョンスン（Johnson, S.） 12【7】, 22【15】, 113n【87n】
私利，自愛心，自己愛，利己心（self-interest / love） 111n【85n】, 122【94】, 165【129】, 171【133】, 248【195】, 259【205】, 262【207】 →スミスも見よ
仁愛，慈愛，慈恵，博愛，慈悲（benevolence） 31【22】, 92-3【70-1】, 106【81】, 111n【85n】, 115n【88n】, 138【107】, 154n【120n】, 165-7【129-30】, 169【131】, 170【132】, 188n【146n】, 189n【147n】, 192n【149n】
神学（theology） 15【9】, 16【10】, 58【43】, 59【44】, 104【80】, 189n【147n】
シンクレア（Sinclair, G.） 6【2】
シンクレア（Sinclair, J.） 32【23】
人口（population） 7【2】, 18【11】, 48【36】, 96【73】, 177【137】, 205【160】, 212【165】
進歩，進行，前進（progress） 33【24】, 36【26】, 42n【31n】, 46【35】, 48【36】, 53【40】, 64【48】, 66【50】, 82n【62n】, 84n【64n】, 99【76】, 100【77】, 106【82】, 119【92】, 130【100】, 151【117】, 153n【119n】, 154n【120n】, 179【139】, 198【154】, 205【160】, 220【172】, 237n【187n】, 254【200】, 263

【208】 →ミラー，ロバートスンも見よ。
ジンメル（Simmel） 127【98】，151n【118n】
信用（credit） 9【4】，59【44】，127【98】，129【100】，203【159】，212【166】，230-6【180-6】，248【195】，251【198】，262【208】
スウィフト（Swift, J.） 152n【119n】
スキナー（Skinner, A.） 142【110】，156n【122n】，225【176】，229【179】，260【206】
スコット（Scott, W.） 88【67】
スコットランド（Scotland） 5-25【1-17】，40n【29n】，41n【31n】，52【39】，59【44】，72【54】，85n【64n】，96【74】，111n【86n】，129【99】，150【117】，158n【123n】，160【125】，186【144】，187n【145n】，205【160】，215【168】，217【170】，226【177】，253-4【200-1】，255【202】
スコットランド訛り（Scotticisms） 22-23【15-16】
壽里竜 152【118n】
スタロバンスキー（Starobinski） 113n【87n】
ステュアート（Steuart, J.） 70【53】，77【58】，85n【64n】，109【84】，112n【87n】，123【95】，124【96】，128【99】，129【100】，155n【121n】，211【165】，231【182】，235【185】，239n【187n】
ステュアート（Stewart, D.） 42n【31n】，43-4【32-3】，46【34】，47【35】，50【37】，51【38】，64【49】，74【56】，80n【60n】，85n【64n】，126【98】
ステュアート（Stewart, J.） 155n【121n】
ステュアート（Stuart, G.） 12【7】，50【37】，62【46】，63【47】，64【48】，71【54】，84n【64n】，139【108】，187n【145n】，210【164】
ストア派（Stoics） 17【11】，103【79】，104【80】，162【126】，169【131】，175【136】，176【137】，177【138】，178【139】，181【141】，184【143】，188n【146n】，199【155】，213【166】
スパダーフォラ（Spadafora, D.） 82n【62n】
スパルタ（Sparta） 48【35】，113n【87n】，200【156】，206【161】，238n【187n】，258【204】
スプラット（Sprat, T.） 27【19】
『スペクテーター』（*Spectator*） 23【15】
スマウト（Smout, C.） 21【14】
スミス（Smith, A.） 8【3】，11【6】，12【7】，20【13】，21【14】，22【15】，24【16】，25【17】，27【19】，30【21】，31【22】，32【23】，37【27】，38【28】，42n【31n】，83n【62n】，84n【64n】，198【154】，213【166】，252【198】，259【205】，265n【210n】
階級，身分，地位（ranks） 57【42】，62【47】，76【57】，88-9【66-7】，102【78】，173【134】，177【137】，182【141】，184【143】，226-8【177-8】，243n【191n】
教育（education） 94【72】，112n【86n】，138【107】，225-6【176-7】，243n【191n】
交換（exchange） 89【68】，90-3【69-71】，96【73】，119【91】，119【92】，153n【119n】
講義（lectures） 54【40】，54【41】，56【42】，58【43】，83n【63n】，90【69】，179【139】
公債，国債（debt, public） 178【138】，234【184】，235-6【185-6】
自愛心，自己愛（self-love） 58【43】，91【69】，92【70】，93【71】，159【124】，167【130】，169【131】，172【134】，189n【146n】，190n【148n】
自由（liberty） 74【56】，87【66】，88【67】，101【78】，106【82】，124【96】，138【107】，140【109】，142-3【110-1】，159-60【124-5】，161【126】，165【128】，199【155】，202【158】，219【171-2】，228【179】，235【185】
宗教，宗派（religion） 65【49】，191n【148n】，228【178-9】，244n【192n】，249【196】
商業 60【45】，67【51】，71【53】，72-3【54-5】，74【56】，87-8【66-7】，99【76】，103【79】，109【84】，110【85】，113n【87n】，114n【88n】，119【92】，121【94】，123【95】，124【96】，129【99】，130【100-1】，140【108】，140【109】，145【113】，152n【118n】，157n【122n】，159【124】，166【129】，173【134】，174【135】，176【137】，177【138】，181【140】，182【141】，188n【146n】，192n【149n】，202【158】，214【167】，216【168】，222【173】，223-4【174-5】，225【176】，236-7【185-6】，237n【187n】，244n【191n】，253【199】，253【200】
所有（権），財産（property） 36【26】，57【42】，

た 行

な　行

は　行

ハットン（Hutton, J.） 33【23】, 42n【31n】, 249【196】
ハーディン（Hardin, R.） 134【103】
バトラー（Butler, J.） 188n【146n】, 190n【148n】
ハノーヴァー（家） 7【2】, 10【5】, 11【6】, 23【15】, 37【27】, 146【114】, 148【115】, 215【168】, 217【170】
ハーファム（Harpham, E.） 220【172】
バーボン（Barbon, N.） 41n【30n】, 204【159】, 230【180】, 231【181】
ハモウィー（Hamowy, R.） 265n【210n】
ハリス（Harris, James） 153n【119n】, 189n【147n】
ハリス（Harris, Joseph） 88【67】, 90【68】
ハリバートン（Halyburton, T.） 15【9】, 41n【30n】, 178【138】
ハリントン（Harrington, J.） 85n【64n】, 194【151】, 218【170】, 241n【189n】, 242n【190n】
ハンリー（Hanley, R.） 87【66】, 192n【149n】, 224【175】
比較的方法（comparative method） 31【22】, 50【37】, 56【41】, 65【49】, 78【59】
ヒース（Heath, E.） 189n【146n】
ビーティー（Beattie, J.） 22【15】, 264n【209n】
百科全書（Encyclopedia） 26【18】, 112n【86n】, 239n【188n】
ビュート（Bute, Lord） 20【13-4】
ヒューム（Hume, D.） 11【6】, 20【14】, 22【15】, 23【16】, 26【18】, 31【22】, 32【23】, 35【25】, 37【27】, 43【32】, 45【33】, 53【39】, 63【47】, 67【50】, 78【59】, 83n【62n】, 85n【64n】, 98【75】, 112n【86n】, 119【91】, 143【111】, 155n【121n】, 217【170】, 252【198】, 259【205】
　因果性（causation） 47-9【35-6】, 50【37】, 70【53】, 72【54】, 79n【60n】, 81n【61n】, 94【72】, 120【93】, 125【97】, 132【102】, 208【162】
　勤労（industry） 99【76】, 105【81】, 115n【88n】, 134【103】, 149【116】, 180【139-40】, 181-2【141-2】, 197【153-4】, 206【161】, 208-9【162-3】, 210【164】, 234【184】, 240n【188n】
債務，負債／信用（debt / credit） 212【166】, 232-3【182-4】, 235【185】, 236【186】, 245n【192n】
奢侈（luxury） 68【51】, 71【53】, 73【55】, 76【57】, 106【81】, 192n【149n】, 197【153】, 205-10【160-4】, 211【165】, 214【167】, 234【184】, 236【185】, 239n【188n】
自由（liberty） 72【54】, 75【56】, 77【58】, 110【84】, 127【98】, 129【100】, 141【110】, 157n【123n】, 159【124】, 162【126】, 198【154】, 208【163】, 245n【193n】, 252【199】
習慣（habit） 64【48】, 68【51】, 70【53】, 79n【60n】, 94【72】, 115n【88n】, 125【97】, 132【102】, 149【116】, 152n【118n】
宗教（religion） 65【49】, 191n【149n】, 249【196】
趣味，嗜み（taste） 256【202-3】
商業 68【51】, 72【54】, 73【55】, 76【58】, 99【76】, 106【81】, 77【84】, 126-7【97-8】, 129【100】, 133-4【103-4】, 141【109】, 142【110】, 170【133】, 180-2【140-1】, 182【142】, 192n【149n】, 206-10【160-4】, 212【165】, 224【175】, 232-4【182-4】, 245n【192n】, 253【199】
女性（women） 161【125】, 183【142】, 240n【189n】
所有，所有権，財産（property） 83n【63n】, 124【96】, 128【99】, 131【102】, 134-5【104-5】, 149【116】, 153n【119n】
人間の学（科学）（science of man） 31【22】, 46【34】, 80n【61n】, 90【68】
正義（justice） 72【54】, 129【100】, 130-6【101-5】, 136【106】, 138【107】, 140【108】, 141【109】, 149【116】, 153n【119n】, 154n【120n】, 156n【122n】, 165【129】, 170-1【132-3】, 174【135】, 186【144】
政府，統治（government） 67【51】, 77【58】, 85n【65n】, 121【93】, 124【95-6】, 145【113】, 147-8【114-5】, 156n【122n】, 233-4【183-4】, 245n【192n】
戦争（war） 184【143】, 232【182】, 235【185】,

【166】
ブラック（Black, J.） 13【8】, 19【12】, 20【13】, 24【16】, 33【23】
ブラックウェル（Blackwell, T.） 65【49】, 250【197】
プラトン（Plato） 37【27】, 88【67】, 93【71】, 95【72】, 102【78】, 112n【86n】, 130【101】, 147【114】, 153n【119n】, 153n【120n】, 156n【121n】, 238n【187n】
ブラニとイナヤチュラー（Blaney, D. and Inayatullah, N.） 264n【209n】
フランス 208【162】, 213【166】, 230【180】, 238n【187n】, 239n【188n】, 254【200】
ブリュールマイアー（Brühlmeier, D.） 265n【210n】
プルキーネン（Pulkkinen, O.） 156n【122n】
ブルック（Brooke, C.） 190n【148n】
ブレア（Blair, H.） 16【10】, 17【11】, 20【13】, 24【16】, 52【39】, 53-5【40-1】, 57【43】, 65【49】, 85n【64n】, 156n【121n】, 217【170】, 250【197】, 256【203】
フレッチャー（Fletcher, A.） 218【170】, 241n【189-90n】
フローラス（Florus） 196【152】
分業（division of labour） 32【23】, 231【181】, 247【194】
文人, 知識人（literati） 7【3】, 11【6】, 13【7】, 14【8】, 24【16】, 205【160】, 210【164】, 215【168】, 217【170】, 245n【193n】, 255【202】
文明社会／文明（化）（civilized society / civilization） 13【7】, 40n【30n】, 50【38】, 53【40】, 57【42】, 57【43】, 59【44】, 63【47】, 76【58】, 79【59】, 92【70】, 98-9【75-6】, 102【78】, 113n【87n】, 114n【88n】, 137【106】, 137【107】, 139【108】, 147-8【114-5】, 149【116】, 179【139】, 184【143】, 205-8【160-2】, 219【171】, 222【173】, 243n【191n】, 249【196】, 250【197】, 256-8【203-4】, 264n【209n】
ベイアー（Baier, A.） 152n【118n】
ベーコン（Bacon, F.） 25【17】, 26-30【18-21】, 31【22】, 32【23】, 34【25】, 35【26】, 37【27】, 42n【31n】, 45【33】, 51【38】, 106【81】, 262【208】
ベッカリーア（Beccaria, C.） 38【28】
ペティ（Petty, W.） 88【67】, 110n【85n】, 113n【87n】
ペナント（Pennant, T.） 180【140】
ヘラー（Heller, H.） 259【205】
ベリー（Berry, C.） 57【42】, 70【53】, 82n【62n】, 84【64n】, 94【72】, 190n【147n】, 206【160】, 241【189n】
偏見（prejudice） 33【24】, 95【72】, 123【95】, 145【112】, 186【145】, 222【174】, 237n【187n】, 258【204】
法, 法律（law〔s〕） 9【4】, 10【5】, 18【11】, 18【12】, 20【13】, 21【14】, 39【29】, 55【41】, 62【46】, 64【49】, 78【59】, 82n【62n】, 85n【65n】, 97【74】, 115n【88n】, 147【114】, 149【116】, 160【125】, 186【144】, 202【157】, 231【181】, 260【206】, 262【207】
　救貧－奢侈（Poor） 106-8【82-3】, 115n【88n】, 141【109】
　奢侈（贅沢）禁止法（sumptuary） 141【109】, 209【163】, 213【166-7】, 248【194】, 248【195】
　法学（jurisprudence） 38【28】, 83n【63n】
　――奢侈の支配（rule of） 12【7】, 16【10】, 37【27】, 89【68】, 110【85】, 117-25【90-7】, 130【100】, 140【108】, 144【112】, 162【126】, 165【128】, 196【153】, 198【154】, 199【155】, 202【158】, 237【186】, 248【194】, 248【195】, 251【197】
ポーカー・クラブ（Poker Club） 218【170】, 241n【190n】
ポーコック（Pocock, J.） 113n【87n】, 238n【187n】, 243n【191n】, 244n【192n】, 260【205】
ホーコンセン（Haakonssen, K.） 240n【189n】
ボイド（Boyd, R.） 136【105】, 183【142】, 244n【192n】
ボイル（Boyle, R.） 34【24】
ボー（Baugh, D.） 109【83-4】
封建制（feudal, feudalism） 43【32】, 51【38】, 53

【39】, 59【44】, 67【51】, 69【52】, 71【53】, 75【56-7】, 100【76】, 123【95】, 125【96】, 148【115】, 173【134-5】, 214【167】, 237【186】, 247【194】, 253【199】, 259【205】
法令（議会） 12【6】, 13【7】, 14【8】
ホートン（Houghton, J.） 204【159】
ホッブズ（Hobbes, T.） 38【28】, 45【34】, 58【43】, 93【71】, 120【93】, 134【104】, 164【127】, 168【131】, 170【132】, 172【133-4】, 173【135】, 190n【147n】, 262【207】, 265n【210n】
ボネ（Bonnet, C.） 33【23】
ホメロス（Homer） 83n【62n】, 98【75】, 250【196】, 250【197】
ボリングブルック（Bolingbroke, Lord） 245n【192n】, 245n【193n】
ボールズ（Bowles, P.） 83n【63n】
ホント（Hont, I.） 57【43】, 238n【187n】, 245n【192n】

ま　行

マキァヴェッリ（Machiavelli, N.） 194【151】, 214【167】, 238n【187n】, 244n【192n】
マクイーン（MaQueen, D.） 148【115】, 157n【123n】
マクダウェル（McDowall, G.） 238n【187n】, 242n【190n】
マクナリ（McNally, D.） 156n【121n】
マクファースン（Macpherson, J.） 83n【62n】
マクフィー（MacFie, A.） 175【136】
マクレー（MacRae, D.） 243n【191n】, 265n【210n】
マクローリン（MacLaurin, C.） 24【16】, 30【22】, 178【138】
マコーリ（Macaulay, C.） 148【115】, 157n【123n】
マーチン（Martin, H.） 110n【85n】
マッキンタイア（MacIntyre, A.） 189n【147n】
マッケンジー（Mackenzie, G.） 106【81】, 180【140】, 203【158】, 207【162】
マッケンナ（McKenna, S.） 111n【85n】
マラー（Muller, J.） 145【113】, 190n【148n】, 254n【200n】
マルクス（Marx, K.） 242n【190n】, 243n【191n】, 259【205】, 262【207】
マルドルー（Muldrew, C.） 230【180】
マンデヴィル（Mandeville, B.） 58【43】, 80n【61n】, 88【67】, 108【83】, 110n【85n】, 112n【86n】, 114n【88n】, 168【131】, 170【132】, 172【134】, 177【138】, 189n【146n】, 190n【148n】, 204【159】, 207【162】, 209【163】, 210【164】, 239n【188n】
未開人，未開時代（rude nations / ages） 50【38】, 56【42】, 59【44】, 62【47】, 66【50】, 72【54】, 77【58】, 83n【63n】, 85n【64n】, 119【91】, 122【94】, 160【124】, 161【125】, 179【139】, 225【176】, 250【197】, 257【203】
未開人（savages） 56【42】, 61【46】, 78【59】, 91【69】, 119【92】, 183【142】, 251【197】, 256【202】
ミーク（Meek, R.） 52【38-9】, 55【41】, 81n【61n】, 82n【62n】, 83n【63n】, 264n【209n】
水田洋 259【205】
ミラー（Millar, J.） 20【13】, 25【17-8】, 30【21】, 31【22】, 37【27】, 42n【31n】, 48【35】, 50【37】, 79【59】, 84n【64n】, 96【74】, 151【118】, 189n【147n】, 243n【191n】
　階級，身分（ranks） 62【47-8】, 76【57】, 120【92】, 121【94】, 179【139】, 212【166】, 255【201-2】, 265n【210n】
　商業 62【45】, 77【58】, 83n【63n】, 101【77】, 122【94】, 139【108】, 148【115】, 179【139】, 185【143-4】, 212【166】, 217【169】, 223【174】, 224【175】, 225【176】, 253【199】, 258【204】
　女性（women） 65【49】, 161【125】, 187n【145n】, 212【166】, 240n【189n】
　所有（権），財産（property） 56【42】, 61【45-6】, 62【47】, 67【51】, 75【56】, 76【58】, 83n【63n】, 148【115】, 149【116】
　進歩（progress） 50【38】, 61【45】, 74【56】, 76【58】, 139【108】, 249【196】, 259【204】, 263【209】
　正義 77【58】, 130【100】, 139【107-8】, 167【130】,

171【133】, 179【139】, 240n【189n】
政府, 統治（government） 56【42】, 63【48】, 77【58】, 122【94】, 141【110】, 147【114】, 148【115】, 157n【123n】, 185【143】, 226-7【177-8】
四段階理論 52【39】, 53【40】, 57【42】, 62-3【47-8】, 83n【63n】, 119【92】
歴史 43【32】, 46【34】, 50【38】, 72【54】, 85n【65n】, 148【115】
ミラボー（Mirabeau, V.） 32【23】, 81n【61n】, 111n【86n】, 132n【87n】, 252【199】
ミル（Mill, J. S.） 6【1】
ミルトン（Milton, A.） 9【4】, 10【5】, 12【7】, 20【13】
民兵（militia） 147【114】, 197【153】, 208【162】, 215【167】, 241n【189n】, 245n【193n】 →ファーガスン, ケイムズ, スミスを見よ
ムーア（Moore, J.） 188n【146n】, 193【150】
無知（ignorance） 30【21】, 33【24】, 35【25】, 50【37】, 50【38】, 68【51】, 79n【60n】, 79【76】, 180【140】, 184【143】, 221【173】, 222【174】, 224【176】, 243n【191n】, 249【196】, 256【202】, 257【203】
ムロン（Melon, J-F.） 205【160】, 209【163】, 239n【188n】
迷信（superstition） 14【8】, 30【21】, 33【24】, 183【142】, 226【177】, 228【178】, 249【196】, 256【202】
メディックとバッチャ（Medick, H. and Batscha, Z.） 201【157】
メディックとレッパート－フェーゲン（Medick, H. and Leppert-Fögen, A.） 243n【191n】
メルヴィル（Melville, J.） 41n【30n】
モア（More, T.） 29【20】
モーペルテュイ（Maupertuis, P.） 32【23】
モラン（Moran, C.） 240n【189n】
森直人 83【63】
モンテス（Montes, L.） 169【131】, 220【172】, 224【176】, 229【180】
モンテスキュー（Montesquieu, C.） 25【17】, 25【18】, 36-40【26-9】, 42n【31n】, 50【37】, 52【39】, 55-6【41-2】, 80n【61n】, 85n【64n】, 94【72】, 147【114】, 186【144】, 186【145】, 191n【149n】, 252【199】, 254【200】
モンボド（Monboddo, Lord） 162【126】

や　行

約束（promise） 59【44】, 129【99-100】, 132【102】, 133【103】, 179【139】
野蛮人 65【49】, 179【139】, 219【171】 →未開人も見よ
ヤング（Young, J.） 142【110】, 148【115】
ユウェナリス（Juvenal） 212【166】
勇気（courage） 62【47】, 184-5【143-4】, 203【158】, 205【160】, 208【162】, 220【172】, 224【176】
余暇（leisure） 194【151】, 198【154】, 226【177】, 249【196】, 257【203】
欲求, 欲望（desire） 62【46】, 73【55】, 90【69】, 109【84】, 111n【85n】, 111n【86n】, 126【97】, 131【101】, 137【106】, 162【126】, 163-4【127-8】, 173【134】, 180【140】, 182【141】, 187n【145n】, 193【150】, 195【151】, 195【152】, 204【159】, 206【161】, 209【163】, 213【166】, 231【181】, 261【206】
四段階理論（four stages, theory） 7【3】, 43【32】, 51-8【38-44】, 60【45】, 79【60】, 81-2n【61-2n】, 99【76】, 123【95】, 140【108】

ら・わ行

ラ・コンダミーヌ（la Condamine, C.） 84n【64n】
ラシッド（Rashid, S.） 158n【123n】
ラスムッセン（Rasmussen, D.） 224【175】
ラフィル（Raphael, D.） 175【136】, 185【144】
ラーマティアン（Rahmatian, A.） 82n【62n】, 152n【119n】
ラムジー（Ramsay, J.） 21【14】, 23【16】
ラングフォード（Langford, P.） 204【159】
ランケ（Ranke, L.） 47【35】, 80n【60n】
リウィウス（Livy） 162【126】, 195【151-2】, 199

【155】, 207【161】, 238n【187n】
理神論（Deism） 15【9】, 17【11】, 41n【30n】, 189n【147n】, 191n【148n】, 249【196】, 255【202】
理性（reason） 15【9】, 35【25】, 36【26】, 85n【65n】, 105【81】, 162【126】, 163-4【127-8】, 182【142】, 193【150】, 206【160】, 221【173】, 222【174】, 231【181】, 249【196】, 261【206】
リーチマン（Leechman, W.） 15【9】, 20【13】, 189n【147n】
リード（Reid, T.） 24【16】, 29【21】, 35【25】, 80n【60n】, 137【106】, 178【138】, 192n【149n】
リーバーマン（Lieberman, D.） 52【39】
良心（conscience） 154n【120n】, 174【135】, 176【137】, 223【174】
リンゼイ（Lindsay, P.） 41n【30n】
リンドグレン（Lindgren, R.） 146【113】, 227【178】
リンネル（亜麻）, 麻（linen） 8【3】, 9【4】, 13【7】, 14【8】, 41n【30n】, 158n【123n】, 240n【189n】
ルソー（Rousseau, J.） 31【22】, 33【24】, 37【27】, 45【34】, 93【71】, 169【132】, 176【137】, 189n【146n】, 223【175】, 243n【191n】, 260【205】, 260【206】
ルネサンス（Renaissance, the） 45【33】, 98【75】, 194【151】, 244n【192n】
ルール（Rule, G.） 41n【30n】
レイナー（Rayner, D.） 241n【190n】
歴史 33【23】, 33【24】, 40【29】, 68【51】, 78【59】, 106【81-2】, 179【139】, 247【194】, 263【209】
　推測的―― / 自然史 28【20】, 43-8【32-6】, 50【38】, 57【42】, 57【43】, 59【44】, 61【46】, 62【47】, 64【48】, 65【49】, 66【50】, 75【56】, 79【59-60】, 100【77】, 119【92-3】, 125【97】, 159【124】, 161【125】, 173【135】, 249【196】, 251【197】
レトウィン（Letwin, W.） 265n【210n】
レーマン（Lehman, W.） 238n【187n】
ロス（Ross, I.） 191n【148n】
ローゼンバーグ（Rosenberg, N.） 108【83】
ロック（Lock, J.） 25【18】, 33-5【24-5】, 45【33】, 57【42】, 59【44】, 65【49】, 79n【60n】, 84n【63n】, 84n【64n】, 125【97】, 135【105】, 152n【118n】, 163【127】, 164【128】, 189n【146n】, 189n【147n】
ロバートスン（Robertson, J.） 229【179】, 241n【189n】, 242n【190n】, 254【201】, 264n【209n】
ロバートスン（Robertson, W.） 7【3】, 16【10】, 17【11】, 20【13】, 22【15】, 23【16】, 25【17】, 40n【30n】, 50【37】, 52【39】, 54【40】, 56【41】, 59【44】, 178【138】, 187n【145n】, 217【170】
　商業 67【50】, 73-4【55-6】, 97【74-5】, 102【78】, 113n【87n】, 183【142】, 186【145】, 252【199】
　進歩 46【34】, 60【45】, 78【59】, 137【106】, 139【108】
　歴史 46【34】, 68【51】, 72【54】, 82n【62n】, 85n【64n】, 85n【65n】, 97【74】, 125【97】, 137【106】, 149【115】, 161【125】, 258【204】, 264n【209n】
ロビンスン（Robinson, E.） 152n【119n】
ロビンスン（Robinson, J.） 112【86n】
ローマ（の）（Rome, Roman） 9【4】, 38【27】, 51【38】, 59【44】, 60【45】, 83n【63n】, 97【74】, 98【75】, 99【76】, 104【80】, 113n【87n】, 187n【145n】, 192n【149n】, 193【150】, 194【151】, 195【152】, 199-200【155-6】, 203【158】, 212【166】, 215【167】, 215【168】, 228【179】, 229【180】, 238n【187n】, 241n【189n】, 242n【190n】, 244n【192n】, 248【194】
ロンドン 8【3】, 10【5】, 11【6】, 115n【88n】, 245n【193n】
ワインスタイン（Weinstein, J.） 244【175】

上野大樹（うえの・ひろき）**第5章**

現　在　日本学術振興会特別研究員 PD（一橋大学）。

研究テーマ　フランス政治思想史，啓蒙期の政治経済学。

主要業績　「モンテスキューと野蛮化する共和国像――共和主義的『文明』理解の盛衰をめぐって」田中秀夫編『野蛮と啓蒙――経済思想史からの接近』京都大学学術出版会，2014年。

"From the Rivalry between Republicanism and Absolutism to the Invention of the Nation-State: Comparing Tocqueville's Sovereign People with Rousseau's", in Asato Wako ed., *Nation-States and Beyond : Private and Public Spheres under Globalization*, 4th vol., Seoul, korea, 2012.

「『人間』の条件と『市民』の条件――アーレントの規範理論における普遍主義と特殊主義の接合について」『社会システム研究』第14号，2011年。

村井明彦（むらい・あきひこ）**第7章**

現　在　関西大学経済学部非常勤講師。

研究テーマ　財 - 貨幣（非物々）交換型ミクロ経済学，ミーゼス派研究。

主要業績　「一般効用理論から買物理論へ――ミクロ経済学の交換学的基礎づけに向けて」『同志社商学』第66巻第6号，2015年。

「マリアナの貨幣論――貨幣を操作する暴君は王にあらず」田中秀夫編『野蛮と啓蒙――経済思想史からの接近』京都大学学術出版会，2014年。

『グリーンスパンの隠し絵――中央銀行制の成熟と限界』上・下，名古屋大学出版会，2017年。

《訳者紹介》

林　直樹（はやし・なおき）**第1章**

現　在　尾道市立大学准教授。

研究テーマ　初期近代イギリス社会思想史。

主要業績　『デフォーとイングランド啓蒙』京都大学学術出版会，2012年。

「ミシシッピ・バブル後のブリテン――ジョン・ロー来訪をめぐる信用論争」坂本達哉・長尾伸一編『徳・商業・文明社会』京都大学学術出版会，2015年。

“Defoe and the Principle of Trade,” *The Kyoto Economic Review,* vol. 79, no. 1, 2010.

野原慎司（のはら・しんじ）**第2章**

現　在　東京大学大学院経済学研究科専任講師。

研究テーマ　アダム・スミス，経済学の起源。

主要業績　『アダム・スミスの近代性の根源――市場はなぜ見出されたのか』京都大学学術出版会，2013年。

「啓蒙の世界観――ポープとスミスの『見えざる手』」坂本達哉・長尾伸一編『徳・商業・文明社会』京都大学学術出版会，2015年。

ロンルド・L・ミーク『社会科学と高貴ならざる未開人』（田中秀夫監訳）昭和堂，2015年［Ronald Meek, *Social Science and the Ignoble Savage,* Cambridge U. P., 1976. の訳］。

逸見修二（へんみ・しゅうじ）**第3章・第6章**

現　在　東京福祉大学教務部。

研究テーマ　近代道徳哲学と社会。

主要業績　シュナイウィンド『自律の創成――近代道徳哲学史』（田中秀夫監訳）法政大学出版局，2011年〔J. B. Schneewind, *The Invention of Autonomy : A History of Modern Moral Philosophy,* Cambridge U. P., 1998の訳〕。

「ルソーと共和主義」田中秀夫・山脇直司編『共和主義の思想空間』名古屋大学出版会，2006年。

笠井高人（かさい・たかと）**第4章**

現　在　同志社大学経済学部助教。

研究テーマ　カール・ポランニーの社会経済思想。

主要業績　「カール・ポランニーの19世紀文明批判と『二重の運動』論――経済的自由主義と社会政策をめぐって」『経済学論叢』（同志社大学），第65巻第1号，2013年。

「女性活躍推進施策と企業業績――大阪府における中小企業の分析」（川口章との共著）『同志社政策科学研究』第15巻第1号，2013年。

“Effects of Paid and Unpaid Overtime Work on Stress, Earnings, and Happiness”, *Advances in Happiness Research : A Comparative Perspective,* (with Akira Kawaguchi), Springer, 2016.

《著者紹介》

クリストファー・ベリー（Christopher Berry）

1946年　生まれ。

グラスゴー大学卒業。ロンドン大学 Ph. D.。

現　在　グラスゴー大学名誉教授・エディンバラ王立協会会員。

スミスの出身大学でスミスを中心にヒューム，ファーガスンなど英国経済学の源流であるスコットランド啓蒙思想を研究。『オックスフォード　アダム・スミス　ハンドブック』の編者を務め，スミスの世界的研究者として知られる。

《監訳者紹介》

田中秀夫（たなか・ひでお）

1949年　生まれ。

1978年　京都大学大学院経済学研究科修了。

　　　　甲南大学教授，京都大学教授を経て，
現　在　愛知学院大学経済学部教授・京都大学名誉教授。

　　　　専攻：経済学史，社会思想史。

主　著　『スコットランド啓蒙とは何か』（ミネルヴァ書房，2014年）。

　　　　『アメリカ啓蒙の群像』（名古屋大学出版会，2012年）。

　　　　F・ハチスン『道徳哲学序説』（共訳，京都大学学術出版会，2009年）。

　　　　D・フォーブズ『ヒュームの哲学的政治学』（監訳，昭和堂，2011年）。

　　　　L・ロビンズ『一経済学者の自伝』（監訳，ミネルヴァ書房，2009年）。

　　　　I・ホント『貿易の嫉妬』（監訳，昭和堂，2009年）。

　　　　J・G・A・ポーコック『マキァヴェリアン・モーメント』（共訳，名古屋大学出版会，2008年）。

　　　　『啓蒙と改革――ジョン・ミラー研究』（名古屋大学出版会，1999年）。

　　　　『共和主義と啓蒙――思想史の視野から』（ミネルヴァ書房，1998年）。

　　　　F・A・ハイエク『市場・知識・自由』（共編訳，ミネルヴァ書房，1986年），ほか。

MINERVA 人文・社会科学叢書㉒⓪

スコットランド啓蒙における商業社会の理念

2017年9月20日　初版第1刷発行　〈検印省略〉

定価はカバーに
表示しています

監訳者　田　中　秀　夫
発行者　杉　田　啓　三
印刷者　江　戸　孝　典

発行所　株式会社　ミネルヴァ書房
607-8494 京都市山科区日ノ岡堤谷町1
電話代表 (075)581-5191
振替口座 01020-0-8076

共同印刷工業・新生製本

ISBN978-4-623-07900-1

Printed in Japan

スコットランド啓蒙とは何か　田中秀夫 著　A5判三五四頁　本体六〇〇〇円

一経済学者の自伝　ライオネル・ロビンズ 著　田中秀夫 監訳　四六判三六四頁　本体五〇〇〇円

市場・知識・自由
――自由主義の経済思想　F・A・ハイエク 著　田中真晴　田中秀夫 編訳　四六判三〇四頁　本体二八〇〇円

離脱・発言・忠誠
――企業・組織・国家における衰退への反応　A・O・ハーシュマン 著　矢野修一 訳　A5判二三二頁　本体三五〇〇円

自由の科学 I
――ヨーロッパ啓蒙思想の社会史　ピーター・ゲイ 著　中川久定 他訳　A5判三六〇頁　本体八〇〇〇円

自由の科学 II
――ヨーロッパ啓蒙思想の社会史　ピーター・ゲイ 著　中川久定 他訳　A5判二七六頁　本体八〇〇〇円